KB151506

수리 정신학

수학을 적용하는 도덕과학에 대한 시론

서양편 · 735

수리 정신학

수학을 적용하는 도덕과학에 대한 시론

프랜시스 Y. 에지워스(F. Y. Edgeworth) 지음

김진방 옮김

한국문화사

한국연구재단 학술명저번역총서 서양편·735

수리 정신학: 수학을 적용하는 도덕과학에 대한 시론

발 행 일   2014년 11월 20일   초판 인쇄
          2014년 11월 25일   초판 발행

원   제   Mathematical Psychics:
           An Essay on the Application of Mathematics to the Moral Sciences
지 은 이   프랜시스 Y. 에지워스(F. Y. Edgeworth)
옮 긴 이   김 진 방
책임편집   이 지 은
펴 낸 이   김 진 수
펴 낸 곳   **한국문화사**
등   록   1991년 11월 9일 제2-1276호
주   소   서울특별시 성동구 광나루로 130 서울숲IT캐슬 1310호
전   화   (02)464-7708 / 3409-4488
전   송   (02)499-0846
이 메 일   hkm7708@hanmail.net
홈페이지   www.hankookmunhwasa.co.kr

책값은 뒤표지에 있습니다.

ISBN 978-89-6817-179-6   93320

이 도서의 국립중앙도서관 출판시도서목록(CIP)은
서지정보유통지원시스템 홈페이지(http://seoji.nl.go.kr)와
국가자료공동목록시스템(http://www.nl.go.kr/kolisnet)에서
이용하실 수 있습니다. (CIP제어번호: CIP2014032250)

'한국연구재단 학술명저번역총서'는 우리 시대 기초학문의 부흥을 위해
한국연구재단과 한국문화사가 공동으로 펼치는 서양고전 번역간행사업입니다.

▌책을 펴내며 ▌

경제학의 역사에서 에지워스의 《수리 정신학》[1]이 갖는 의의는 복잡하다. 경제학도라면 익숙할 '에지워스 상자'에는 '무차별 곡선'과 '계약 곡선'이 그려져 있는데, 그 두 곡선을 창안하고 명명한 문헌이 바로 《수리 정신학》이다. 그렇지만 정작 주목받아야 할 것은 거기에 제시된 새로운 균형 개념과 그것에 기초한 교환이론이다. 《수리 정신학》은 교환을 묘사하는 개념으로 '수요와 공급'을 대신해서 '계약'을 사용했고, '수요와 공급의 동등'을 대신해서 '깨뜨려지지 않을 계약'을 균형으로 정의했다. 그리고 그런 균형의 존재와 성격에 대한 여러 명제를 제시하고 논증했다.

경제학에 끼친 《수리 정신학》의 영향은 그다지 크지 않았다. 이에 대해 어느 에지워스 연구자가 에지워스의 문체를 빌어 기술했다. "경제학계를 내려친 한 줄기 강력한 벼락과 같은 이론이었으나 경제학계는 에지워스의 이론에 전율보다 공포를 느낀 듯하다. 자극받기보다 마비되어버린 경제학자들에게는 그가 밝힌 경로를 따를 능력도 없었고 그럴 생각도 들지 않았다." 그리고 그 결과가 신고전파 경제학이다.

《수리 정신학》은 결코 쉬운 책이 아니다. 무엇보다 내용에 비해 너무 짧다. 평범하지도 단순하지도 않고 난해하기까지 한 개념과 이론을 담기에는

---

[1] 이 책에 번역문과 함께 나란히 배열된 158쪽의 원문은 1881년에 출간된 그대로인데, 그 원제에 들어 있는 둘째 단어 'psychics'가 오해를 일으킬 수 있다. 옮긴이 해제에서 다시 설명하지만, 그 단어는 'physics'와 대비되면서 경제학과 윤리학을 함께 가리킨다. 그래서 제목을 '수리 정신학'으로 옮긴다.

158쪽은 아무리 작은 글씨로 채워지더라도 턱없이 적은 분량이다. 마땅히 보탰어야 할 설명이 거기에는 없다. 게다가 수식이 만만찮다. 고전 역학에서 사용되는 변분법과 라그랑주 승수법이 거침없이 동원된다. 그리고 비유와 은유가 끊임없이 이어지는데, 그중에는 고전 역학과 확률 이론에 관한 지식 없이는 이해하기 어려운 것이 많다. 그리스어와 라틴어로 인용되거나 기술되는 여러 문구도 장애가 될 수 있다.

《수리 정신학》은 유려하면서도 화려한 산문으로 채워져 있다. 어떤 독자에게는 그것이 괴로움을 줄 수 있다. 에지워스의 동시대인으로 서평을 썼던 제번스가 그런 독자였는데, "그의 문체가 모호하다고는 할 수 없으나 너무나 함축적이어서 독자는 모든 중요한 문장을 수수께끼처럼 풀어야 한다." 그러나 저자의 산문을 읽다보면 흐름이 보이고, 흐름을 짚으며 읽다보면 저자의 생각을 알아채게 된다. 그 생각에는 앞뒤가 잘 맞아떨어지지 않는 부분이 있음도 알아채게 된다.

《수리 정신학》의 번역은 독해 못지않은 난제다. 내용을 정확하고 적절하게 옮기기도 어렵거니와 유려하고 화려한 원문의 멋을 제대로 옮기기는 더욱 어렵다. 아무리 잘 옮기더라도 배경 지식 없이는 이해하기 어려운 부분도 많다. 그래서 이 책에는 번역문과 원문을 함께 나란히 싣고, 지나치리만큼 빈번하게 옮긴이 주를 단다. 그리고 두 가지 해설을 덧붙이는데, 하나는 인용 문헌과 그 저자에 관한 것이고, 다른 하나는 용어에 관한 것이다. 용어 해설에는 번역에 대한 설명도 들어있다. 옮긴이 해제는 《수리 정신학》의 핵심 내용을 그 후의 경제학과 연결하여 정리한다.

경제학의 역사를 공부하는 내게 에지워스의 《수리 정신학》은 참으로 흥미로운 문헌이다. 그것이 경제학을 바꿔서가 아니라 그리하지 못해서다. 에지워스가 《수리 정신학》에서 제시한 개념과 이론은 너무나 혁신적이었고, 1944년에 폰노이만과 모르겐슈테른의 《게임이론과 경제행위》가 출간되고서도 한참 뒤에야 에지워스의 이론은 이해와 평가를 받게 된다. 에지워스가 《수리 정신학》에서 제시한 균형으로서의 '최종 타결'이 게임이론에서 '코어'로 불리는 균형과 다르지 않다는 사실이 그제야 밝혀진 것이다. 그래서 내가 더욱 흥미를 갖고서 거듭 읽었던《수리 정신학》의 번역과 해설을 해제와 함께 책으로 엮어 내기로 했는데, 예상보다 훨씬 많은 시간과 노력을 들이고서야 마무리할 수 있었다. 그러는 도중에 발췌 번역본(지식을만드는지식, 2009)을 먼저 출간했는데, 그 부분은 수정을 거쳐 이 책에 포함되었다. 그리고 이 책의 옮긴이 해제는《경제의 교양을 읽는다》(더난출판, 2009)의 10장을 보완한 것이다.

이 책을 완성하기까지 여러 분에게 도움을 받았다. 그리스어와 라틴어로 쓰인 문구를 번역하는 데는 인하대 김진석 교수의 도움이 컸다. 그리고《수리 정신학》에는 출전을 밝히지 않는 인용이 많은데, 그 대부분을 뉴먼(Peter Newman)의 편저(F. Y. Edgeworth's 'Mathematical Psychics' and Further Papers on Political Economy, Oxford University Press, 2003) 또는 크리디(John Creedy)의 저서(Edgeworth and the Development of Neoclassical Economics, Basil and Blackwell, 1986)에서 확인할 수 있었다. 거듭 등장하는 수식과 기호가 가지런히 인쇄되도록 애써 주신 한국문화사 명저번역 팀장 이지은 씨께도 감사드린다.

2014년 10월
김진방

┃ 차례 ┃

· 일러두기 · ─────────────

1. 이 책이 번역 판본으로 삼은 것은 *Mathematical Psychics: An Essay on the Application of Mathematics to the Moral Science* (London: C. Kegan Paul & co., 1881)다.
2. 책의 왼쪽 면에 번역문을, 오른쪽 면에 원문을 나란히 놓되 각 면의 분량이 번역 판본과 거의 같게 했다.
3. 오른쪽 면 우상단의 검은 사각형 안에 써놓은 숫자는 번역 판본의 해당 쪽을 가리킨다.
4. 번역문에서 책의 제목은 《 》로, 책의 장 또는 절의 제목은 " "로, 학술지나 잡지의 이름은 〈 〉로, 논문의 제목은 ' '로 구분하여 표시한다. 원문은 번역 판본과 다르지 않게 표기하는데, 번역 판본에서는 이 넷의 구분이 완전하지 않다.
5. 번역 판본에서 이탤릭체로 강조된 부분은 이 책 번역문에서 고딕체로 나타내고, 그리스어나 라틴어로 기술된 부분은 기울여 쓴다.
6. 원저자의 각주는 모두 각주로 배열했고, 각주 번호는 알파벳으로 바꿔 표기했다.
7. 옮긴이 주는 모두 마지막에 미주로 모았고, 옮긴이 주 번호는 아라비아 숫자로 표기했다.
8. 원문과 번역문 및 옮긴이 주에서 쪽수는, 인용 문헌을 특정해서 적지 않을 때는 모두 번역 판본의 쪽수이다.
9. 고유명사는 외래어 표기법에 따랐다. 단, 'Walras'는 '발라스'로 표기했다.
10. 원문 색인은 책 끝에 번역어와 함께 실었다.
11. 번역문 색인은 옮긴이 해설 1과 2로 대신한다.

▌ 원문 차례 ▐

* 쪽수는 모두 원문 쪽수를 가리킨다.

수리 정신학
수학을 적용하는 도덕과학에 대한 시론

Mathematical Psychics
An Essay on
the Application of Mathematics to
the Moral Sciences

목차와 개요

———◆◇◆———

《수리 정신학》은 이론과 응용 두 부분으로 나뉜다.

제1부에서는 (1) 수치數値 자료가 아예 없거나(1~7쪽), **즐거움의 수량**을 추정해서 얻는 자료 말고는 더 정밀한 기초 자료가[1] 없더라도(7~9쪽), 수리 추론이 가능하다는 것을 보여주려 한다. (2) 한 가지 유추가 제시되는데, 그 한편에 있는 것은 윤리학과 경제학의 첫째 원리를 구성하는 공리적功利的 또는 이기적 **최대 행복의 원리**고, 다른 한편에 있는 것은 물리학의 가장 높은 일반화 가운데 하나로서, 사람의 삶만큼이나 복잡한 물리 현상에 수리 추론을 적용할 수 있게 하는 **극대 에너지의 원리**다(9~15쪽).[2]

제2부 **즐거움의 미적분학**은 두 종種으로 구분할 수 있으니 경제 미적분학과 공리功利 미적분학이 그것이다. 이 구분의 원리는 시지윅 씨가 열거한 '윤리적 방법들'에[3] 하나가 더해질 수 있음을 시사한다(16쪽).

그 **미적분학**의 첫째 종은 (수리 경제학의 짧은 연구에 붙이기에는 너무 야심찬 제목이지만 간결을 위해 그리 부를 수 있다면) 앞서 이끄는 몇몇 개

INTRODUCTORY

DESCRIPTION OF

CONTENTS.

——◆◇◆——

MATHEMATICAL PSYCHICS may be divided into two parts — Theoretical and Applied.

In the First Part (1) it is attempted to illustrate the possibility of Mathematical reasoning without *numerical* data (pp. 1~7); without more precise data than are afforded by estimates of *quantity of pleasure* (pp. 7~9). (2) An analogy is suggested between the *Principles of Greatest Happiness*, Utilitarian or Egoistic, which constitute the first principles of Ethics and Economics, and those *Principles of Maximum Energy* which are among the highest generalisations of Physics, and in virtue of which mathematical reasoning is applicable to physical phenomena quite as complex as human life (pp. 9~15).

The Calculus of Pleasure (Part II.) may be divided into two species — the Economical and the Utilitarian; the principle of division suggesting an addition to Mr. Sidgwick's 'ethical methods' (p. 16).

The first species of *Calculus* (if so ambitious a title may for brevity be applied to short studies in Mathematical Economics) is developed from certain

념의 **정의**로부터 발전하는데, 그중에서도 **경쟁**과 관련된 개념이 중요하다 (17~19쪽). 그리하여 (α) **경쟁에 의한 제한이 전혀 없는 계약**에 관한 수리 이론 을 내놓는다(20~30쪽). (β) **완전 시장에서 경쟁에 의해 결정되는 계약**에 관한 수리 이론을 내놓거나 그 가능성을 전망한다(30~33쪽, 38~42쪽). 시장에 관 한 다른 여러 수리 이론과 시지윅 씨의 최근 논문 '임금 기금'에도[4] 눈을 돌린다(32~33쪽, 그리고 부론 V.). (γ) **완전 시장이란 무엇인가?** 이 문제에 관심을 집중한다. 주장하는 바는 아래 여러 경우에 시장이 불완전하고 **계약 이 비非결정적**이라는[5] 것이다.

(I.) 경쟁자의 수가 제한될 때(37, 39쪽).

(II.) **개인적 용역**을 위한 계약에서 있기 쉬운 어떤 그런 경우(42, 46쪽).

(I.과 II.) 계약 **물건**이 완벽하게는 분할되지 않을 때(42, 46쪽).

(III.) **연합**의[6] 경우로서 조합주의—이 경우 (일반적으로 그리고 추상적으로 말해) 저명한 경제학자들이 부인하거나 무시하는 의미의 **이득이 조합주의자 들에게 돌아간다**(44, 47, 48쪽).

(IV.) 바로 앞과 비슷하면서 **협동조합**에서 있기 쉬운 어떤 그런 경우(45, 49쪽).

이런 원인들로부터 생기는 **비非결정성**이 **영리 계약**에 영향을 미치기 쉽고, 모든 종류의 **정치 계약**에 영향을 미칠 게 분명한데, 그런 만큼 어떤 **중재의 원리**를 요구한다(50~52쪽).

내가 수리적으로 숙고하여 주장할 텐데, **계약자들 사이에서 중재의 기초는 관련자 모두의 최대 가능 효용**이다. 이것은 공리주의의 첫째 원리로서 단지 일반적인 방향만을 제시할 수 있다는 데 이의가 있을 수 없다. 하지만 벤담

Definitions of leading conceptions, in particular of those connected with *Competition* (pp. 17~19). Then (α) a mathematical theory of *Contract unqualified by Competition* is given (pp. 20~30). (β) A mathematical theory of *Contract determined by Competition in a perfect Market* is given, or at least promised (pp. 30~33, and pp. 38~42). Reference is made to other mathematical theories of Market, and to Mr. Sidgwick's recent article on the 'Wages-Fund' (pp. 32, 33, and Appendix V.) (γ) attention is concentrated on the question – *What is a perfect Market?* It is argued that Market is imperfect, *Contract is indeterminate* in the following cases: –

(I.) When the number of competitors is limited (pp. 37, 39).

(II.) In a certain similar case likely to occur in contracts for *personal service* (pp. 42, 46).

(I. and II.) When the *articles* of contract are not perfectly divisible (p. 42, 46).

(III.) In case of *Combination*, Unionism; in which case it is submitted that (in general and abstractly speaking) *unionists stand to gain* in senses contradicted or ignored by distinguished economists (pp. 44, 47, 48).

(IV.) In a certain case similar to the last, and likely to occur in *Co-operative Association* (pp. 45, 49).

The *indeterminateness* likely from these causes to affect *Commercial Contracts*, and certainly affecting all sorts of *Political Contracts*, appears to postulate a *principle of arbitration* (pp. 50~52).

It is argued from mathematical considerations that *the basis of arbitration between contractors is the greatest possible utility of all concerned;* the Utilitarian first principle, which can of course afford only a general direction

학파가 시도한 여러 적용에서 보듯이 그 원리는 실제 사안들에서도 **얼마간** 방향을 제시한다(53~56쪽).

그리하여 쾌락학의[7] 한 종이 다른 종으로, 경제 미적분학이 공리 미적분학으로 나아간다. 이 영역에서는 내가 이미 얼마간의 연구를 (속명屬名으로 종을 가리키게 되었지만, '쾌락 미적분학'이라는 제목으로) 발표했는데,[a] 〈마음〉의 편집인이 너그러이 허락하여 여기에 옮겨 싣게 되었다.[8]

공리 미적분학의 핵심 개념은 **최대 행복**이다(56~82쪽). 다시 말하면, 모든 시간에 걸쳐 모든 감수성感受性에[9] 대해 합산한 즐거움의 최대 가능 총합이다. 최대 행복이 옳은 행동의 **목적**임을 밝히는 시지윅 씨의 증명을 수리 추론을 동원하여 부분적으로 확인하고, 그 목적에 이바지하는 **수단**을 부분적으로 중간 공리公理로 연역해 낸다. 이 연역은 성격이 매우 추상적인데, 어쩌면 단지 부정적이기만 할 수도 있다. 이를테면 공리주의가 반드시 **동등성**을 함축한다는 가정을 부정한다. 감수인感受人들이 **행복 역량**에서 서로 다르다면, 그리하여 비슷한 상황에서 어떤 부류의 감수인들이 다른 부류보다 평균적으로 더 많은 (예컨대 상상이나 동감의) 즐거움이나 더 적은 (예컨대 피곤의) 괴로움을 경험한다면, 그 상황의 동등성이 가장 행복스런 배열이라고 지레짐작해서는 안 된다. 후손의 이익을 고려한다면 더욱 그러하다.

이상이 이 **시론** 혹은 **잠정적** 연구에서 다루는 주요 논제들이다. 논제들 중 다수를 이 책의 본문에서는 간결하게 다루고, 뒤따르는 일곱 개 장에서 더 자세히 보완하며 논의한다. 이 일곱 개 장 또는 부론의 제목은

---

a. 〈마음〉, 1879년 7월.

— yet, as employed by Bentham's school, has afforded *some* direction in practical affairs (pp. 53~56).

The Economical thus leads up to the Utilitarian species of Hedonics; some studies in which already published[a] (under the title of 'Hedonical Calculus' — the species being designated by the generic title) are reprinted here by the kind permission of the Editor of 'Mind.'

Of the Utilitarian Calculus (pp. 56~82) the central conception is *Greatest Happiness*, the greatest possible sum-total of pleasure summed through all time and over all sentience. Mathematical reasonings are employed partly to confirm Mr. Sidgwick's proof that Greatest Happiness is the *end* of right action; partly to deduce middle axioms, *means* conducive to that end. This deduction is of a very abstract, perhaps only negative, character; negativing the assumption that *Equality* is necessarily implied in Utilitarianism. For, if sentients differ in *Capacity for happiness* — under similar circumstances some classes of sentients experiencing on an average more pleasure (*e.g.* of imagination and sympathy) and less pain (*e.g.* of fatigue) than others — there is no presumption that equality of circumstances is the most felicific arrangement; especially when account is taken of the interests of posterity.

Such are the principal topics handled in this *essay* or *tentative* study. Many of the topics, tersely treated in the main body of the work, are more fully illustrated in the course of seven supplementary chapters, or APPENDICES, entitled:

---

a. *Mind,* July 1879.

I. 비非수치 수학

II. 쾌락 미적분학의 중요성

III. 쾌락계량학

IV. 혼합 방식의 공리주의

V. 제번스 교수의 교환 공식

VI. *기하학을 모르는 자*들의[10] 오류

VII. 아일랜드의 현 위기

이렇게 늘어놓는 바람에 너무 많이 쪼개져버린 논의는 색인에서 주요 표제 아래로 다시 통합한다. 색인은 기술적 의미로 사용된 용어들의 정의를 가리키기도 한다. 색인에는 여러 저명인사의 이름도 들어 있는데, 이들의 이론은 이 책의 주제와 관련하여 본문에서 언급된다. 때로는 나의 이의도 제기한다. 이들을 향한 마땅한 존경과 이 주제에 대한 당연한 망설임이 내게 항상 있었음에도 불구하고, 이렇게 간결한 구성으로는 그 생각을 표현하는 일이 언제나 가능하지는 않다.

Discussions too much broken up by this arrangement are reunited by references to the principal headings, in the Index; which also refers to the definitions of terms used in a technical sense. The Index also contains the names of many eminent men whose theories, bearing upon the subject, have been noticed in the course of these pages. Dissent has often been expressed. In so terse a composition it has not been possible always to express, what has always been felt, the deference due to the men and the diffidence proper to the subject.

수리 정신학

—◆—

수학을 적용하는 도덕과학

믿음에 수학을 적용하는 확률의 미적분학은 이미 여러 탁월한 저자들이 시도했다.[1] 이에 비하면 덜 익숙하겠지만 실제로[a] 더 역설적이지는 않은 **느낌**의 미적분학, **즐거움과 괴로움**의 미적분학이 이 시론의 주제다.

이 주제는 두 부분으로 나뉘며, 각 부분은 원리와 실행, 뿌리와 열매를 다룬다. 다시 말하면, 먼저 사회학에[2] 수학을 적용할 수 있을지를 검토하고, 이어서 그러한 적용을 논의한다.

—————————

제1부

제1부에서는 수리적이라 인정받는 다른 여러 과학과 비교해서 도덕과학이[1] (1) 몇 가지 일반적 양상과 (2) 하나의 뚜렷한 구체적 특징에서 서로 닮았음을 확인하면서 그들 사이의 친밀성을 증명하려 한다.

(1) 행동과 유효 욕구를 통계학의 방법을 사용해서 **수치**|數値로 측정하는 일이 제번스 교수가[b] 예견한 정도로 가능하게 된다면,[2] 수량 과학이 사람 연구와 무관하지 않음을 거의 누구나 인정할 것이다. 그러나 우리가 가진 **기초 자료**는 **수치**로 주어지지 않는 추정이며, 어떤 상황이 다른 상황에 비해

———

a. 제번스, 《정치경제학 이론》, 9쪽 참조.[3]
b. 《정치경제학 이론》, 서론.

MATHEMATICAL PSYCHICS.

—◆—

ON THE APPLICATION OF MATHEMATICS TO THE MORAL SCIENCES.

THE application of mathematics to *Belief*, the calculus of Probabilities, has been treated by many distinguished writers; the calculus of *Feeling*, of Pleasure and Pain, is the less familiar, but not in reality[a] more paradoxical subject of this essay.

The subject divides itself into two parts; concerned respectively with principle and practice, root and fruit, the applicability and the application of Mathematics to Sociology.

PART I.

In the first part it is attempted to prove an affinity between the moral and the admittedly mathematical sciences from their resemblance as to (1) a certain general complexion, (2) a particular salient feature.

(1) The science of quantity is not alien to the study of man, it will be generally admitted, in so far as actions and effective desires can be *numerically* measured by way of statistics — that is, very far, as Professor Jevons[b] anticipates. But in so far as our *data* may consist of estimates other than

---

a. Cf. Jevons, *Theory*, p. 9.
b. Introduction to *Theory of Political Economy*.

더 많거나 적은 즐거움을 가져다준다는 관찰이다. 그래서 더욱 분명히 이해해야 할 게 있다. 널리 퍼져 있는 생각과는 달리[a] 수리 추론은 수치 자료를 얻을 수 있는 주제에 한정되지 않는다는 것이다. 기초 자료가 **수치**나 **수량**으로 주어지지 않더라도 다른 수량보다 더 **크거나 작은** 수량, **증가** 또는 **감소하는** 수량, **양**陽 또는 **음**陰의 수량, **극대** 또는 **극소**의 수량 등으로 주어진다면 수리 추론이 가능할 뿐만 아니라 어쩌면 불가피할 수도 있다. 사소한 예를 들면, a가 b보다 크고, b가 c보다 크며, 따라서 a가 c보다 크다. 이처럼 수치로 평가할 수 없는 수량에도 수리 추론이 적용된다. 다음 예는 덜 사소하며, 중요한 사회 문제와 매우 비슷하다. 주어진 수량의[b] 연료를 효율성이 다른 여러 엔진에 분배하되 가능한 가장 많은 양의 가용 에너지를 얻어내도록 해야 한다. 여기서 **효율성**은 이렇게 정의된다. 만약 두 엔진이 각각 소모한 연료의 총량이 서로 같은데도 어느 한 엔진이 산출한 에너지의 총량이 더 크다면, 그 엔진이 다른 엔진보다 더 효율적이다.

이 분배에서 과연 더 효율적인 엔진에 더 많은 연료가 들어가게 해야 할까? 항상 그리해야 할까 아니면 일부 경우에만 그리해야 할까? 후자라면 어떤 종류의 경우에 그리해야 할까? 이야말로 수치 자료를 포함하지 않는 매우 단순한 문제이며, 그런데도 완전한 탐구를 위해서는 수학이 필요하다고 말

---

a. 널리 퍼져 있는 생각은 콩트에 이어 밀이 (그의 《논리학》에서) 수학을 사회학에 적용하는 데 대해 한 말에서도 뚜렷이 드러난다.[4] 1871년 11월 11일자 〈토요일 평론〉에 실린 (제번스 교수의 《이론》에 대한) 논평도 이 견해를 분명하게 표현하고 있다.[5] 지금 여기서 채택되는 견해는 쿠르노의 《연구》에 서술되어 있다.[6]

b. '**단위 시간 당** 주어진 수량'으로 바꿔 쓰면서 그에 상응하게끔 정의와 문제를 수정할 수도 있다.

numerical, observations that some conditions are accompanied with *greater* or *less* pleasure than others, it is necessary to realise that mathematical reasoning is not, as commonly[a] supposed, limited to subjects where numerical data are attainable. Where there are data which, though not *numerical* are *quantitative* — for example, that a quantity is *greater* or *less* than another, *increases* or *decreases*, is *positive* or *negative*, a *maximum* or *minimum*, there mathematical reasoning is possible and may be indispensable. To take a trivial instance: *a* is greater than *b*, and *b* is greater than *c*, therefore *a* is greater than *c*. Here is mathematical reasoning applicable to quantities which may not be susceptible of numerical evaluation. The following instance is less trivial, analogous indeed to an important social problem. It is required to distribute a given quantity[b] of fuel, so as to obtain the greatest possible quantity of available energy, among a given set of engines, which differ in efficiency — *efficiency* being thus defined: one engine is more efficient than another if, whenever the total quantity of fuel consumed by the former is equal to that consumed by the latter, the total quantity of energy yielded by the former is greater than that yielded by the latter.

In the distribution, shall a larger portion of fuel be given to the more efficient engines? always, or only in some cases? and, if so, in what sort of cases? Here is a very simple problem involving no numerical data, yet

---

a. The popular view pervades much of what Mill (in his *Logic*), after Comte, says about Mathematics applied to Sociology. There is a good expression of this view in the *Saturday Review* (on Professor Jevons's *Theory*, November 11, 1871.) The view adopted in these pages is expressed by Cournot, *Recherches*.)

b. *Or*, a given quantity *per unit of time*, with corresponding modification of definition and problem.

해도 좋은 문제이다.

이 진술에 대해 반박이 있을 수 있다. 연료 분배 같은 문제는 기호를 사용하지 않으면서도 엄격히 수리적인 추론으로 해결될 수 있고, 훈련받지 않은 상식으로도 형식을 제대로 갖추지 못했으나 내용은 옳은 대답이 가능하기 때문이다. 그러나 사회과학에서의 수리 추론을 옹호한다고 해서 사회과학에서든 물리과학에서든 기호 없는 수리 추론의 가능성을 부인해야 하는 것은 아니다. 물론 수학이 얼마만큼의 고유 의상을 벗어버리고서도 안전하고 적절할 수 있을지는 매우 섬세한 문제이며, 수학 스스로가 나서서 자신의 권위로 정해야 하는 문제임을 우리가 잊어서는 안 된다. 그리고 상식으로 충분하다는 주장에 대해서는, 통속 경제학에서 마주치는 여러 계산들이 기호를 사용하지 않으니 정연하지 않아서 자칫하면 연역 추론 특유의 장점마저 놓쳐버리기 쉽다는 사실을 지적하지 않을 수 없다. 상식의 주괴鑄塊를 군주 과학의 주조소에 가져와 시금하고 주조하듯이 자신의 결론을 최대한 수학으로 증명하려는 사람이 아니고서는 제 주장의 가치를 제대로 깨닫기란 거의 불가능하고, 조금이라도 달라진 상황에서는 그 주장이 어떤 가치를 가질지 측정할 방도가 없어서 전달과 통용이 막혀버린다. 주어진 조건이 문제를 결정 짓기에 충분하지 않을 때— 이런 경우가 정치경제학에서는[7] 대단히 중요하다— *기하학을 모르는 자는*[8] 그 결함을 알아채기 어렵고, 필요충분조건이 무엇인지를 밝혀서 그 결함을 바로잡는 능력이 부족하다. 수학의 도구를 통하면 한눈에 이 모든 것이 분명해지지만 상식의 맨눈에는, 비과학적 지식에

requiring, it may be safely said, mathematics for its complete investigation.

The latter statement may be disputed in so far as such questions may be solved by reasoning, which, though not symbolical, is strictly mathematical; answered more informally, yet correctly, by undisciplined common sense. But, firstly, the advocate of mathematical reasoning in social science is not concerned to deny that mathematical reasoning in social, as well as in physical, science may be divested of symbol. Only it must be remembered that the question how far mathematics can with safety or propriety be divested of her peculiar costume is a very delicate question, only to be decided by the authority and in the presence of Mathematics herself. And, secondly, as to the sufficiency of common sense, the worst of such unsymbolic, at least unmethodic, calculations as we meet in popular economics is that they are apt to miss the characteristic advantages of deductive reasoning. He that will not verify his conclusions as far as possible by mathematics, as it were bringing the ingots of common sense to be assayed and coined at the mint of the sovereign science, will hardly realize the full value of what he holds, will want a measure of what it will be worth in however slightly altered circumstances, a means of conveying and making it current. When the given conditions are not sufficient to determinate the problem — a case of great importance in Political Economy — the ἀγεωμετρτὸς is less likely to suspect this deficiency, less competent to correct it by indicating what conditions are necessary and sufficient. All this is evident at a glance through the instrument of mathematics, but to the naked eye of common sense partially and obscurely,

관한 플라톤의 말처럼, 참으로 있음과 있지 않음 사이의 어떤 상태로 일부만 흐릿하게 보인다.

앞에서 언급한 문제로 되돌아가면, 주어진 양의 원료를 적절히 분배하여 극대 에너지를 얻어내되 그 출발점이 수치 자료가 아니라 **느슨한 수량적 관계**이며, 해답까지의 미끄러지기 쉬우나 거리가 짧은 길은 수학의 도움을 필요로 한다. 바로 이 문제가 공리적 분배의[a] 문제를 매우 잘 설명해준다. 교환이라는 경제 문제를 보라. 많은 거래인들이 얽혀 서로 계약하고 경쟁한다.[b] 이 문제를 설명하기 위해 여러 부분으로 이뤄진 기제機制를 생각해 볼 수 있다. 이 기제의 각 부분이 어느 부분과 어떻게 함께 움직이는지를 규정하는 운동 법칙이 정밀하게 주어지지 않으며, 기호와 임의 함수는 **비非수치 지식**만 아니라[c] **무지**도 나타낸다. 균형으로의 운동 방식은 비非결정적이지만 균형의 위치는 수리적으로 결정된다.[9]

주문에 맞춰 만들어낸 게 아니라 수리 물리학의 잘 알려진 성과에서 가져온 예라면 그다지 잘 들어맞지 않는 게 당연하다. 그러나 우리의 관심은 수치 자료가 없는 수리 추론이고, 이 특성을 설명해 주는 예는 얼마든지 찾을 수 있다. 이를테면 유체 동역학에서 톰슨과 테이트가 추론하기를,[d] 'P와 Q를 결정하는 … 원리들이 **나중에 주어진다**. 그에 앞서 분명한 사실은 **X가 증가하면 그것들이 감소한다**는 것이다. 그리하여 이 운동 방정식들이 보여준다.'[10]

---

a. 64쪽을 보라.

b. 34쪽을 보라.

c. "좌표 소거"(톰슨 · 테이트, 《자연철학》, 2판)는 우리의 지식이 제한되어 있는 많은 사회 문제에서 적절하다.[11]

d. 톰슨 · 테이트, 《자연철학론》, 2판, 320절.[12] 강조는 필자가 더했는데, **비(非)수치의 느슨한 수량적 관계**가 수리 추론의 기초 자료를 구성한다는 사실에 주목하게 만들기 위해서다.

and, as Plato says of unscientific knowledge, in a state between genuine Being and Not-Being.

The preceding problem, to distribute a given quantity of material in order to a maximum of energy, with its starting point *loose quantitative relations* rather than numerical data — its slippery though short path almost necessitating the support of mathematics — illustrates fairly well the problem of utilitarian distribution.[a] To illustrate the economical problem of exchange, the maze of many dealers contracting and competing with each other, it is possible to imagine[b] a mechanism of many parts where the law of motion, which particular part moves off with which, is not precisely given — with symbols, arbitrary functions, representing not merely *not numerical knowledge* but[c] *ignorance* — where, though the mode of motion towards equilibrium is indeterminate, the position of equilibrium is mathematically determined.

Examples not made to order, taken from the common stock of mathematical physics, will of course not fit so exactly. But they may be found in abundance, it is submitted, illustrating the property under consideration — mathematical reasoning without numerical data. In Hydrodynamics, for instance, we have a Thomson or Tait[d] reasoning 'principles' for 'determining P and Q *will be given later*. In the meantime it is obvious that *each decreases as X increases*. Hence the equations of motion show' — and he goes on to draw a conclusion

---

a. See p. 64.

b. See p. 34.

c. *Ignoration of Co-ordinates* (Thomson and Tait, *Natural Philosophy*, 2nd edition), is appropriate in many social problems where we only know in part.

d. Thomson and Tait, *Treatise on Natural Philosophy*, p. 320, 2nd edition. The italics, which are ours, call attention to the *unnumerical, loose quantitative, relation* which constitutes the datum of the mathematical reasoning.

그리고서는 중대한 의미를 갖는 결론이 도출되는데, 비압축성 무한 유체 속에서 (적절히) 발사된 구체들은 마치 서로 끌어당기듯이 움직인다는 것이다. 더 높은 수준의 유체 동역학에서도, 소용돌이가 지나다니는 완전 유체의 무한 해양에서도,[13] 일반적으로 이와 비슷한 **비非수치, 초超산술**의 방법을 따르고 있지 않은가? 만약 완전 유체의 한 부분을 이루는 입자들이 어떤 순간에 회전 운동을 전혀 하지 않는다면, 그 부분은 그런 특성을 항상 가질 것이다.[a] 여기서는 수치를 측정하는 어떤 잣대도 사용하지 않는다.

이에 대한 반박이 당연히 있을 수 있으니, 유체 동역학의 문제는 **정밀한** 기초 자료를 사용한다는 것이다. 실제로 힘의 정의定義가 그러하고, 유체성과 연속성의 조건이 그러하다. 그러나 우리의 사회 문제도 마찬가지로 정밀한 기초 자료를 **얼마간** 갖고 있다. 한 예로 들 수 있는 것이 시장에서 나타나는 **가격의 균일성,**[14] 혹은 연역의 **결과**로서 가격의 균일성을 나타나게 하는 (대체로 실현되는) 두 조건이다. (1) 시장의 **충만성充滿性**, 혹은 거래가 종결될 때까지 **계속** 존재하는 무한한 수의 거래인, 그리고 (2) 시장의 **유체성流體性**, 혹은 거래인들의 이해利害에 적용되는 무한 분할성 그 두 조건인데, 유체 동역학의 기초 자료와 놀랍도록 비슷하다.[b] 이러한 가격의 균일성을 전제하고서, 마셜 씨와 발라스 씨는 흥미로운 정리를 (산술적이지는 않으나) 수리적으로 연역한다.[15] 그것은 다름 아닌 수요에 대한 공급의 동등이[16] 시장가격의 필요조건이긴 하지만 충분조건은 아니라는 정리定理다.[17] 밀과 손턴도[18] 이 정리에 아주 가까이 갔으나 다른 도움 없이 이성만으로는 그것을 알아챌 수 없었다.

수리 탐구의 여러 확립된 분야에서 대표적인 예를 빠짐없이 고르려면

---

a. 스토크스, 《수학 논집》, 112쪽.[19]
b. 18쪽을 보라.

of momentous interest that balls (properly) projected in an infinite incompressible fluid will move as if they were attracted to each other. And generally in the higher Hydrodynamics, in that boundless ocean of perfect fluid, swum through by vortices, where the deep first principles of Physics are to be sought, is not a similar *unnumerical, or hyperarithmetical* method there pursued? If a portion of perfect fluid so moves at any time that each particle has no motion of rotation, then that portion of the fluid will retain that property for all time[a]; here is no application of the numerical measuring-rod.

No doubt it may be objected that these hydro-dynamical problems employ some *precise* data; the very definition of Force, the conditions of fluidity and continuity. But so also have our social problems *some* precise data: for example, the property of *uniformity of price* in a market; or rather the (approximately realised) conditions of which that property is the deducible *effect*, and which bears a striking resemblance to the data of hydrodynamics:[b] (1) the *fulness* of the market: that there *continues* to be up to the conclusion of the dealing an indefinite number of dealers; (2) the *fluidity* of the market, or infinite dividedness of the dealers' interests. Given this property of uniform price, Mr. Marshall and M. Walras deduce mathematically, though not arithmetically, an interesting theorem, which Mill and Thornton failed with unaided reason to discern, though they were quite close to it — the theorem that the equation of supply to demand, though a necessary, is not a sufficient condition of market price.

To attempt to select representative instances from each recognised branch

---

a. Stokes, *Mathematical Papers*, p. 112.

b. See p. 18.

지면의 제한과 논의의 요구에서 벗어나야 한다. 그러기보다는 우리가 주목하는 특성이 많이 작용한다고 여겨지는 그런 종種의 수학에 주의를 돌리면서 마무리하더라도 충분할 것이다. 극대와 극소의 미적분학 혹은 (넓은 의미의) **변분학**이 그것이다. **극대**[a]의 기준은 어떤 특정 수량의[b] **크기**가 아니라 **부호**에 있다. 우리의 지속적인 관심은 어떤 **느슨한 수량적 관계**, 즉 수량의 **증가 비율 감소**를 확인하는 데 있다.[c] 이것이 다름 아닌 수리 사회학에서 사용해야 하는 수량적 관계다. 이런 관계는 **자본과 노동의 수익 감소의 법칙, 효용 감소의 법칙, 피곤 증가의 법칙** 등과 같은 기초 자료로 주어지며, 바로 이 고르지도 다듬지도 않은 기초 자료가 경제 미적분학과 공리 미적분학의 토대를 구성한다.

사회과학의 주된 탐구를 **극대 문제**로 볼 수 있다는 사실은 참으로 주목할 만하다. 경제학이 찾는 것은 제각기 자기 자신의 **극대** 효용을 지향하는 여러 주체 사이의 배열이고, 정치학과 (공리주의) 윤리학이 찾는 것은 **극대** 총합의 효용을 이끌어낼 배열이다. 이처럼 사회과학이 변분학과 마찬가지로

---

a. 여기서 **극대**는 다음과 같은 맥락에서 사용된다. (1) 적절한 수리적 의미의 **최대**, (2) **가능한 최대**, (3) 정상(定常),[20] (4) 극소는 극대의 상관물이라는 원리에 의거해서 **극소** 혹은 **가능한 최소**가 예상될 수도 있는 곳. 그래서 톰슨의 극소 정리는 베르트랑의 극대 정리와 연결된다. (왓슨 · 버버리.[21]) 이 재량을 취하는 이유는 간결성에만 있지 않고 어떤 시사를 위해서이기도 하다. 예를 들어 '정상'은 **최상**을 내포하면서도 시사하지 못한다.

b. 변분의 둘째 항을 말한다.[22] 극대의 **다른** 조건으로서 변분의 첫째 항이 영이어야 하는데, 이 조건이 더 **정밀한** 것이라고 반박할 수 있다. 그러나 부론 I., 92쪽을 보라.

c. 토드헌터의 《변분학 연구》, 21~30, 80, 117, 286항 등 참고.[23]

of mathematical inquiry would exceed the limits of this paper and the requirements of the argument. It must suffice, in conclusion, to direct attention to one species of Mathematics which seems largely affected with the property under consideration, the Calculus of Maxima and Minima, or (in a wide sense) *of Variations.* The criterion of a *maximum*[a] turns, not upon the *amount,* but upon the *sign* of a certain quantity.[b] We are continually concerned[c] with the ascertainment of a certain *loose quantitative relation,* the *decrease-of-rate-of-increase* of a quantity. Now, this is the very quantitative relation which it is proposed to employ in mathematical sociology; given in such data as the law of *diminishing returns to capital and labour,* the *law of diminishing utility,* the *law of increasing fatigue*; the very same irregular, unsquared material which constitutes the basis of the Economical and the Utilitarian Calculus.

Now, it is remarkable that the principal inquiries in Social Science may be viewed as *maximum-problems.* For Economics investigates the arrangements between agents each tending to his own *maximum* utility; and Politics and (Utilitarian) Ethics investigate the arrangements which conduce

---

a. *Maximum* in this paper is employed according to the context for (1) *Maximum* in the proper mathematical sense; (2) *Greatest possible*; (3) *stationary*; (4) where minimum (or *least possible*) might have been expected; upon the principle that every minimum is the correlative of a maximum. Thus Thomson's Minimum theorem is correlated with Bertrand's Maximum theorem. (Watson and Burbury.) This liberty is taken, not only for brevity, but also for the sake of a certain suggestiveness. '*Stationary*' for instance, fails to suggest the *superlativeness* which it connotes.

b. The second term of Variation. It may be objected that the *other* condition of a maximum equation of the first term to zero is of a more *precise* character. See, however, Appendix I., p. 92.

c. E.g., Todhunter's *Researches on Calculus of Variations,* pp. 21~30, 80, 117, 286, &c.

느슨한 수량적 관계를 기초 자료로 삼아 출발하여 **극대**를 찾아 결론에 도달한다면, 그 방법도 마찬가지로 같은 수학이어야 하지 않을까?

반박이 하나 더 있을 수 있다. 물리 미적분학에는 항상 (톰슨·테이트로부터 인용했던 예에서처럼) 측정에 대한 기대와 잠재적 가능성이 있는 데 반해 정신학은 계산의 첫째 조건인 **단위**가 없다는 것이다. 이에 대해 짧은 대답을 자신 없이 내놓겠다.[a]

제번스 교수가[b] 말하듯이, 효용은 **강도**强度와 **시간**의 두 차원을 갖는다.[24] 각 차원에서의 단위는 겨우 인지할 수 있는[c] 증분增分이다.[25] **감지 가능한 극소**들의 상호 동등은 증명할 수 없는 첫째 원리를 구성한다. 이 원리는 **믿음**의 수리 미적분학의[26] 첫째 원리를 닮았다. 이 원리에 따르면,[d] 구분할 수 없는 여러 사건이나 경우가 제각기 서로 동등하다.[27] 이것은 진화의 과정에서 획득된 원리임이 분명하다. 시간 간격이나 즐거움의 종류와 상관없이 적용되어야 하는 시간-강도强度 단위들의 등치等置 가능성은 아직은 불완전하게 진화했다. 그런 상태에 있는 것이 **경제** 미적분학의 단위다.

도덕 미적분학을 위해서는 한 가지 차원이 더 필요하다. 이 사람의 행복을 저 사람의 행복과 비교해야 하며,[28] 일반적으로 구성원이 다르고 평균 행복이 다른 여러 집단의 행복을 비교해야 한다.

체계적인 도덕성을 갖추려면 그 내용이 무엇이든 그런 비교를 더 이상

---

a. 더 자세한 논의는 부론 III.을 보라.
b. 경제학과 관련하여, 《이론》, 51쪽.
c. 분트, 《생리학적 심리학》 참조. 아래 60쪽을 보라. 우리의 '겨우 인지할 수 있는' 미량은 무한히 작은 미분(微分)이 아니라 유한히 작은 차분(差分)으로 간주해야 한다. 그것은 무한소 기호의 (적당히 조심스런) 사용과 맞아떨어지는 개념이다.
d. 라플라스, 《확률 시론》, 7쪽.[29]

to the *maximum* sum total of utility. Since, then, Social Science, as compared with the Calculus of Variations, starts from similar data — *loose quantitative relations* — and travels to a similar conclusion — determination of *maximum* — why should it not pursue the same method, Mathematics?

There remains the objection that in Physical Calculus there is always (as in the example quoted above from Thomson and Tait) a potentiality, an expectation, of measurement; while Psychics want the first condition of calculation, *a unit*. The following[a] brief answer is diffidently offered.

Utility, as Professor Jevons[b] says, has two dimensions, *intensity* and *time*. The unit in each dimension is the just perceivable[c] increment. The implied equation to each other of each *minimum sensibile* is a first principle incapable of proof. It resembles the equation to each other of undistinguishable events or cases,[d] which constitutes the first principle of the mathematical calculus of *belief*. It is doubtless a principle acquired in the course of evolution. The implied equatability of time-intensity units, irrespective of distance in time and kind of pleasure, is still imperfectly evolved. Such is the unit of *economical* calculus.

For moral calculus a further dimension is required; to compare the happiness of one person with the happiness of another, and generally the happiness of groups of different members and different average happiness.

Such comparison can no longer be shirked, if there is to be any

---

a. For a fuller discussion, see Appendix III.

b. In reference to Economics, *Theory*, p. 51.

c. Cf. Wundt, *Physiological Psychology*; below, p. 60. Our 'ebenmerklich' minim is to be regarded not as an infinitesimal differential, but as a finite small difference; a conception which is consistent with a (duly cautious) employment of infinitesimal notation.

d. Laplace, *Essai — Probabilities*, p. 7.

회피할 수 없다. 행복의 비교는 분배적 정의의 전제고, 인구 문제의 전제다. 모든 도덕의 전망이 끝나는 수평선이고, 가장 신성한 일이나 가장 사소한 일의 모퉁이를 돌 때마다 멀리서 눈에 들어오는 수평선이다. 당신이 공리주의자답게 6펜스를 지출하려면 당신의 행동이 과연 제한된 수의 사람에게 더 큰 편안을 가져다줄지 아니면 제한된 편안을 더 많은 사람에게 가져다줄지 숙고하지 않을 수 없다.

그렇다면 어떤 **단위**에 의해 그런 비교가 가능해질까? 내가 여기서 말하려는 바는 한 단위의 시간 동안 한 단위의 즐거움 강도强度를 경험하는 개인을 '하나로 셈'해야[30] 한다는 것이다.[a] 그리하여 효용은 **세** 차원을 갖는다. 이 효용 덩어리 또는 '즐거움 묶음'이[31] 저것보다 큰 것은 이 묶음 또는 덩어리가 더 많은 단위의 **강도-시간-수**數를 가질 때이다. 셋째 차원은 진화의 소산임에 틀림없으며, 완전한 진화까지는 여전히 멀다.

우리의 세 잣대를 다시 들여다보면, 셋째 차원과 관련해서는 별다른 어려움이 보이지 않는다. 그것은 인구 조사의 문제다. 둘째 차원은, 여기서 언급하게 될 시간의 주관적 척도와 객관적 척도의 차이가 그다지 중요하지 않다고 한다면, 시계에 맡기면 된다. 그러나 객관의 안전지대를 벗어나 **지각 가능한 극소**를 단위로 삼는 첫째 차원은 참으로 고유한 어려움을 드러낸다. **즐거움의 원자**는 구분하거나 구별하기가 쉽지 않다. 모래보다 연속적이고 액체보다 이산적離散的이다. 반半의식에 둘러싸여 있기에 겨우 인지할 수 있는 것의 핵이다.

우리는 삶의 황금 모래를[32] **셀** 수 없다. 우리는 사랑의 바다가 짓는 '헤아

---

a. 순수 공리주의에서 그렇다는 것이다. 완전한 진화를 이루지 못한 비(非)순수 공리주의에서는 **분수(分數)**로 셈한다.[33] 16쪽을 보라.

24　　　　　　　　　　제1부

systematic morality at all. It is postulated by distributive justice. It is postulated by the population question; that horizon in which every moral prospect terminates; which is presented to the far-seeing at every turn, on the most sacred and the most trivial occasions. You cannot spend sixpence utilitarianly, without having considered whether your action tends to increase the comfort of a limited number, or numbers with limited comfort; without having compared such alternative utilities.

In virtue of what *unit* is such comparison possible? It is here submitted: Any individual experiencing a unit of pleasure-intensity during a unit of time is to 'count for one.'[a] Utility, then, has *three* dimensions; a mass of utility, 'lot of pleasure,' is greater than another when it has more *intensity-time-number* units. The third dimension is doubtless an evolutional acquisition; and is still far from perfectly evolved.

Looking back at our triple scale, we find no peculiar difficulty about the third dimension. It is an affair of census. The second dimension is an affair of clockwork; assuming that the distinction here touched, between subjective and objective measure of time, is of minor importance. But the first dimension, where we leave the safe ground of the objective, equating to unity each *minimum sensibile*, presents indeed peculiar difficulties. *Atoms of pleasure* are not easy to distinguish and discern; more continuous than sand, more discrete than liquid; as it were nuclei of the just-perceivable, embedded in circumambient semi-consciousness.

We cannot *count* the golden sands of life; we cannot *number* the

---

a. In the Pure, for a *fraction*, in the Impure, imperfectly evolved, Utilitarianism. See p. 16.

릴 수 없는 미소'를[34] **헤아릴** 수 없다. 그래도 우리는 여기에 **더 많고** 저기에 **더 적은** 즐거움 묶음, 행복 덩어리가 있음을 관찰할 수 있다.

(2) 마음의 세계에 수학을 적용하려는 시도를 지지하는 가설이 있다. 즐거움이 에너지의 부수물이라는 가설이 그것인데, 이는 모든 심리 현상이 어떤 의미에서 물리 현상의 다른 측면이고 부수물이라는 일반 가설에 부합한다. **에너지**는 수리 물리학의 핵심 관념이라고 할 수 있다. **극대 에너지**는[35] 수리 물리학에서 탐구의 주요 대상이다. 우리는 이 개념의 도움을 받아 물리 현상을 과학적 질서로 환원하는데, 물리 현상의 복잡성은 사회과학에서 나타나는 결코 만만치 않은 복잡성과 비교할 수 있다.

어떤 물질세계를 생각해 보라. 온갖 모양의 바퀴, 피스톤, 부품, 연결부가 우리를 당혹하게 하는 기제, 그리하여 더 이상은 복합적일 수 없는 기제를 생각해 보라. 이 기제의 미로 같은 복잡성은 그 얽히고설킴에서 우리 생각의 짜임과 열정의 간계를 훌쩍 넘어버릴 수도 있다. 그럼에도 불구하고, 만약 이 기제가 멈춰 있는 상태에서 어느 확정된 지점들에 어떤 주어진 충격들이 가해질 때 그 커다란 전체의 각 부분이 움직인다면, 그 운동에 대한 수리 추론이 가능하다. 가해진 충격들과 실재하는 구조물에 어긋나지 않으면서 그 전체의 에너지가 최대 가능 값이 되게 하는 속도로 각 부분이 움직인다는 것이다.[a] 만일 우리가 그 기제의 구조물에 대해 **무언가**를 안다면, 만일 그것이 '대단히 복잡하긴 하지만 아무런 계획도 없지는 않다'면,[36] 만일 그 구조물에 관해 수치는 아니더라도 수량 자료가 우리에게 있다면, 우리는 그 움직임에 대해 마찬가지로 불확정한 결론을 연역해 낼 수도 있다. 예를 들어

---

a. 베르트랑의 '정리.'[37]

'innumerable smile' of seas of love; but we seem to be capable of observing that there is here a *greater*, there a *less*, multitude of pleasure-units, mass of happiness; and that is enough.

(2) The application of mathematics to the world of soul is countenanced by the hypothesis (agreeable to the general hypothesis that every psychical phenomenon is the concomitant, and in some sense the other side of a physical phenomenon), the particular hypothesis adopted in these pages, that Pleasure is the concomitant of Energy. *Energy* may be regarded as the central idea of Mathematical Physics; *maximum energy* the object of the principal investigations in that science. By aid of this conception we reduce into scientific order physical phenomena, the complexity of which may be compared with the complexity which appears so formidable in Social Science.

Imagine a material Cosmos, a mechanism as composite as possible, and perplexed with all manner of wheels, pistons, parts, connections, and whose mazy complexity might far transcend in its entanglement the webs of thought and wiles of passion; nevertheless, if any given impulses be imparted to any definite points in the mechanism at rest, it is mathematically deducible that each part of the great whole will move off with a velocity such that the energy of the whole may be the greatest possible[a] − the greatest possible consistent with the given impulses and existing construction. If we know *something* about the construction of the mechanism, if it is 'a mighty maze, but not without a plan;' if we have some quantitative though not numerical datum about the construction, we may be able to deduce a similarly indefinite conclusion about the motion. For instance, any number of cases may be imagined in which,

---

a. Bertrand's *Theorem*.

어느 부분이 다른 부분보다 **덜 딱딱하다**는 게 그 구조물에 대한 기초 자료라면, 그 운동에 대한 결론은 덜 딱딱한 부분이 다른 부분보다 더 많은 에너지를 가진다는 것이 될 수 있다.[a] 이처럼 개략적인, 불확정한, 그렇지만 수리적인 추론이 이 책에서 앞으로 전개할 추론과[b] 유사하다. 미리 말하자면, 행복의 최대 가능 총합을 이루기 위해서는, 즐거움을 더 잘 느끼는 사람이 더 많은 수단을 갖고 더 많은 행복을 누려야 한다.

앞선 예시에서 우리가 상정했던 한 기제의 운동은 주어진 충격들이 확정된 지점들에 (혹은 확정된 표면들에) 가해지면서 즉각적으로 일으키는 것이다. 그러나 그다지 다르지 않은 경우라면 비슷한 견해를 가질 수 있는데, 한정된 힘들이 시간 속에서 그 기제를 구성하는 입자들에 작용하는 동시에 그 사이에서 상호작용하면서 일으키는 운동을 상정하는 경우가 그렇다. 이 상정은 (여러 물체가 서로를 그 거리의 어떤 함수에 맞춰 끌어당기는) 다체多體문제도[38] 포함한다. 이와 관련해서 종종 듣게 되는 질문이 있다. 수학이 자신의 영역에서 삼체三體문제도 풀지 못하는데, 사회과학에서는 그런 수학으로부터 무엇을 기대할 수 있겠는가? 이 질문에 대한 답은 수학으로 다체문제를 푸는 게 **가능**하다는 것이다. 그 풀이가 수치로 분명하게 제시되지는 않으나 충분히 실제적이고 철학적이고 얼마든지 당당하게 일반적이어서 철학자의 마음에 들 것이다. 전체가 아무리 복잡하더라도, 라그랑주가 발견했거나 개선한 원리에 의해,[39] 각 입자는 그 기제의 순간 에너지들을 차곡차곡 더해 놓은 에너지 집적이 (혹은 에너지의 시간 적분, 전문 용어로는 **작용**이[40]) 극대가[c] 되도록 계속 움직인다. 윌리엄 로완 해밀턴 경의 발견에 의해 전체

---

a. 왓슨・버버리, 《일반화 좌표》, 30항과 그 앞의 항 참조.
b. 64쪽.
c. 6쪽의 각주를 보라.

if a datum about the construction is that certain parts are *less stiff* than others, a conclusion about the motion would be that those parts[a] take on more energy than their stiffer fellows. This rough, indefinite, yet mathematical reasoning is analogous to the reasoning on a subsequent page,[b] that in order to the greatest possible sum total of happiness, the more capable of pleasure shall take more means, more happiness.

In the preceding illustration the motion of a mechanism was supposed instantaneously generated by the application of given impulses at definite points (or over definite surfaces); but similar general views are attainable in the not so dissimilar case in which we suppose motion generated in time by finite forces acting upon, and interacting between, the particles of which the mechanism is composed. This supposition includes the celebrated problem of Many Bodies (attracting each other according to any function of the distance); in reference to which one often hears it asked what can be expected from Mathematics in social science, when she is unable to solve the problem of Three Bodies in her own department. But Mathematics *can* solve the problem of many bodies — not indeed numerically and explicitly, but practically and philosophically, affording approximate measurements, and satisfying the soul of the philosopher with the grandest of generalisations. By a principle discovered or improved by Lagrange, each particle of the however complex whole is continually so moving that the accumulation of energy, which is constituted by adding to each other the energies of the mechanism existing at each instant of time (technically termed *Action* — the time-integral of Energy) should be a[c] maximum. By the discovery of Sir William Rowan

---

a. Cf. Watson and Burbury, *Generalised Co-ordinates*, Art. 30, and preceding.
b. p. 64.
c. See note, p. 6.

와 부분의 예속 관계가 더 유용하게 표현되는데,[a] 각 부분의 속도는 전체의 **작용**으로부터 도출할 수 있는 것으로 간주된다.[41] 그 작용은 힘의 법칙과 어떤 **하나**의 관계로 연결된다. 그 관계는 명시적이지도 않고 일반적으로 이해하기에 쉽지도 않다. 그러나 모르는 많은 것들이 모르는 어떤 하나로 환원되고, 그 모르는 하나가 아는 것과 연결된다.

그리하여 물리 탐구의 주요 대상이 된 이 에너지의 집적은 (또는 시간 적분은) 이제 즐거움의 집적과 비교될 수 있다. 순간마다의 즐거움을 전망하여 합쳐 놓은 즐거움 집적은 자기 이익만을 쫓을 수도 있고 박애적일 수도 있는 이성적 행동의 목적이다. 동역학의 핵심 개념은, 그리고 (널리 퍼져있는 여러 유추에 기대여 말하면) 일반적으로 수리 물리학의 핵심 개념은, 윤리학의 핵심 개념과 **다르게 드러나지만 동일하다**. 정밀한 수치로 나타나지는 않으나 충분히 실제적이면서도 철학적인 어떤 해解가 물체의 상호 작용 문제에 존재하듯이 마음의 문제에도 가능하다.

이런 일반적인 해는 보편 행복의 최대 가능 총합을 탐구하는 공리주의의 문제에나 적용될 수 있으리라고 생각할 수도 있다.[42] 그러나 다시 생각해 볼 필요가 있다. 자기 이익에 의해서만 추동되는 계약의 주체들이 지향하는 배열을 탐구하는 게 경제학이지만, 우리가 받아들일 정신물리학의 가설에 근거해서 보면, 그 배열 역시 행복의 극대 총합, **상대 극대**,[b] 혹은 **일정 조건에 부합하는** 극대의 실현으로 간주될 수 있다. 그리하여 **여러 조건 안에서** 최대 가능 수량의 행복을 지향하는 권능이라는 신성한 관념이 어렴풋이 떠오른

---

a. 〈철학 기요〉, 1834~1835.[43]
b. 24쪽, 142쪽을 보라.

Hamilton[a] the subordination of the parts to the whole is more usefully expressed, the velocity of each part is regarded as derivable from the *action* of the whole; the action is connected by a *single*, although not an explicit or in general easily interpretable, relation with the given law of force. The many unknown are reduced to one unknown, the one unknown is connected with the known.

Now this accumulation (or time-integral) of energy which thus becomes the principal object of the physical investigation is analogous to that accumulation of pleasure which is constituted by bringing together in prospect the pleasure existing at each instant of time, the end of rational action, whether self-interested or benevolent. The central conception of Dynamics and (in virtue of pervading analogies it may be said) in general of Mathematical Physics is *other-sidedly identical* with the central conception of Ethics; and a solution practical and philosophical, although not numerical and precise, as it exists for the problem of the interaction of bodies, so is possible for the problem of the interaction of souls.

This general solution, it may be thought, at most is applicable to the utilitarian problem of which the object is the greatest possible sum total of universal happiness. But it deserves consideration that an object of Economics also, the arrangement to which contracting agents actuated only by self-interest tend is capable of being regarded upon the psychophysical hypothesis here entertained as the realisation of the maximum sumtotal of happiness, the *relative maximum?*[b] or that which is *consistent with certain conditions*. There is dimly discerned the Divine idea of a power tending to the greatest possible

---

a. *Philosophical Transactions*, 1834~1835.

b. See pp. 24, 142.

다.[a] 그 조건은 경제학에서 추상적으로 가정하듯이 완벽한 해체와 무정한 고립일 수도 있고, 허버트 스펜서가 말하는 통합처럼[44] 타인의 즐거움을 자신의 즐거움과 동일하게 여기는 완벽한 공리적 동감으로 나아가는 도중의[b] 어떤 것일 수도 있다. 이처럼 조건은 다양하지만 오직 하나의 극대 원리가 있다. 진화의 단계는 많으나 오직 '하나의 증대 목적'이 있다.

'사회 역학'은 언젠가 '천체 역학'과[45] 함께 나란히 왕좌에 오를 것이다. 그 자리는 하나의 극대 원리가 향하는 두 절정이며,[c] 도덕과학과 물리과학의 최고 정점이다. 물질세계에서는 입자 하나하나의 움직임이, 제약을 받거나 벗어나, 극대 총합의 에너지 집적에 계속 종속된다. 이와 마찬가지로 마음 하나하나의 움직임이, 자기에게로 고립되거나 동감으로 연결되어, 극대의 즐거움 에너지를 계속 실현하고 있을지 모른다.

'사회 역학'은 그 언니와는[46] 달리 오직 신념의 눈에만 보이기 때문에 세속의 숭배자에게는 덜 매력적이다. 그 언니의 조각상 같은 아름다움은 뚜렷이 드러나지만 '사회 역학'의 요정 같은 특성과 유연한 형태는 베일에 가려 있

---

a. 밀, 《본성과 종교에 대한 시론》[47] 참조.

b. 16쪽을 보라.

c. 수학에 익숙한 독자에게는 구태여 말할 필요가 없겠으나, 아무런 유입도 없고 유실도 없다면, 라그랑주의 원리에[48] 따라 모든 (보존계) 동역학이 극대 문제로 나타난다. 이 극대 원리와 함께 유체 운동 이론을 지배하는 톰슨의 위대한 원리가 수리 물리학을 지배한다. (톰슨·테이트, 여러 항. 그 외에도 톰슨의 '소용돌이 이론,' 에든버러 왕립학회, 1865 참조[49]) 그 원리의 우위는 형식에 그치지 않으며, 결코 없어서는 안 될 효력을 발휘한다. 보통의 도덕 규칙도 이와 비슷하리라고 짐작할 수 있다. 동일한 내용을 직관주의자는 (문법적으로 말해) **원급**(原級)으로 표현하고, 공리주의자는 **최상급**으로 표현한다. 그러나 더 높은 차원의 도덕 문제는 이 **극대**라는 개념이 없어서는 안 된다.

quantity of happiness[a] *under conditions*; whether the condition of that perfect disintegration and unsympathetic isolation abstractedly assumed in Economics, or those intermediate[b] conditions of what Herbert Spencer might term integration on to that perfected utilitarian sympathy in which the pleasures of another are accounted equal with one's own. There are diversities of conditions, but one maximum-principle; many stages of evolution, but 'one increasing purpose.'

'Mécanique Sociale' may one day take her place along with 'Mecanique Celeste,' throned each upon the double-sided height of one maximum principle,[c] the supreme pinnacle of moral as of physical science. As the movements of each particle, constrained or loose, in a material cosmos are continually subordinated to one maximum sum-total of accumulated energy, so the movements of each soul, whether selfishly isolated or linked sympathetically, may continually be realising the maximum energy of pleasure, the Divine love of the universe.

'Mécanique Sociale,' in comparison with her elder sister, is less attractive to the vulgar worshipper in that she is discernible by the eye of faith alone. The statuesque beauty of the one is manifest; but the fairylike features of the

---

a. Cf. Mill, *Essays on Nature and Religion.*

b. See p. 16.

c. The mathematical reader does not require to be reminded that upon the principles of Lagrange the whole of (conservative) Dynamics may be presented as a Maximum-Problem; if without gain, at any rate without loss. And the great principle of Thomson (Thomson & Tait, arts. Cf. *Theory of Vortices*, by Thomson, Royal Society, Edinburgh, 1865), with allied maximum-principles, dominating the theory of fluid motion, dominates Mathematical Physics with a more than nominal supremacy, and most indispensably efficacious power. Similarly, it may be conjectured, the ordinary moral rules are *equivalently* expressed by the Intuitivist in the (grammatically-speaking), *positive* degree, by the Utilitarian in the *superlative*. But for the higher moral problems the conception of *maximum* is indispensable.

다. 그러나 수학은 보이지 않는 사물의 증언을 들으며 먼 길을 걸어 원자의 세계로 들어갔다. (덧붙여 말하면, 원자의 세계에서 사용되는 통계적이고 개략적인 방법이[50] 사회 수학의 가능성을 보여줄 수도 있다.) 보이지 않는 전기 에너지를 라그랑주의 놀라운 방법으로 파악하듯이,[a] 보이지 않는 즐거움 에너지도 비슷한 방법을 허용하리라 기대할 수 있다.

전류를 나르는 전도체 체계에서 전자력電磁力에 기인하는 에너지는 보통의 동역학적 힘, 예컨대 전도체에 가해지는 중력에 기인하는 에너지와 구분된다. 마찬가지로 즐거움 에너지는 팔다리의 총에너지와 구분될 뿐만 아니라 신경 에너지와도 구분되는데, 후자는 (조지 헨리 루이스의[51] 견해와는 달리) 그 일부만 의식에 반영되거나 **즐거움의 강도**가 아닌 **의식의 강도**로 반영된다. 전자력이 극대 에너지를 지향하듯이 즐거움의 힘도 극대 에너지를 지향한다. 즐거움의 힘에 의해 생성된 에너지는 물질적 부수물이며 환희의 의식적 느낌을 재는 척도다.

두 궤도로 만들어진 전기 회로를 생각해 보자. 이 궤도는 땅에서 떨어진 채 한 쪽 끝은 축전지에 연결되어 있고 다른 한 쪽 끝은 증기기관차가 걸쳐 놓여 있다.[b] 전류가 회로를 따라 흐르면 전자력이 가해져서 회로 또는 그것의 움직일 수 있는 부분을 움직이려 할 텐데, 그 움직임의 방향은 (지구의 자력에 기인하여) 회로를 통해 양의 방향으로 지나가는 역선力線의 수가 **극대**가 되도록 정해진다. 그러므로 전자력은 기관차가 궤도를 따라 그 방향으

---

a. 라그랑주가 사용한 **일반화 좌표**에 관해서는 클러크 맥스웰의 《전기와 자기》, 4부, 5~6장을 참조하라.[52]

b. 클러크 맥스웰도 비슷한 구조물을 상정한다.

other and her fluent form are veiled. But Mathematics has long walked by the evidence of things not seen in the world of atoms (the methods whereof, it may incidentally be remarked, statistical and rough, may illustrate the possibility of social mathematics). The invisible energy of electricity is grasped by the marvellous methods of Lagrange;[a] the invisible energy of pleasure may admit of a similar handling.

As in a system of conductors carrying electrical currents the energy due to electro-magnetic force is to be distinguished from the energy due to ordinary dynamical forces, e.g., gravitation acting upon the conductors, so the energy of pleasure is to be distinguished not only from the gross energy of the limbs, but also from such nervous energy as either is not all represented in consciousness (pace G. H. Lewes), or is represented by *intensity of consciousness* not *intensity of pleasure*. As electro-magnetic force tends to a maximum energy, so also pleasure force tends to a maximum energy. The energy generated by pleasure force is the physical concomitant and measure of the conscious feeling of delight.

Imagine an electrical circuit consisting of two rails isolated from the earth connected at one extremity by a galvanic battery and bridged over at the other extremity by a steam-locomotive.[b] When a current of electricity is sent through the circuit, there is an electro-magnetic force tending to move the circuit or any moveable part of it in such a direction that the number of lines of force (due to the magnetism of the earth) passing through the circuit in a positive direction may be a *maximum*. The electro-magnetic force therefore

---

a. See Clerk Maxwell, *Electricity and Magnetism*, on the use of Lagrange's *Generalised Co-ordinates*, Part iv., chaps. 5 and 6.
b. Clerk Maxwell has a similar construction.

로 움직이게 하려 한다. 물론 이 섬세한 힘이 육중한 기관차를 움직일 수는 없다. 하지만 그 힘이 스프링을 누르고 손잡이를 돌리고 증기를 방출함으로써 기관차가 증기기관에 의해 **전자력의 방향으로** 움직이는 원인이 될 수 있다. 그리고 그 움직임의 방향은 전류가 흐르는 방향에 따라 앞이나 뒤가 될 것이다. 연약한 전자력이 지휘자 자리에 앉아 증기기관의 움직임을 좌우하면서 **극대**를 향한 자신의 갈망을 채우는 것이다.

이제 자유도自由度 하나를 더하여, 기관차가 **지표면** 위에서[a] 극소 퍼텐셜 전자기電磁氣 에너지의 위치를 향해 움직이게 한다. 이 개념을 더 복잡하게 할 수정이 있다. 극소 힘 퍼텐셜의 원리를 대신해서 **극소 운동량 퍼텐셜**의 원리를[b] 채택한다. 더욱 복합적인 기제를 생각해 볼 수도 있다. 더 섬세한 체계로부터 어렴풋한 의미의 **지배**를 받는 이 기제는 헤아릴 수 없는 자유도를 가진다. 하지만 그 자체는, 자유의 방향이 아무리 흩어져 있어도, 여전히 물리학의 위대한 **극대 원리**에 복종하고, 마침내 수리 논증을 받아들인다. 비록 처음 볼 때는, 삶의 모든 변덕과 변칙처럼, 아름다움의 미소와 열정의 파도처럼, 도저히 계산할 수 없을 듯이 보일지라도.

즐거움도 이처럼 진화 과정에서 더욱 복합적인 에너지들을 다스리는 왕좌에 올랐다. 즐거움은 이제 머리카락처럼 가느다란 스프링의 압력에 언제라도 작동을 시작할 준비가 되어 있는 폭발적인 엔진과 같다.[c] 즐거움은 첫째

---

a. 24쪽을 보라.
b. **운동량 퍼텐셜**은 **속도 퍼텐셜**로부터 유추된다(톰슨, "소용돌이 운동," 31절[53]). 그리고 **극소**는, 내가 생각하기에, **에너지**에 관한 이론과 **작용**에 관한 이론 사이의 어떤 유추에 기대고 있다.
c. 밸푸어 스튜어트의 《에너지 보존》에서 "생명의 기제"에 대한 그의 설명을 보라.[54]

tends to move the locomotive along the rails in that direction. Now this delicate force may well be unable to move the ponderous locomotive, but it may be adequate to press a spring and turn a handle and let on steam and cause the locomotive to be moved by the steam-engine *in the direction of the electro-magnetic force*, either backwards or forwards according to the direction in which the electrical current flows. The delicate electro-magnetic force is placed in such a commanding position that she sways the movements of the steam-engine so as to satisfy her own yearning towards *maximum*.

Add now another degree of freedom; and let the steam-car governed move upon a plane[a] in a direction tending towards the position of Minimum Potential Electro-Magnetic Energy. Complicate this conception; modify it by substituting for the principle of Minimum Force-Potential the principle of *Minimum[b] Momentum-Potential*; imagine a comparatively gross mechanism of innumerable degrees of freedom *governed*, in the sense adumbrated, by a more delicate system — itself, however inconceivably diversified its degrees of freedom, obedient still to the great *Maximum Principles* of Physics, and amenable to mathematical demonstration, though at first sight as hopelessly incalculable as whatever is in life capricious and irregular — as the smiles of beauty and the waves of passion.

Similarly pleasure in the course of evolution has become throned among grosser subject energies — as it were explosive engines, ready[c] to go off at

---

a. See p. 24.

b. *Momentum-Potential* upon the analogy of *Velocity-Potential* (Thomson on Vortex Motion, § 31); and *Minimum*, as I venture to think, in virtue of certain analogies between theories about *Energy* and about *Action*.

c. See the account of the *Mechanism of Life*, in Balfour Stewart's *Conservation of Energy*.

원리에 휘둘리는 동시에 신하 에너지들을 휘두르면서 **극대**를 향한 자신의 갈망을 채운다. '그녀의 모든 미세한 몸짓과 하찮은 움직임'이[55] 힘의 법칙이 되어 체계를 제어한다. 유연한 형상의 '여왕 요정'이[56] 모는 가장 복잡한 전차戰車, 바퀴 안의 바퀴, '생각과 행동의 도구,'[57] 운동 신경, 팔다리, 그리고 그것들이 작용하는 환경.

바로 그런 전사戰士와 전차戰車의 체계가 사회과학의 대상을 구성한다. 여러 전사의 힘이 서로 끌어당기고, 여러 전차가 서로 부딪히고 뭉치면서, 전자기장電磁氣場을 닮은 복잡성 속에서 일반적인 성질이 수량적 규칙성의 모습을 드러낸다. 과학적 가설을 세우는 일이 필자의 능력을 넘어서지만 수학의 능력을 넘어서지는 않는다. '*그러나 만약 내가 자연의 이 부분에 가까이 가지 못하면 내 피는 심장 주위에서 차갑게 멈춰 설 것이다.*'[58] 적어도 **즐거움 기계로서의 인간이라는 개념**이[59] 사회과학에서 역학力學의 용어와 수리 추론을 사용하는 것을 정당하고 편리하게 한다.

제2부

지금까지의 예비 검토에 힘입어 우리는 이제 즐거움의 미적분학을 구성하는 두 영역인 경제학과 공리주의 윤리학에 다가간다. 경제 미적분학은 여러 쾌락의 힘이 제각기 극대 개별 효용을 지향하는 체계의 균형을 탐구하고, 공리功利 미적분학은 여러 쾌락의 힘이 제각기 그리고 모두 극대 보편 효용을 지향하는 체계의 균형을 탐구한다. 두 종種의 주체들이 가진 동기는 각각

the pressure of a hair-spring. Swayed by the first principle, she sways the subject energies so as to satisfy her own yearning towards *maximum*; 'her every air Of gesture and least motion' a law of Force to governed systems — a fluent form, a Fairy Queen guiding a most complicated chariot, wheel within wheel, the 'speculative and active instruments,' the motor nerves, the limbs and the environment on which they act.

A system of such charioteers and chariots is what constitutes the object of Social Science. The attractions between the charioteer forces, the collisions and compacts between the chariots, present an appearance of quantitative regularity in the midst of bewildering complexity resembling in its general characters the field of electricity and magnetism. To construct a scientific hypothesis seems rather to surpass the powers of the writer than of Mathematics. 'Sin has ne possim natural accedere partes Frigidus obstiterit circum præcordia sanguis;' at least *the conception of Man as a pleasure machine* may justify and facilitate the employment of mechanical terms and Mathematical reasoning in social science.

PART II.

SUCH are some of the preliminary considerations by which emboldened we approach the two fields into which the Calculus of Pleasure may be subdivided, namely Economics and Utilitarian Ethics. The Economical Calculus investigates the equilibrium of a system of hedonic forces each tending to maximum individual utility; the Utilitarian Calculus, the equilibrium of a system in which each and all tend to maximum universal utility. The

시지윅 씨가 말한 이기적 쾌락주의와 보편적 쾌락주의에 상응한다.[1] 그러나 그 상응이 완전하지는 않다. 우선 시지윅 씨가 분명히 밝혔음에도 불구하고 끈질긴 오해와 비판을 받고 있는 '자기 제한'의 원리에 따라, 순수 공리주의 자일지라도 경쟁자들을 향한 자신의 박애를 가라앉히는 것이 가장 유익하리라 생각할 수 있고, **연역적 이기주의자**일지라도 공리 미적분학을 필요로 할수 있다. 더욱이 실제 주체들의 도덕적 구성은 순수 공리주의나 순수 이기주의가 아니라 **혼합**일[2] 수 있다. 시지윅 씨에 따르면 쾌락주의는 '방법'의 한 부류로서 그 행동 원리를 일반적으로 **행복 극대화**로 정의할 수 있는데, 이에 관한 그의 구분이 완전하지 않음은 이미 지적된 대로다. 순수 이기주의와 순수 보편주의의 양 극단 사이에 무한한 수의 비非순수 방법이 있을 수 있으며, 어떤 주체는 (평온한 순간에) 타인의 행복을 자신의 행복과 비교하여 없음으로 셈하지도 '하나로 셈'하지도[3] 않고 **분수**分數**로 셈**할 수 있다.[4]

논쟁을 미뤄두고[a] **경제 미적분학**의 요소를 살펴보기로 하는데, 그 **함의**가 (추론의 일부와 함께) 당연한 외연을 넘어서 부富를 노린 영리 투쟁은 물론 권력을 노린 정치 투쟁으로까지 확장될 것이다.

경제 미적분학

정의. 경제학의 첫째 원리는[b] 각 주체가 자기 이익에 의해서만 추동된다는 것이다. 이 원리의 작동은 두 양상으로 나눠 볼 수 있다. 한 주체의 행동은 그 행동에 영향을 받는 다른 주체들의 동의 **없이** 이뤄지기도 하고, 동의를

---

a. 부론 IV.를 보라.
b. 여기서는 **서술**에 그치는데, 이 잠정적 연구의 목적을 위해서는 그것으로 충분하다.

motives of the two species of agents correspond with Mr. Sidgwick's Egoistic and Universalistic Hedonism. But the correspondence is not perfect. For, firstly, upon the principle of 'self limitation' of a method, so clearly stated by Mr. Sidgwick, so persistently misunderstood by critics, the Pure Utilitarian might think it most beneficent to sink his benevolence towards competitors; and the *Deductive Egoist* might have need of a Utilitarian Calculus. But further, it is possible that the moral constitution of the concrete agent would be neither Pure Utilitarian nor Pure Egoistic, but μικτή τις. For it is submitted that Mr. Sidgwick's division of Hedonism — the class of 'Method' whose principle of action may be generically defined *maximising happiness* — is not exhaustive. For between the two extremes Pure Egoistic and Pure Universalistic there may be an indefinite number of impure methods; wherein the happiness of others as compared by the agent (in a calm moment) with his own, neither counts for nothing, not yet 'counts for one,' but *counts for a fraction.*

Deferring controversy,[a] let us glance at the elements of the *Economic Calculus*; observing that the *connotation* (and some of the reasoning) extends beyond the usual denotation; to the political struggle for power, as well as to the commercial struggle for wealth.

ECONOMICAL CALCULUS.

DEFINITIONS. — The first principle of Economics[b] is that every agent is actuated only by self-interest. The workings of this principle may be viewed under two aspects, according as the agent acts *without*, or *with*, the consent

---

a. See Appendix IV.

b. *Descriptions* rather, but sufficient for the purpose of these tentative studies.

받아 이뤄지기도 한다. 넓은 의미에서 첫째 종種의 행동은 **전쟁**이라 부를 수 있고, 둘째 종의 행동은 **계약**이라 부를 수 있다. 예를 들어 보자. (1) 장군이나 검객이 자리를 옮기고 상인이 가격을 낮추는 일은 **경쟁자의 동의 없이** 일어난다. (2) 한 조組의 (노동자, 자본가, 관리자) 협동조합이 **만장일치**로 합의하여 각자에게 그가 치른 희생의 **일정한 함수**를 배정함으로써 공동 생산물을 분배한다. 이 경우 계약 **물건**들 중 하나는 각자가 바칠 희생의 **크기**고 다른 하나는 **분배 원리**다.

 '그것은 평화인가 전쟁인가?' 경제적 **경쟁**에 대해 '모드'의[1] 연인이 이렇게 묻고서는 서둘러 대답한다. 둘 다 맞다. 계약이 지켜지는 동안에는 계약자들 사이의 *평화* 혹은 *협약*이고, 계약자들 중 일부가 **다른 이들의 동의 없이** **재계약**을[2] 맺을 때는 **전쟁**이다. 그래서 마지막 입찰자와 접촉하던 경매인이 (**만약** 더 높은 입찰이 없으면 그 가격에 팔려다가) 더 높은 가격을 제시한 사람과 **재계약**을 맺는다. 토지 임대 기간이 끝나자 지주가 다른 임차인과 재계약을 맺는 것도 이와 다르지 않다.

 경쟁 마당은[3] 하나 혹은 여러 계약과 관련해서 규정되는데, 해당 물건들에 대해 재계약의 의사와 능력을 가진 모든 개인들로 구성된다. 따라서 경매에서의 경쟁 마당은 마지막 입찰보다 높은 가격을 제시할 의사와 능력을 가진 모든 이들과 경매인으로 구성된다. 이 경우 거래가 결정에 다다르면서 경쟁 마당이 계속 줄어들어 마침내는 소멸한다. 그러나 이것이 일반적인 경우는 아니다. 동시에 진행되는 많은 수의 경매를 생각해 보라. 같은 내용을 달리 말할 수 있다. 무한한 수의 거래인 X가 상품 x를 갖고서 참여하고, 무한한 수의 거래인 Y가 상품 y를 갖고서 참여하는 시장이 있다. 이 경우 균형이 결정되기까지는 경쟁 마당이 무한히 크다. 물론 균형 지점에서는 경쟁 마당

of others affected by his actions. In wide senses, the first species of action may be called *war*; the second, *contract*. Examples: (1) A general, or fencer, making moves, a dealer lowering price, *without consent of rival*. (2) A set of co-operatives (labourers, capitalists, manager) agreed *nem. con.* to distribute the joint-produce by assigning to each *a certain function* of his sacrifice. The *articles* of contract are in this case the *amount* of sacrifice to be made by each, *and the principle of distribution,*

'Is it peace or war?' asks the lover of 'Maud,' of economic *competition*, and answers hastily: It is both, *pax* or *pact* between contractors during contract, *war*, when some of the contractors *without the consent of others recontract*. Thus an auctioneer having been in contact with the last bidder (to sell at such a price *if* no higher bid) *recontracts* with a higher bidder. So a landlord on expiry of lease recontracts, it may be, with a new tenant.

The *field of competition* with reference to a contract, or contracts, under consideration consists of all the individuals who are willing and able to recontract about the articles under consideration. Thus in an auction the field consists of the auctioneer and all who are effectively willing to give a higher price than the last bid. In this case, as the transaction reaches determination, the field continually diminishes and ultimately vanishes. But this is not the case in general. Suppose a great number of auctions going on at the same point; or, what comes to the same thing, a market consisting of an indefinite number of dealers, say Xs, in commodity x, and an indefinite number of dealers, say Ys, in commodity y. In this case, up to the determination of equilibrium, the field continues indefinitely large. To be sure it may be said

이 소멸한다고 말할 수 있다. 그러나 이런 사정이 그 정의를 무의미하게 만들지는 않는다. 어떤 물체 체계에 유효하게 작용하는 힘의 중심들로 **힘 마당**을 정의한다면, 그 마당은 줄곧 범위가 한정되지 않은 채 체계가 움직이면 따라서 바뀌다가 체계가 균형에 도달하면 소멸한다고 말할 수 있다.

정상正常 경쟁 마당에서는 자유로운 소통이 이뤄진다. 마당을 구성하는 개인들이 한 지점에 집결하거나 전화로 연결된다고 생각해도 좋다. 이 상정이 관념적이긴 하지만 추상 과학을 위해서는 실재 혹은 경향에 충분히 근접한다.

완전[4] 경쟁 마당은 이에 더해 수리 계산에 특별히 유리한 성질을 지니는데, 그것은 어떤 의미에서 무한한 **다수성**多數性과 **분할성**이라 부를 수 있다. 이 성질은 (원자 이론이나 미분학의 다른 여러 적용에서 보듯이) 수리 물리학의 그토록 많은 부분에서 편의를 제공하는 바로 그 **무한** 또는 **무한소**와 유사하다. **완전** 마당의 조건은 네 가지다. 첫째 짝은 **다수성** 혹은 연속성을[a] 표제로 삼을 수 있고, 둘째 짝은 **분할성** 혹은 유체성流體性을 표제로 삼을 수 있다.

I. 어느 개인이나 무한한 수의 상대방 중 누구와도 자유롭게 **재계약**을 맺을 수 있다. 바로 앞의 예를 다시 사용한다면, 무한한 수의 X와 무한한 수의 Y가 있다.

II. 어느 개인이나 자유롭게 무한한 수의 상대방과 (동시에) **계약**을 맺을 수 있다. 예를 들면, 어느 X든 얼마든지 많은 수의 Y와 거래할 수 있고, 마찬가지로 어느 Y든 얼마든지 많은 수의 X와 거래할 수 있다. 이 조건이 첫째

---

a. 5쪽을 보라.

경제 미적분학

to vanish at the position of equilibrium. But that circumstance does not stultify the definition. Thus, if one chose to define the *field of force* as the centres of force sensibly acting on a certain system of bodies, then in a continuous medium of attracting matter, the field might be continually of indefinite extent, might change as the system moved, might be said to vanish when the system reached equilibrium.

There is free communication throughout a *normal* competitive field. You might suppose the constituent individuals collected at a point, or connected by telephones — an ideal supposition, but sufficiently approximate to existence or tendency for the purposes of abstract science.

A *perfect* field of competition professes in addition certain properties peculiarly favourable to mathematical calculation; namely, a certain indefinite *multiplicity* and *dividedness*, analogous to that *infinity* and *infinitesimality* which facilitate so large a portion of Mathematical Physics (consider the theory of Atoms, and all applications of the Differential Calculus). The conditions of a *perfect* field are four; the first pair referrible[a] to the heading *multiplicity* or continuity, the second to *dividedness* or fluidity.

I. Any individual is free to *recontract* with any out of an indefinite number, *e.g.*, in the last example there are an indefinite number of Xs and similarly of Ys.

II. Any individual is free to *contract* (at the same time) with an indefinite number; *e.g.*, any X (and similarly Y) may deal with any number of Ys. This condition combined with the first appears to involve the indefinite divisibility

---

a. See p. 5.

조건과 결합하면 각 계약 **물건**의 무한 분할 가능성과[a] 관련이 있어 보이는데, 사실 어느 X가 무한한 수의 Y와 거래한다면 그 X는 각각의 Y에게 x의 무한히 작은 부분을 줘야 한다. 그렇지만 이 성질은 별도의 조건으로 내세울 수도 있다.

III. 어느 개인이나 다른 개인과 자유롭게, 제삼자로부터 어떤 **동의**도 받을 필요 **없이** 독립하여, **재계약**을 맺을 수 있다. 예를 들면, 여러 Y 사이에서 (그리고 여러 X 사이에서도 마찬가지로) 둘 혹은 그 이상의 계약자들이 **연합**이나 사전 계약을 통해, 그들 중 누구도 다른 모두의 동의 없이는 재계약을 맺지 못하게 하는 그런 일이 일어나지 않는다. 그리하여 어느 Y나 다른 어느 Y에도 신경 쓰지 않고 어느 X의 제의든 받아들일 수 있다.

IV. 어느 개인이나 자유롭게 제삼자로부터 독립해서 다른 개인과 **계약**을 맺을 수 있다. 단순한 교환에서는 계약이 오직 둘 사이에서만 이뤄지지만, 앞의 예에서 서술했듯이(17쪽) 각 거래마다 적어도 셋이 있어야 하는 게 생산 조건이어서 복잡해진 계약에서는 그렇지 않다.

첫째 조건의 둘째 조건에 대한 관계와 셋째 조건의 넷째 조건에 대한 관계 사이에 어떤 유사성을 발견할 수 있다. 첫째 조건의 실패가 둘째 조건의 실패를 수반하지만 그 역은 성립하지 않으며, 셋째 조건과 넷째 조건도 같은 관계를 갖는다.

타결이란 관련자 모두가 동의하는 변경은 있을 수 없는 계약이다.

최종 타결이란 경쟁 마당 안에서의 재계약에 의한 변경이 있을 수 없는 타결이다.

계약이 **비**非**결정적**이라 함은 무한한 수의 **최종 타결**이 존재한다는 것이다.

---

a. 여기서는 이런 종(種)의 불완전을 명시적으로 다루지 않기로 한다. 그 이유는 그것의 실제적 중요성이 크지 않기 때문이기도 하고, 제번스 교수가 (《이론》, 135~137쪽) 그것을 충분히 다뤘기 때문이기도 하다.[5] 부론 V.에서 지적하고 강조하듯이, 이 불완전의 결과는 경쟁이 그 외의 측면에서 완전한지 그렇지 않은지에 따라 달라진다.

경제 미적분학

of[a] each *article* of contract (if any X deal with an indefinite number of Ys he must give each an indefinitely small portion of *x*); which might be erected into a separate condition.

III. Any individual is free to *recontract* with another independently of, *without the consent* being required of, any third party, *e.g.*, there is among the Ys (and similarly among the Xs) no *combination* or precontract between two or more contractors that none of them will recontract without the consent of all. Any Y then may accept the offer of any X irrespectively of other Ys.

IV. Any individual is free to *contract* with another independently of a third party; e.g., in simple exchange each contract is between two only, but *secus* in the entangled contract described in the example (p. 17), where it may be a condition of production that there should be three at least to each bargain.

There will be observed a certain similarity between the relation of the first to the second condition, and that of the third to the fourth. The failure of the first involves the failure of the second, but not *vice versâ*; and the third and fourth are similarly related.

A *settlement* is a contract which cannot be varied with the consent of all the parties to it.

A *final settlement* is a settlement which cannot be varied by recontract within the field of competition.

Contract is *indeterminate* when there are an indefinite number of *final settlements*.

---

a. This species of imperfection will not be explicitly treated here; partly because it is perhaps of secondary practical importance; and partly because it has been sufficiently treated by Prof. Jevons (*Theory*, pp. 135~137). It is important, as suggested in Appendix V., to distinguish the effects of this imperfection according as the competition is, or is not, supposed perfect in *other* respects.

문제. 그렇다면 **계약은 얼마만큼이나 비결정적인가?** 이 도입부를 마무리하면서 특별히 주의를 기울여야 하는 문제가 바로 그것이다. 그 문제를 탐구함으로써 비결정성이 얼마나 널리 존재하는가를[1] 알 수 있을 뿐만 아니라 그 해악으로부터 벗어나기 위해 모색해야 할 방향을 알아낼 수 있다면 이 탐구는 이론 이상의 중요성을 갖는다.

논증.[a] 일반적인 답은 이렇다. (α) 경쟁이 없으면 계약이 비결정적이고, (β) 경쟁이 **완전**하면 계약이 완벽하게 결정적이고,[1] (γ) 경쟁이 더 또는 덜 완전하면 계약이 덜 또는 더 비결정적이다.

(α) 가장 단순한 경우의 계약에서부터 시작하자. 변경 가능한 두 수량에 두 개인 X와 Y의 이해利害가 달려 있는데, 두 개인은 상호 동의 없이는 그 두 수량을 더 이상 변경하지 않기로 합의한다. 두 상품의 교환은 이런 계약의 특수한 경우이다. 제번스 교수가 그리했듯이,[b] 주고받는 부분을 x와 y로 나타내기로 한다. 그리하면 이편 당사자 X의 효용을 $\Phi_1(a-x)+\Psi_1(y)$로, 저편 당사자 Y의 효용을 $\Phi_2(x)+\Psi_2(b-y)$로 나타낼 수 있다. 여기서 Φ와 Ψ는 제번스 교수의 기호 ϕ와 ψ의 적분이다.[2] 동의 없이는 (이를테면 폭력으로는) x와 y가 달라지지 않는다는 합의가 존재한다.

더 일반적일 수 있다.[3] 이편 당사자 X의 효용을 $P=F(xy)$로,[4] 저편 당사자 Y의 효용을 $\Pi=\Phi(xy)$로 나타내기로 한다. 이제 우리가 풀어야 할 문제는 그들이 도달할 균형의 점, 어느 한 사람 또는 둘 모두가 더 이상 움직이려 하지 않을 그런 점, 즉 그들이 동의할 **타결**이다. 일반적으로 계약만으로는 해를 정할 충분한 조건을 제공하지 못한다는 것이 그 답이다. 경쟁이나 윤리

a. **결론**이라고 하는 게 더 적절하겠다. 온전한 수리 논증은 제시되지 않는다.
b. 《정치경제학 이론》, 2판, 107쪽.

The PROBLEM to which attention is specially directed in this introductory summary is: *How far contract is indeterminate* — an inquiry of more than theoretical importance, if it show not only that indeterminateness tends to prevent widely, but also in what direction an escape from its evils is to be sought.

DEMONSTRATIONS.[a] — The general answer is — (α) Contract without competition is indeterminate, (β) Contract with *perfect* competition is perfectly determinate, (γ) Contract with more or less perfect competition is less or more indeterminate.

(α) Let us commence with almost the simplest case of contract, — two individuals, X and Y, whose interest depends on two variable quantities, which they are agreed not to vary without mutual consent. Exchange of two commodities is a particular case of this kind of contract. Let x and y be the portions interchanged, as in Professor Jevons's example.[b] Then the utility of one party, say X, may be written $\Phi_1(a-x)+\Psi_1(y)$; and the utility of the other party, say $\Phi_2(x)+\Psi_2(b-y)$; where Φ and Ψ are the integrals of Professor Jevons's symbols ϕ and ψ. It is agreed that x and y shall be varied only by consent (not *e.g.* by violence).

More generally. Let P, the utility of X, one party, $=F(xy)$, and Π, the utility of Y, the other party, $=\Phi(xy)$. If now it is inquired at what point they will reach equilibrium, one or both refusing to move further, to what *settlement* they will consent; the answer is in general that contract by itself does not supply sufficient conditions to determinate the solution; supplementary conditions as will appear being supplied by competition or ethical motives,

---

a. *Conclusions* rather, the mathematical demonstration of which is not fully exhibited.
b. *Theory of Political Economy*, 2nd ed., p. 107.

적 동기가 보충 조건을 제공하고, 계약은 (두 변수에 대해) 단지 **하나**의 조건을 제공한다. 즉

$$\frac{d\mathrm{P}}{dx}\frac{d\Pi}{dy} = \frac{d\mathrm{P}}{dy}\frac{d\Pi}{dx}$$

(이 식에 상응하는 제번스 교수의 방정식은[5]

$$\frac{\phi_1(a-x)}{\psi_1(y)} = \frac{\phi_2(x)}{\psi_2(b-y)}$$

《이론》, 108쪽.) 이제 이 수식을 검토하기로 한다.

P − F(xy) = 0을 곡면으로 간주하자. P는 xy 평면 (말하자면 이 책 종이의 평면) 위의 어느 한 점에서 그 곡면까지 올려 세운 좌표의 길이다. Π − Φ(xy) = 0도 이와 마찬가지로 간주하자. 이제 우리가 찾아야 할 점 (xy)는 거기로부터 무한히 작은 걸음을 내딛을 때 그것이 **어느 방향이더라도** P와 Π 둘 모두가 증가하지는 않는 그런 점이다. 아래 방정식이 그런 점의 궤적임을 다양한 관점에서 보여 줄 수 있다.[6]

$$\frac{d\mathrm{P}}{dx}\frac{d\Pi}{dy} - \frac{d\mathrm{P}}{dy}\frac{d\Pi}{dx} = 0$$

그리고 나는 여기서 이 궤적을 **계약 곡선**이라 부를 것을 제안한다.

(1) 먼저 X가 어느 점 (xy)로부터 어떤 방향으로 무한히 작은 걸음을 내딛는데, 그 길이가 ρ이다.[7] 이때 P에 더해지는 것은

$$\rho\left[\left(\frac{d\mathrm{P}}{dx}\right)\cos\theta + \left(\frac{d\mathrm{P}}{dy}\right)\sin\theta\right]$$

여기서 $\rho\cos\theta = dx$, $\rho\sin\theta = dy$. 따라서 X는 반드시 어떤 선線의 한 편으로만 움직일 게 분명하다. **무차별 선**이라[8] 부를 수 있는 그것의 방정식은[9]

$$(\xi - x)\left(\frac{d\mathrm{P}}{dx}\right) + (\eta - y)\left(\frac{d\mathrm{P}}{dy}\right) = 0$$

Contract will supply only *one* condition (for the two variables), namely

$$\frac{d\mathrm{P}}{dx}\frac{d\Pi}{dy} = \frac{d\mathrm{P}}{dy}\frac{d\Pi}{dx}.$$

(corresponding to Professor Jevons's equation

$$\frac{\phi_1(a-x)}{\psi_1(y)} = \frac{\phi_2(x)}{\psi_2(b-y)},$$

Theory p. 108), which it is proposed here to investigate.

Consider $\mathrm{P} - \mathrm{F}(xy) = 0$ as a surface, P denoting the length of the ordinate drawn from any point on the plane of xy (say the plane of the paper) to the surface. Consider $\Pi - \Phi(xy) = 0$ similarly. It is required to find a point (xy) such that, *in whatever direction* we take an infinitely small step, P and Π do not increase together, but that, while one increases, the other decreases. It may be shown from a variety of points of view that the locus of the required point is

$$\frac{d\mathrm{P}}{dx}\frac{d\Pi}{dy} - \frac{d\mathrm{P}}{dy}\frac{d\Pi}{dx} = 0;$$

which locus it is here proposed to call the *contract-curve.*

(1) Consider first in what directions X can take an indefinitely small step, say of length ρ, from any point (xy). Since the addition to P is

$$\rho\left[\left(\frac{d\mathrm{P}}{dx}\right)\cos\theta + \left(\frac{d\mathrm{P}}{dy}\right)\sin\theta\right],$$

$\rho\cos\theta$ being $= dx$, and $\rho\sin\theta = dy$, it is evident that X will step only on one side of a certain line, the *line of indifference*, as it might be called; its equation being

$$(\xi - x)\left(\frac{d\mathrm{P}}{dx}\right) + (\eta - y)\left(\frac{d\mathrm{P}}{dy}\right) = 0.$$

그리고 지적해 둘 게 있다. X가 **선호**하는 움직임의 방향을 역선ヵ線 혹은 **선호 선**이라[10] 부를 수 있을 텐데, 이 선은 무차별 선과 직각을 이룬다. 같은 설명이 Π에도 적용된다. 우리의 물음이 X와 Y가 동의해서 **함께** 움직일 방향에 대해서라면, 그 대답은 각자의 무차별 선 사이의 모든 방향이다.[11] 우리는 그 방향을 가리켜, **둘 모두에게 양**陽인 방향이라 부를 수도 있다. 그렇다면 그들이 어떤 점에 있으면 그 점에서 조금도 움직이지 않으려 할까? 그 대답은 그들의 **무차별 선**이 겹치는 (그리고 **선호 선**이 겹칠 뿐만 아니라 방향이 서로 반대되는) 때이다. 따라서 **필요**조건은[12]

$$\left(\frac{dP}{dx}\right)\left(\frac{d\Pi}{dy}\right) - \left(\frac{dP}{dy}\right)\left(\frac{d\Pi}{dx}\right) = 0$$

물론 이것이 **충분**조건은 아니다.[13]

(2) 같은 생각을 달리 기술할 수 있다. P의 완전 변분[14] DP를 $\rho\left[\left(\frac{dP}{dx}\right)\cos\theta + \left(\frac{dP}{dy}\right)\sin\theta\right]$로 나타내고, Π에 대해서도 그렇게 하자. 그러면 일반적으로는 θ를 적절히 선택해서 $\frac{DP}{D\Pi}$가 양陽이 되어 P와 Π가 모두 함께 증가하게 할 수 있다. 여기서 $\frac{DP}{D\Pi} = g^2$로 나타내면[15]

$$\tan\theta = -\frac{\dfrac{dP}{dx} - g^2\dfrac{d\Pi}{dx}}{\dfrac{dP}{dy} - g^2\dfrac{d\Pi}{dy}}$$

그러나 이 풀이가 실패하는 경우가 있으니[16]

$$\frac{\left(\dfrac{dP}{dx}\right)}{\left(\dfrac{dP}{dy}\right)} = \frac{\left(\dfrac{d\Pi}{dx}\right)}{\left(\dfrac{d\Pi}{dy}\right)}$$

사실 이 경우 $\frac{DP}{D\Pi}$는 그 값이 **모든 방향으로 같다**. 그런데 그 같은 값이 **음**陰

And it is to be observed, in passing, that the direction which X will *prefer* to move, the line of force or *line of preference*, as it may be termed, is perpendicular to the line of indifference. Similar remarks apply to Π. If then we enquire in what directions X and Y will consent to move *together*, the answer is, in any direction between their respective lines of indifference, in a direction *positive* as it may be called *for both*. At what point then will they refuse to move at all? When their *lines of indifference* are coincident (and *lines of preference* not only coincident, but in opposite directions); where the *necessary* (but not *sufficient*) condition is

$$\left(\frac{d\mathrm{P}}{dx} \right)\left(\frac{d\Pi}{dy} \right) - \left(\frac{d\mathrm{P}}{dy} \right)\left(\frac{d\Pi}{dx} \right) = 0 .$$

(2) The same consideration might be thus put. Let the complete variation of P be $\mathrm{DP} = \rho \left[\left(\dfrac{d\mathrm{P}}{dx} \right) \cos\theta + \left(\dfrac{d\mathrm{P}}{dy} \right) \sin\theta \right]$ and similarly for Π. Then in general θ can be taken, so that $\dfrac{\mathrm{DP}}{\mathrm{D}\Pi}$ should be positive, say $= g^2$, and so P and Π both increase together.

$$\tan\theta = -\frac{\dfrac{d\mathrm{P}}{dx} - g^2 \dfrac{d\Pi}{dx}}{\dfrac{d\mathrm{P}}{dy} - g^2 \dfrac{d\Pi}{dy}}$$

But this solution fails when

$$\frac{\left(\dfrac{d\mathrm{P}}{dx} \right)}{\left(\dfrac{d\mathrm{P}}{dy} \right)} = \frac{\left(\dfrac{d\Pi}{dx} \right)}{\left(\dfrac{d\Pi}{dy} \right)} .$$

In fact, in this case $\dfrac{\mathrm{DP}}{\mathrm{D}\Pi}$ *is the same for all directions*. If, then, that common

이라면 아무 방향으로도 움직일 수 없다.

(3) 혹은 이렇게도 생각할 수 있다. 이편 당사자가 잃지 않으면서 저편 당사자가 얻는다면 움직임이 가능하다. 그러므로 균형의 점은 **상대 극대**로 서술될 수 있다. Π가 일정하면서 P가 극대인 점이라는 것이다. $P = P - c(\Pi - \Pi')$로 쓰는데,[17] c는 상수이고 Π'은 Π의 일정한 값이다. 그러면 P가 극대가 되기 위해서는 반드시

$$dx\left(\frac{dP}{dx} - c\frac{d\Pi}{dx}\right) + dy\left(\frac{dP}{dy} - c\frac{d\Pi}{dy}\right) = 0$$

그리하여 우리는 앞에서처럼 **계약 곡선**을 갖게 된다.[18]

동일한 결과가 다른 전제로부터도 나올 수 있다. 어떤 변분에 대해 Y의 동의를 이끌어내기 위해서는, 그것이 그에게 손실이 아니거나 무한소 이득임을 보장하는 데 그치지 않고, P의 증가에 걸맞은 이득이 그에게 돌아갈 것임을 납득시켜야 한다고 전제하자. 예를 들어— 그다지 실행 가능하지 않은 조건임에 틀림없지만— 어떤 상수 k가 있어 $\Pi = k^2 P$. 혹은 더 일반적으로 P의 움직임이 따라야 하는 조건은, θ가 좌표의 함수이면서, $DP = \theta^2 \times D\Pi$. **이 조건에 복속하는** DP가 소멸되기 위해서는 반드시 어떤 상수 c에 대해

$$0 = \left(\frac{dP}{dx}\right)dx + \left(\frac{dP}{dy}\right)dy + c\left\{\left(\frac{dP}{dx}\right)dx + \left(\frac{dP}{dy}\right)dy - \theta^2\left[\left(\frac{d\Pi}{dx}\right)dx + \left(\frac{d\Pi}{dy}\right)dy\right]\right\}$$

그리하여[19]

$$\left(\frac{dP}{dx}\right)(1+c) - c\theta^2\left(\frac{d\Pi}{dx}\right) = 0$$

$$\left(\frac{dP}{dy}\right)(1+c) - c\theta^2\left(\frac{d\Pi}{dy}\right) = 0$$

value of $\dfrac{\text{DP}}{\text{D}\Pi}$ is *negative*, motion is impossible in any direction.

(3) Or, again, we may consider that motion is possible so long as, one party not losing, the other gains. The point of equilibrium, therefore, may be described as a *relative maximum*, the point at which *e.g.* Π being constant, P is a maximum. Put $P = P - c(\Pi - \Pi')$, where c is a constant and Π is the supposed given value of Π. Then P is a maximum only when

$$dx\left(\frac{dP}{dx} - c\frac{d\Pi}{dx}\right) + dy\left(\frac{dP}{dy} - c\frac{d\Pi}{dy}\right) = 0 ;$$

whence we have as before the *contract-curve*.

The same result would follow if we supposed Y induced to consent to the variation, not merely by the guarantee that he should not lose, or gain infinitesimally, but by the understanding that he should gain sensibly with the gains of P. For instance, let $\Pi = k^2 P$ where k is a constant, certainly not a very practicable condition. Or, more generally, let P move subject to the condition that $DP = \theta^2 \times D\Pi$, where θ is a function of the coordinates. Then DP, *subject to this condition*, vanishes only when

$$0 = \left(\frac{dP}{dx}\right)dx + \left(\frac{dP}{dy}\right)dy + c\left\{\left(\frac{dP}{dx}\right)dx + \left(\frac{dP}{dy}\right)dy - \theta^2\left[\left(\frac{d\Pi}{dx}\right)dx + \left(\frac{d\Pi}{dy}\right)dy\right]\right\}$$

where c is a constant;

$$\text{whence} \quad \left(\frac{dP}{dx}\right)(1+c) - c\theta^2\left(\frac{d\Pi}{dx}\right) = 0$$

and $$\left(\frac{dP}{dy}\right)(1+c) - c\theta^2\left(\frac{d\Pi}{dy}\right) = 0 ;$$

따라서 앞에서와 같이

$$\left(\frac{d\mathrm{P}}{dx}\right)\left(\frac{d\Pi}{dy}\right)-\left(\frac{d\mathrm{P}}{dy}\right)\left(\frac{d\Pi}{dx}\right)=0$$

말할 필요도 없이 공인된 수학자라면 이렇게 여러 가지로 표현된 하나의 이론을 더 과학적이고 우아하게 제시할 수 있을 것이다. 그렇지만 지금까지의 제시는 필자가 가장 철학적이라고 여기는 것이다.

(4) 위에서 어렴풋이 드러낸 가설에[a] 따르면, 계약 물건을 달라지게 하는 계약자의 발걸음은, 인간의 행동이 일반적으로 그러하듯이, 더 섬세한 즐거움의 힘이 **통제**하고 부추기고 지휘하는 복합력複合力의 작용으로 여겨질 수 있다. 그리하여 우리가 동역학의 일반 원리를 이 특수한 경우에 적용하여 추론하면, **계약자들의 총합 즐거움 에너지가** 조건들에 복속하면서 **상대 극대가**[b] **되는** 바로 그 때 균형이 이뤄진다고 말할 수 있다. 여기서 조건들이란 두 가지다. (i) X의 즐거움 에너지와 Y의 즐거움 에너지가 제각기 변수 x와 y의 (어떤 값의) 함수이되 그 변수의 값이 두 사람 모두에게 **동일**해야 한다. 앞에서 사용한 비유의 언어로 말하면, 즐거움 전차병戰車兵들이 한 조組를 이뤄 xy 평면 위에서 **함께** 움직이도록 전차를 몰아야 한다. (ii) 그 단일 조組가 어느 한 편의 **선호**에 반하는 방향으로[c] 떠밀리는 일이 결코 없어야 한다. 즉, 그 복합 전차 체계의 역선力線이 (그리고 그 운동량이) 계속해서 각자의 (양의 방향의) 즐거움 역선[20] 사이에 있어야 한다는 것이다. [우리는 지각 가능한 운동량을 아무 불리함 없이 사상할 수 있고, 그럼으로써 그 단일 체계가[21] 복합 역선을 따라 균형을 향해 움직인다고 상정할 수 있다. 그 체계를

---

a. 13~15쪽을 보라.
b. 11쪽의 각주를 보라.
c. 22쪽을 보라.

whence as before $\left(\dfrac{dP}{dx}\right)\left(\dfrac{d\Pi}{dy}\right) - \left(\dfrac{dP}{dy}\right)\left(\dfrac{d\Pi}{dx}\right) = 0$.

No doubt the one theory which has been thus differently expressed could be presented by a professed mathematician more elegantly and scientifically. What appears to the writer the most philosophical presentation may be thus indicated.

(4) Upon the hypothesis above shadowed forth,[a] human action generally, and in particular the step taken by a contractor modifying articles of contract, may be regarded as the working of a gross force *governed*, let on, and directed by a more delicate pleasure-force. From which it seems to follow upon general dynamical principles applied to this special case that equilibrium is attained when the *total pleasure-energy of the contractors is a maximum relative,*[b] or subject, to conditions; the conditions being here (i) that the pleasure-energy of X and Y considered each as a function of (certain values of) the variables *x* and *y* should be functions of the *same* values: in the metaphorical language above employed that the charioteer-pleasures should drive their teams *together* over the plane of *xy*; (ii) that the joint-team should never be urged in a direction contrary to the *preference*[c] of either individual; that the resultant line of force (and the momentum) of the gross, the chariot, system should be continually intermediate between the (positive directions of the) lines of the respective pleasure-forces. [We may without disadvantage make abstraction of sensible momentum, and suppose the by the condition joint-system to move towards equilibrium along a line of resultant gross force. Let it start from

---

a. See pp. 13~15.

b. See note, p. 11.

c. See p. 22.

원점에서 출발하게 하자. 그리고서는 당사자들 사이의 어떤 미지의 **타협 원리**를 나타내는 **임의 함수**를 사용하여, 거기서 도출되는 선과 각자의 즐거움 역선이 만드는 두 각도의 사인sine 사이의 비율을 상정하자.] 그리하여 앞선 추론과는 단지 관점에서 다를 뿐인 이 추론이 보여주듯이, **체계의 총합 효용은**[22] 순수 계약 곡선 위 어느 점에서나 상대 극대가 된다.

(1)과 (2)에서 드러나듯이 $\left(\dfrac{d\mathrm{P}}{dx}\right)\left(\dfrac{d\Pi}{dy}\right) - \left(\dfrac{d\mathrm{P}}{dy}\right)\left(\dfrac{d\Pi}{dx}\right) = 0$ 으로 규정되는 궤적 가운데 일부는 $\dfrac{\mathrm{DP}}{\mathrm{D}\Pi}$ 가 +여서 불가동성不可動性을 나타내지 **않기** 때문에 반대로 우리는 이 일부를 가리켜 비非**순수** (부분의) 계약 곡선이라고 부를 수 있다. 이는 이 책 종이 면이 지름 평면인 두 구球를 상정하면서 보여줄 수 있다. 쉽게 알 수 있듯이 계약 곡선은 두 중심을 연결하는 선이다.[23] 두 중심 사이의 거리가 두 반지름 중에서 작은 것보다 짧다면 계약 곡선의 일부는 **순수하지 않다.**[24] 만약 마셜 씨가 지표指標라고[25] 부를 그것이 이 부분 어딘가에 놓인다면, 그것은 중심까지 곧장 달려갈 것이다. 그러나 두 중심 사이의 계약 곡선은 **순수**하다. 그 지표가 이 부분 어딘가에 놓인다면 움직일 수 없다. 그리고 종이 평면 아래 부분의 구체에 대해 말한다면, 아래 방향의 좌표는 **음의 즐거움**을 나타내므로, *고칠 것만 약간 고친* 유사한 진술이 성립한다.

계약 곡선의 순수한 부분과 그렇지 않은 부분을 구분하는 점은 $\dfrac{\mathrm{DP}}{\mathrm{D}\Pi}$ 의 부호가 바뀌는 곳이며, 그곳에서 (일반적으로) $\dfrac{\mathrm{DP}}{d\sigma}$ 또는 $\dfrac{\mathrm{D}\Pi}{d\sigma}$ ($d\sigma$는 계약 곡선의 길이 증분이고) 어느 하나가 소멸하거나 무한소가 된다. 따라서 P와

the origin. And let us employ an *arbitrary function* to denote the unknown *principle of compromise* between the parties; suppose the ratio of the sines of angles made by the resultant line with the respective lines of pleasure-force.] Then, by reasoning different from the preceding only in the point of view, it appears that the *total utility of the system is a relative maximum at any point on the pure contract-curve.*

It appears from (1) and (2) there is a portion of the locus $\left(\dfrac{dP}{dx}\right)\left(\dfrac{d\Pi}{dy}\right)-\left(\dfrac{dP}{dy}\right)\left(\dfrac{d\Pi}{dx}\right)=0$, where $\dfrac{DP}{D\Pi}$ is $+$, *not* therefore indicating immobility, *au contraire*, the im*pure* (part of the) contract-curve, as it might be called. This might be illustrated by two spheres, each having the plane of the paper as a diametral plane. The contract curve is easily seen to be the line joining the centres. Supposing that the distance between the centres is less than the less of the radii, part of the contract-curve is *impure*. If the index, as Mr. Marshall might call it, be placed anywhere in this portion it will run up to a centre. But between the centres the contract-curve is *pure*; the index placed anywhere in this portion is immovable; and if account be taken of the portions of the spheres underneath the plane of the paper, the downward ordinates representing *negative pleasures*, similar statements hold, *mutatis mutandis*.

It appears that the pure and impure parts of the contract-curve are demarcated by the points where $\dfrac{DP}{D\Pi}$ changes sign, that is (in general) where either $\dfrac{DP}{d\sigma}$ or $\dfrac{D\Pi}{d\sigma}$ ($d\sigma$ being an increment of the length of the contract-curve) either vanishes or becomes infinite. Accordingly the maxima and minima of

Π의 극대와 극소가 구분 점을 내놓는다. 예를 들어 각 구의 중심이 그런 점인데, 이 점은 위 반구半球의 극대에 상응하는 동시에 아래 반구의 극소에 상응한다. 비非순수 계약 곡선은 이편 당사자에게는 상품이면서 저편 당사자에게는 비非**상품인**[26] 경우와 관련이 있다.

그러나 순수 계약 곡선에서도 모든 점이 같은 의미에서 불가동성不可動性을 나타내는 게 아니다. [위 23쪽] (3)의 고려에 따르면, 계약 곡선은 Π가 일정하면서 P가 **극대 또는 극소**로서의 **정상**定常 궤적으로 다뤄진다. 따라서 교차하는 두 구의 경우에는 어느 점이든 위 반구와의 관계에서 **극대**를 내놓는다면, 바로 그 점이 아래 반구와의 관계에서는 **극소**를 내놓는다. (**같은 점**이 그러한 것은 우연일 뿐이며, 만약 조금 찌그러진 두 구를 상정한다면 그리 될 수 없다.) 이 순수하지만 불안정한 (부분의) 계약 곡선은 그 전형적인 예를 **교역의 불안정 균형**에서 찾을 수 있는데,[a] 이에 대해서는 발라스 교수와 마셜 학장이[27] 지적했다.

위 이론은 쉽게 여러 사람과 여러 변수로 확장할 수 있다. 효용이 세 변수 *xyz*에 달려있을 때 세 당사자 중 한 명의 효용을 $P_1 = F_1(xyz)$로 나타내자. 그리고 마찬가지로 $P_2 = F_2$, $P_3 = F_3$. 그러면 **계약 타결**, 즉 세 당사자 모두의 동의를 받아 변경하기는 불가능한 배열은 (앞 단락에서 분석한 것과 같은 내용의 제한을 받는) **소거식**이다.[28]

$$\frac{d\mathrm{P}_1}{dx} \quad \frac{d\mathrm{P}_1}{dy} \quad \frac{d\mathrm{P}_1}{dz}$$

---

a. 마셜 씨의 [그림 9]가 그렇고 [그림 8]은 **아니다**. 두 개념 − **교역**의 (**완전 경쟁**이 전제된) 불안정성과 **계약 일반**의 불안정성 − 사이의 관계가 미묘한데, 일치 관계는 아니다.[29]

P and Π present demarcating points; for example, the centre of each sphere, which corresponds to a maximum in reference to the upper hemisphere, a minimum in reference to the lower hemisphere. The impure contract curve is relevant to cases where the commodity of one party is a *discommodity* to the other.

But even in the pure contract-curve all points do not in the same sense indicate immobility. For, according to the consideration (3) [above, p. 23], the contract-curve may be treated as the locus where, Π being constant, P is *stationary*, either a *maximum or minimum*. Thus any point in our case of two intersecting spheres affords a *maximum* in relation to the upper hemisphere; but the same point (it is only an accident that it should be the *same* point — it would not be the same point if you suppose slightly distorted spheres) affords a *minimum* in relation to the lower hemisphere. This *pure, but unstable* (part of the) contract-curve is exemplified in certain cases of that[a] *unstable equilibrium of trade*, which has been pointed out by Principal Marshall and Professor Walras.

The preceding theory may easily be extended to several persons and several variables. Let $P_1 = F_1(xyz)$ denote the utility of one of three parties, utility depending on three variables, xyz; and similarly $P_2 = F_2$, $P_3 = F_3$. Then the *contract-settlement*, the arrangement for the alteration of which *the consent of all three parties* cannot be obtained, will be (subject to reservations analogous to those analysed in the preceding paragraphs) *the Eliminant*

$$\frac{dP_1}{dx} \quad \frac{dP_1}{dy} \quad \frac{dP_1}{dz}$$

---

a. Mr. Marshall's figure 9 but *not* his figure 8; for the delicate relation between the conceptions — instability of *Trade* (where *perfect competition* is presupposed) and instability of contract in general — is not one of identity.

$$\frac{dP_2}{dx} \quad \frac{dP_2}{dy} \quad \frac{dP_2}{dz}$$

$$\frac{dP_3}{dx} \quad \frac{dP_3}{dy} \quad \frac{dP_3}{dz}$$

일반적으로 m명의 계약자와 n개의 계약 대상[30] 및 변수를 상정하자. 그리하면 [위 23쪽] 원리 (3)에 의해, 각 계약자의 효용이 나머지 모든 계약자의 효용을 일정하게 유지하거나 감소하지 않게 하는 **한에서** 최대이어야만 균형 상태라고 할 수 있다. 이를 수리 식으로 표현하면 $D(l_1P_1+l_2P_2+etc.+l_mp_m)=0$.[31] 여기서 D는 완전 증분을[32] 나타내고, l_1, l_2, 등은 정해지지 않은 승수를 나타낸다. 그리하여 n개의 변수 x_1, x_2, $\cdots$, x_n이 있다면 우리는 아래 모양의 방정식 n개를 갖는다.

$$l_1\frac{dP_1}{dx_1} + l_2\frac{dP_2}{dx_1} + \&c.+l_m\frac{dP_m}{dx_1} = 0$$

만일 n이 m보다 작지 않다면, 이 n개의 방정식에서 ($m-1$개의 독립) 상수 l을 소거하여 $n-(m-1)$개의 방정식으로 이뤄진 계약 체계를 얻을 수 있다.

n이 m보다 작은 경우는 예 하나를 들어 설명해도 충분하다. 두 계약 당사자의 효용 P와 Π를 결정하는 한 변수를 가로 좌표 x로 나타내자. 만약 p와 π가 각자의 즐거움 곡선의 극대점이라면—22쪽의 추론과 비교하라—π와 p 사이의 가로 좌표 경로는 순수 계약 곡선에 다름 아니다. 지표가 그 경로 위에 자리 잡기만 하면 이동할 수 없다. 그리고 π와 p를 벗어나 어느 쪽에 대해서건 그 반대로 된다. 세 개인이 두 변수 x와 y에 대해 계약을 맺는 경우도 이와 다르지 않음을 보여줄 수 있다. 계약의 궤적 혹은 영역은 xy 평면

$$\frac{dP_2}{dx} \quad \frac{dP_2}{dy} \quad \frac{dP_2}{dz}$$

$$\frac{dP_3}{dx} \quad \frac{dP_3}{dy} \quad \frac{dP_3}{dz}$$

In general let there be m contractors and n subjects of contract, n variables. Then by the principle (3) [above, p. 23] the state of equilibrium may be considered as such that the utility of any one contractor must be a maximum *relative to* the utilities of the other contractors being constant, or not decreasing; which may be thus mathematically expressed:

$D(l_1P_1+l_2P_2+\&c.+l_mP_m)=0$, where D represents complete increment and l_1 l_2 &c., are indeterminate multipliers; whence, if there be n variables x_1 x_2 ... x_n, we have n equations of the form

$$l_1\frac{dP_1}{dx_1}+l_2\frac{dP_2}{dx_1}+\&c.+l_m\frac{dP_m}{dx_1}=0$$

from which, if n be not less than m, we can eliminate the ($m-1$ independent) constants l and obtain the contract-system consisting of $n-(m-1)$ equations.

The case of n being less than m may be sufficiently illustrated by a particular example. Let the abscissa x represent the single variable on which the utilities P and Π of two persons contracting depend. Then if p and π are the maximum points for the respective pleasure-curves (compare the reasoning, p. 22) it is evident that the tract of abscissa between π and p is of the nature of pure contract-curve; that the index being placed anywhere in that tract will be immovable; secus on either side beyond π and p. Similarly it may be shown that, if three individuals are in contract about two variables xy, the contract locus or region is (the space within) a curvilinear triangle in the plane xy

위의 **세** 계약 곡선이 테두리를 이루는 곡선 삼각형의 내부 공간인데, 각 계약 곡선은 한 쌍의 개인이 x와 y에 대해 계약을 맺을 경우의 계약 곡선이다. 더 큰 숫자라면 초超평면에서 보여줄 수 있다.

우리 연구의 목적을 위해서는 더 이상의 분석이 필요하지 않다. 생각을 모아서 새기기 위해 단순한 경우를 상정하자. 로빈슨 크루소가 프라이데이와 계약을 맺는다.[33] 계약 **물건**은 그 백인이 지불하는 임금과 그 흑인이 제공하는 노동이다. 그리하여 로빈슨 크루소가 X다. 프라이데이가 제공하는 노동 y를 정해진 점으로부터 **북쪽**으로 측정되는 수직선으로[34] 나타내고, 크루소가 지불하는 보수 x를 동일한 점으로부터 **동쪽**을 향하는 선을 따라 측정한다.[35] (함께 있는 [그림 1]을 보라.) 그리하여 이 두 선 사이의 점은 어느 것이

[그림 1]

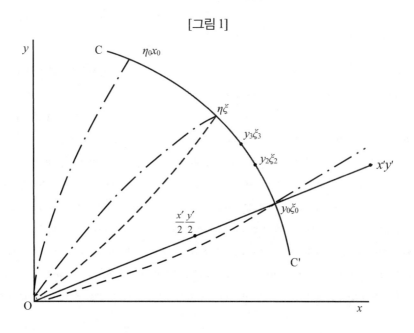

나 계약을 나타낸다. 무작위로 정해진 계약 물건의 변경이라면 거의 대부분 두 당사자 모두에게 이익이 될 것이다.[36] 그러나 두 당사자 **모두**가 동의하는

bounded by the *three* contract-curves presented by successively supposing each pair of individuals to be in contract with respect to x and y. And similarly for larger numbers in hyperspace.

It is not necessary for the purpose of the present study to carry the analysis further. To gather up and fix our thoughts, let us imagine a simple case — Robinson Crusoe contracting with Friday. The *articles* of contract: wages to be given by the white, labour to be given by the black. Let Robinson Crusoe $=X$. Represent y, the labour given by Friday, by a horizontal line measured *northward* from an assumed point, and measure x, the remuneration given by Crusoe, from the same point along an *eastward* line (See accompanying figure 1.). Then any point between these lines represents a contract. It will very

FIG. 1.

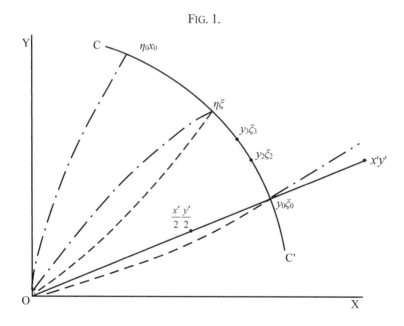

generally be the interest of both parties to vary the articles of any contract taken at random. But there is a class of contracts to the variation of which the consent of *both* parties cannot be obtained, of *settlements*. These

변경이란 있을 수 없는 그런 부류의 계약, 즉 **타결**이 있다. 타결은 **무한한 수의** 점들로 나타나는데, 그 궤적이 **계약 곡선** CC′이다. 그 곡선은, 또는 더 엄밀히 말해 그것의 일부는, 직각을 이루는 두 선 사이의 공간에 온전히 있으면서 남동쪽에서 북서쪽으로 나아가리라고 추정할 수 있다. 이 부분의 계약 곡선이 걸쳐 있는 두 점,[37] 북서쪽의 $\eta_0 x_0$와 남동쪽의 $y_0 \xi_0$은 원점으로부터 그린 각 당사자의 **무차별 곡선**이[a] 계약 곡선과 교차하는 두 점이다.[38] 그리하여 $\eta_0 x_0$으로 표시된 계약은 프라이데이에게 효용이 영囊이며, 아무런 계약도 없었던 것과 다를 바 없다. 그 점에서는 프라이데이가 당장 거래를 멈추고 차라리 혼자 일하려 할 것이다.

이처럼 단순한 경우가 비결정적 계약 특유의 해악을 분명하게 드러내어 보여 준다. **교착,** 결정할 수 없는 이해 대립, *무분별한 다툼과 소란*이[b] 바로 그 해악이다. **어떤 타결**이든 이뤄져서 양 극단 사이의 계약 곡선으로 표시되는 계약들 중 하나에 도달하는 게 이편저편 당사자 모두에게 이익이다. 그렇지만 이 계약들 중 **무엇**이냐는 자의적이다. 중재는 없고, 오직 계약 곡선 위에서 *마주보고 싸우는* 두 당사자의 이해利害가 있다. Y는 $y_0 \xi_0$을 향해 남동쪽으로 가기를 바라고, X는 $\eta_0 x_0$을 향해 북서쪽으로 가기를 바란다. 그리고 앞에서 수행한 분석으로부터 드러나는 게 또 있으니, **물건**의 가지 수가 여럿이더라도 (예컨대 로빈슨 크루소가 프라이데이에게 임금을 지불하는 동시에 동업 방식으로 생산물의 **일부**를 나눠주거나 작업 **방식의 배열**을 달리 할 수 있기에) **계약 궤적**은 여전히 일종의 선으로 나타낼 수 있으며,[39] 그 선을 따라 계약자들의 즐거움 힘이 서로 적대한다.

비결정적 계약이 가져올 해악이 또 있으니, 얼렁뚱땅 둘러대기와 혐오스

---

a. 22쪽을 보라.
b. 데모스테네스, 《왕관》.[40]

경제 미적분학

settlements are represented by an *indefinite number* of points, a locus, the *contract-curve* CC', or rather, a certain portion of it which may be supposed to be wholly in the space between our perpendicular lines in a direction trending from south-east to north-west. This available portion of the contract-curve lies between two points, say $\eta_0 x_0$ north-west, and $y_0 \xi_0$ south-east; which are respectively the intersections with the contract-curve of the *curves of indifference*[a] for each party drawn through the origin. Thus the utility of the contract represented by $\eta_0 x_0$ is for Friday zero, or rather, the same as if there was no contract. At that point he would as soon be off with the bargain — work by himself perhaps.

This simple case brings clearly into view the characteristic evil of indeterminate contract, deadlock, undecidable opposition of interests, ἀκριτὸς[b] ἔρις καὶ ταραχὴ. It is the interest of both parties that there should be *some settlement*, one of the contracts represented by the contract-curve between the limits. But *which* of these contracts is arbitrary in the absence of arbitration, the interests of the two *adversâ pugnantia fronte* all along the contract-curve, Y desiring to get as far as possible south-east towards $y_0 \xi_0$, X north-west toward $\eta_0 x_0$. And it further appears from the preceding analysis that in the case of any number of *articles* (for instance, Robinson Crusoe to give Friday in the way of Industrial Partnership a *fraction* of the produce as well as wages, or again, *arrangements about the mode* of work), the *contract-locus* may still be represented as a sort of line, along which the pleasure-forces of the contractors are mutually antagonistic.

An accessory evil of indeterminate contract is the tendency, greater than

---

a. See p. 22.

b. Demosthenes, *De Coronâ.*

런 실랑이 기술로 이어질 가능성이 충만 시장에서보다 더 크다.[41] 제번스 교수가[a] 비슷한 경우를 가리키며 말하기를,[42] '그런 거래는 딱히 경제적이라 보기 어려운 근거에 의해 결정된다. … 구매자에게 있어서 흥정의 기술이란 판매자가 받아 내려는 최저 가격을 어떡해서든 알아내면서 구매자 자신이 지불하려는 최고 가격은 되도록이면 감추는 데 있다.' 고립된 지역에서 사냥꾼과 나무꾼이 맺는 계약에 대한 쿠르셀-스뇌의[b] 설명과 비교해 보라.[43]

이처럼 막혀버리고 숨어들어간 과정과 대비되는 것이 (β) 열린 시장의[44] 매끄러운 장치다. 쿠르셀-스뇌의 말처럼 '경쟁자의 수가 늘어나면서 교환 조건은 어떤 의미에서 더 필연적이고 덜 개인적이게 된다.'[45] 이런 경우를 상정해 볼 수도 있다.[c] 거래인들이 자신의 필요를 감추지 않고 각 가격에서 자신이 매입할 물건의 수량 즉 **수요**를 적어내며,[46] 이 기초 자료가 일종의 시장 기계에 제공되어 **가격**이 냉정하게 책정된다.

완전 경쟁의 상태에서는 계약이 수요와 공급에 의해 결정된다고 하는데, 이는 널리 받아들여지고 있으나 수학의 도움 없이는 그 의미를 제대로 이해하기 어려운 주장이다. 여러 저명한 저자들이 완전 시장의 수학을 탐구했다. 특히 제번스, 마셜, 발라스를 꼽을 수 있다. 이들은 **교환학**이라[47] 불리기도 하는 이 수리 과학을 서로 다르게 구축했다. 첫째 원리의 뿌리까지 파고들고, 체계 전부의 모든 가지를 따라가고, 수리적 하부구조가 있어야만 닿을 수 있는 희귀한 열매를 따고 싶어 하는 독자라면 이들의 성과를 들여다보는 게 좋다.

---

a. 《이론》, 134쪽.
b. 《논저》, 2편.
c. 발라스, 《요론》, 50항 참조.

경제 미적분학

in a full market, towards dissimulation and objectionable arts of higgling. As Professor Jevons[a] says with reference to a similar case, 'Such a transaction must be settled upon other than strictly economical grounds ⋯ . The art of bargaining consists in the buyer ascertaining the lowest price at which the seller is willing to part with his object, without disclosing, if possible, the highest price which he, the buyer, is willing to give.' Compare Courcelle-Seneuil's[b] account of the contract between a hunter and a woodman in an isolated region.

With this clogged and underground procedure is contrasted (β) the smooth machinery of the open market. As Courcelle-Seneuil says, 'à mesure que le nombre des concurrents augmente, les conditions d'échange deviennent plus nécessaires, plus impersonelles en quelque sorte.' You might suppose each dealer to write down[c] his *demand*, how much of an article he would take at each price, without attempting to conceal his requirements; and these data having been furnished to a sort of market-machine, the *price* to be passionlessly evaluated.

That contract in a state of perfect competition is determined by demand and supply is generally accepted, but is hardly to be fully understood without mathematics. The mathematics of a perfect market have been worked out by several eminent writers, in particular Messrs. Jevons, Marshall, Walras; to whose varied cultivation of the mathematical science, *Catallactics*, the reader is referred who wishes to dig down to the root of first principles, to trace out all the branches of a complete system, to gather fruits rare and only to be reached by a mathematical substructure.

a. *Theory*, p. 134.
b. *Traité*, book ii.
c. Cf. Walras, *Elements*, Art. 50.

다양한 구조물과 용어로부터, *많은 이름을 가진 하나의 형상*으로부터,[48] 본 질적으로 동일한 도해 형식 혹은 분석 공식이 출현한다. 그것들은 모두 수요에 대한 공급의 동등을 표현하는데, 교환 분자라 불러도 좋을 가장 단순한 유형을 완전 경쟁의 정의와 함께 앞에서 제시했었다.[a] 잘 알려진 한 쌍의 방정식을 나는 첫째 원리로부터 연역해 낸다.[b] 다시 말하면, 재계약 없이 기존 계약을 기존 당사자들의 동의를 받아 변경하는 것이 불가능할 뿐만 아니라 경쟁 마당 안에서 재계약에 의해 변경하는 것도 불가능하다면 그때 비로소 균형이 이뤄진다. 이 일반적인 방법의 이점은 **각 가격에서의 수요와 공급**이라는 개념이 더 이상 적절하지 않은 불완전 경쟁의 여러 경우에도 적용할 수 있다는 것이다.

복수의 X, Y가 **여러** 물건을 두고 하나씩 복수의 Z, A, B 등 여러 조組와 거래하는 경우를 상정하면 교환 분자가 복잡해지는데, 발라스 씨가 분석하는 것이 이런 경우이다.

그래서 현실의 영리營利 마당을 여러 조組의 기업가들 X, Y, Z로 나타낼 수 있다. 한 명의 기업가 X는 여러 조組의 노동자들 A, B, C로부터 노동을 구입하고, 여러 조組의 자본가들 J, K, L로부터 자본 사용을 구입하고, 여러 조組의 지주들 P, Q, R로부터 토지 사용을 구입한다. 그리고 이들 세 부류에 **더하여** X와는 다른 종의 기업가들 Y, Z로 구성된 한 조組의 소비자들에게 생산물을 판매한다. 노동자의 수요를 연역해내려면 그의 효용을 그가 받는

---

a. 17쪽을 보라. 주의해서 기억해야 할 사실이 있다. 제번스 교수의 교환 공식이[49] 적용되는 대상은 (그 자신이 98쪽에서 충분히 밝히듯이[50]) 벌거벗은 개인들, 고립된 한 쌍이 아니다. 그 공식은 시장의 여러 성질을 갖춰 입은 개인들, 전형(典型)으로서의 한 쌍에 적용된다(부론 V.를 보라). 고립된 한 쌍, 교환 **원자**는 우리의 법칙 (α)를 따를 것이다.

b. 38쪽을 보라.

경제 미적분학

There emerges amidst the variety of construction and terminology πολλῶν ὀνομάτων μορφὴ μία, an essentially identical graphical form or analytical formula expressing the equation of supply to demand; whereof the simplest type, the catallactic molecule, as it might be called, is presented in the case above described in the definition of perfect competition.[a] The familiar pair of equations is deduced[b] by the present writer from the first principle: Equilibrium is attained when the existing contracts can neither be varied without recontract with the consent of the existing parties, nor by recontract within the field of competition. The advantage of this general method is that it is applicable to the particular cases of imperfect competition; where the conceptions of *demand and supply at a price* are no longer appropriate.

The catallactic molecule is compounded, when we suppose the Xs and Ys dealing in respect each of *several* articles with several sets of Zs, As, Bs, &c.; a case resolved by M. Walras.

Thus the actual commercial field might be represented by sets of entrepreneurs Xs, Ys, Zs, each X buying labour from among sets of labourers, As, Bs, Cs, use of capital from among sets of capitalists, Js, Ks, Ls, use of land from among sets of landowners, Ps, Qs, Rs, and selling products among a set of consumers consisting of the sum of the three aforesaid classes *and* the entrepreneurs of a species different from X, the Ys and Zs. As the demand of the labourer is deducible from considering his utility as a function of

---

a. See p. 17. It must be carefully remembered that Prof. Jevons's Formulæ of Exchange apply not to bare individuals, an isolated couple, but (as he himself sufficiently indicates, p. 98), to individuals clothed with the properties of a market, a typical couple (see Appendix V.). The isolated couple, the catallactic *atom*, would obey our (α) law.

b. See p. 38.

임금과 그가 하는 일의 함수로 간주하면 된다. 마찬가지로 기업가의 효용을 (1) 생산 주체들에 대한 그의 지출, (2) 그의 소비 과정에서의 지출, (3) 그의 생산물 판매로부터의 수입, (4) 그의 감독 노동 등의 함수로 간주함으로써 그의 수요를 도출할 수 있다. 마지막으로 지목한 변수는 계약 물건이 아니다. 그러나 생산물을 생산 주체와 기업가의 노동에 연결하는 특정 관계를 상정할 수 있기에 교환의 공식을 적용할 수 있다. 이것은 (위험, 해외 무역, X가 Y로 바뀌는 것과 같은 한 사업에서 다른 사업으로의 이동[a] 등등을 고려하지 않는) 매우 추상적인 서술이긴 하지만 발라스 씨의 서술보다는 더 구체적이다. 그는 '이윤도 손실도 발생시키지 않는'[b] 일종의 **마찰 없는** 기업가를 상정할 만큼 분명히 더 추상적이다.[51]

지금 막 도달한 관점에서 우리는 최근 경제과학에 더해진 여러 영역 중 하나를 보다 유리한 위치에서 살펴볼 수 있다. 이 영역은 시지윅 씨가 1879년 9월호 〈격주 평론〉에 기고하면서 더해졌다. 시지윅 씨가 그토록 명료하게 말로 풀어 보여준 **임금-이자 관계의 간접성**이 기호 속에서는 스스로 명백해진다. 시지윅 씨로부터 최후의 일격을 받은 **임금 기금의 선先결정성**은[52] 그 전부터 줄곧 위태로워 보였다. 가장 낮은 수학의 관점에서 완전 경쟁의 가장 단순한 유형을[c] 고려하더라도 위태롭기는 마찬가지였다. 여기에 시지윅 씨의 주장이 더해진 것이다. 시지윅 씨 자신은 의도하지 않았을 수도 있고 우리가 잘못 이해하고 있을 수도 있으나, 그의 주장에 따르면[d] 고용주와 작업자

---

a. 사업 사이의 **투과성**은 (《산업 경제학》에서[53] 숙련 및 비숙련노동이나 사업 능력의 공급과 관련해서 설명하듯이) 효용의 **수평**을 향한다.
b. 《요론》, 231, 242항 등.[54]
c. 17쪽, 31쪽을 보라.
d. 〈격주 평론〉, 1879, 410쪽 끝과 411쪽 처음.

wages received and work done, so the demand of the entrepreneur is deducible from considering his utility as a function of (1) his expenditures on the agents of production; (2) his expenditures in the way of consumption; (3) his receipts from sale of produce; (4) his labour of superintendence. The last-named variable is not an article of contract; but there being supposed a definite relation connecting the produce with agents of production and entrepreneur's labour, the catallactic formulæ become applicable. This is a very abstract representation (abstracting *e.g.* risk, foreign trade, the migration from one employment to another, *e.g.* Xs becoming Ys,[a] &c.), yet more concrete than that of M. Walras, who apparently makes the more abstract supposition of a sort of *frictionless* entrepreneur, 'faisant[b] ni perte ni bénéfice.'

From the point of view just reached may with advantage be contemplated one of the domains most recently added to Economic Science — Mr. Sidgwick's contribution to the 'Fortnightly Review,' September, 1879. The *indirectness of the relation between wages and interest* which Mr. Sidgwick has so clearly demonstrated in words is self-evident in symbols. The *predeterminateness of the wage-fund*, which has received its *coup de grâce* from Mr. Sidgwick, must always, one would think, have appeared untenable from the humblest mathematical point of view, the consideration of the simplest type[c] of perfect competition; from which also it must be added that Mr. Sidgwick's[d] — perhaps inadvertent, perhaps here misinterpreted — statement, that contract between employer and operative even in the case of

---

a. This *permeability* between employments (such as explained in *Economics of Industry* with reference to the supply of unskilled and skilled labour and of business power) tends to a *level* of utility.

b. *Elements*, Arts. 231, 242, &c.

c. See pp. 17, 31.

d. *Fortnightly Review,* 1879, pp. 410 (end) 411 (beginning).

사이의 계약은 **완전** 경쟁이라[a] 일컫는 경우에도 비결정적이어서 지탱되기 어려워 보인다.[55] 제번스 교수에 대한 시지윅 씨의 비판은[b] 성급한 것이라 할 수도 있다.[56] 왜냐하면 우리는 제번스의 공식을 (또는 그것에 상응하는 교환 공식을) 복합적으로 사용함으로써 기업가, 자본가, 노동자 사이의 복잡한 관계를 가장 잘 드러낼 수 있기 때문이다. 그리고 우리에게는[c] '산업에서의 경쟁이 크기가 다른 여러 자본의 **이윤율**을 (**이자율**과 마찬가지로) 동등하게 만드는 경향이 있다고 전제해도 좋을 *선험적* 근거가 있다.'[57] 경영 자본의 노동이 경영 자본의 크기와 같은 비율로 증가하지 않는다는 사실은 전혀 어떤 특별한 어려움도 일으키지 않는다. 그것은 오히려 (보통) 노동의 (주관적으로 측정된) **비효용**이 **작업량**과 같은 비율로 증가하지 않는다는 잘 알려진 상황에 들어맞는 교환 이론의 핵심과 다르지 않다. 시지윅 씨가 암시하듯 이 경영 자본의 노동은 경영 자본의 크기와 **다른 비율**로 증가하는 데 그치지 않고 그보다 **낮은 비율**로 증가하는데, 이것이야말로 참으로 독특한 상황이다. 그러나 이 상황은 제번스의 공식으로 요약된 교환의 수리 이론이 얼마든지 다룰 수 있는 것이며, 실제로 마셜 씨가 그의 **제2종** 수요 곡선에서 다룬 것이다.[58]

---

a. 18쪽의 정의를 보라.

b. 〈격주 평론〉, 411~412쪽.

c. 생산물의 단위 당 수익이 이 X와 저 X 사이에서 다르지 않고, 임대 자본의 단위 당 수익이 이 J와 저 J 사이에서 다르지 않다. 따라서 만약 그 마당에서 배제된 부류들의 자리에 한 부류의 자본가기업가 (JK)가 들어온다면, 생산물의 단위 당 수익이 이 (JK)와 저 (JK) 사이에서 다르지 않다. 그러나 어느 한 J의 수익과 어느 한 K의 수익의 합이 어느 한 (JK)의 수익과 같아지는 일은 없다. 이 비교를 단순하게 만들기 위해 지대를 무시하더라도 마찬가지다. (여기서 **수익**은 당연히 주관적인 효용이 아니라 돈처럼 객관적인 것으로 측정된다.)

what is here called[a] *perfect* competition, is indeterminate, does not, it is submitted, appear tenable. It is further submitted that Mr. Sidgwick's strictures[b] on Prof. Jevons are hasty; for that by a (compound) employment of the Jevonian (or an equivalent catallactic) formula, the complex relations between entrepreneur, capitalist, and labourer are best made clear. And so 'there is *à priori* ground for supposing that industrial competition tends to equalize the rate of *profit* (as well as *interest*) on capitals of different amount.'[c] That 'the labour of managing capital does not increase in proportion to the amount managed' is so far from creating any peculiar difficulty, that it is rather of the essence of the theory of exchange; quite congruent with the familiar circumstance that the *disutility* of (common) labour (labour subjectively estimated) does not increase in proportion to *work done* (labour objectively estimated). That the labour of managing capital increases not only *not at the same* but at a *less* rate-of-increase than the amount managed, as Mr. Sidgwick seems to imply, is indeed a peculiar circumstance; but it is of a sort with which the Jevonian formula, the mathematical theory of catallactics, is quite competent to deal, with which in fact Mr. Marshall has dealt in his *second class* of Demand-Curves.

---

a. See Defin, p. 18.

b. *Fortnightly Review*, pp. 411, 412.

c. As the gain per unit of produce is the same for one X as for another X, and the gain per unit of capital lent is the same for one J as for another J; so, if there is in the field in addition to the classes prescinded, a class of capitalist-entrepreneurs, *e.g.* (JK)s, the gain per unit of produce is the same for one (JK) as for another (JK). But no equation is made between the gain of a (JK) and the sum of the gains of a J and a K; even if to simplify the comparison we abstract rent. (*Gain* of course in this statement measured objectively, say in money, not subjectively in utility).

그러나 순수 교환학에 대한 자세한 논의나 논쟁을 벌이는 것은 이 연구의 목적이 아니다. 그보다는 (γ) 여러 가지 불완전 경쟁의 경우에 계약이 얼마나 결정적인지를 탐구하려 한다. 이를 위해서라면, **경쟁 조건을 갖춘 계약의 일반 문제**를 공략하는 게 필요하지 않다. 이 일반 문제는 경쟁 조건을 못 갖춘 계약의 일반 문제보다 훨씬 더 어렵다. 후자를 위해서는 **경쟁 마당**의 복합 기제機制를 분석적으로 분해할 필요가 없다. 단순하고 전형적인 경우에 경쟁자를 마당에 계속 들여놓음으로써 생겨나는 효과를 관찰하면서 종합적으로 진행하는 것으로 충분하다.

I. 앞에서(28쪽) 내놓은 추상적이고 전형적인 경우로부터 시작하기로 한다. X와 Y가 제각기 x와 y를 거래한다. 여기서 x는 **객관적으로 측정한 X의 희생**을 나타낸다. 그것은 육체적인 작업일 수도 있고, 제작된 상품일 수도 있고, 일정 시간 동안 사용을 절제한 자본일 수도 있다. 그리고 y는 객관적으로 측정한 X의 보수다.[59] 그리하여 공리 미적분학의 첫 두 공리公理로[a] 제시되는 노동 증가의 법칙과 효용 감소의 법칙에 의거하여 다음과 같이 가정할 수 있다. P가 X의 효용이면, (1)[b] $\dfrac{dP}{dx}$ 는 계속해서 **음**이고 $\dfrac{dP}{dy}$ 는 **양**이며,[60] (2) $\dfrac{d_2P}{dx^2}$, $\dfrac{d_2P}{dy^2}$, $\dfrac{d_2P}{dxdy}$ 는 계속해서 음이다. (셋째 조건의 해석에 주목하기를 청한다.[61]) 후자의 조건들에는 당연히 예외가 많은데, 무엇보다도 자본 절제와 관련해서 그렇고, 소비를 위해서가 아니라 재판매를 염두에 둔 구매의

---

a. 동료 미적분학에 기술된 두 법칙을 보라.[62] 〈마음〉에서 그 증명을 내놓았는데, 제번스 교수가 이미 제시한 증명이 쌓여 있음을 그때는 알지 못해 밝히지 못했다.[63]

b. 부론 V. 참조.

But it is not the purport of the present study to attempt a detailed, much less a polemical, discussion of pure Catallactics, but rather (γ) to inquire how far contract is determinate in cases of imperfect competition. It is not necessary for this purpose to attack the *gneral problem of Contract qualified by Competition*, which is much more difficult than the general problem of unqualified contract already treated. It is not necessary to resolve analytically the composite mechanism of a *competitive field*. It will suffice to proceed synthetically, observing in a simple typical case the effect of continually introducing into the field additional competitors.

I. Let us start, then, from the abstract typical case above put (p. 28), an X and Y dealing respectively in x and y. Here x represents the *sacrifice objectively measured* of X; it may be manual work done, or commodity manufactured, or capital abstained from during a certain time. And y is the objectively measured remuneration of X. Hence it may be assumed, according to the two first axioms[a] of the Utilitarian Calculus, the law of increasing labour, and the law of decreasing utility, that P being the utility of X, (1)[b] $\frac{dP}{dx}$ is continually *negative*. $\frac{dP}{dy}$ *positive*; (2) $\frac{d_2P}{dx^2}$, $\frac{d_2P}{dy^2}$, $\frac{d_2P}{dxdy}$, continually *negative*. (Attention is solicited to the interpretation of the third condition.) No doubt these latter conditions are subject to many exceptions, especially in regard to abstinence from capital, and in case of purchase not for

---

a. See these laws stated in the companion calculus. The proofs were offered in *Mind*, without acknowledgment, because without knowledge, of the cumulative proofs already adduced by Prof. Jevons.

b. Cf. Appendix V.

경우도 그렇다. 그리고 마셜 씨의 제2종 곡선들에 포함되는 그런 경우들도 그렇다.[64] 이런 예외들이 비록 이 미적분학과 동료 미적분학의 여러 추론이 갖춘 완벽성을 무너뜨리긴 하지만, 일반적이고 추상적인 식견을 구하는 이에게는 그것들이 그다지 중요하지 않을 것이다.

이렇게 전제하고서, 둘째 X와 둘째 Y를 들여놓기로 한다. 그리하여 경쟁 마당에는 두 명의 X와 두 명의 Y가 있다. 그리고 (주장이 아닌) 도해를 위하여, 새로 들어온 X는 예전의 X와 동일한 욕구와 동일한 본성을 갖는다고 가정하기로 한다. 마찬가지로 새로 들어온 Y도 예전의 Y와 본성이 같다.[65]

이제는 분명하다. 균형을 이루려면 반드시 (1) 마당 전부가 한 점에 집결해야 하고 (2) 그 점이 **계약 곡선** 위에 있어야 한다. 먼저 (1) 만일 가능하다면, 한 쌍을 한 점에 있게 하고, 다른 한 쌍을 다른 한 점에 있게 하자. 그러면 일반적으로 이 쌍의 X와 저 쌍의 Y가 제각기 자신의 짝을 비틀거리게 내버려두고 서로를 향해 달려가는 게 이익이 된다. 그리고 (2) 만일 그 동일한 점이 계약 곡선 위에 있지 않다면, 계약 곡선에 내려앉는 것이 **모든 당사자**에게 이익이 될 것이다.

계약 곡선 위에 있더라도 두 극한 $y_0\xi_0$, η_0x_0와 밀접하게 이웃하는 점들은 **최종 타결**이 될 수 없다. 예컨대 $y_0\xi_0$로부터 북서쪽으로 약간 떨어진 점에 체계가 자리를 잡는다면, 두 Y 가운데 하나가 (다른 Y의 동의를 구하지 않고) 두 X와 **재계약**을 맺으려 할 것이다. 이 재계약은 기존의 계약에 비해 세 당사자 모두에게 더 유리하다. 왜냐하면 원점과 $y_0\xi_0$을 (혹은 그 주변의 점을) 잇는 직선 전부가 일반적으로 원점에서 $y_0\xi_0$로 그려진 **무차별 곡선**의 안쪽에 놓이기 때문이다. 이 무차별 곡선은 일반적으로 횡축을 향해 볼록

consumption, but with a view to re-sale; and in the sort of cases comprised in Mr. Marshall's Class II. curves. Still, these exceptions, though they destroy the watertightness of many of the reasonings in this and the companion calculus, are yet perhaps of secondary importance to one taking a general abstract view.

This being premised, let us now introduce a second X and a second Y; so that the field of competition consists of two Xs and two Ys. And for the sake of illustration (not of the argument) let us suppose that the new X has the same requirements, the same nature as the old X; and similarly that the new Y is equal-natured with the old.

Then it is evident that there cannot be equilibrium unless (1) all the field is collected at one point; (2) that point is on the *contract-curve*. For (1) if possible let one couple be at one point, and another couple at another point. It will generally be the interest of the X of one couple and the Y of the other to rush together, leaving their partners in the lurch. And (2) if the common point is not on the contract-curve, it will be the interest of *all parties* to descend to the contract-curve.

The points of the contract-curve in the immediate neighbourhood of the limits $y_0\xi_0$ and $\eta_0 x_0$ cannot be *final settlements*. For if the system be placed at such a point, say slightly north-west of $y_0\xi_0$, it will in general be possible for *one* of the Ys (without the consent of the other) to *recontract* with the two Xs, so that for all those three parties the recontract is more advantageous than the previously existing contract. For the right line joining the origin to (the neighbourhood of) $y_0\xi_0$ will in general lie altogether within the *indifference-curve* drawn from the origin to $y_0\xi_0$. For the indifference-curve

하다. 이는 미분 방정식으로부터 알 수 있다.[66]

$$-\frac{dy}{dx} = \frac{\left(\dfrac{d\mathrm{F}(xy)}{dx}\right)}{\left(\dfrac{d\mathrm{F}(xy)}{dy}\right)}$$

따라서[67]

$$\frac{d_2 y}{dx^2} = \frac{-\left[\left(\dfrac{d_2\mathrm{F}}{dx^2}\right)+\left(\dfrac{d_2\mathrm{F}}{dxdy}\right)\dfrac{dy}{dx}\right]\left(\dfrac{d\mathrm{F}}{dy}\right)+\left(\dfrac{d\mathrm{F}}{dx}\right)\left[\left(\dfrac{d_2\mathrm{F}}{dxdy}\right)+\left(\dfrac{d_2\mathrm{F}}{dy^2}\right)\dfrac{dy}{dx}\right]}{\left(\dfrac{d\mathrm{F}}{dy}\right)^2}$$

이것은 완벽하게 **양**이다.[68] 그러므로 이 무차별 곡선은 (적어도 우리가 고려하는 범위에서는) 횡축을 향해 볼록하다.

이제 계약 곡선에서 X의 무차별 곡선과 Y의 무차별 곡선이 **접촉**한다. 그래서 28쪽의 [그림 1]이 맞는 묘사임을 확인할 수 있다.[69] Y에게는 점 $x'y'$가 계약 곡선 위의 (**내부** 무차별 곡선으로 부를 수 있는 것 위의) 점 $y_1\xi_1$보다 더 유리하다.[70] 그러면서 $x'y'$의 좌표는 X에게 유리한 다른 두 점의 좌표를 (각각) 합한 것이다. X_1과 X_2가 차지할 이 두 점이 (대칭성과 경쟁 때문에) 서로 **일치**하리라고 볼 수 있으므로 두 점의 좌표는 $\dfrac{x'}{2}\dfrac{y'}{2}$ 이다.[71] 여기에 더해

(xy')와 $\left(\dfrac{x'}{2}\dfrac{y'}{2}\right)$ 사이에 **계약 관계**가 있으니, $\dfrac{\Phi'_x(x'y')}{\Phi'_y(x'y')} = \dfrac{\mathrm{F}'_x\left(\dfrac{x'}{2}\dfrac{y'}{2}\right)}{\mathrm{F}'_y\left(\dfrac{x'}{2}\dfrac{y'}{2}\right)}.$[72]

여기서 F'_x는 첫째 편도함수 $\left(\dfrac{d\mathrm{F}(xy)}{dx}\right)$ 다.[73]

is in general convex to the abscissa. For its differential equation is

$$-\frac{dy}{dx} = \frac{\left(\dfrac{d\mathrm{F}(xy)}{dx}\right)}{\left(\dfrac{d\mathrm{F}(xy)}{dy}\right)}$$

whence

$$\frac{d_2 y}{dx^2} = \frac{-\left[\left(\dfrac{d_2\mathrm{F}}{dx^2}\right)+\left(\dfrac{d_2\mathrm{F}}{dxdy}\right)\dfrac{dy}{dx}\right]\left(\dfrac{d\mathrm{F}}{dy}\right)+\left(\dfrac{d\mathrm{F}}{dx}\right)\left[\left(\dfrac{d_2\mathrm{F}}{dxdy}\right)+\dfrac{d_2\mathrm{F}}{dy^2}\dfrac{dy}{dx}\right]}{\left(\dfrac{d\mathrm{F}}{dy}\right)^2}$$

which is perfectly *positive*. Therefore the indifference-curve (so far as we are concerned with it) is convex to the abscissa.

Now, at the contract-curve the two indifference-curves for X and Y *touch*. Thus the figure 1, page 28, is proved to be a correct representation, indicating that a point $x'y'$ can be found both more advantageous for Y than the point on the contract-curve $y_1\xi_1$(on an *interior* indifference-curve, as it may be said), and also such that its co-ordinates are the sums (respectively) of the co-ordinates of two other points, both more advantageous for an X. These latter points to be occupied by X_1 and X_2 may be properly regarded (owing to the symmetry and competition) as *coincident*; with co-ordinates $\dfrac{x'}{2}\dfrac{y'}{2}$. Further, it appears from previous reasonings that there will be a *contract-relation* between $(x'y')$ and $\left(\dfrac{x'}{2}\dfrac{y'}{2}\right)$; namely $\dfrac{\Phi'_x(x'y')}{\Phi'_y(x'y')} = \dfrac{\mathrm{F}'_x\left(\dfrac{x'}{2}\dfrac{y'}{2}\right)}{\mathrm{F}'_y\left(\dfrac{x'}{2}\dfrac{y'}{2}\right)}$; where F'_x is put for the first partially derived function $\left(\dfrac{d\mathrm{F}(xy)}{dx}\right)$.

이 관계가 충족될 때 세 사람의 체계는 도달한 그 자리에 머무른다. 하지만 쓸쓸히 남겨진 Y_2는 다르다. 이제 Y_2가 치고 들어온다. 체계는 다시 계약 곡선에 이끌려, 두 X에게 적어도 $\dfrac{x'}{2}\dfrac{y'}{2}$ 보다 불리하지는 않은 한 점을 향한다. 그리하여 두 Y는 애초의 이득 중 일부를 경쟁으로 잃어버린다. 이상은 일련의 과정에 대한 추상적이고 전형적인 설명인데, 필요한 성질을 갖춘 점 $x'y'$를 찾을 수 있기만 하다면 이런 과정이 계속될 것이다. 그러나 찬찬히 생각해 보면 그 과정이 계약 곡선 위의 한 점 $y_2\xi_2$에서 멈출 것임을 알 수 있다. 그 점에 대해 알기 위해 우선 **보완 계약 곡선**이라 부를 수 있는 곡선의 식을 기억해 두자.[74]

$$\frac{\Phi'_x(xy)}{\Phi'_y(xy)} = \frac{F'_x\left(\dfrac{x}{2}\dfrac{y}{2}\right)}{F'_y\left(\dfrac{x}{2}\dfrac{y}{2}\right)}$$

원점과 점 $y_2\xi_2$을 잇는 선이 위 식의 곡선과 교차하는 점 $x'y'$에 대해 성립해야 하는 조건이 있으니, $\Phi(\xi_2y_2)=\Phi(x'y')$.[75] 그리고 여기에는 **전제**가 있다. $\left(\dfrac{x'}{2}\dfrac{y'}{2}\right)$가 (ξ_2y_2)를 지나는 Y의 무차별 곡선 안에 놓여야 한다는 것이다. 그렇지 않으면 약간 다른 방정식 체계를 채택해야 한다.[76]

이제 만약 (역시 동일한 본성의) **셋째** X와 셋째 Y가 마당에 들어온다면 그 체계는 점 ξ_3y_3로 끌어내려진다.[a] 그 점의 조건은 위 서술에서 $\dfrac{x'}{2}\dfrac{y'}{2}$를 $\dfrac{2x'}{3}\dfrac{2y'}{3}$로 바꿔 쓰면 된다. 그렇게 하면, 두 Y와 세 X가 다섯 모두에게 유리한 재계약을 맺을 수 있는 마지막 점을 나타낸다. 이 점이 ξ_2y_2보다 (Y의

---

a. 부록 VII.의 분석과 비교해 보라.

경제 미적분학

When this relation is satisfied the system of three might remain in the position reached; but for Y_2 who has been left out in the cold. He will now strike in, with the result that the system will be worked down to the contract-curve again; to a point at least as favourable for the Xs as $\dfrac{x'}{2}\dfrac{y'}{2}$. Thus the Ys will have lost some of their original advantage by competition. And a certain process of which this is an abstract typical representation will go on as long as it is possible to find a point $x'y'$ with the requisite properties. Attention to the problem will show that the process will come to a stop at a point on the contract-curve $y_2\xi_2$, such that if a line joining it to the origin intersect the curve, the *supplementary contract-curve* as it might be called,

$$\frac{\Phi'_x(xy)}{\Phi'_y(xy)} = \frac{F'_x\left(\dfrac{x}{2}\dfrac{y}{2}\right)}{F'_y\left(\dfrac{x}{2}\dfrac{y}{2}\right)}$$

in the point $x'y'$ then $\Phi\ (\xi_2y_2) = \Phi\ (x'y')$, *provided that* $\left(\dfrac{x'}{2}\dfrac{y'}{2}\right)$ falls within the indifference-curve for Y drawn through (ξ_2y_2). If otherwise, a slightly different system of equations must be employed.

If now a *third* X and third Y (still equal-natured) be introduced into the field, the system can be worked down to a point $\xi_3y_3;$[a] whose conditions are obtained from those just written by substituting for $\dfrac{x'}{2}\dfrac{y'}{2}, \dfrac{2x'}{3}\dfrac{2y'}{3}$. For this represents the last point at which 2 Ys can recontract with 3 Xs with advantage to all five. Analytical geometry will show that this point is lower down (in

---

a. Compare the analysis in Appendix VII.

이득을 기준으로 하면) 더 낮다는 것은 분석기하학으로 확인할 수 있다.[77] X와 Y가 무한히 (똑같이) 증식하는 극한에서는 $(x'y')$가 $(\xi_\infty y_\infty)$와 일치하게 되어, 바로 앞에서 언급한 것에 상응하는 **두 대안** 중 어느 하나를 충족할 것이다.[78] 여기서 $(\xi_\infty y_\infty)$는 편의를 위해 $(\xi\eta)$로 쓸 수도 있다.

첫째 대안의 경우에 우리가 갖는 것은

$$\xi\Phi'_x(\xi\eta)+\eta\Phi'_y(\xi\eta)=0$$

왜냐하면 $\Phi(\xi\eta)=\Phi(x'y')=\Phi((1+h)\xi(1+h)\eta)$.[79] 극한의 경우 h는 무한히 작다. 따라서 미분으로 위 방정식을 얻는다.[80] 그리고 $(\frac{x'}{2}\frac{y'}{2}$ 가[81] Y의 무차별 곡선 안에 놓이지 **않는**) 둘째 대안은 극한의 경우에는 첫째 대안과 다를 바 없다.[82]

만일 이 추론이 만족스럽지 않다면 더 공식적인 증명도 내놓을 수 있다. 그 증명이 가져다줄 중요한 결과는 점 $\xi\eta$에서 두 무차별 곡선 모두에 접하는 선은 다름 아닌 원점에서 나오는 벡터라는 사실이다.

같은 방식의 추론으로 보여줄 수 있듯이, 계약 곡선의 (사용 가능한 부분의) 북서쪽 끝에서 체계가 시작했다면, **X들 사이의 경쟁**에 의해 같은 점으로 끌어내려졌을 것이다. 그 점을 결정하는 것은 $\xi F'_x+\eta F'_y=0$과[83] 계약 곡선의 교차점이다. 두 곡선은 어느 것이든 같은 점에서 계약 곡선과 교차하므로 **같은** 점을 결정한다. 세 곡선은 명백히 같은 점에서 교차한다.

지금까지 서술한 두 과정을 정리하면, 서로 경쟁하는 Y들은 북서쪽을 향해 일정한 거리를 움직이고, 서로 경쟁하는 X들은 마찬가지로 남동쪽을 향

respect of the advantage of Y) than $\xi_2 y_2$. In the limit, when the Xs and Ys are indefinitely (equally) multiplied, we shall have $(x'y')$ coincident with $(\xi_\infty y_\infty)$, or as we may say for convenience $(\xi\eta)$, satisfying one or other of the *alternatives* corresponding to those just mentioned.

In case of the first alternative we have

$$\xi\Phi'_x(\xi\eta) + \eta\Phi'_y(\xi\eta) = 0$$

For $\Phi(\xi\eta) = \Phi(x'y') = \Phi((1+h)\xi(1+h)\eta)$ In the limiting case h is infinitesimal. Whence by differentiating the above equation is obtained. And the second alternative $(\dfrac{x'}{2}\dfrac{y'}{2}$ *not* falling within the indifference-curve of Y) is not to be distinguished from the first in the limiting case.

If this reasoning does not seem satisfactory, it would be possible to give a more formal proof; bringing out the important result that the common tangent to both indifference-curves at the point $\xi\eta$ is the vector from the origin.

By a parity of reasoning it may be shown that, if the system had been started at the north-west extremity of (the available portion of) the contract-curve, it would have been worked down by competition *between the* Xs to the same point; determined by the intersection with the contract-curve of $\xi F'_x + \eta F'_y = 0$; for the *same* point is determined by the intersection of *either* curve with the contract-curve. For the three curves evidently intersect in the same point.

Taking account of the two processes which have been described, the competing Ys being worked down for a certain distance towards the north-west, and similarly the competing Xs towards the south-east: we see

해 움직인다. 그 수가 (이런 용어가 허용될지 모르겠으나) **실제적 무한**에 못 미치는 경우에는 일반적으로 $\xi_m y_m$에서 $x_m \eta_m$까지 유한한 길이의 계약 곡선이 존재한다. 계약 곡선 위 어느 점에든 체계가 자리를 잡으면 계약이나 재계약으로 자리를 옮기는 게 불가능하다. **무한한 수의 최종 타결**이 존재하는 것이다. 그 수량은 우리가 완전 시장에 가까이 가면서 계속 줄어든다. 그리하여 우리는 (β)의 경우로 되돌려지는데, 이에 대해 덧붙여야 할 말을 지금까지 편의를 위해 미루어 왔었다. (부론 V.에서 도해가 추가된다.)

바로 앞에서 얻은 두 조건을 다시 쓰면, $\xi\Phi'_x + \eta\Phi'_y = 0$,[84] $\xi F'_x + \eta F'_y = 0$. 이 두 조건은 제번스 교수의 두 교환 방정식에 상응한다.[85] 그의 공식은 **시장 안에 있는, 시장의 법칙에 복속하는, 두 개인**個人의 거래를 나타낸다고 볼 수 있다. 이와 달리 우리는 다수의 사람들에 대해 **본성의 동일성**을 상정함으로써 같은 결과를 자연스럽게 끌어낸다. 이를 나타내는 두 곡선을 가리켜 우리는 **수요 곡선**이라 부를 수 있다.[86] 각 곡선은 **어떤 한 값의** $\frac{y}{x}$, **교환 요율**料率에서 한 거래인에게 극대 이득을 가져다주는 거래량을 나타낸다. 이것을 더 정교하게 극좌표에 표현할 수도 있는데, 이때는 $\tan\theta$가 교환 요율이[87] 된다. 그리고 P가 X의 효용이라면 $\left(\dfrac{d\mathrm{P}}{d\rho}\right) = 0$이 수요 곡선이다.[88] 잘 알려진 분석의 특성에 따르면 $\left(\dfrac{dP}{d\rho}\right) = 0$은 극대점만 아니라 **극소점**도 나타낸다. 그것은 **효용 곡면** 위에서 원점으로부터 정해지는 직선을 따라 계속 이동하다보면 도달하는 가장 높은 곳뿐만 아니라 골짜기의 가장 낮은 곳도 나타낸다. 이 극소 부분의 수요 곡선은 마셜 씨의 제2종과 상응한다. 교환 요율이 어떻게 주어

that in general for any number short of the *practically infinite* (if such a term be allowed) there is a finite length of contract-curve, from $\xi_m y_m$ to $x_m \eta_m$, at any point of which if the system is placed, it cannot by contract or recontract be displaced; that there are *an indefinite number of final settlements*, a quantity continually diminishing as we approach a perfect market. We are brought back again to case (β), on which some further remarks have been conveniently postponed to this place. (For additional illustrations see Appendix V.)

The two conditions, $\xi \Phi' x + \eta \Phi'_y = 0$ and $\xi F'_x + \eta F'_y = 0$, just obtained correspond to Professor Jevons's two equations of exchange. His formulæ are to be regarded as representing the transactions of two *individuals in, or subject to, the law of, a market*. Our assumed *unity of nature* in the midst of plurality of persons naturally brings out the same result. The represented two curves may be called *demand-curves*, as each expresses the amount of dealing which will afford to one of the dealers the maximum of advantage at a *certain rate of exchange a value of* $\frac{y}{x}$. This might be elegantly expressed in polar co-ordinates, $\tan \theta$ will then be the rate of exchange, and, if P be the utility of X, $\left(\dfrac{d\mathrm{P}}{d\rho} \right) = 0$ is the demand-curve. By a well known property of analysis $\left(\dfrac{d\mathrm{P}}{d\rho} \right) = 0$ represents not only maximum points, but *minimum points*; the lowest depths of valley, as well as the highest elevations, which one moving continually in a fixed right line from the origin over the *utility-surface* would reach. This minimum portion of the demand-curve corresponds to Mr. Marshall's Class II. We see that the dealer at any given rate of exchange,

지건 거래인은 결코 이 부분의 곡선 위 한 점에서 머물거나 멈추지 않는다. 오히려 그 점으로부터 멀어지려 한다.[89] 그 점은 수요 곡선 본연의 특성을 갖지 않는다.

수요라는 용어로 많이들 가리키는 각 가격에서의 **집합적** 수요량과 한 개인의 필요 사이의 관계, 발라스 씨의 용어법으로는 대문자 D와 소문자 d 사이의 관계, 이른바 가격의 법칙이 지배하는 열린 시장에서 이뤄지는 한 개인의 거래는 바로 그 저자가 훌륭하게 드러내어 보여줬다.[90] '경쟁'에[91] 관한 쿠르노의 논의와도 비교해 보라.

여기서는 가격의[a] 균일성 현상을 전제하지 않고, 그보다 긴 **계약 곡선**의 경로를 통해서 나아간다. 사람의 수가 많을 뿐만 아니라 그들의 본성이 다양하다고 가정한다면 계약 곡선의 수 또한 많다고 가정해야 한다. (이 경우 많은 계약 곡선이 저 유명한 대수對數 법칙에 따라 평균 근처에 무리지어 있다고 생각해도 틀리지 않을 것이다.[92]) 그리하여 이미 적용한 방식과 유사하게 추론하면, 경쟁자의 수가 늘어남에 따라 최종 타결의 수량이 줄어든다는 것을 확인할 수 있을지도 모른다. 우리의 생각을 돕기 위해서인데, 똑같지는 않으나 거의 같은 본성을 가진 두 명의 X와 서로 그렇게 연결된 두 명의 Y가 마당을 채우고 있다고 가정하자. 그리고 (다섯째 부론에서처럼) 무차별 곡선들이 여러 무리의 동심원을 이루고 있다고 하자. 그러면 하나의 계약 곡선이 아니라 하나의 계약 영역 또는 한 묶음의 계약 곡선들이 주어진다. 이를테면 원들의 중심들을 잇는 네 선 $C_1C'_1$, $C_1C'_2$, $C_2C'_1$, $C_2C'_2$이 주어지는데, 여기서 C_1과 C_2는 서로 가까이 있는 X_1과 X_2의 중심이고 C'_1과 C'_2는 서로 가까이 있는 Y_1과 Y_2의 중심이다.

---

a. 발라스 씨가 그렇게 하듯이, 여기서 '가격'은 때때로 **교환 일반의 요율**을 가리키기 위해 사용한다.

경제 미적분학

far from resting and having his end at a point on this part of the curve, will tend to move away from it. It has not the properties of a genuine demand-curve.

The dealing of an individual in an open market, in which there prevails what may be called the law of price, the relation between the individual's requirements and that quantity *collectively*-demanded-at-a-price, usually designated by the term *Demand*, between little d and big D in M. Walras's terminology, is elegantly exhibited by that author. Compare also Cournot on 'Concurrence.'

Here it is attempted to proceed without postulating the phenomenon of uniformity of price[a] by the longer route of *contract-curve*. When we suppose plurality of natures as well as persons, we have to suppose a plurality of contract-curves (which may be appropriately conceived as grouped, according to the well-known logarithmic law, about an average). Then, by considerations analogous to those already employed, it may appear that the quantity of final settlements is diminished as the number of competitors is increased. To facilitate conception, let us suppose that the field consists of two Xs. not equally, but nearly equally, natured; and of two Ys similarly related. And (as in the fifth Appendix) let the indifference curves consist of families of concentric circles. Then, instead of a single contract-curve, we have a contract-region, or bundle of contract-curves; namely the four lines joining the centres of the circle-systems, the lines $C_1C'_1$, $C_1C'_2$, $C_2C'_1$, $C_2C'_2$; wherein C_1, C_2 are the centres of X_1 and X_2, supposed close together; and similarly C'_1 and C'_2 for the Ys.

---

a. The term will sometimes be used here for *rate of exchange in general*, as by M. Walras.

　우리가 앞에서 같은 본성을 가진 복수의 X에 대해 추론하면서 고려했던 것이 계약 곡선 위의 한 점에서 이뤄지는 마당 전부의 타결인데, 여기서 이 타결에 상응하는 것을 이렇게 나타낼 수 있다. 계약 곡선들 중 하나, 예컨대 $C_1C'_1$ 위의 한 점 $\xi'_1\eta'_1$을 잡아서 X_1과 Y_1을 그곳에 두고,[93] X_2Y_2는 $C_2C'_2$ 위의 한 점 $\xi''_1\eta''_1$에 두자. 이때 (1) $\xi''_1\eta''_1$는 X_1과 Y_1의 무차별 곡선들 가운데 $\xi'_1\eta'_1$을 지나는 두 곡선의 바깥에 있게 하고 (2) $\xi'_1\eta'_1$는 X_2와 Y_2의 무차별 곡선들 가운데 $\xi''_1\eta''_1$을 지나는 두 곡선의 바깥에 있게 한다.[94]

[그림 2]

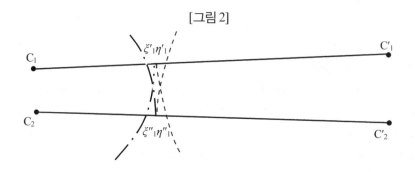

　그러면 단순히 X와 Y가 짝을 바꾸려고 서로의 품으로 달려가거나 동행을 버리고 새 동맹을 찾아 나서는 바람에 그 타결이 깨지는 일은 없다. 재계약은 오로지 앞에서 본 경우처럼 Y 하나가 X 둘과 함께 떨어져 나가는 방식으로만 가능하다. 그 체계는 이런 과정을 거쳐 ξ_2y_2로 표시할 수 있는 어떤 곳으로 나아갈 것이다. X와 Y의 수가 동일하게는 아니더라도 무한히 증가하면 (무한히 큰 m과 n에 대해 mX, nY를 상정하면) 그 극한에서 우리는 $2m+2n$개의 변수와 $2m+2n$개의 방정식을 찾을 것이다. 어느 X, 예컨대 X_r의 거래를 x_ry_r로 나타내고, 마찬가지로 ξ와 η를 사용해서 여러 Y의 거래를 나타내면, 그 방정식은 다음과 같다.

　(1) X 하나와 Y 하나가 제각기 **자신의 개별 수요 곡선 위에** 있음을 (아래

What corresponds here to that *settlement of the whole field at a single point in the contract-curve*, which we had under consideration in reasoning about equal-natured Xs, may thus be indicated. Take a point $\xi'_1\eta'_1$ on one of the contract-lines, say $C_1C'_1$; and let X_1 and Y_1 be placed there. Let X_2Y_2 be placed at a neighbouring point, $\xi''_1\eta''_1$, on the line $C_2C'_2$; such that (1) $\xi''_1\eta''_1$ is outside the two indifference curves drawn for X_1 and Y_1 respectively through $\xi'_1\eta'_1$; (2) $\xi'_1\eta'_1$ is outside the two indifference-curves drawn for X_2 and Y_2 respectively through $\xi''_1\eta''_1$.

FIG. 2.

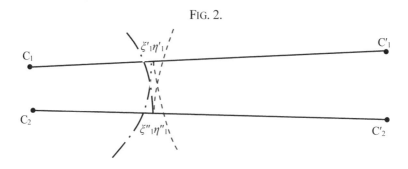

Then the settlement cannot be disturbed by an X and a Y simply changing partners, rushing into each other's arms, and leaving their deserted consorts to look out for new alliances. Re-contract can now proceed only by one Y moving off with the *two* Xs, as in the previous case; by which process the system may be worked down to a neighbourhood describable as ξ_2y_2. In the limit, when the number of Xs and Ys are increased indefinitely, but not necessarily equally (suppose mX, and nY, where m and n are indefinitely large); if x_ry_r represent the dealings of any X, viz. X_r, and similarly ξ and η be employed for the dealings of the Ys, we should find for the $2m + 2n$ variables the following $2m + 2n$ equations:

(1) $m + n$ equations indicating that each X and each Y is *on his individual*

48쪽에[95] 기술되는 조건과 비교되게) 나타내는 $m+n$개의 방정식은 예컨대

$$x_r \frac{d\mathrm{F}_r(x_r y_r)}{dx_r} + y_r \frac{d\mathrm{F}_r(x_r y_r)}{dy_r} = 0$$

(여기서 미분은 물론 편미분이다.[96])

(2) 가격의 **균일성**을 나타내는 $m+n-1$개의 방정식은

$$\frac{y_1}{x_1} = \frac{y_2}{x_2} = \&\mathrm{c}. = \frac{\eta_1}{\xi_1} = \frac{\eta_2}{\xi_2} = \&\mathrm{c}.$$

(3) 마지막 조건은 *탁월*이라 불러도 좋을 그것, 즉 공급에 대한 수요의 동등이다. 이를테면 $\mathrm{S}x = \Sigma\xi$ **또는** $\mathrm{S}y = \Sigma\eta$.[97] 그리하여 거래가 각각 그리고 모두 완전히 결정적이고 결정된다.

우리는 극좌표로 변형하기 위해 바꿔 쓸 수도 있다. 이 경우 한 개인의 수요 곡선은 $\rho = f_r(\theta)$. 그리고 거기서 우리가 얻는 두 개의 **집합 수요 곡선**은 $\rho = \mathrm{S}f(\theta)$, $\rho = \Sigma\phi(\theta)$. 이것들은 발라스 씨가 그토록 과학적으로 개발하고 마셜 씨가 그토록 효과적으로 사용한 집합 수요 곡선과 실질적으로 같다.

이렇듯 우리는 고립된 두 거래인에서 차츰 단계를 높여 극한의 완전 시장까지 나아가면서 한 가지 사실을 확인했다. 수數의 제한이라는 **첫째 불완전의 영향을 마땅이 얼마나 더 또는 덜 받느냐에 따라서 계약이 그만큼 더 또는 덜 비非결정적이다.**

II. 같은 본성을 가진 복수의 X와 같은 본성을 가진 복수의 Y가 있고, 그 수가 서로 같다고 하자. 이들에게는 제약이 있다. 각 Y가 동시에 거래할 수 있는 X의 수는 n이고, 각 X가 동시에 거래할 수 있는 Y의 수는 n'이다. 우선 가정하기를 $n=n'$. 앞에서 도달한 결과에 비춰 알 수 있듯이, 이 경우에는 오직 n명의 X와 n명의 Y만으로 마당이 채워진 것처럼 계약이 비결정적이다. 다시 말하면, 그 경우와 똑같이 많은 **최종 타결**이 존재한다. 무차별 곡선에서

demand-curve (compare the condition stated below, p. 48), *e.g.*

$$x_r \frac{d\mathrm{F}_r(x_r y_r)}{dx_r} + y_r \frac{d\mathrm{F}_r(x_r y_r)}{dy_r} = 0$$

(the differentiation being of course partial).

(2) $m+n-1$ equations indicating *uniformity* of price

$$\frac{y_1}{x_1} = \frac{y_2}{x_2} = \&\text{c.} = \frac{\eta_1}{\xi_1} = \frac{\eta_2}{\xi_2} = \&\text{c.}$$

(3) A last condition, which might perhaps be called *par excellence* the equation of Demand to Supply, namely, *either* $S x = \Sigma \xi$ *or* $S y = \Sigma \eta$. Thus the dealings of each and all are completely determinate and determined.

If we transform to polar co-ordinates, we might write any individual demand-curve, as $\rho = f_r(\theta)$; and thence obtain two *collective demand-curves* $\rho = S f(\theta)$ and $\rho = \Sigma \phi(\theta)$; substantially identical with those collective demand curves so scientifically developed by M. Walras, and so fruitfully applied by Mr. Marshall.

Thus, proceeding by degrees from the case of two isolated bargainers to the limiting case of a perfect market, we see how *contract is more or less indeterminate according as the field is less or more affected with the first imperfection, limitation of numbers.*

II. Let there be equal numbers of equal-natured Xs and equal-natured Ys, subject to the condition that each Y can deal at the same time with only nXs, and similarly each X with only n'Ys. First let $n = n'$. Then, in the light of the conceptions lately won, it appears that contract is as indeterminate as if the field consisted of only nXs and nYs; that is to say, there are as many and the same *final settlements* as in that case, represented by the same portion

최종 타결을 나타내는 부분도 (이를테면) ξy와 $x\eta$ 사이의 부분으로 다르지 않다. 이제 n'을 늘리자. 계약의 비결정성이 작아진다. ξ가[98] 북서쪽으로 움직이고, 그에 따라 **최종 타결**의 수량이 줄어든다. 없어지는 최종 타결은 Y에게 가장 유리한 것들이다. 이번에는 n'을 줄이자. 계약의 비결정성이 커진다. ξ가 남동쪽으로 움직이고, 그에 따라 최종 타결의 수량이 늘어난다. 더해지는 최종 타결은 먼저 있던 것들에 비해 Y에게 더 유리하다.

이 정리는 수數도 본성도 모두 같지 않은 일반적인 경우로도 확장할 수 있다.

III. 같은 본성을 가진 복수의 X와 같은 본성을 가진 복수의 Y가 있고, 그 수가 모두 N으로 같다고 하자. 그리고 각 조組가 복수의 동일한 **연합**을 형성하게 하자. 각 X 연합에 n명의 X가 있고, 각 Y 연합에 n'명의 Y가 있다. 우선 가정하기를 $n = n'$. 이 경우 계약은, 바로 앞 문단에서 설명한 것과 같은 의미에서, $\dfrac{N}{n}$명의 X와 $\dfrac{N}{n}$명의 Y로 구성된 마당과 **똑같이 비결정적**이다. 이제 n'을 줄이자. 바로 앞 단락에서와 같은 의미로, 계약이 **덜 비결정적**이게 된다. 반대로 n'을 늘이자. 계약이 더 비결정적이게 되며, 이때 더해지는 최종 타결은 먼저 있던 것들에 비해 Y에게 더 유리하다.

이 정리는 수, 본성, 연합이 같지 않은 일반적인 경우에 전형적으로 들어맞는다. 연합은 비결정성을 불러들이거나 키우는 경향이 있다. 그렇게 해서 더해지는 최종 타결은 (결정적일 수도 있고 비결정적일 수도 있는) 기존의 최종 타결에 비해 연합을 결성하는 사람들에게 더 유리하다. 이런 의미에서 연합을 결성하는 사람들이 **이득을 차지**한다.

이런 추상적 추론의 가치는 동일 주제에 대한 비非수리적 연구와 비교하여 검증해야 한다. 연합만 아니라면 **완전한** 경쟁 상태에서, 연합이 **계약**에

of the contract-curve between (say) ξy and $x\eta$. Let n' increase. Contract becomes less indeterminate: ξ moving north-west, and the quantity of *final settlements* being thereby diminished. The subtracted final settlements are most favourable to the Ys. Let n' diminish. Contract becomes more indeterminate; ξ moving south-east, and the quantity of final settlements being thereby increased. The added final settlements are more favourable to the Ys than those previously existing.

The theorem admits of being extended to the general case of unequal numbers and natures.

III. Let there be an equal number N of equal-natured Xs and equal-natured Ys, and let each set be formed into equal *combinations*, there being nXs in each X combination, and n' Ys in each Y combination. First, let $n = n'$. Then contract is *as indeterminate* as if the field consisted of $\dfrac{N}{n}$Xs and $\dfrac{N}{n}$Ys; in the same sense as that explained in the last paragraph. Let n' diminish. Contract becomes *less indeterminate*, in the same sense as in the last paragraph. Let n' increase. Contract becomes more indeterminate; the added final settlements being more favourable to the Ys than those previously existing.

The theorem is typical of the general case in which numbers, natures, and combinations are unequal. Combination tends to introduce or increase indeterminateness; and the final settlements thereby added are more favourable to the combiners than the (determinate or indeterminate) final settlements previously existing. Combiners *stand to gain* in this sense.

The worth of this abstract reasoning ought to be tested by comparison with the unmathematical treatment of the same subject. As far as the writer is aware, a straightforward answer has never been offered to the abstract

미치는 영향은 무엇인가? 필자가 아는 한에서는 이 추상적인 문제에 대해 여기 내놓은 대답만큼 똑바로 맞서는 대답이 제시된 적이 없다. 어떤 필자들은[a] 자신의 관심을 노동조합의 다른 측면에 가둬두고서는 이 추상적인 문제를 완전히 무시해 버린다. 그들이 관심을 기울이는 것은 노동조합이 가진 소통, 이동 등을 촉진하는 경향이다. 우리 용어로 말하면, 경쟁을 더 **정상화**하고 (재화와 사람 모두의 이동성을 증대시키는 것이 곧 우리가 말하는 **첫째** 불완전을 감소시키는 것이므로) **범위**에서 더 완전하게 한다. 다른 필자들은 조합주의가 **임금 요율**을 높이는 효과를 갖는다고 인정하는 듯하면서도 (적절하고 타당한 의미의) **임금 기금** 혹은 작업자들의 **총보수**가 증가할 수 있다는 것은 부인한다. 그러나 우리 추론이 옳다면, 교환 분자의 뒤섞임과[b] 경쟁 군중의 부딪힘 속에서도 추상적인 눈으로 알아볼 수 있는 것이 하나 있다. **연합**을 통해 자신들을 조밀하고 촘촘한 단체로 만들어내는 사람들은 손해를 입는 게 아니라, 앞에서 서술했듯이 **이득을 차지**한다. 그 이득은 커진 효용이며, (객관적인) 보수의 함수인 동시에 노동의 함수다. 따라서 그 이득은 보수가 줄더라도 증가할 수 있다. 노동조합에 대해 그토록 모호하게 말하는 포셋 씨도 (《편람》 4장에서 비생산적 소비의 문제와 관련하여) 이 점은 잘 보고

---

a. 시지윅 씨가 아니더라도 (위 33쪽에서 이미 언급된 〈격주 평론〉 411쪽의 문구를 그렇게 읽을 수 있다면?) 여러 저자들이 작업자 전원의 이해와 고용주 전원의 이해가 제각기 **완전한 응결**을 이룬 결과로 생기는 심각한 교착에 주목한다. 이 경우는 우리의 (α)에 해당하며, 경쟁의 제한을 받지 않는 계약과 같다. 그러나 계약이 비록 약간이라도 경쟁의 제한을 받게 되면 어떤 일이 일어날지, 어떤 일이 일어나리라고 그 저자들이 생각하는지에 대해서는 이것이 아무런 단서도 내놓지 않는다. 예컨대 둘 혹은 세 연합이 한편에 있고 다른 편에 둘 혹은 세 연합이 있다면 계약이 경쟁의 제한을 받을 텐데, 누군가는 해외 경쟁을 바라보면서 이것이 오래도록 실제 경우일 개연성이 크다고 생각할 것이다.

b. 케언스의 "노동조합" (처음 몇 절),[99] 쿠르셀-스뇌의 "연합"[100] 참조.

question, What is the effect of combinations on *contract* in an otherwise *perfect* state of competition, as here supposed? Writers either[a] ignore the abstract question altogether, confining themselves to other aspects of Trade Unionism; its tendency to promote communication, mobility, &c.; in our terms, to render the competition more *normal*, and more perfect in respect of *extent* (diminishing our *first* imperfection, for such is the effect of increased mobility, alike of goods and men). Or, while they seem to admit that unionism would have the effect of raising the *rate of wages*, they yet deny that the *total remuneration* of the operatives, the *wage-fund* (in the intelligible sense of that term), can be increased. But if our reasonings be correct, the one thing from an abstract point of view visible amidst the jumble of catallactic[b] molecules, the jostle of competitive crowds, is that those who form themselves into compact bodies by *combination* do not tend to lose, but *stand to gain* in the sense described, to gain in point of utility, which is a function not only of the (objective) remuneration, but also of the labour, and which, therefore, may increase, although the remuneration decrease; as Mr. Fawcett well sees (in respect to the question of unproductive consumption. – 'Manual,' ch. iv.),

------

a. Mr. Sidgwick indeed (if the passage already referred to, *Fortnightly Review*, p. 411, *ante*, p. 33, might be thus construed?) – at any rate some others have observed the momentous dead-lock resulting from the *complete solidification* of the whole operative-interest and the whole employer-interest; our (α) case, contract unqualified by competition. But this hardly affords any indication of what would happen, or what the writers suppose would happen, when contract is qualified, however slightly, by competition; as if, for instance, there were *two or three* combinations on one side and two or three on the other; which in view of foreign competition is likely, one might think, to be long the concrete case.

b. Cf. Cairnes on *Trades Unions* (first sections); Courcelle-Seneuil on *Coalitions.*

있다.[101] 그리고 이 주제에 관해 쓴 많은 글에서 나타나듯이 노동조합이 **국민 총생산**을 감소시킨다고 간주하면서 노동조합주의에 반대하는 주장을 강요하려 한다면, 거기에 대한 명백한 대답이 있다. 조합원들은 '경제적 인간'으로서 **총생산**에는 관심이 없다. 총생산이 감소하더라도 노동자의 몫이 따라서 감소하지는 않는다.[a] (그 손실은 자본가와 기업가에 돌아갈 수 있는데, 그들이 압착될 가능성은 시지윅 씨가 앞에서 언급된 논문에서 잘 보여준다.) 이 성적인 조합원이 증가시키려는 수량은 오로지 **노동자의 효용**인데, 이것도 역시 (앞에서 말했듯이) 총생산이 감소한다고 해서 따라서 감소해야 할 까닭이 없다. 이 견해가 맞는다면, 미리 정해진 **임금 기금**이라는 문제에서처럼 **노동조합** 문제에서도, 수리적 주제를 수학 없이 추론하는 **나쁜 방법에 의해 오도된** 경제학의 지능보다는 노동자의 '교육받지 않은 마음'이 더 곧바로 핵심에 도달했다고 할 수 있다.

IV. 같은 본성을 가진 복수의 X와 복수의 Y가 있고, 그 수가 모두 N으로 같다고 하자. 한 명의 Y가 맺는 계약은 그 상대가 적어도 n명의 X이고, 한 명의 X가 맺는 계약은 그 상대가 적어도 n'명의 Y다. 우선 가정하기를 $n=n'$. 마치 $\dfrac{N}{n}$ 명의 X와 $\dfrac{N}{n}$ 명의 Y로 마당이 구성되어 있는 것처럼 계약이 비결정적이다. n'를 늘리자. 계약이 더 비결정적이게 되고, Y가 **이득을 차지**한다. 그리고 그 역도 성립한다.

이런 여러 불완전이 (제각기 그리고 **함께** 작용하여) 실제로 만들어낼 비결정성의 크기를 가늠하기 위해서는 구체적인 현상에 대한 지식이 필요한데,

---

a. 부론 VII.의 논의를 보라.

경제 미적분학

though he gives so uncertain a sound about Trades Unionism. And if, as seems to be implied in much that has been written on this subject, it is attempted to enforce the argument against Trades Unionism by the consideration that it tends to diminish the *total national produce*, the obvious reply is that unionists, as 'economic men,' are not concerned with the *total produce*. Because the total produce is diminished, it does not[a] follow that the labourer's share is diminished (the loss may fall on the capitalist and the entrepreneur, whose compressibility has been well shown by Mr. Sidgwick in the article already referred to); much less does it follow (as aforesaid) that there should be diminished that quantity which alone the rational unionist is concerned to increase — *the labourer's utility*. If this view be correct, it would seem as if, in the matter of *unionism*, as well as in that of the predeterminate *wage-fund*, the 'untutored mind' of the workman had gone more straight to the point than economic intelligence *misled by a bad method*, reasoning without mathematics upon mathematical subjects.

IV. Let there be an equal number N of equal-natured Xs and Ys; subject to the condition that to every contract made by a Y at least n Xs must be parties, and similarly for an X n' Ys. First, let $n = n'$. Contract is as indeterminate as if the field consisted of $\dfrac{N}{n}$ Xs and $\dfrac{N}{n}$ Ys. Let n' increase. Contract becomes more indeterminate, and the Ys *stand to gain*. And conversely.

To appreciate the quantity of indeterminateness likely to result in fact from these imperfections (operating separately *and together*) would require a

---

a. See the remarks in Appendix VII.

필자에게는 그런 지식이 없다.

첫째 불완전은 **독점**에 적용된다. 이것은 다른 여러 경우에도 해결의 실마리를 제공하기에 아마도 그만큼 중요할 것이다.

둘째 불완전은 개인적 용역을 둘러싼 많은 계약에서 영향을 미칠 수 있다. 같은 수의 주인과 하인으로 구성된 시장을 생각해 보자. 각자는 임금과 용역을 제공하는데, 누구도 두 주인에 봉사할 수 없고 어느 주인도 한 명 이상을 고용할 수 없다는 조건이 있다. 이편과 저편 사이에서 이미 균형이 이뤄져 있었으나 갑자기 주인들 손에 부富가 밀려들어 오면서 그 균형이 흐트러진 경우를 생각해도 된다. 이 경우 그 체계가 (이렇게 말해도 될지 모르겠으나) 어떤 본성의 법칙에 의해 도달하게 될 배열, 그래서 우리가 만일 모든 혹은 평균 거래인의 실제 필요를 미리 알고 있다면 예견할 수 있는 배열, 그런 **결정적**이고 매우 일반적으로[a] **유일한** 배열은 존재하지 않는다. 오히려 무한한 수의 배열이 *선험적*으로 가능하다. 셀 수 없이 많은 중성 원자들이 동시에 작용하여 우연을 제거함으로써 그 많은 배열들 중 어느 하나로 체계를 몰아가는 일은 일어나지 **않는다**. 그보다는 (관습을 제외한다면) 오로지 흥정의 기술이라 일컫는 것, 예컨대 밀고 당기는 실랑이와 수작 부리는 옹고집, 그리고 여러 변덕스럽고 때로는 불미스런 사고에 의해 배열이 정해진다.

이제 만약 경영 능력을 여러 조직에 분배하거나 조금씩 분할해서 판매하는 게 가능하지 않다면, 이런 종류의 비결정성이 기업가와 현장 주임 사이의 계약이나 노동자 협동조합과 (혹은 **연합**과) 경영자 사이의 계약에 영향을 미칠 것이다. 하지만 경영자가 받는 임금이 (경영자를 생산하는!) **비용**에 의

---

a. 마셜 씨와 발라스 씨가 보여주듯이, 두 수요 곡선이 여러 점에서 교차하는 예외가 있다.

knowledge of concrete phenomena to which the writer can make no claim.

The *first* imperfection applies to *Monopolies*. It is perhaps chiefly important, as supplying a clue for the solution of the other cases.

The *second* imperfection may be operative in many cases of contract for personal service. Suppose a market, consisting of an equal number of masters and servants, offering respectively wages and service; subject to the condition that no man can serve two masters, no master employ more than one man; or suppose equilibrium already established between such parties to be disturbed by any sudden influx of wealth into the hands of the masters. Then there is no *determinate*, and very generally[a] *unique*, arrangement towards which the system tends under the operation of, may we say, a law of Nature, and which would be predictable if we knew beforehand the real requirements of each, or of the average, dealer; but there are an indefinite number of arrangements *à priori* possible, towards one of which the system is urged *not* by the concurrence of innumerable (as it were) neuter atoms eliminating chance, but (abstraction being made of custom) by what has been called the Art of Bargaining — higgling dodges and designing obstinacy, and other incalculable and often disreputable accidents.

Now, if managerial work does not admit of being distributed over several establishments, of being sold in bits, it would seem that this species of indeterminateness affects the contract of an entrepreneur with foreman, of a cooperative association of workmen (or a *combination*) with a manager. This view must be modified in so far as managerial wages are determined by the

---

a. Exceptions are the multiple intersections of Demand-Curves shown hy Mr. Marshall and M. Walras.

해 결정된다면, 혹은 더 정확히 말해 경영자 임금과 다른 직업의 보수 사이에서의 동등에[a] 의해 결정된다면, 그래서 **완전** 경쟁 본연의 과정에 의해 보수가 결정된다면, 그리고 다른 여러 실제적 고려에 의해 결정된다면, 앞에서 밝힌 견해는 그에 맞춰 수정되어야 한다.

셋째 불완전은 (노동자들 혹은 기업가들) 이해利害 전부가 오직 하나의 경쟁 단위로 응결되는 점에 이르기까지 그 중요성의 정도가 얼마든지 다를 수 있다. 그 결과가 다를 수 있음을 꽤 잘 보여주는 경우로서 (우리의 **첫째 불완전**, 즉 제한된 **수**의 거래인에 속한다고 볼 수 있는) 여러 다른 수의 독점 업자가 무한한 수의 소비자에게 공급하는 시장을 들 수 있다. 완전 독점에서 시작해서 독점업자의 수가 증가하면, 완전 유체성의[102] 점에 도달할 때까지 **가격**이 계속 떨어진다는 것을 알 수 있다. 독점의 영향이 점진적으로 '절멸'하는 과정을 쿠르노는 대가다운 논의에서 훌륭히 추적한다. 그러나 그의 논의는 **가격 균일성**이라 부를 수 있는 특별한 조건에 의해 제한되는데,[103] 그 조건은 (**이미 지적한 대로**) **불완전 경쟁의 경우에는 필요하지 않다.**[b] 떨림이 없지 않겠으나 쿠르노를 넘어서 가면, 경쟁 마당이 현저히 불완전한 경우에는 무한한 수의 **최종 타결**이 가능하다는 것을 지금 이 탐구가 보여준다. 그런 경우에는 체계가 출발한 **최초 위치** 혹은 계약이 다르면, 마침내 도달하는 최종 정착지도 **다를** 것이다. 네덜란드 방식의 경매와 잉글랜드 방식의 경

---

a. 직업 사이의 **투과성** 덕택인데, 두 가지 전제가 있다. (1) 여러 다른 직업 사이에서 선택할 수 있는 자유, (2) 선택을 결정하는 상황에 대한 지식. (클리프 레슬리 씨가 그토록 온화하게 논박한[104]) 후자와 같은 종류의 지식을 (**정상**(正常) **시장**에서의) **계약 물건**을 둘러싼 **자유로운 소통**과 혼동해서는 안 된다. 18쪽을 보라.
b. 발라스, 《요론》, 352절 참조.[105]

cost of production (of a manager!), or more exactly by the equation[a] between managerial wages and the remuneration in other occupations, where the remuneration is determined by a process of the nature of *perfect* competition; and by other practical considerations.

The *third* imperfection may have any degree of importance up to the point where a whole interest (labourers or entrepreneurs) is solidified into a single competitive unit. This varying result may be tolerably well illustrated by the case of a market in which an indefinite number of consumers are supplied by varying numbers of monopolists (a case properly belonging to our *first imperfection*: namely, limited *number* of dealers). Starting with complete monopoly, we shall find the *price* continually diminish as the number of monopolists increases, until the point of complete fluidity is reached. This gradual 'extinction' of the influence of monopoly is well traced by Cournot in a discussion masterly, but limited by a particular condition, which may be called *uniformity of price*, not (*it is submitted*) abstractedly *necessary in cases of imperfect competition*.[b] Going beyond Cournot, not without trembling, the present inquiry finds that, where the field of competition is sensibly imperfect, an indefinite number of *final settlements* are possible; that in such a case *different* final settlements would be reached if the system should run down from different *initial positions* or contracts. The sort of difference which exists

---

a. In virtue of *permeability* between occupations; postulating (1) freedom of choice between different occupations, (2) knowledge of circumstances determining choice. With the latter sort of knowledge (so warmly impugned by Mr. Cliff Leslie) our *free communication* about *articles of contract* (in *normal market*) is not to be confounded. See p. 18.

b. Cf. Walras's *Elements*, s. 352.

매[106] 사이에 존재하는 차이가[a] 바로 이런 종류에 속한다. **완전 경쟁**에서는 이론적으로 중요하지 않은 차이지만 불완전 경쟁에서는 다른 결과, **다른 최종 타결**을 의미한다. 그리고 일반적으로, 부과된 조건이 없는 경우에, 최종 타결은 **수요 곡선 위가 아닌 계약 곡선 위**에 있다. 말하자면 완전 경쟁의 경우에 존재하는 (그래서 수리적인 저자들조차 당연하게 여길 수 있는) 어떤 성질이 불완전 경쟁의 경우에도 **반드시 존재해야 하는 것은 아니다.** 예컨대, 줄곧 가정하여 왔듯이, 여러 X와 여러 Y가 제각기 x와 y를 거래하는 경우, 만일 어떤 X가[107] x를 주고 그 대가로 y_r을 받는다면, 그 X는 자신이 **교환 요율** $\frac{y_r}{x_r}$에 맞춰 기꺼이 받으려는 것보다 더 많지도 적지도 않은 y를 받는다. 이런 성질이 불완전 경쟁의 경우에는 존재하지 않는다.

　비록 **불완전 경쟁에서는** 이 조건이 **완전 경쟁에서처럼 자생적으로 만들어지는 일이 없겠지만** 그래도 만약 *외부로부터* 도입되어, 대개 언제나 그러하듯이, 관습과 편의에 의해 강요된다면 어찌될까? 그렇더라도 **비결정성** 혹은 **최종 타결의 복수성**複數性은 머무를 것이다. 단지 이제는 최종 타결이 계약 곡선 대신 수요 곡선을 따르리라는 게 다를 뿐이다. 예컨대 **만일** 강력한 노동조합이 *주고받기*[108] 방식으로 부富와 맞바꿀 노동의 **양**量을 고정하려 하기 보다는 오직 **교환 요율**만을 정하려 한다면, 그리고 자본가들로 하여금 제각기 그 요율에서 자신이 수요하는 만큼의 노동을 구매하도록 내버려둔다면, 앞에서 서술한 내용의 **조합원들에게 유리한 비결정성**은 여전히 존재할 것이다. 이

---

a.　손턴이 지적했다.[109] 그리고 이제 우리가 믿는다. 그러나 수리적이지 않은 저자가 우리에게 말했기 때문은 아니다.

between[a] Dutch and English auction, theoretically unimportant in *perfect competition,* does correspond to different results, *different final settlements* in imperfect competition. And in general, and in the absence of imposed conditions, the said final settlements are *not on the demand-curve, but on the contract-curve.* That is to say, there *does not necessarily exist* in the case of imperfect as there does in the case of perfect competition a certain property (which some even mathematical writers may appear to take for granted), namely, that — in the case all along supposed of Xs and Ys dealing respectively in x and y — if any X X give x in exchange for y_r, he gets no less and no more y than he is willing to take at the *rate of exchange* $\dfrac{y_r}{x_r}$.

If, however, this condition, though *not spontaneously generated by imperfect as by perfect competition,* should be introduced *ab extra,* imposed by custom and convenience, as no doubt would be very generally the case, nevertheless the property of *indeterminateness, plurality of final settlements,* will abide. Only the final settlements *will* now be by way of demand-curve, not contract-curve. If, for instance, powerful trades unions did not seek to fix the *quid pro quo,* the *amounts* of labour exchanged for wealth (which they would be quite competent to seek), but only the *rate of exchange,* it being left to each capitalist to purchase as much labour as he might demand at that rate, there would still be that sort of *indeterminateness favourable to unionists* above described. The geometry of this case may be understood from an

---

a. As Thornton suggests. Now we believe, but not because that unmathematical writer has told us.

경우의 기하학은 부론 V. 끄트머리에서 전형적으로 도식화한 [그림 4]를 찬찬히 살펴보면 이해할 수 있을 것이다.

넷째 불완전이 작용하리라고 볼 수 있는 경우는 **협동조합**인데, 그런 단체의 수가 실제적으로 무한히 많아질 때까지 아마도 오래도록 작용할 것이다. 생각을 분명히 해두기 위해 복수의 자본가-노동자 조합을 상정하자. 각 조합의 구성원은 100명인데, 50명은 주로 자본을 기부하고 50명은 주로 노동을 기부한다. **경쟁 마당**은 1,000명의 개인으로 이뤄진다. 여기서 말하려는 핵심은, 수치數値로 따진 마당의 크기에도 불구하고 (조합의 모든 구성원들이 보통 그러하듯이 제각기 자신을 위해 고용주와 계약을 맺는 것이 아니라 **서로와 계약을 맺는다**는 사실 때문에) 계약은 10명의 개인으로 마당이 이뤄졌을 때보다 더 결정적이지 않다는 것이다. 상정의 일반성을 높여, 구성원들이 서로 다른 양의 노동과 자본을 기부하면서 **분배 원리**에 따라 자신의 희생에 대한 보수를 받는다고 하더라도 그 결과는 비슷할 것이다. 여기서 분배 원리는 가장 일반적인 경우 혹은 어느 정도는 충분히 일반적인 경우에 희생의 **함수**로 나타나는데, 그 함수의 모양이 하나의 계약 변수다. 그리고 거의 같은 것이지만, 함수의 모양은 일정하되 여러 상수를 포함할 수도 있는데, 그 상수들이 **계약 물건들**이다. 물론 이때 할당되는 몫들의 합이 분배할 물건과 일치한다는 조건에 복속해야 한다. 그리고 여러 상이한 종류의 노동이나 다른 구체적인 복잡한 사정들을 도입해도 이와 크게 다르지 않다.

결정성은 개인의 수보다는 마당에 있는 조합의 수에 달려 있다. *다른 조건이 같다면*, 협동조합이 더 널리 퍼짐에 따라 여기서 말하는 비결정성이 감소할 게 분명하다. 그럼에도 불구하고, 협동 실험의 엄청난 다양성, 갖가지

attentive consideration of the typical illustration at the end of Appendix V., fig. 4.

The *fourth* imperfection would seem likely to operate in the case of *cooperative associations* up to the time when the competitive field shall contain a practically infinite number of such bodies; that is, perhaps for a long time. To fix the ideas, suppose associations of capitalist-workmen, consisting each of 100 members, 50 contributing chiefly capital, and 50 chiefly labour. Let the *field of competition consist* of 1,000 individuals. The point here indicated is that, notwithstanding the numerical size of the field, contract will not be more determinate (owing to the fact that all the members of the association are *in contract with each other* — not, as now usual, each for himself contracting with employer) than if the field consisted of 10 individuals. And a similar result would hold if, with more generality, we suppose members contributing labour and capital in varying amounts, and remunerated for their sacrifices according to a *principle of distribution*; in the most, or, at any rate, a sufficiently general case, a *function* of the sacrifices, the form of the function being a contract-variable, or what comes to much the same thing, there being assumed a function of given form containing any number of constants, which are *articles of contract*, subject, of course, to the condition that the sum of the portions assigned is equal to the distribuend. And, similarly, if we introduce different kinds of labour and other concrete complications.

The Determinateness will depend not so much upon the number of individuals as upon the number of associations in the field. As cooperative association becomes more prevalent, no doubt, *cœteris paribus*, the indeterminateness here indicated would decrease. Nevertheless, in consequence

계약과 다양한 종류의 **물건**, 그래서 분할된 경쟁 마당 등으로 말미암아, 협동조합의 출현은 비결정성의 확산을 수반하기 쉽다고 할 수 있다.[a] 먼 미래에 있을 법한 정규성에 대해 우리가 어떤 의견을 갖든 이 점은 다르지 않다.

눈앞에 다가오고 있는 두 가지 중요한 기구 중에서 노동조합이 **셋째** 불완전의 영향을 받는 반면 협동조합은 **넷째** 불완전의 영향을 받는다면, 그리고 두 단체 모두 **둘째** 불완전의 영향을 받는다면, 비록 지금은 아니지만 적어도 가까운 미래에는 비결정성이 상당한 정도에 이르리라고 예견하는 게 그다지 경솔한 일은 아닌 듯하다.

이 추론에서 무엇이 나오겠는가. 미루어 짐작건대 **경쟁**에 바쳐지는 경의가 손상을 입을 것이다. 경제학자들은 여태 경쟁의 결과를 마치 비개인적이고 불편부당한 물리적 힘의 작용인 듯 여기며 마음 놓고 순순히 받아들였다. 정의와 인간성을 내세우지도 않았다. 본성의 장엄한 중립성이 존중을 요구하는 것으로만 보였다. 그러나 만일 물리학에 균일성의 토대가 되어주는[b] **유체의 연속성**과[c] **원자의 다수성**이[110] 경쟁 마당에는 부족하다면, 만일 경쟁이 법칙의 정규성은 물론 우연의 불편부당마저 결여하여 패악이 실린 주사위를 던지는 것과 같다면, 경제학은 참으로 '음울한 과학'이[111] 되어 경쟁에 대한 경의도 더 이상 없을 것이다.

---

a. 협동조합에서도 계약의 특성이라고도 할 수 있는 다툼이 자본과 노동의 상대적 보수와 관련하여 있어왔으나 이를 해결할 원리가 없다고 나는 믿는다.
b. '소용돌이 이론과 원자 이론.'[112]
c. 위의 책 5쪽, 18쪽을 보라.

경제 미적분학

of the great variety of cooperative experiments, the sundry kinds of contract and divers species of *articles*, the field of competition being thus broken up, it is submitted that the rise of cooperative association is likely to be accompanied with the prevalence of[a] indeterminateness, whatever opinion we may form about the possible regularity in a distant future.

Altogether, if of two great coming institutions, trades-unionism is affected with the *third* imperfection, and cooperative association with the *fourth*, and both with the *second*, it does not seem very rash to infer, if not for the present, at least in the proximate future, a considerable extent of indeterminateness.

Of this inference what would be the consequence. To impair, it may be conjectured, the reverence paid to *competition*; in whose results — as if worked out by a play of physical forces, impersonal, impartial — economists have complacently acquiesced. Of justice and humanity there was no pretence; but there seemed to command respect the majestic neutrality of Nature. But if it should appear that the field of competition is deficient in that *continuity of fluid*,[b] that *multiety of atoms* which constitute[c] the foundations of the uniformities of Physics; if competition is found wanting, not only the regularity of law, but even the impartiality of chance — the throw of a die loaded with villainy — economics would be indeed a 'dismal science', and the reverence for competition would be no more.

---

a. There has been, I believe, observed in cooperative associations, with regard to the comparative remunerations of capital and labour, that dispute without any principle of decision which is the characteristic of contract.

b. Above, pp. 5, 18.

c. *Theory of Vortices and Theory of Atoms.*

그리하여 **중재의 원리**에 대한 일반적 수요가 생겨난다.

상업 세계의 이 열망은 평화 조약을 향한 만국의 한숨에 비하면 한 번의 짧은 숨에 불과하다. 지금까지 서술한 것과 같은 비결정성이 거의 모든 종류의 사회적, 정치적 계약에 영향을 미치고 있기 때문이다. 지능과 자유가 성장하면서 힘에 호소하거나 관습에 순종하는 대신 **계약**의 원리를 따르게 되면, 그때 이 해악이 더욱 크게 느껴질 것이다. 넓은 의미에서 **계약**의 전 영역에 걸쳐 완전 경쟁과 같은 기제의 일반적 부재 속에서 본질적으로 동일한 비결정성이 압도한다. 국제, 국내 정치에서 그러하다. 국가, 계층, 양성兩性 사이에서 그러하다.

피조물 전부가 끙끙거리고 헐떡이면서 중재의 원리, 분쟁의 종결을 소망한다.

따름정리. 분쟁으로 지친 세상이 어디에서 중재의 원리를 찾을 것인가? **정의**正義, 그것이 도덕주의자의 대답이다. 그 원리를 곧장 설파할 철학자들의 명단은 플라톤에서 허버트 스펜서까지 대단히 길다. 그러나 그들의 연설이 도덕적 논조로 우리를 아무리 고양시키더라도, 이미 자신의 의무를 알고 있는 사람들에게 아무리 커다란 격려가 되더라도, 무엇을 해야 할지에 대한 명확할 뿐만 아니라 수량적이기까지 한 기준을 찾고 있는 이곳에서는 별로 쓸모가 없다. **평등**과 '분할의 공정함'이 허버트 스펜서의 책에서는 분명 매력적이고,[a] 두갈드 스튜어트에게는 수학적 확실성의 모습으로 기쁨을 줬다.[b] 그러나 협력자들 사이에서 공동 생산물을 분배하는 문제에는 어떻게 적용될 수 있는가? 협력의 문제에서 높은 권위의 소지자가 그토록 자주 불러내는 **평등**도 별로 쓸모가 없기는 마찬가지다. 홀리오크 씨가 추천하는 분배의 원

---

a. 《윤리학의 기초 자료》,[1] 164쪽.
b. 《시론》, 2편.[2]

There would arise a general demand for a *principle of arbitration.*

And this aspiration of the commercial world would be but one breath in the universal sigh for articles of peace. For almost every species of social and political contract is affected with an indeterminateness like that which has been described; an evil which is likely to be much more felt when, with the growth of intelligence and liberty, the principle of *contract* shall have replaced both the appeal to force and the acquiescence in custom. Throughout the whole region of in a wide sense *contract*, in the general absence of a mechanism like perfect competition, the same essential indeterminateness prevails; in international, in domestic politics; between nations, classes, sexes.

The whole creation groans and yearns, desiderating a principle of arbitration, an end of strifes.

COROLLARY. — Where, then, would a world weary of strife seek a principle of arbitration? In *justice*, replies the moralist; and a long line of philosophers, from Plato to Herbert Spencer, are ready to expound the principle. But their expositions, however elevating in moral tone, and of great hortative value for those who already know their duty, are not here of much avail, where the thing sought is a definite, even quantitative, criterion of what is to be done. *Equity* and 'fairness of division' are charming in the pages[a] of Herbert Spencer, and delighted Dugald Stewart with the appearance[b] of mathematical certainty; but how would they be applicable to the distribution of a joint product between cooperators? Nor is the *equity* so often invoked by a high authority on cooperation much more available; for *why* is the particular principle of distribution recommended by Mr. Holyoake (operatives to take

a. *Data of Ethics*, p. 164.

b. *Essays*, Book II.

리는 (개략적으로 말해, 작업자가 순생산물을 갖고서 그로부터 경영자의 급료를 지불하라면서 자본에 대해서는 말이 없는데³) 무한한 수의 다른 원리에 비해 (예를 들어, 합의된 **만큼의 부분을** 작업자가 갖고 나머지를 경영자가 가짐으로써 둘 중 **아무나** 임금 지불자일 수 있고 **아무도** 임금 지불자가 아닐 수 있는 그런 경우에 비해) 도대체 왜 더 평등하다는 것인가?

정의正義는, 밀과ª 시지윅 씨가 훌륭히 추론하듯이, 더 분명한 어떤 원리로 규정해야 할 필요가 있다. 관습의 정박지碇泊地에서 벗어난 사람에게 정의라는 별은 어떤 길잡이도 되어주지 못한다. 탁월한 깨달음의 공리주의가 발하는 빛을 반사한다면 모를까.

그러나 더 순수한 의지와 더 명철한 지성 안에는 정의를 *분쟁* 종료로 받아들이면서 유용성을 정의의 개념 정의定義로 받아들일 의향이 있을 수 있고, 인간 본성의 더 높은 부분에는 공리적 제도를 바라는 경향과 원하는 느낌이 있을 수 있다. 그렇더라도 과연 이 도덕적 숙고가 전쟁과 교역에 관련이 있다고 진정으로 생각할 수 있을까? 그리고 과연 인간 이기심의 '제어할 수 없는 중핵'을⁴ 근절하거나, 자기 이익의 충동과 견줄 만큼 상당한 힘을 발휘할 수 있을까? 그러려면 우선 모두의 이익이 각자의 이익이라는 것을 보여줘야 하는데, 그것은 환상이다. 밀, 그리고 아마도 벤담, 이들의 모호한 언어가 이 환상을 거들었을지도 모른다. 그러나 시지윅 씨의 대가다운 분석이 이 환상을 영구히 쫓아버렸다. 시지윅 씨는 이기주의와 공리주의를 두 가지 최고 원리로 인정한다. 제각기 독립적인 권위이며, 서로 상충하는 명령이다. 종교가 아니고서는 화해시킬 수 없다.

종교의 중요성을 깎아내리는 것은 즐거움 철학의 정신과 거리가 멀다. 그러나 지금 이 탐구에서는 우리가 인간 본성의 더 낮은 요소들을 검토하면서,

---

a. 손턴의 《노동론》에 대한 논평을 (《공리주의》와 함께) 보라.⁵

경제 미적분학

net product, paying therefrom a salary to manager, roughly speaking, and to say nothing of capital) more equitable than an indefinite number of other principles of distribution (e.g. operatives to take *any fraction* which might have been agreed upon, manager the remainder; *either* party, or *neither*, paying wages to the other).

Justice requires to be informed by some more definite principle, as Mill[a] and Mr. Sidgwick reason well. The star of justice affords no certain guidance — for those who have loosed from the moorings of custom — unless it reflect the rays of a superior luminary — utilitarianism.

But, even admitting a disposition in the purer wills and clearer intellects to accept the just as *finis litiam*, and the useful as the definition of the just; admitting that there exists in the higher parts of human nature a tendency towards and feeling after utilitarian institutions; could we seriously suppose that these moral considerations were relevant to war and trade; could eradicate the 'controlless core' of human selfishness, or exercise an appreciable force in comparison with the impulse of self-interest. It would have to be first shown that the interest of all is the interest of each, an illusion to which the ambiguous language of Mill, and perhaps Bentham, may have lent some countenance, but which is for ever dispelled by the masterly analysis of Mr. Sidgwick. Mr. Sidgwick acknowledges two supreme principles — Egoism and Utilitarianism; of independent authority, conflicting dictates; irreconcilable, unless indeed by religion.

It is far from the spirit of the philosophy of pleasure to depreciate the importance of religion; but in the present inquiry, and dealing with the lower

---

a. See review of Thornton on *Labour* (as well as *Utilitarianism*).

자기 이익의 원리로부터 공리주의의 원리로 나아가는 더 명백한 이행, 더 세속적인 진행, 아니면 적어도 그 원리의 실행을 모색해야 한다.

이제야말로 중대하고 흥미로운 상황이다. 수학에 길을 묻는 상식의 눈에는 이 상황이 뚜렷이 보인다. 계약자들 사이에서 이뤄지는 일반적으로 무한한 수의 **타결** 가운데 **하나가**[a] 다름 아닌 계약 물건의 공리적 배열이고, 계약자들에게 최대 가능 총합 효용을 가져다주는 계약이다. 필요한 원리를 이 방향에서 찾아야 하리라고 짐작해 볼 수 있다. 왜냐하면 경제적 계약자들 사이의 중재에 요구되는 기초는 명백히 **어떤** 타결이고, 다른 선택 원리가 없다면 공리적 타결이 그것의 도덕적 특유성 덕택에 선택될 수 있기 때문이

---

a. **계약 곡선**은 $\left(\dfrac{dP}{dx}\right)\left(\dfrac{d\Pi}{dx}\right) - \left(\dfrac{d\Pi}{dy}\right)\left(\dfrac{dP}{dy}\right) = 0$. 반면 **공리점(功利點)**의 좌표를 결정하는 두 방정식은

$$\left(\frac{d}{dx}\right)[P+\Pi] = 0 \quad \left(\frac{d}{dy}\right)[P+\Pi] = 0$$

이 연립방정식의 근은 명백히 계약 방정식을 충족한다. 이 정리는 대단히 일반적이다.

이쯤에서 확인하는 것도 나쁘지 않겠다. 만일 계약자들이 그다지 '경제적'이지 **않은** 주체여서 (지금도 **가족** 계약에서는 그러하듯이, 그리고 언젠가 아마도 정치 계약에서도 그리 되겠지만) 유효한 순간에 상대방의 이해에 대한 동감이 작용한다고 가정한다면, (P가 자신의 효용인) X가―차분하고 유효한 순간에―극대화하려는 대상은 P가 아니라 P + λΠ라고 가정할 수 있다. 여기서 λ는 **유효 동감 계수**다. 그리고 Y도 이와 마찬가지로―물론 자기만족에 매진하는 동안은 아니지만 윤리적 '방법'을 특징짓는 군림의 순간에는―스스로에게 목적으로 Π + μP를 제안할 수 있다. 그렇다면 이 바뀐 계약자들의 계약 곡선은 어떠할까? 답은 **가까워진 극한 사이의 구(舊) 계약 곡선**이다. [그림 1]에서 $y_0\xi_0$는 북서쪽으로 옮겨 자리를 잡을 것이고, η_0x_0는 남동쪽으로 옮겨 자리를 잡을 것이다. 동감 계수가 상승할수록 공리주의는 더 순수해지고(12, 17쪽 참조), **계약 곡선은 공리의 점을 향해 좁혀 들어간다.**

elements of human nature, we should have to seek a more obvious transition, a more earthy passage, from the principle of self-interest to the principle, or at least the practice, of utilitarianism.

Now, it is a circumstance of momentous interest — visible to common sense when pointed out by mathematics — that *one* of the in general indefinitely numerous *settlements*[a] between contractors is the utilitarian arrangement of the articles of contract, the contract tending to the greatest possible total utility of the contractors. In this direction, it may be conjectured, is to be sought the required principle. For the required basis of arbitration between economical contractors is evidently *some* settlement; and the utilitarian settlement may be selected, in the absence of any other principle of selection, in virtue of its

---

a. Where the *contract-curve* is $\left(\dfrac{dP}{dx}\right)\left(\dfrac{d\Pi}{dx}\right) - \left(\dfrac{d\Pi}{dy}\right)\left(\dfrac{dP}{dy}\right) = 0$, the *utilitarian point* has co-ordinates determined by the equations

$$\left(\frac{d}{dx}\right)[P+\Pi] = 0 \quad \left(\frac{d}{dy}\right)[P+\Pi] = 0 ;$$

the roots of which evidently satisfy the contract-equation. The theorem is quite general.

Here may be the place to observe that if we suppose our contractors to he in a sensible degree *not* 'economic' agents, but actuated in effective moments by a sympathy with each other's interests (as even now in *domestic*, and one day perhaps in political, contracts), we might suppose that the object which X (whose own utility is P), tends — in a calm, effective moment — to maximise, is not P, but $P + \lambda\Pi$; where λ is a *coefficient of effective sympathy*. And similarly Y — not of course while rushing to self-gratification, but in those regnant moments which characterise an ethical 'method' — may propose to himself as end $\Pi + \mu P$. What, then, will be the contract-curve of these modified contractors? The *old contract curve between narrower limits*. In fig. 1, $y_0\xi_0$ will have been displaced in a north-westerly and $\eta_0 x_0$ in a south-easterly direction. As the coefficients of sympathy increase, utilitarianism becomes more *pure*, (cf. pp. 12, 17), the *contract-curve narrows down to the utilitarian point.*

다. 각자의 모두에 대한 (있는 그대로의) 동감,[a] 정의正義의 감정과 공리적 평등을[b] 그 타결이 만족시킨다.

여전히 매우 추상적이지만 더 구체적인 경우라면 이런 숙고를 가장 명백하게 기술할 수 있다. 연합의 영향으로 경쟁이 기업가와 작업자들 사이의 계약을 결정하지 못하는 경우를 상정하자. 이 경우는 (α)에서 서술한 그것이 된다. 즉, 두 계약 당사자 사이의 **교착이다**. 그 **당사자들** 중 하나가 여기서는 진정으로 **집합**이다. 그러나 설명의 편의를 위해 이런 상황으로부터 추상할 수 있다. 자본가, 지주 등과의 상호 연관된 홍정도 고려에서 제외한다. 그리하여 한 명의 기업가가 한 명의 작업자와 거래한다고 가정한다.

그리고 우선 어떤 **교조적 정의**正義의 원리, 형이상학적 교리에 대해 판정을 내려 보도록 하자. 예컨대, 기업가는 생산물에서 '동등한' 몫을 가져야 한다는 동등성 교리가 있다. 이 '공정한 분할'이 공리적이라고 성급히 추정해서는 안 된다. 기업가의 **희생**은 성격이 다르다는 점을 생각해야 하고, (이렇게 말해도 된다면) 기업가의 **역량**이 다를 수 있다는[c] 점도 함께 생각해야 한다. 예를 들어, 신경이 발달한 유기체일수록 효용을 영零의 수준으로 끌어올리기 위한 수단의 **극소**가 평균적으로 높다고 상정하라. 이제 앞에서 제시한 배열이 공리적이라고 추정할 수 없으므로 그것이 계약 곡선 위에 있다는 추정도 해선 안 된다. 그리하여 두 당사자의 자기 이익이 지금의 주어진 자리를 박차고 나오는 데 **동의**할 것이다. 교조적 정의의 거미줄을 털어버리고, 저항할

---

a. 경제학자들이 가정하듯이 (밀, 2편, 16장, 7절, 워커의 《임금》 등을 보라) 가정하여, '경제적 인간'의 직선성(直線性)으로부터 경미하게나마 벗어나는 *편위*(偏位)[6].

b. 여기서 무의식적으로 시사되는 첫째 원리는 누구에게든 시간-강도(強度) 단위의 즐거움들이 등치(等置)될 수 있어야 한다는 것이다.

c. 58쪽을 보라.

moral peculiarities: its satisfying the sympathy[a] (such as it is) of each with all, the sense of justice and utilitarian equity.[b]

These considerations might be put clearest in a particular, though still very abstract, case. Let us suppose that in consequence of combinations competition fails to determine the contract between entrepreneur and operatives. The case becomes that described under (α) − deadlock between two contracting parties. One of the *parties* is indeed here *collective*; but it is allowable for the sake of illustration to make abstraction of this circumstance, to abstract also the correlated bargains with capitalists, landowners, &c., and to suppose a single entrepreneur in dealing with a single operative.

And, first, let it be attempted to arbitrate upon some principle of *doctrinaire justice* − some metaphysical dogma, for instance, of equality: that the entrepreneur shall have an 'equal' share of the produce. Now, there is no presumption that this 'fair division' is utilitarianian; in view of the different character of the entrepreneur's *sacrifice*, in view also (if one may be allowed to say so) of a possible difference in the entrepreneur's *capacity*:[c] suppose, for instance, that a more highly nervous organisation required on the average a higher *minimum* of means to get up to the zero of utility. As there is no presumption that the proposed arrangement is utilitarian, so there is no presumption that it is on the contract-curve. Therefore, the self-interests of the two parties will *concur* to bulge away from the assumed position; and, bursting the cobwebs of doctrinaire justice, to descend with irresistible force

---

a. Assuming as economists assume (see Mill, book II. chap. xiv. s. 7, Walker on *Wages*, &c.), an however slight *clinamen* from the rectilinearity of the 'economic man.'

b. Whereof the unconsciously implicit first principle is: Time-intensity units of pleasure are to be equated irrespective of persons.

c. See p. 58.

수 없는 힘에 이끌려, 계약 곡선 위의 어떤 점으로 내려앉을 것이다. 이런 종류의 경험이 반복되면서 계약 곡선이 대충 인지된다고 가정하자. 상당한 수의 **최종 타결**이 통계표로 만들어진다는 것이다. 이제 이 최종 타결들이 이편저편 당사자에게 각각 **바람직함의 반대 순서**로 자리를 잡는다. 그리고 두 당사자가 제각기 깨달을 법하다. 자기 마음대로 할 수 없으므로, 어떤 확정된 선택의 원리가 없는 상황에서는, 그 배열들 가운데 무엇이든 거의 같은 가능성을 갖는다는 것을. 그러나 그들이 주사위던지기와 실질적으로 다르지 않은 어떤 과정에 기대지 않을 수도 있다. 양 당사자가 합의하여, 그 배열들 저마다의 가능성을 내놓는 대신 그것들 중 하나의 확실성을 가질 수도 있다. 이렇게 해서 도달한 배열은 앞에서 서술한 대로 어떤 유별난 특징과 독특한 매력을 가진 공리적 배열이다.

다른 방법도 있다. 가능한 배열들의 선線 전부를 고려하여 '차이를 분할'하기로 합의하고서[a] '양적量的 평균'이라 부를 수 있는 중간점 근처에서 서로 만나는 것이다. 우선 이 양적 평균이 극단에 비해 공리功利의 점에 더 가까울 가능성이 크다. 더욱이 **평균**이라는 개념이야말로 원초적인 '암묵적' 정의에서 생겨난 것으로 보이고, 변증법적 환경에서 공리적 평등이라는 '질적 평균'의[b] 꽃으로 피어날 듯이 보인다.

---

a. 135쪽을 보라.
b. 미덕은 두 해악 사이의 평균이라는 아리스토텔레스의 형이상학적 이론은 **즐거움의 극대**는 두 극소 사이의 평균이라는 수리적 이론과 유사하다.

두 종種의 탁월이라는 아리스토텔레스의 개념[7] 역시, 그리고 더 일반적으로 (적절한 수학적 의미의 '극대'와 유사한 의미로 최상급을 사용해서) **가장 좋은** 행동 방식이 **두 개** (혹은 더 많이) 있는 경우도, **극대** 효용의 문제처럼 **복수**複數의 **풀이**가 있는 **변분학** 문제의 경우라고 볼 수 있다.

토드헌터의 아름답고 섬세한 문제들을 보면서 한 번 더 주목하지 않을 수 없는 것이 있으니, 사람 일에 가장 직접적으로 적용할 수 있어 보이는 미적분학의 그 종種이 지닌 다재다능한 특성과 대단히 인간적인 모습이 그것이다. 이는 수학의 원론만[8] 겨우 아는 사람들이 수학의 속성이라고 말하는 그 잔혹한 엄격과는 매우 다르다.

경제 미적분학

to some point upon the contract-curve. Suppose that by repeated experiences of this sort the contract-curve has been roughly ascertained — a considerable number of *final settlements* statistically tabulated. Now these positions lie in a *reverse order of desirability* for each party; and it may seem to each that as he cannot have his own way, in the absence of any definite principle of selection, he has about as good a chance of one of the arrangements as another. But, rather than resort to some process which may virtually amount to tossing up, both parties may agree to commute their chance of any of the arrangements for the certainty of one of them, which has certain distinguishing features and peculiar attractions as above described — the utilitarian arrangement.

Or perhaps, considering the whole line of possible arrangements, they might agree[a] to 'split the difference,' and meet each other in the neighbourhood of the central point — the 'quantitative mean,' as it might be called. Well, first, this quantitative mean would likely to be nearer than the extremes to the utilitarian point; and, further, this very notion of *mean* appears to be the outcome of a rudimentary 'implicit' justice, apt in a dialectical atmosphere to bloom into the 'qualitative[b] mean' of utilitarian equity.

---

a. See p. 135.

b. Aristotle's metaphysical theory that virtue is a mean between two vices is analogous to the mathematical theory that a *maximum of pleasure* is a mean between two minima.

So also Aristotle's notion of two species of excellence (ἀρετὴ), and more generally all cases in which there seem to be *two* (or more) *best* ways of acting (using the superlative in a sense analogous to the proper mathematical sense of 'maximum'), may be cases of *multiple solutions* of a problem in the *Calculus of Variations*, the problem of *maximum* utility.

It is difficult to allude to Mr. Todhunter's beautiful and delicate problems without once more inviting attention to the versatile features and almost human complexion of that species of Calculus which seems most directly applicable to the affairs of men; so different from the brutal rigour ascribed to Mathematics by men who are acquainted only with its elements.

이보다 덜 구체적으로 말할 수도 있다. 계약 곡선 근처에서 **자기 이익의 힘이 중립화**되면서 동감과 권리의 부드러운 힘이 느껴질 것이다. 이는 지자기地磁氣가 스스로의 반발로 제거될 때 자기장의 연약한 힘이 드러나는 것과 같다.

이 전부 위로─ 매우 추상적인 추론이 존중받는 정신의 세계와 관련하여 단번에 알 수 있는 것은 빠뜨리고, 경로를 지정해 주는 푯말이 아닌 일반적인 방향을 제시하는 별도 빠뜨리고─ 일반적인 지침이 저 멀리 까마득한 곳에서 모습을 드러내는데, 이렇게 씌어 있다. **경쟁은 중재로 보완되어야 하며, 자기 이익만을 쫓는 계약자들 사이에서 중재의 기초는 최대 가능 총합 효용이다.**

그리하여 경제 미적분학이 공리 미적분학으로 나아간다. 이전에 발표한 논문에서 간략히 묘사한 공리 미적분학의 흐릿한 윤곽을 제2부의 후반으로 받아들일 수 있겠다.

공리 미적분학

문제. 최대 가능 행복을 가져다주는 (α)수단과 (β)노동의 분배 그리고 인구의 (γ)질質과 (δ)수數를 찾아라.

정의. (1) 즐거움은 (비록 이 일반적인 용어가 그 아래 들여 놓으려 의도한 모든 구체적인 것들을 똑같이 손쉽게 불러내기보다는 예컨대 헌신의 '희열

Or less specifically may we say that in the neighbourhood of the contract-curve the *forces of self-interest being neutralised*, the tender power of sympathy and right would become appreciable; as the gentler forces of the magnetic field are made manifest when terrestrial magnetism, by being opposed to itself, is eliminated.

Upon the whole — omitting what it is obvious to understand about the spirit in which very abstract reasonings are to be regarded: a star affording a general direction, not a finger-post to specify a bypath — there may appear, at however great a distance, a general indication that *competition requires to be supplemented by arbitration, and the basis of arbitration between self-interested contractors is the greatest possible sum-total utility.*

Thus the economical leads up to the utilitarian calculus; the faint outlines of which, sketched in a previously published paper, may be accepted as the second subdivision of our Second Part.

UTILITARIAN CALCULUS.

PROBLEM — To find (α) the distribution of means and (β) of labour, the (γ) quality and (δ) number of population, so that there may be the greatest possible happiness.

DEFINITIONS. — (1) *Pleasure* is used for 'preferable feeling' in general (in deference to high authority, though the general term does not appear to call up with equal facility all the particulars which are meant to be included under

과 행복'은 밀쳐놓고 더 거친[a] 느낌들을 불러낸다고 보지만, 높은 권위를 존중하여) '선호할 만한 느낌' 일반을 가리키기 위해 사용된다.[1] 이 용어는 괴로움의 부재不在도 포함한다. **최대 가능 행복**은 (아래 공리 참조) '향유자의 수 × 향유의 지속 기간 × 향유의 정도' 미분의 최대 가능 적분이다.[b]

(2) **수단**은 즐거움의 근접 수단으로서 분배할 수 있는 것이며, 주로 소비를 위해 예정된 부富와 (문명사회에서 흔하지는 않으나 생각해 볼 수 있는) 구입하지 않고 확보한 비생산적 노동이다.

(3) 어떤 개인은 **행복 역량**이 다른 개인보다 커서, 같은 양의 수단에서 더 많은 양의 즐거움을 얻으며, **또한 마찬가지로** (같은 양에 더해지는) 같은 증분의 수단에서 더 큰 즐거움 증분을 얻는다.[2]

물론 이런 '사물의 정의'는 (유클리드의 정의처럼) 불완전하게 실현된다.[3] 한 가지 불완전을 꼽으면, 어떤 개인들은 수단의 양이 **얼마든** 항상 유리한 게 아니라 그 양이 일정한 수준을 넘어야만 유리할지 모른다. 특히 진화의 높은 단계에서 그럴 것이다. 이에 더하여, 이 개인은 이 종류의 수단에서 유리하고 저 개인은 저 종류의 수단에서 유리할 수 있다. 그러나 만일 한 개인이 대부분의 그리고 가장 위대한 즐거움들에서 유리하다면, 그의 즐거움 일반에 대한 역량이 크다고 보아도 좋다. 셋째, 그 두 가지 유리함이 함께 가지 않을 수 있다. 만약 (뒤에서도 자주 인용하지만, 〈마음〉 10호에 게재된

---

a. '공리주의'가 생각나게 하는 천박한 것들과 비교해 보라. 아널드 씨의 말처럼,[4] 융통성 없는 사람이 그 용어를 창안했음이 분명하다.[5]

b. $\iiint dp\,dn\,dt$의 최대 가능 값. 여기서 dp는 겨우 인지할 수 있는 즐거움 증가분, dn은 감수感受하는 개인, dt는 순간의 시간에 각각 해당한다. 시간 적분의 하한과 상한은 0과 ∞, 즉 현재와 무한 미래다. 다른 극한은 변수로서 변분학에 의해 정해진다.

공리 미적분학

it, but rather the grosser[a] feelings than for instance the 'joy and felicity' of devotion). The term includes absence of pain. *Greatest possible happiness* is the greatest possible integral of the differential 'Number of enjoyers × duration of enjoyment × degree thereof' (cf. axiom below).[b]

(2) *Means* are the distributable proximate means of pleasure, chiefly wealth as destined for consumption and (what is conceivable if not usual in civilisation) the unpurchased command of unproductive labour.

(3) An individual has greater *capacity for happiness* than another, when for the same amount whatsoever of means he obtains a greater amount of pleasure, *and also* for the same increment (to the same amount) whatsoever of means a greater increment of pleasure.

This 'definition of a thing' is doubtless (like Euclid's) imperfectly realised. One imperfection is that some individuals may enjoy the advantages not for *any* amount of means, but only for values above a certain amount. This may be the case with the higher orders of evolution. Again, one individual may have the advantages in respect of one kind of means, another of another. But, if one individual has the advantages in respect of most and the greatest pleasures, he may be treated as having more capacity for pleasure in general. Thirdly, the two advantages may not go together. If 'the higher pleasures, such as those of affection and virtue, can hardly be said to come from pleasure

---

a. Compare the base associations of 'Utilitarianism.' Surely, as Mr. Arnold says, a pedant invented the term.

b. The greatest possible value of $\iiint dp\, dn\, dt$ (where dp corresponds to a just perceivable increment of pleasure, dn to a sentient individual, dt to an instant of time). The limits of the time-integration are 0 and ∞, the present and the indefinite future. The other limits are variable, to be determined bv the Calculus of Variations.

훌륭한 '소론'에서 배럿 씨가 말하듯이[6] '애정이나 미덕의 즐거움처럼 더 높은 즐거움들이 즐거움 물질로부터 나온다고 말하기 어렵다'면, 더 높은 즐거움의 향유자가 영靈 또는 어떤 극소의 수단으로부터 이끌어내는 즐거움의 양이 매우 많아서 (그리고 모든 우월한 가치들은 *더욱 그래서*) 다른 계층의 향유자가 (이를테면 감성인感性人이) 얼마든지 많은 양量의 수단으로부터 얻어내는 즐거움의 양조차 능가할 (개연성은 아니어도?) 가능성이 있다. **그러나 동시에** 그 감성인이 (극소를 넘어) 동일한 수단 증분들에서 더 큰 즐거움 증분들을 얻어낸다.[7] 이런 경우에 문제가 복잡하겠으나 풀이가 훼손되지는 않는다. 개략적으로 말해, 첫째 유리함이 인구 이론을 압도하고, 둘째 유리함이 수단의 분배를 압도한다. 위에서 제시한 정의의 넷째 불완전은 비교되는 역량들의 주체가 종종 가족처럼 개인 아닌 **집단**이라는 것이다. 이런 단서들을 붙여야만 그 정의의 현실성이 허용될 수 있다.

그래도 반박이 있을 수 있다. 비록 역량의 차이가 있을지라도 정밀히 인지할 수 없을 뿐더러 교육에서 오는 인위적인 것일 수 있다. 그러나 우리는 지금이라도 행복 역량을 개략적으로 구분할 수 있다. 만약 높은 즐거움이 대체로 더 즐겁다면 ― 설리 씨가 이 사실을 가장 과학적으로 진술했다고 보인다[a] ― 그런 즐거움을 가장 잘 누릴 수 있는 사람들의 행복 역량이 가장 크다. 그리고 배럿 씨가 말했듯이,[8] '진화의 등급에서 더 높은 존재일수록 즐거움 역량이 더 높다.' 개선된 검사와 쾌락계량학은 이보다 더 엄밀한 진술도 가능하게 할 것이다. 더욱이 그 문제의 적용들 중 일부는, 곧 보게 되듯

---

a. 《비관주의》, 11장, 소론.[9]

-stuff at all' (as Mr. Barratt says in his able Note in 'Mind X.,' often cited below), it is possible (though not probable?) that the enjoyers of the higher pleasures should derive from the zero, or rather a certain minimum, of means (and *à fortiori* for all superior values) an amount of pleasure greater than another class of enjoyers, say the sensual, can obtain for any amount whatsoever of means; *while at the same time* the sensual obtain greater increments of pleasure for the same increments of means (above the minimum). In such a case the problem would be complicated, but the solution not compromised. Roughly speaking, the first advantage would dominate the theory of population; the second the distribution of means. A fourth imperfection in the statement of the definition is that the units whose capacities are compared are often *groups* of individuals, as families. With these reservations the reality of the definition may be allowed.

But it may be objected that differences of capacity, though real, are first not precisely ascertainable, and secondly artificial, being due to education. But, first, even at present we can roughly discriminate capacity for happiness. If the higher pleasures are on the whole most pleasurable — a fact of which the most scientific statement appears to have been given by Mr. Sully[a] — then those who are most apt to enjoy those pleasures tend to be most capable of happiness. And, as Mr. Barratt says, it 'seems (speaking generally) to be the fact that, the higher a being in the scale of evolution, the higher its capacity for pleasure;' while greater precision might be attainable by improved examinations and hedonimetry. Further it will be seen that some of the

---

a. *Pessimism, note* to chap. xi.

이, 인지되기보다 **상정된** 역량의 차이에 의존한다. 둘째 반박은 윌리엄 톰프슨이[10] 제기했는데, 유전遺傳에 관해 새로 알려진 내용을 맞닥뜨리고서는 도저히 버틸 수 없게 되었다. 그렇지만 만약 우리의 (아래) 첫 공준과 비슷한 명제가 **교육**에 투입되는 부와 노동에 대해 참이라면, 그래서 개선의 증진이 교육 수단의 증가에 비례하지 않는 게 사실이라면, 그의 결론인 분배의 동등성이 그의 전제로부터 도출된다는 점은 지적해 둘 만하다.

(4) 어떤 개인은 **작업 역량**이 다른 개인보다 더 커서,[a] 같은 양의 작업에서 더 적은 양의 피곤을 느끼며, **또한 마찬가지로** (같은 양에 더해지는) 같은 증분의 작업에서 더 작은 피곤 증분을 느낀다.

이 넷째 정의는 셋째와 같은 불완전을 드러낸다. 사실 넷째 정의는 셋째의 한 경우이며, 두 정의 모두 수단과 즐거움 사이의 관계에 대한 것이다. 소비되는 수단을 생산되는 수단으로 교체하는 동시에 소비의 즐거움을 생산의 괴로움으로 교체하고, 수단과 즐거움의 **부호를 바꾸면**, 셋째 정의는 넷째가 된다. 그리고 만일 노동이 (푸리에가 생각한 만큼이나[11]) 달콤하다면, 부호는 바꾸지 않아도 된다. 이 동일화가 셋째 정의의 현실성을 확인시켜주는 게 되는 까닭은 넷째 정의의 현실성에 대해서는 반론이 없다는 데 있다. 물론 이 동일화와 관련하여 우리는 앞에서 지적한 둘째 불완전 때문에 두 정의가 분리될 수 있음도 잊지 말아야 한다.

공리公理. 즐거움은 측정이 가능하고, 모든 즐거움들은 같은 단위로 잴 수 있어서, 한 감수인感受人이 느끼는 한 종류의 즐거움들은 다른 여러 감수인들

---

a. 이렇게도 말할 수 있다. 같은 양의 피곤이 더 많은 양의 작업에 상응하고, (같은 양의 피곤에) 같은 피곤 증가분이 더 많은 작업 증가분에 상응한다.[12]

applications of the problem turn upon *supposed*, rather than ascertained, differences of capacity. The second objection, William Thompson's, would hardly now be maintained in face of what is known about heredity. But it is worth observing that his conclusion, equality of distribution, follows from his premiss only in so far as a proposition like our first postulate (below) is true of wealth and labour applied to *education*, in so far as it is true that improvement is not proportionately increased by the increase of the means of education.

(4) An individual has more *capacity for work* than another,[a] when for the same amount whatsoever of work done he incurs a less amount of fatigue, *and also* for the same increment (to the same amount) whatsoever of work done a less increment of fatigue.

This fourth definition may present the same imperfections as the third. Indeed the fourth definition is but a case of the third; both stating relation between means and pleasure. The third definition becomes the fourth, if you *change the signs* of means and pleasure, put means produced for means consumed and the pains of production for the pleasures of consumption. Or not even the latter change, in so far as labour is sweet (which is very far according to Fourier). It is submitted that this identification confirms the reality of the third definition, since the reality of the fourth is undisputed. Of course, if we identify the definitions, we must bear in mind that they are liable to be separated in virtue of the second imperfection above noticed.

AXIOM. — Pleasure is measurable, and all pleasures are commensurable; so much of one sort of pleasure felt by one sentient being equateable to so much

---

a. Or this: When the same amount of fatigue corresponds to a greater amount of work done, and the same increment (to the same amount) of fatigue to a greater increment of work.

이 느끼는 다른 여러 종류의 즐거움들과 등치等置될 수 있다.

베인 교수가 일러주는 방법으로,[a] 자신의 감각에 의존하는 관찰을 자기가 바르게 고치는 것과 같은 원리로 자신의 즐거움에 대한 자기의 측정을 자기가 바르게 고칠 수 있으며, 활동성이나 표현성의 개인적 차이에도 불구하고 '동일한 객관적 표징은 동일한 주관적 상태를 나타내는 것으로 받아들인다.'는[1] 원리에 따라 타인의 즐거움도 바르게 측정할 수 있다. 이 '도덕 산술'은 아마도 도덕 미분학으로 보완될 수 있을 것이다. 즐거움 일반에 적용된 페히너의 방법이 대표적이다.[2] 그 방법으로 감각적 즐거움을 측정할 수 있으며, 공리주의자의 주장처럼 모든 즐거움을 같은 단위로 측정할 수 있음을 분트가 잘 보여준다. 이 방법의 첫째 원리는 모든 종류의 즐거움과 모든 사람에 대해 겨우 인지할 수 있는 즐거움 증분이 등치될 수 있다는 것이다.[b] 이것과 베인의 원리가 함축하기를, 동일 배수倍數의 여러 동등한 즐거움은 등치될 수 있다. 여기서 배수의 즐거움이란 배수의 사람들이 향유하거나 배수의 시간에 걸쳐 향유하는 매우 유사한 즐거움 (적분 또는 미분), 또는 (시간과 사람은 일정하고) 그 강도가 본래 즐거움에 비해 배수인 즐거움을 의미한다. 앞의 마지막 표현에 대해서는 의문이 제기될 수 있으며 (그렇지만 델뵈프, 《정신물리학 연구》, vii. 등을 보라[3]) 여기서 그것을 주장하려 하지 않는다. 여기서는 단지 실제적 명제를 상정하는 것으로 충분하다. 만약 (페히너의 개념대로) 어느 즐거움을 영에서 일까지 얻으려면 다른 즐거움을 얻는 데 비해 n배의 최소 인지 가능 증분이[4] 필요하다면, 어떤 수의 사람들이 어떤 기간 동안 누리는 전자前者의 즐거움은 그 수가 n배인 사람들이 같은 기간

---

a. 《감정과 의지》, 3판.[5]

b. 분트, 《생리학적 심리학》, 295쪽. 위 8쪽, 부론 III. 참조.

공리 미적분학

of other sorts of pleasure felt by other sentients.

Professor Bain has shown[a] how one may correct one's estimate of one's own pleasures upon much the same principle as the observations made with one's senses; how one may correctly estimate the pleasures of others upon the principle 'Accept identical objective marks as showing identical subjective states,' notwithstanding personal differences, as of activity or demonstrativeness. This 'moral arithmetic' is perhaps to be supplemented by a moral differential calculus, the Fechnerian method applied to pleasures in general. For Wundt has shown that sensuous pleasures may thereby be measured, and, as utilitarians hold, all pleasures are commensurable. The first principle of this method might be: Just-perceivable increments of pleasure, of all pleasures for all persons, are equateable.[b] Implicated with this principle and Bain's is the following: Equimultiples of equal pleasures are equateable; where the multiple of a pleasure signifies exactly similar pleasure (integral or differential) enjoyed by a multiple number of persons, or through a multiple time, or (time and persons being constant) a pleasure whose degree is a multiple of the degree of the given pleasure. The last expression is open to question (though see Delbœuf 'Étude psychophysique,' vii. and elsewhere), and is not here insisted upon. It suffices to postulate the practical proposition that when (agreeably to Fechnerian conceptions) it requires n times more just-perceivable increments to get up to one pleasure from zero than to get up to another, then the former pleasure enjoyed by a given number of persons during a given time is to be sought as much as the latter pleasure enjoyed

---

a. *Emotions and Will*, 3rd edition.

b. Cf. Wundt, *Phys. Psych.*, p. 295; above, p. 8, Appendix III.

동안 누리거나 같은 수의 사람들이 n배의 기간 동안 누리는 후자後者의 즐거움과 마찬가지로 희구되어야 한다. 이는 벤 씨처럼[6] 수치로 측정되는 **믿음**에 대해 말하려 하지 않는 사람일지라도 확률의 실제적 결론은 물리칠 수 없는 것과 같다. 사실 이런 *측정술의*[7] 원리들은 형이상학적으로 섬세한 내용에 대한 반증으로 제시되는 게 아니다. 그것들은 실용적이다. *선험적으로* 자명하여서 *귀납* 또는 *습관*에 의해 실용적 공리公理의 방법이 된다.

이제 우리 문제에 다가갈 텐데, 여러 탐구를 분리해서 그리고 결합해서 진행하면서 각각에 알맞은 **공준**의 도움을 받는다.

(α)[a] 첫째 탐구에 알맞은 **첫째 공준**인데, 즐거움의 증가 요율은 즐거움의 수단이 증가함에 따라 하락한다. 이 공준이 주장하는 바는 수단에 관한 즐거움의 둘째 미분이 계속해서 음이라는 것이다. 첫째 미분이 계속해서 양이라고는 주장하지 않는다. 어떤 점을 넘어 증가하는 수단은 단지 괴로움을 증가시킬 뿐이라는 상정이 (비록 현실적이지는 않으나) 가능하다. 또한 '더 높은 즐거움들은 즐거움 물질로부터' 나오지 않는다거나 즐거움 물질과 함께 증가하지 않는다는 상정도 가능하다.[1] 공리주의의 전천공全天空에는 당연히 우리의 수정修正이 영향을 미치지 않는 부분들이 있으니, 적어도 별무리들의 행복이 그렇다. 그렇다고 해서 그 공준이 틀린 것이 되지는 않으며, 우리가 최선을 위한 '독특한 소수'를 다루지 못하게 되거나, 거기에 최대 가능 행복이 존재한다는 주장을 못하게 되지도 않는다. 이제까지 기술한 명제는 일상의 경험이 증명해 준다. 이런 경험에 초점을 잘 맞춘 연구로 뷔퐁의 "도덕

---

a. 제번스 교수가 《정치경제학 이론》에서 이 명제에 대해 제시한 여러 축적된 증명을 보라.[2]

by n times the given number of persons during the given time, or by the given number during the multiple time. Just so one cannot reject the practical conclusions of Probabilities, though one may object with Mr. Venn to speaking of *belief* being numerically measured. Indeed these principles of μετρητικὴ are put forward not as proof against metaphysical subtleties, but as practical; self-evident *à priori*, or by whatever ἐπαγωγὴ or ἐθισμὸς is the method of practical axioms.

Let us now approach the Problem, attacking its inquiries, separately and combined, with the aid of appropriate POSTULATES.

$(\alpha)^a$ The *first postulate* appropriate to the first inquiry is: The rate of increase of pleasure decreases as its means increase. The postulate asserts that the second differential of pleasure with regard to means is continually negative. It does not assert that the first differential is continually positive. It is supposable (though not probable) that means increased beyond a certain point increase only pain. It is also supposable that 'the higher pleasures' do not 'come from pleasure-stuff at all,' and do not increase with it. Of course there are portions of the utilitarian whole unaffected by our adjustments; at any rate the happiness of the stellar populations. But this does not invalidate the postulate, does not prevent our managing our 'small peculiar' for the best, or asserting that in respect thereof there tends to be the greatest possible happiness. The proposition thus stated is evidenced by every-day experience; experience well focused by Buffon in his 'Moral Arithmetic,' Laplace in his

---

a. See the cumulative proofs of this postulate adduced by Professor Jevons in *Theory of Political Economy*.

산술,"[3] 라플라스의《확률 시론》, 윌리엄 톰프슨의《부의 분배에 관한 탐구》, 시지윅 씨의《윤리학의 방법들》등이 있다.

이러한 경험적 일반화는 더 단순한 귀납들로부터의 '추리'로 확실해질 수 있는데, 그것이 바로 페히너의 추종자들이 공통적으로 사용하는 방법이자 델뵈프 교수의 고유한 방법이다. 자극의 수량과 감각의 강도 사이의 관계에 대해 제시된 모든 공식은 하나같이 여기서 고려되고 있는 그 성질을 갖는다.[4] 그렇다면 베인 교수가 단순 강도強度의 즐거움이라 부를 만한 것으로서[5] 실로 조잡하지만 많은 지출의 대상이 되는 즐거움도 이 점에서 예외가 아닐 것이다. 이를테면 즐거움은 가구의 광채에 비례해서 증가하지 않고, 시설의 규모에 따라 일률적으로 증가하지 않는다. 감각에 관한 페히너의 실험에[a] 빗대어 생각하든 아니면 보다 *선험적인*(분트가 말하는 의미의) '관계의 법칙'에 기대어 생각하든 일반적으로 이 점은 달라지지 않는다.

수단과 즐거움을 잇는 함수의 특성은 또 있다. 수단의 증가가 그에 비례하는 즐거움의 증가를 만들어내지 않는다고 했는데, 이 효과는 (즐거움의 여건이 반복될 때) 같은 수단이 예전보다 적은 즐거움을 만들어내게 하는 함수 자체의 변화에 의해 강화된다. 델뵈프 교수는 이런 함수의 변화를 규정하는 매개 변수를 시각視覺의 경우에서 찾아냈는데,[b] 유사한 변화가 즐거움에도 일반적으로 일어나리라는 게 바로 베인의 순응 법칙이다.[6] 수단의 증가는, 그에 비례하여 더 오래도록 즐거움의 여건이 반복되게 함으로써, 그에 비례

---

a. 페히너,《정신물리학》, 9장, 6절 참조.[7]
b. 《정신물리학 연구》와 그 외.[8]

공리 미적분학

'Essay on Probabilities,' William Thompson in his 'Inquiry into the Distribution of Wealth,' and Mr. Sidgwick in the 'Methods of Ethics.'

This empirical generalisation may be confirmed by 'ratiocination' from simpler inductions, partly common to the followers of Fechner, and partly peculiar to Professor Delbœuf. All the formulas suggested for the relation between quantity of stimulus and intensity of sensation agree in possessing the property under consideration; which is true then of what Professor Bain would describe, as pleasures of mere intensity; coarse pleasures indeed but the objects of much expenditure. Thus pleasure is not proportionately increased by increased glitter of furniture, nor generally by increased scale of establishment; whether in the general case by analogy from the Fechnerian experiments on the senses[a] or by a more *à priori* 'law of relation' in the sense of Wundt.

But not only is the function connecting means and pleasure such that the increase of means does not produce a proportionate increase of pleasure; but this effect is heightened by the function itself so varying (on repetition of the conditions of pleasure) that the same means produce less pleasure. The very parameter in virtue of which such functional variation occurs is exhibited by Professor Delbœuf in the case of eye-sensations;[b] that a similar variation holds good of pleasures in general is Bain's Law of Accommodation. Increase of means then, affording proportionately increased repetition of the conditions of pleasure, does not afford proportionately increased pleasure. Doubtless there

---

a. Cf. Fechner, *Psychophysik*, vol. ix. p. 6.

b. *Étude psychophysique*, &c.

하는 즐거움의 증가를 가져다주지 못한다. 이런 손실에 대한 보상이 없을 리 없다. 수동적 인상印象들이 스러지는 자리에 옛 즐거움들의 메아리, 왕성한 습관들이 자라난다.

여기서 이런 반박이 있을 수 있다. 증가한 수단은 옛 즐거움의 반복으로만 아니라 (여행처럼) 새 즐거움에의 초대로도 작용할 수 있고, 이런 '보상'은 순응을 **상쇄하고도 남음**이 있을 수 있다. 이에 대한 일반적인 답은 이렇다. 행복의 **일부만** 그것의 수단에 **오로지 비례해서** 증가하는 한에서는 수단에 관한 행복의 둘째 미분은 여전히 음이다. 둘째 미분이 **계속해서** 음일 수는 없다. 그것이 한 공간에서 음이라는 사실이 추론에 영향을 미치지 않을 **수 있다.** 만약 그 사실이 추론에 영향을 미친다면, 결론들 중 하나인 분배의 부등성은 (즐거움 곡선이 그다지 복잡하지 않다면) 아마도 한층 더 강화될 것이다. 그리하여 역량이 적은 사람에게 **더욱 적은** 수단이 돌아가는 데 그치지 않고, 역량이 동등한 데도 동등한 수단을 받지 않는 사람들이 있을 수 있다.

이렇게 전제하고서 우리는 행복 역량의 정도程度를 가로 좌표에 표시하기로 한다. (그러려면 그 역량을 변수 **하나**의 값으로 나타낼 수 있다고 가정해야 하는데, **다변수 함수** 하나의 값으로 나타낼 수 있다고 가정하더라도 증명이 더 복잡하다는 것 외에는 다를 게 없다.) 행복 역량의 각 정도에서 세로 좌표를 세워, 그 정도의 역량을 가진 개인의 수를 나타내게 한다. 각 개인에 상응하는 직사각형 위에 평행육면체를 세워 그의 수단을 나타내게 해야 한다. 이제 수단을 조금씩 늘려가면서 나눠 갖게 할 텐데, 우리의 첫 탐구에서는 분배할 물건과 분배받을 개인들이 정해져 있고, 개인들은 각자 정해진 양의 노동을 한다. 개인들은 제각기 영의 행복에 도달하기에 겨우 충분한

are compensations for this loss; echoes of past pleasures, active habits growing up in the decay of passive impressions. Indeed the difference of individuals in respect to these compensations constitutes a large part of the difference of capacity for pleasure.

It may now be objected: increased means do not operate solely by repeating old pleasures, but also by introducing to new (*e.g.* travel); also the 'compensations' may *more than counterbalance* the accommodations. It is generally replied: In so far as a *part only* of happiness increases *only proportionately* to its means, the second differential of happiness with regard to means does not cease to be negative. That second differential cannot be *continually* negative. Its being negative for a space *may* not affect the reasoning. If it does affect the reasoning, one conclusion, the inequality of distribution, would probably (if the pleasure-curve is not very complicated) become *à fortiori*. Not only would the less capable receive then *still less* means, but even the equally capable might then not all receive equal means.

This being postulated, let us mark off the degrees of capacity for happiness on an abscissa (supposing that capacity is indicated by the values of a *single* variable; if by the values of a *function of several* variables, the proof differs only in complexity). At each degree erect an ordinate representing the number of individuals of that degree of capacity. On the rectangle corresponding to each individual it is required to construct a parallelopiped representing his means. Let us proceed to impart the distribuend means— in the first inquiry a given distribuend to given distributees doing each a given amount of labour — by way of small increments. Let us start with the assumption that each individual has and shall retain that minimum of means just sufficient to bring

극소의 수단을 보유한다는 (이것과 아주 같다고 할 수는 없으나, 경제적 '임금의 자연적 극소'를 떠올리면 이해하기 쉬운) 가정에서 출발하자. 그리고서는 누가 수단의 첫째 증분을 가질 것인가? 정의定義에 의해 (그리고 모든 역량들에서 그 **극소**가 동일하다고 상정하면) 최대 역량을 가진 개인이 갖는다. 수단의 둘째 증분은 누가 가질 것인가? 그 공준에 의해, **같은** 개인이 아니라 최대 역량을 가진 **다른** 한 개인이 선호된다. 그리하여 첫 배당은 오직 (최대 역량을 가진 개인들 모두를 포함하는) 첫째 계층에만[9] 돌아가게 된다. 그러나 그들이 계속해서 유일한 수령인이 될 수는 없다. 그들의 수단이 계속 증가하다 보면, 그 공준에 의해, 마침내는 수단의 증분이 첫째 계층에 속하는 한 개인보다 (역량이 그 다음으로 가장 큰) **둘째 계층**에 속하는 한 개인에게 더 큰 행복을 줄 수 있는 점에 이를 수밖에 없다. 그러면 그 둘째 계층이 분배에 들어간다.[a] 그리하여 **수단의 분배는 즐거움 역량이 동등한 개인들 사이에서는 동등성이고, 일반적으로는 즐거움 역량이 더 큰 개인이 더 많은 수단과 더 많은 즐거움을 갖는 방식이다.**

부등不等 분배의 법칙은 역량과 수단의 평면에 하나의 평면 곡선으로 주어지는데, 우리는 그것을 **최대쾌락선**이라[10] 부를 수 있다. 분배할 물건이 다르면 그에 상응하는 최대쾌락선도 다르긴 하지만 그 차이는 **상수**로 나타날 뿐이다. **오직 한 무리**의 최대쾌락선이 있음을 우리의 공준으로부터 연역해 낼 수 있다. 우리가 그 무리의 다른 구성원들 사이에서 **침로**를 잡음으로써 얼마든지 많은 **극대**를 가질 수 있다. 그러나 **최대 가능 값**은 그 **연속 해解**에 의해 주어진다.

이제 여기서 개인들이 제각기 자신의 극소를[11] 갖는다는 조건을 제거하면 어떤 일이 생길까? 단지 최대쾌락선이 극소를 향해 아래로 가라앉을 뿐이다.

---

a. 이 추론을 보통의 **지대 이론**과 비교해 보라.[12]

공리 미적분학

him up to the zero-point of happiness (a conception facilitated by, though not quite identical with, the economical 'natural minimum of wages'). Thereafter who shall have the first increment of means? By definition an individual of the highest capacity (at least supposing the *minimum* to be the same in all capacities). Who shall have the next increment of means? *Another* individual of the highest capacity, in preference to *the same* individual by the postulate. Thus a first dividend will be assigned to the first section (all the individuals of the highest capacity) exclusively. But they will not continue sole assignees. Their means only, being continually increased, must by the postulate reach a point such that an increment of means can be more felicifically assigned to an individual of the *second section* (the next highest capacity) than to one of the first. The second section will then be taken into distribution.[a] Thus the *distribution of means as between the equally capable of pleasure is equality; and generally is such that the more capable of pleasure shall have more means and more pleasure.*

The law of unequal distribution is given by a plane curve, in the plane of the capacities and means, say a *megisthedone*. To different distribuends correspond megisthedones differing only by a *constant*. For it is educible from the postulate that there is *only one family* of megisthedones. We may have any number of *maxima* by *tacking* between different members of the family; but the *greatest possible value* is afforded by the *continuous solution.*

If we now remove the condition that each individual shall retain his minimum, what happens? Simply that the megisthedones may now dip below

---

a. Compare the reasoning in the ordinary *Theory of Rent.*

하지만 최대쾌락선의 낮은 끝이 극소 아래로 대단히 낮게 가라앉는 반면 최대쾌락선의 높은 끝이 극소 위로 대단히 높게 솟아오르는 일은 생기기 어렵다. 이는 지나친 물질적 궁핍을 세련된 즐거움의 풍요로 상쇄할 수는 없기 때문이다. 실제로 만일 수단의 완전한 결여가 궁핍의 **무한한 괴로움**에 상응한다면 (분트의 즐거움 및 괴로움 곡선을 참조[13]), 그 곡률 반지름을 조사하면 알 수 있듯이, 분배할 물건이 감소함에 따라 최대쾌락선은 점차 수평선에 가까워진다. 굶주림 속에서는 부등인不等人들 사이의 분배도 – 후세後世 등 숨은 문제를 고려하지 않는다면 – 동등성이다.

이 결론에는 셋째 정의의[14] 세 가지 불완전이 영향을 미친다. 첫째 불완전으로 말미암아 만일 그 '극소' 곡선이 수평이 아니라면. 둘째로는 즐거움 일반에 대해 역량이 작은 개인들이 특정 즐거움들에 대해 특별한 역량을 가진다고 상정하자. 수단의 대부분은 앞에서처럼 분배되겠지만 나머지는 **둘째** 최대쾌락선대로 분배될 것이다. 이 둘째 최대쾌락선이 첫째 최대쾌락선 위에 얹히면서 그 모양을 얼마간 바꿀 것이다. 마지막으로, 영수인의 단위는 종종 (부부처럼 어떤 관계로 맺어진) **집단**이다. 역량이 가장 큰 집단의 구성원들이 제각기 **개인**으로서 역량이 가장 큰 것은 아닌 만큼 결론이 영향을 받을 것이다.

(β) 노동의 분배는 (배럿 씨 덕택에 우리의 주의를 끌게 된 문제인데[15]) 나란한 **둘째 공리**로부터[16] 비슷한 추론으로 연역해 낼 수 있다. 그 공리에 의하면, 피곤의 증가 요율은 수행하는 작업이 증가함에 따라 상승하는데, 이는 일상의 경험과 델뵈프 교수의 (근육 작업) 실험으로 증명된 것이다

the minimum line. But it is improbable that they should dip very low under the minimum at the lower end while they rise very high above the minimum at the higher end; since excessive physical privations cannot be counter-balanced by any superfluity of refined pleasures. In fact, if we assume that the zero of means corresponds to *infinite pain* of privation (*cf.* Wundt's curve of pleasure and pain), then by investigating the radius of curvature it is shown that, as the distribuend diminishes, the megisthedone tends to become a horizontal line. In famine the distribution even between unequals is equality − abstracted ulterior considerations, as of posterity.

These conclusions may be affected by the imperfections of the third definition. By the first imperfection, if the 'minimum' line were not horizontal. Secondly, suppose that the individuals who have less capacity for pleasures in general have a special capacity for particular pleasures. The bulk of means will be distributed as before, but there will be a residue distributed according to a *second megisthedone*. The second megisthedone superimposed upon the first will more or less deform it. Lastly, the unit distributee is often a *group* (*e.g.*, a married couple, in respect of their common *ménage*). The conclusions may be affected, in so far as the most capable groups are made up of individuals not most capable *as individuals.*

(β) The distribution of labour (to which attention has been called by Mr. Barratt) is deduced by a parity of reason from the parallel *second axiom*: that the rate of increase of fatigue increases as the work done increases, which is proved by common experience and (for muscular work) by the experiments

(《정신물리학 연구》). 델뵈프 교수의 공식에서 잘 드러나듯이, 첫째 공준과 둘째 공준이 어느 정도 서로 얽혀 (그럼으로써 첫째 공준이 힘을 얻고) 있다. 이제 우리는 개인들을 그들의 **작업 역량**에 맞춰 배열하고서 앞에서와 같이 진행하기로 한다. 누가 작업의 첫째 증분을 수행할 것인가? 물론 작업 역량이 가장 큰 개인들 중 하나다. 그리고 다음으로 이어진다. **노동의 분배는 작업 역량이 동등한 개인들 사이에서는 동등성이고, 일반적으로는 작업 역량이 가장 큰 개인이 더 많은 작업을**─ 더 많은 피곤을 겪을 정도로 더 많은 작업을[a]─ **수행하는 방식이다.**

이 탐구도 첫째 탐구와 같은 굴절을 보인다. 구체적으로 말하면, 협동조합은 **그들끼리** 비교해서는 **안** 되고, 비슷한 여러 협동조합의 **비슷한** 조합원들과 비교해야 한다. 물론 수행하는 작업이 동료 작업자들의 노력의 **대칭 함수**라면 예외다. *균형 잡힌 배*에서[17] 노 젓는 사람들은 동등한 피곤을 겪는다고 연역할 수 있겠으나, 키 잡는 사람의 피곤이 노 젓는 사람의 피곤과 등치될 수 없다. 우리가 고려하는 **작업의 괴로움**이나 피곤이 **음**이 될 수 있음도 내내 기억해야 한다.

(αβ) 첫째 탐구와 둘째 탐구의 결합으로서 미분학을 사용하여 **최대쾌락선**과 **최소고통선**의[18] 여러 상수常數를 결정하는데, 이때 한편으로 전자에 의해 분배되는 여러 수단과 후자에 의해 분배되는 작업이 동등해야 하고, 다른 한편으로 소비의 즐거움과 생산의 괴로움을 (대수학적으로) 합한 값이 최대 가능 값이어야 한다. 혹은 *처음부터* 변분학을 사용할 수 있는데, 그 두 조건을 충족하는 **독립 가변 함수**로서 **수단**과 **피곤**을 결정할 수 있다.[19] 즉

---

a. 이 추론은 각주에서[20] 제시한 넷째 정의의 둘째 형태를 필요로 한다.

of Professor Delbœuf ('Étude Psychophysique'). As appears indeed from Professor Delbœuf's formulas, the first and second postulates are to a certain extent implicated (whereby the first postulate gains strength). Let us now arrange our individuals according to their *capacity for work*, and proceed as before. Who shall do the first increment of work? Of course one of the most capable of work. And so on. *The distribution of labour as between the equally capable of work is equality, and generally is such that the most capable of work shall do more work* — so much more work,[a] as to suffer more fatigue.

The inquiry presents the same declensions as the first. In particular, cooperatives are to be compared *not inter se*, but with the *similar* operatives in similar cooperative associations: except, indeed, so far as the work done is a *symmetrical function* of the effort of fellow-workers. It is deducible that the rowers of a νηὸς ἐΐσης shall have equal fatigue; but the fatigue of the pilot is not to be equated to that of the oarsman. All the while it is to be recollected that the fatigue or *pain of work* under consideration may *be negative*.

(αβ) To combine the first and second inquiries, determine by the Differential Calculus the constants of a *megisthedone* and a *brachistopone* such that the means distributed by the former may be equal to the work distributed by the latter *and* that the (algebraical) sum of the pleasures of consumption and the pains of production may be the greatest possible. Or, *ab initio*, by the Calculus of Variations, we may determine the *means* and *fatigue* as *independent variable functions* satisfying those two conditions.

---

a. This inference requires the second form of the fourth definition, given in the Note.

$$V = \int_{x_0}^{x_1} n \left[F(xy) - p - c \{ y - f(xp) \} \right] dx$$

여기서 x는 두 역량 중 **어느 하나**이거나, 가능하다면 더 우아하게, 두 역량 모두를 나타내는 제삼의 변수다. x_1과 x_0는 적분의 주어진 범위이고, (수령인의 수와 자질이 지금 이 탐구에서는 변동하지 않게 하면서) n은 각 계층의 크기다. $F(xy)$는 한 구성원이 갖는 소비의 즐거움이며, 그 구성원의 (즐거움 역량) 자질 x와 **독립 가변**인 그의 수단 y의 함수다. p는 그 구성원이 수행하는 작업의 괴로움이며, 또 하나의 독립 가변 함수다. c는 **상대적** 극대의 문제에 따라붙는 상수다.[21] $f(xp)$는 그 구성원이 수행하는 작업이며, 그의 (작업 역량) 자질과 (노력) 피곤의 함수다.

최대 가능 행복은 아래의 최대 가능 값과 같다.

$$\int_{x_0}^{x_1} n \left[F(xy) - p \right] dx$$

그리고 그 값은 아래 조건이 충족되도록 c를[22] 정할 때의 V의 최대 가능 값과 같다.

$$\int_{x_0}^{x_1} n \left[y - f(xp) \right] dx = 0$$

V의 변분의 둘째 항은[23]

$$n \left[\delta y^2 \frac{d_2 F}{dy^2} + \delta p^2 \frac{d_2 f}{dp^2} \right]$$

이것은 두 공준에 의해 항상 음이다. 그러므로 V가 최대 가능 값을 갖는 것은 그것의 변분의 첫째 항이 소멸할 때다. 그 첫째 항은

$$n \delta y \left[\left(\frac{dF}{dy} \right) - c \right] + n \delta p \left[c \left(\frac{df}{dp} \right) - 1 \right]$$

Let $V = \int_{x_0}^{x_1} n \left[F(xy) - p - c\{y - f(xp)\} \right] dx$

where x is degree of *either* capacity, or more elegantly, if possible, a third variable in terms of which both capacities may be expressed; x_1 and x_0 are the given limits of integration (the number and quality of the distributees being not in the present inquiry variable); n is the number of each section; $F(xy)$ is a unit's pleasure of consumption, being a function of x his quality (capacity for pleasure) and the *independent variable* y his means; p is the unit's pain of work, another independent variable function; c is the constant incidental to problems of *relative* maximum; $f(xp)$ is the work done by the unit, being a function of his quality (capacity for work) and fatigue (effort).

Greatest possible happiness = greatest possible value of

$$\int_{x_0}^{x_1} n \left[F(xy) - p \right] dx =$$

greatest possible value of V, c being taken so that

$$\int_{x_0}^{x_1} n \left[y - f(xp) \right] dx = 0.$$

The second term of the variation of V,

$$n \left[\delta y^2 \frac{d_2 F}{dy^2} + \delta p^2 \frac{d_2 f}{dp^2} \right]$$

is continually negative by the postulates. Therefore the greatest possible value of V is when its first term of variation vanishes. The first term of variation,

$$n \delta y \left[\left(\frac{dF}{dy} \right) - c \right] + n \delta p \left[c \left(\frac{df}{dp} \right) - 1 \right],$$

이것이 소멸하려면 반드시

$$\left(\frac{dF}{dy}\right) = c \;\; \text{그리고} \;\; \left(\frac{df}{dp}\right) = \frac{1}{c}$$

이 두 방정식이 성립하면 (α와 β) 두 규칙이 성립한다. *증명 완료* 이 결합해는 당연히 즐거움의 수단과 작업의 괴로움을 서로 **독립적인** 변수로 여기는데, 이것은 어느 정도 사실이 아닐 수 있다. 한 개인이 그 수단을 향유하는 **동시에** 그 복합 규칙이 그에게 부과하는 작업을 수행하기에는 그가 가진 **힘** 또는 **시간**이 부족할 수 있다. 이 경우에는 두 규칙 사이에서 타협이 이뤄질 것이다.

(γ) **셋째 공준**은 셋째 탐구를[24] 단순하게 만드는데, 즐거움 역량과 작업 역량이 일반적으로 말해서 같이 간다는 것이다. 말하자면 두 역량 모두 진화와 함께 자란다.[a] 만약 셋째 정의의 첫째 불완전이 우리를 멈추게 하지 않는다면,[b] **인구의 자질은 최고 가능 진화여야 한다.** 무엇으로든 인구 전부의 진보를 이루려 한다면 동일 수준의 진화가 바람직하다. 그러나 **교육 수단**의 수량이 주어져 있다면[25] 가장 바람직한 사용은 그것이 아닐 수 있다. 진화의 순위에서 가장 높은 사람들이 대개는 개선과 **교육 역량**도 가장 크다. 일반적인 진보에서는 가장 진보한 사람들이 가장 많이 진보해야 한다.

(δ) **넷째 공준**은 넷째 탐구에[26] 꼭 필요한데, 인구가 성장하면서 (분배할 물건) 수단이 점점 더 낮은 요율로 증가한다는 것이다. 맬서스의 이론이 이것을 채취 노동의 생산물과 관련하여 제시했다. 그리고 그것으로 충분하다.[c]

---

a. 필자의 《윤리학의 새로운 방법과 오래된 방법》 72쪽을 보라.
b. 위의 책, 77쪽.
c.[27] 정확히 그렇지는 않다. 분배할 물건의 **일부**가 생산 증가의 영향을 받는 경제성 덕택에 **비례 이상의 비율**로 증가할 수 있다. 이와 같은 방식으로, 그리고 **수요 곡선**이 원점에서 나온 벡터와

vanishes only when both

$$\left(\frac{dF}{dy}\right) = c \quad \text{and} \quad \left(\frac{df}{dp}\right) = \frac{1}{c}.$$

If these equations hold, the two rules (α and β) hold. Q. E. D. The combined solution takes for granted that the means of pleasure and the pain of work are *independent* variables. And to a certain extent this may fail to be the case. An individual may want *strength* or *time* to *both* enjoy the means and do the work which the double rule assigns to him. In that case there will be a compromise between the two rules.

(γ) The *third postulate* simplifying the third inquiry is that capacity for pleasure and capacity for work generally speaking go together; that they both rise with evolution.[a] The *quality of population should be the highest possible evolution* — provided[b] that the first imperfection of the third definition does not give us pause. To advance the whole population by any the same degree of evolution is then desirable; but it is probably not the most desirable application, given quantity of a of *means of education*. For it is probable that the highest in the order of evolution are most *capable of education* and improvement. In the general advance the most advanced should advance most.

(δ) The *fourth postulate* essential to the fourth inquiry is that, as population increases, means (the distribuend) increase at a decreasing rate. This is given by the Malthusian theory with regard to the products of extractive labour. And this is[c] sufficient. For the second differential of the whole means with regard

---

a. See *New and old Methods of Ethics* (by the present writer), p. 72.

b. *Ibid.* p. 77.

c. This is not quite accurate. For a *part* of the distribuend may increase *more than proportionately* in virtue of economies effected by increased production. In the same

비록 수단의 **일부**가 인구수에 **비례해서** 증가하더라도— 예컨대 (발레 무용수처럼) 자재를 거의 혹은 전혀 필요로 하지 않는 비생산적 노동,[28] 혹은 생산비가 원자재 비용의 영향을 그다지 크게 받지 않는 공산품들이 그러하다— 수단 전부의 인구에 관한 둘째 미분은 여전히 음이다. **인구가 제한돼야 한다**는 결론이 이 맬서스의 전제로부터 연역된다. 그러나 쾌락학의 결론이 반드시 맬서스의 결론과 같아야 하는 것은 아니다(아래 $\alpha\gamma\delta$ 참조). 이 표제 아래 이뤄지는 간단한 탐구는 다음과 같다. 우리는 (역량의 정도 혹은 진화의 순위가 다른) 모든 계층이 동등하게 증식한다고 가정하고, 각 계층이 정확히 자기 종족을 재생산한다고 가정하면서, (공리적) 증가율을 찾는다.

($\gamma\delta$) 더 중요한 탐구가 있다. 모든 계층이 동등하게 증식한다는 가정을 하지 **않고서**, 다음 세대의 행복이 최대 가능 값이 되게 하는 각 계층의 평균 후손 수를 찾는 탐구다.

우선 앞선 표제 아래 가능했던 것보다 더 적절한 개념을 들여오기로 한다. 이를테면 각 계층이 정확히 자기 종족을 재생산하는 게 아니고, 각 (동족결혼) 계층의 후손은 부모 역량의 어느 한 쪽에 배열된다고 하자. 그리하여[29]

$$v = \beta\epsilon^{\frac{-(\xi-x)^2}{b^2}} \times \frac{n}{2}$$

여기서 ξ는 부모 계층의 역량, n은 부모 계층의 수 $(= A\epsilon^{\frac{-\xi^2}{a^2}}$.[30] 왜냐하면

여러 번 교차하는 것과 같은 이유로 (마셜 씨의 정리 참조[31]) 우리가 찾는 인구수의 값이 여럿일 수 있다. 수요 곡선과 벡터의 교차는 효용의 극대와 극소에 번갈아 상응하고, 우리가 찾는 인구수의 값은 공리적(功利的) 배열과 비관적 배열에 번갈아 상응한다. 변분의 첫째 항이 영이 되는 그 조건을 충족하는 가장 높은 값이 극대에 상응해야 한다.

이 공준의 불완전이 다른 공준들에 기초한 추론에는 영향을 미치지 않는다.

공리 미적분학

to population is still negative, even though a *part* of means increase *proportionately* to the number of population; for instance, unproductive labour requiring little or no materials (e.g., ballet-dancers), or those manufactured articles of which the cost is not appreciably affected by the cost of the raw material. From this Malthusian premiss it is deduced that *population should be limited*; but the hedonical conclusion is not necessarily of the same extent as the Malthusian (*cf.* below αγδ). A simple inquiry under this head is the following. Assuming that all the sections (degrees of capacity or orders of evolution) multiply equally, and that each section reproduces exactly his kind, to find the (utilitarian) rate of increase?

(γδ) A more important inquiry is: *not* assuming that all sections multiply equally, to find the average issue for each section, so that the happiness of the next generation may be the greatest possible.

First let us introduce a conception more appropriate than was possible under the preceding head; namely, that each section does not reproduce exactly its kind, but that the issue of each (supposed endogamous) section ranges on either side of the parental capacity, as thus $v = \beta \epsilon^{\frac{-(\xi-x)^2}{b^2}} \times \frac{n}{2}$; where ξ is the capacity of the parental section, n its number ($=$ something like $A\epsilon \frac{\xi^2}{a^2}$, since

---

manner, and for the same reason as a *demand-curve* may have a plurality of intersections with a vector from the origin (*Cf.* Mr. Marshall's theorem) corresponding alternately to maximum and minimum utility, so there may be a plurality of values for the sought number of population, corresponding alternately to utilitarian and pessimistic arrangement. The highest value which satisfies the equation to zero of the first term of variation must correspond to a maximum.

The imperfection of this postulate does not affect the reasoning based upon the other postulates.

부모 세대가 가능성 곡선[32] 아래 배열된다고 생각할 수 있기 때문이다. 골턴,[33] 케틀레 등 참조.) v는 역량 x를 가진 후손의 수다. 아마도 b는 모든 후손 곡선에 대해 일정할 것이다. 오직 β의 변이가 평균 후손 수의 자연적 극대 혹은 인위적 극한을 결정한다. 그러나 가능성 곡선들의 대칭성이나 이 개념의 구체적 특성은 공준이 아니다.

이 경우에 알맞은 **다섯째 공준**은, 세대마다 각 계층의 부모들이 제각기 역량에서 더 우수한 동수同數의 후손들로 대체되는 진화가 다음 세대에 이롭다는 것이다. 이 공준이 받아들여지면, 토드헌터 씨의 《연구》로부터[34] 도움을 받아 분석적으로,[a] 또는 그런 도움 없이 이성만으로, 평균 후손 수에 관해 연역해 낼 수 있으니, 역량이 어느 수준을 넘어서는 모든 계층에 대해서는 평균 후손 수가 가능한 최대가 되어야 하고, 역량이 그 수준에 미치지 못하는 모든 계층에 대해서는 평균 후손 수가 영이어야 한다.

그렇다면 우리가 바로 다음 세대만 아니라 무한 미래까지 생각하더라도 여전히 **싹쓸이 선별**이 (이렇게 부를 수 있을지 모르겠으나) 타당하다고 확신할 수 있을까? 세대가 세대로 끊임없이 이어지고 물결이 물결을 만들어내면서 끝 모를 시간으로 나아가는데, 그 끝없이 이어지는 물결 속에서 빛을 발하는 기쁨의 총합이 최대 가능이 되도록 어느 물결의 어느 부분 어느 잔물결이 다음 물결들을 만들어내는 데 기여하게 할지를 정해야 한다. 만일 가까운 미래에, 허버트 스펜서가 생각하는 것처럼,[35] 인구가 인위적인 간섭 없이 정상定常에 가까워진다면, 그리고 만일 모든 시간을 숙고하는 사람의 눈에 여러 세대가 제각기 하나의 미분으로 줄어든다면, 한 세대의 인구를 다음 세대의 인구와 연결하면서 각 계층의 평균 후손 수를 **독립 가변 함수**로 포함하는

---

a. 부록 I. 93쪽을 보라.

the parental generation is to be conceived as ranging under a curve of possibility; *cf.* Galton, Quetelet, &c.), v is the number of issue of capacity *x*. Perhaps *b* is constant for all the curves of issue; the variation of β alone determines the natural maximum, or artificial limit, of the average issue. But neither the symmetry of the curves of possibility, nor the particulars of this conception, are postulated.

The *fifth postulate* appropriate to this case is that to substitute in one generation for any number of parents an equal number each superior in capacity (evolution) is beneficial for the next generation. This being granted, either analytically with the aid of Mr. Todhunter's 'Researches,'[a] or by unaided reason, it is deduced that the average issue shall be as large as possible for all sections above a determinate degree of capacity, but zero for all sections below that degree.

But can we be certain that this method of *total selection* as it might be termed holds good when we provide not only for the next generation, but for the indefinite future? In the continuous series of generations, wave propagating wave onward through all time, it is required to determine what wavelet each section of each wave shall contribute to the proximate propagated wave, so that the whole sum of light of joy which glows in the long line of waves shall be the greatest possible. If in the distant future, agreeably to the views of Herbert Spencer, population tends inartificially to become nearly stationary; if to the contemplator of all time generations fade into differentials; we may conceive formed a differential equation connecting the population of one generation with the population of its successor and involving an *independent*

---

a. See Appendix I. p. 93.

미분 방정식이 만들어질 것이다. 여기에 변분학이 사용되면 (그 사용자가 바다에 나가 있지 않아야겠지만) 각 순간마다 정해지는 어떤 수준을 넘어 역량을 가진 모든 계층은 평균 후손 수가 가능한 최대여야 한다는 연역이 가능하다. 하지만 만일 지금의 초기 비정규 교란이 '정상定常' 상태의 잔잔한 물결과는 거리가 멀어서 인구의 움직임에 미적분학이 적용될 수 없다면, 우리에게는 한 걸음 더 나간 전제가 필요하다. 그래서 불려온 **여섯째 공준**을 이렇게 기술할 수 있다. 세대마다 각 계층의 부모들이 저마다 역량에서 더 우수한 동수의 후손으로 대체되는 진화가 언제나 이롭다. 이 전제가 맞는다면 더 이상 **싹쓸이가** 가장 이로운 선별이 아닐 수도 있다. 그리하여 싹쓸이 선별을 더 이롭게 고쳐 배열할 수 있으리라 !

우리가 파도를 뚫고 헤엄쳐 *단단한 땅*으로 가기만 하면 더 이상 발아래가 아득해 보이지 않을 것이다. 우선 이 규칙은 매우 추상적인 경향에 바탕을 두고 있어서 매우 일반적이며, 실제 적용에서는 수정이 필요하다. 예컨대 만일 (다섯째와 여섯째 공준을 거스르며) 더 높은 단계의 진화가 더 큰 복귀의[36] 경향을 갖는다면, 동족결혼이 규칙이 아닌 한 우리의 선별 원칙이 수정되어야 한다. 그리고 한 나라의 즐거움에서 일부 계층을 배제하면 (α)의 원리를 간섭하는 게 되는데, 이 경우에는 가장 높은 과학적 확실성과 정치적 안정성 없이는 미래를 위한 현재의 희생이 적절할 수 없다. 그리고 높은 이상을 가리키는 것이, 비록 *인간의 방식으로* 거기에 다가갈 뿐이지만, 유용할 수 있다. 이런 경우들에 어떤 접근이 유용할지는 토드헌터 씨의 원리로[a] 결정할 수 있다. 그리고 선별되지 않은 계층에게는 위안이 제공될 수도

---

a. 《연구》. 아래 93쪽을 보라.

variable function, the average issue for each section. By the Calculus of Variations (if the calculator is not at sea) it is educed that the average issue shall be as large as possible for all sections above a (for each time) determinate degree of capacity, but zero for all sections below that degree. But a further postulate is required for so long as the movement of population is not amenable to infinitesimal calculus; while the present initial irregular disturbances are far from the tranquil waves of the 'stationary' state. This *sixth postulate* might be: To substitute in one generation for any number of parents an equal number each superior in capacity (evolution) is beneficial for all time. This postulate being granted, *if possible* let the most beneficial selection be not *total*. Then a total selection can be arranged more beneficial!

If only we have swum through the waves to a *terra firma*, our position need not appear outlandish. For, first, these rules are very general, founded on very abstract tendencies, and requiring to be modified in practice. Thus our principle of selection might be modified, in so far as endogamy should not be the rule, if the higher orders of evolution have a greater tendency to reversion (in violation of the fifth and sixth postulates), and so forth. Again, since to exclude some sections from a share of domestic pleasures interferes with the principle of (α), it could not be expedient to sacrifice the present to the future, without the highest scientific certainty and political security. Again to indicate an ideal, though it can only be approached ἀνθρωπίνως, may be useful. What approach is useful in such cases is to be determined by Mr. Todhunter's principle.[a] Again, mitigations might be provided for the

---

a. *Researches*; below p. 93.

있다.[a] 특히 그들은 경쟁의 칼에 거의 다 잘려 나간 규칙 (β)의 혜택을 받을 수 있다. 이에 더해 **이주**移住도 싹쓸이 선별을 보완할 수 있다. 유토피아를 떠나 행복의 전망이 상대적으로 영黍인 진보 없는 나라로 가는 이주가 그렇다.

(αγδ) 앞선 분석 (γδ)에서는 수단의 (그리고 노동의) 분배가 주어진다고 상정했다. 하지만 수단의 분배가 가변적이라고 상정하더라도, 그런 분배가 그 뒤의 공준들에 영향을 미치지 않는다면, 우리의 추론은 영향을 받지 않는다. 더블데이 씨의 가설[37] 위에서는 가변적 분배가 그 뒤의 공준들에 영향을 미치겠지만, 풍요와 인구의 관계에 관한 허버트 스펜서의 더 타당한 견해로는[38] 첫째 규칙 (α)가 더욱 큰 힘을 발휘할 것이다.

이 표제 아래서 숙고할 물음이 있다. **공리적 공동체에서 가장 덜 혜택 받는 계층의[39] 운명은 어떠할까?** 지금 세대를 위해 떠나는 **이주**移住의 경우를 먼저 생각해 보기로 한다. 사람의 노력이 자연의 너그러움에 아무런 영향을 미치지 않은 고립된 섬에서처럼 인구가 줄거나 늘어도 분배할 물건이 달라지지 않는다는 매우 부적절한 상정에서 출발하자.

지금 세대의 행복을 기호로 나타내면

$$\int_{x_0}^{x_1} n \left[F(xy) - cy \right] dx + cD$$

여기서 D는 분배할 물건이며 미리 주어진다. 나머지 기호는 위 (αβ)에서와 같다. 셋째 공준에 의해 x_1은 현존하는 역량의 가장 높은 정도다. 변수로 남

---

a. 골턴, '약한 자는 독신자 수도원에서 환대와 피난을 찾을 수 있다.'[40] 그리고 설리, 《비관주의》, 392쪽 참조.[41]

classes not selected.[a] In particular, they might have the benefit of rule (β) now almost cut away by the struggle of competition. Again, *emigration* might supplement total selection; emigration from Utopia to some unprogressive country where the prospect of happiness might be comparatively zero.

($\alpha\gamma\delta$) In the preceding analysis ($\gamma\delta$) the distribution of means (and labour) was supposed given. But the reasoning is unaffected, if the distribution of means is supposed variable, provided that the later postulates are not affected by that distribution. And this they might be on Mr. Doubleday's hypothesis. But in Herbert Spencer's more probable view of the relation of affluence to populousness, the first rule (α) will become *à fortiori*.

Under this head may be considered the question: *What is the fortune of the least favoured class in the Utilitarian community?* Let us consider first the case of *emigration* for the benefit of the present generation. Let us start with the supposition, however inappropriate, that the distribuend does not vary with population; as in an isolated island where the bounty of nature could not be affected by human exertion.

The happiness of the present generation may be symbolised

$$\int_{x_0}^{x_1} n\left[F(xy) - cy\right]dx + cD$$

where D is the given distribuend and the rest of the notation is as above ($\alpha\beta$). By the third postulate x_1 is given as the highest existing degree of capacity. What remains variable is x_0, the abscissa of emigration. At the limit

---

a. *Cf.* Galton, 'The weak could find a welcome and a refuge in celibate monasteries,' &c.; also Sully, *Pessimism*, p. 392.

는 것은 이주移住의 가로 좌표 x_0다. 하한에서 $F(x_0 y_0) - c y_0 = 0$. 이제 c는 양陽인데, 그것이 수단에 관한 즐거움의 미분 $\left(\dfrac{dF}{dy}\right)$와 같기 때문이다. 이 미분이 (공리적功利的 지능을 미리 상정하기에) 음이 되는 일은 거의 없다. (위 공준 I.[42]) 그러나 그렇게 전제하지는 않는다. 만일 $\left(\dfrac{dF}{dy}\right)$가 음이면, 이 탐구의 대상을 **벗어나는 경우**를 다루게 될 뿐이며, '진보 없는 나라'로부터 어느 계층이 **이주해 올**지를 정하게 된다. 만일 유토피아의 주민들에게 수단이 넘쳐나서 수단을 줄이는 게 행복을 늘리는 방법이라면, 적어도 포만점飽滿點을 다시 지나쳐 갈 때까지는 이주민이 들어올 것이다. 그리하면 c가 양이다. y는 본질적으로 양이다. 그러므로 $F(x_0 y_0)$는 양이다. 그것이 영이 될 수 없다. 즐거움이 영인 점은 수단의 양陽 극소에 상응한다.

이 경우 **가장 덜 혜택 받는 계층의 처지는 양의 행복**이다. 이 개념이 우리의 생각을 도와서, 인구 증가와 함께하는 분배 물건 증가가 **작은** 경우에도 유사한 대답을 얻으리라고 판단하게 한다.

작은 증가의 비교 대상은 최대쾌락선에 표시되는 가장 덜 혜택 받은 계층의 몫이다. 분배할 물건을 기호로 나타내어 $\int_{x_0}^{x_1} n f(x p N) dx$. 여기서 p는 각 단위 작업자의 노력으로서 x의 함수로 주어진다고 상정한다. N은 인구를 가리키므로 $N = \int_{x_0}^{x_1} n dx$. 이제 분배할 물건을 x_0에 관해 미분한다. x_0를 x로 대체하고, 그렇게 해서 나타나는 곡선을 **맬서스 곡선**이라 부르자. 극한에서 맬서스 곡선의 세로 좌표는 최대쾌락선의 세로 좌표보다 크거나, 같거나,

$F(x_0y_0) - cy_0 = 0$. Now c is positive, for it equals $\left(\dfrac{dF}{dy}\right)$, the first differential of pleasure with regard to means, which (presupposed a utilitarian intelligence) is probably never negative (above Postulate I.). But this is not postulated. Only, if $\left(\dfrac{dF}{dy}\right)$ is negative, we are dealing with the *external case* of the inquiry, determining what sections shall *immigrate* from our 'unprogressive country.' For if the Utopians have such a plethora of means that their happiness would be increased by a diminution of their means, then immigration will set in until the point of satiety be at least repassed. Then c is positive, and y is essentially positive. Therefore $F(x_0y_0)$ is positive. It cannot be zero, the zero-point of pleasure corresponding to a positive minimum of means.

In this case *the condition of the least favoured class is positive happiness.* This conception assists us to conceive that a similar answer would be obtained if the increase of the distribuend with increasing population were *small.*

Small in relation to the megisthedonic share of the least favoured class. Write the distribuend $\int_{x_0}^{x_1} nf(xpN)dx$; where p is the effort of each unit worker, so far supposed given as a function of x; N is the number of Population $= \int_{x_0}^{x_1} ndx$ Differentiate the distribuend with regard to x_0. Substitute x for x_0 and call the curve so presented the *Malthusian.* Then *the condition of the least favoured class is positive, zero,* or *negative happiness,* according

혹은 작을 것이다. 그리고 **가장 덜 혜택 받는 계층의 처지는** 그 세로 좌표의 상대적 크기에 따라 **양, 영**, 혹은 **음의 행복**이다.

가장 낮은 계층의 처지에 관한 예측의 어려움은 다음 세대를 위한 **선별**의 경우를 다룰 때 다시 커진다.

지금 세대의 가능성 곡선을 $n = \phi(x)$. 역량 ξ에 상응하는 후손 수의 곡선을 $v = \mathrm{B}\epsilon^{-\frac{(x-\xi)^2}{b^2}} \times \frac{n}{2}$.[43] 여기서 B는 후손의 자연적 극대다. 그리하여 다음 세대의 가능성 곡선 n^1은 $\int_{x_0}^{x_1} \frac{1}{2}\mathrm{B}_{x+z}\epsilon^{\frac{-z^2}{b^2}}\phi(x+z)dz$.[44] 여기서 x_1은, 다섯째 공준에 의해, 현존하는 역량의 가장 높은 수준이다. 가변적인 것은 싹쓸이 선택의 가로 좌표 x_0다. 다음 세대의 행복은 $\mathrm{H} = \int_{-\infty}^{+\infty} n^1 \left[\mathrm{F}(xy) - cy \right] dx + c\mathrm{D}$. 여기서 $\propto$은 (다윈이 말하는 의미에서의) **변이**의 최고 한도를 가리키는 편리한 부호다. x_0을 결정하는 방정식은 $\dfrac{d\mathrm{H}^1}{dx_0} = 0$. 이 방정식으로 확실해지는 것은 전혀 아니지만, 다음 세대의 가장 덜 혜택 받는 계층의 처지는 영을 상회한다.

사실 일부 낮은 계층의 행복이 높은 계층의 행복을 위해 희생된다. 그리고 다시금 일부 다음 세대의 행복이 그 뒤에 오는 세대의 행복을 위해 희생된다. 더욱이 (비록 순서에 어긋나지만 여기에 넣는 게 편리하기에) 인구의 근면성도 가변적이라고 가정하면 예측의 어려움이 더욱 커진다. **높은 추상의 관점에서는 참으로 아무것도 확실하지 않아 보이고**, 단지 요구되는 하한이 기아점

as at the limit the ordinate of the Malthusian is less than, equal to, or greater than that of the megisthedone.

Our uncertainty as to the condition of the lowest class increases when we consider the case of selection for the benefit of the next generation.

Let $n = \phi(x)$ be the curve of possibility for the present generation. Let $v = B\epsilon / - \dfrac{(x-\xi)^2}{b^2} \times \dfrac{n}{2}$ be the curve of issue for capacity ξ; where B is the natural maximum of issue. Then n^1, the line of possibility for the next generation, is $\displaystyle\int_{x_0}^{x_1} \frac{1}{2} B_{x+z} \epsilon^{\frac{-z^2}{b^2}} \phi(x+z)dz$, where by the fifth postulate x_1 is given as the highest existing degree of capacity; what is variable is x_0, the abscissa of total selection. The happiness of the next generation $H^1 = \displaystyle\int_{-\infty}^{+\infty} n^1 \left[F(xy) - cy \right] dx + cD$, where $\propto$ is a convenient designation for the utmost extent of *variation* − variation in the Darwinian sense. x_0 is given by the equation $\dfrac{dH^1}{dx_0} = 0$; from which it is by no means clear that the condition of the least favoured in the second generation is above zero.

In fact, the happiness of some of the lower classes may be sacrificed to that of the higher classes. And, again, the happiness of part of the second generation may be sacrificed to that of the succeeding generations. Moreover (it is convenient, though out of order, here to add) our uncertainty increases when we suppose the laboriousness also of population variable. *Nothing indeed appears to be certain from a quite abstract point of view*, except that the

飢餓點을 상회한다는 정도다. 이 불확실성의 원인은 두 가지다. 우선 그 기아점 가까이서 아무런 일도 수행되지 않을 것이다. 그리고 가장 많이 혜택 받는 계층의 즐거움이 가장 덜 혜택 받는 계층의 궁핍에 비교해서 훨씬 더 중대할 수는 없다. (분트의 즐거움 곡선 참조.[45])

영帯의 행복을 하회하는 하한이 아무리 추상적으로는 바람직하더라도 인간적으로 도저히 달성할 수 없다고 우리는 인정할 수 있다. 낮은 계층의 불편이 정치적 불안을 만들어내고(아리스토텔레스 등) 낮은 계층의 편안을 통해서만 인구가 기아점으로 내려앉지 않게 막을 수 있다(밀 등). 정치학과 경제학으로 하여금 일부 그런 하한을 영帯 위로 올려놓게 하자. 지금 쾌락학이 (편안의 점에서) 더 우월한 하한을 가리킨다면 그 또한 좋다. 그러나 만일 인간의 허약함을 고려해서 그어지는 확고한 선보다 낮은 점을 추상적 쾌락학이 가리킨다면 어떤 일이 일어날까? 답은 단순하다. 인구가 그 선 위로 밀고 올라가지 그 선을 밀어 내리지 않을 것이다.

(βγδ) 이 표제 아래서는 규칙 (β)가 규칙 (γδ)를 간섭하지 않을지 살펴보아야 한다. 허버트 스펜서 씨의 인구 이론[46] 위에서는 간섭이 일어난다.[a] 그러면 현재는 미래를 위해 희생되어야 할지도 모른다. 일반적으로 얼마나 많은 현재가 미래를 위해 희생되어야 할지는 개인적 분별에서만큼이나 정치적 분별에서도 멋진 문제임에 틀림없다.

(αβγδ) 복합 운동과 관련해서 우리가 바라보게 되는 것이 거대하고 복잡하고 유연한 유기체인데, 그 구성원들의 유희와 작업은 계속 다시 조절되면서 조금씩 진화의 선을 따라 올라간다. 앞부분은 가장 빨리 나아가고, 그

---

a. 그러나 샹파니, 《안토니누스》, 3권, 277쪽을 보라.

required limit is above the starving-point; both because in the neighbourhood of that point there would be no work done, and − before that consideration should come into force and above it − because the pleasures of the most favoured could not weigh much against the privations of the least favoured. (*Cf.* Wundt's pleasure-curve.)

It may be admitted, however, that a limit below the zero of happiness, even if abstractedly desirable, would not be humanly attainable; whether because discomfort in the lower classes produces political instability (Aristotle, &c.), or because only through the comfort of the lower classes can population be checked from sinking to the starving-point (Mill, &c.). Let politics and political economy fix some such limit above zero. If now Hedonics indicate a limit still superior (in point of comfort) − well. But if abstract Hedonics point to a limit *below* that hard and fast line which the consideration of human infirmity imposes, what occurs? Simply that population shall press up against that line without pressing it back.

(βγδ) Under this head should be considered whether rule (β) does not interfere with rule (γδ). And this upon Mr. Herbert Spencer's theory of population it would do.[a] The present then may have to be sacrificed to the future; though in general how much of the present it is expedient to sacrifice to the future must be as nice a question in political, as in personal prudence.

(αβγδ) Contemplating the combined movements we seem to see the vast composite flexible organism, the play and the work of whose members are continually readjusted, by degrees advancing up the line of evolution; the parts

---

a. Contrast, however, Champagny, *Les Antonins*, iii. p. 277.

반대 부분은 더 느리게 움직이다가 대개는 죽어 없어진다. 이 거대한 유기체의 마지막 모양이 어떨지, 가능성 곡선이 궁극적으로 수직선으로 수렴할지 아닐지, (그리스적 의미의) **귀족주의**와 근대적 혁명 중에서 무엇이 미래의 이상형일지, 그런 것은 아직 판단의 대상이기보다 편견의 대상인 듯싶다. 공리주의는 수단을 구분하거나 비교하지 않고 선입견이나 왜곡이 없는 눈으로 오로지 가장 높은 목적만을 바라본다.

따름정리. 지금까지의 탐구를 이제부터는 행위의 (I.) 첫째 원리와 (II.) 부속 준칙에 적용한다.

I. 여기서는 《윤리학의 방법들》에서 엄밀히 정의한 공리주의로부터 상식적 준칙을 연역해 냄으로써 행위의 목적이 공리주의라고 주장한다. 이는 이론으로부터 경험적 법칙을 연역해 냄으로써 사물의 구성을 증명하는 것과 다르지 않다고 할 수 있다. 이것이야말로 도덕 세계의 열등한 정확성이 아닌가! 그러나 그 열등성이 우리 마음에 편견을 불어넣기 전에 미리 우리가 어느 정도의 정확성을 기대해도 좋을지를 분명히 해두자. 만약 클러크 맥스웰 교수가 원자에 관해 *타당하게 주장하면서* 자신의 이론과 사실 사이의 수리적 상응을 보여주지 않는다면 아무도 그의 주장을 들으려 하지 않을 것이다. 그러나 우리는 물리학의 진보를 많이 경험했고, 물리학이 어떻게 진보하는지 잘 알고 있다. 이에 비해 도덕의 운동은 사람들에게 너무 익숙하여, 진정한 과학이 오히려 그 방법으로 자신을 증명해야 하는 처지다. 그 방법이 무엇이고ㅡ 보편적 행복주의는 그 지고함의 기원에 대해 어떤 교의도 내놓지 않으면서, 그린의 '신앙'이나[1] 그로트의 '이상'처럼[2] 순수한 열정에서만 아니라, 실제적 이유에서도 똑같이 기꺼이 지고함의 기원을 찾는다ㅡ 우리의 신앙이 무엇이든, 우리가 신앙에서 저술로 내려와 여러 행위 사이의 선택 기준

about the front advancing most, the members of the other extremity more slowly moving on and largely dying off. The final shape of the great organism, whether its bounding line of possibility shall be ultimately perpendicular, whether the graduation of (in a Greek sense) *aristocracy*, or the level of modern revolution, is the ideal of the future, is still perhaps a subject more for prejudice than judgment. Utilitarianism, indifferent about the means, with eye undistorted by prepossessions, looks only to the supreme end.

COROLLARIES. The application of these inquiries is (I.) to first principles (II.) to subordinate rules of conduct.

I. The end of conduct is argued to be Utilitarianism, as exactly defined in the 'Methods of Ethics', by deducing from that general principle maxims of common sense; perhaps as the constitution of matter is proved by deducing from the theory experimental laws. What inferior accuracy in the moral universe indeed! But before that inferiority should prejudice, let it be settled what degree of accuracy was here to be expected. No one would listen to Professor Clerk Maxwell πιθανολογοῦτος about the atoms without a mathematical correspondence of his theory and the facts. But we have a large experience of the progress of Physics; it is well seen how she goes; but is the movement of Morals so familiar that the true science should be manifest by her method! Whatever the method − for Universal Eudæmonism prescribes no dogma about the origin of her supremacy; affiliated as readily to practical reason as pure passion, the 'Faith' of a Green or 'Ideals' of a Grote − whatever our faith, when we descend from faith to works, requiring a criterion for alternative actions, it may be divined that we shall not far err in following,

을 필요로 할 때, 《윤리학의 방법들》이[a] 제시하는 과정을 멀리 떨어져서라도 따른다면 그다지 크게 잘못하지 않으리라고 미리 알 수 있다.

그렇다면 우선 **동등성**을 생각해 보자. 동등한 사람들이 이득과 부담에서 동등할 권리, 분배적 정의의 커다란 부분, 관습의 껍질을 끊임없이 밀쳐 올리는 깊은 원리, 그것이 바로 동등성이다.

> *그 힘이 위대하여 수많은 도시의 성곽을 무너뜨렸고*
> *그리고 더 많이 무너뜨릴*[3]

이 대단한 도덕의 힘을, 우리는 감수성의 단순한 법칙들(α와 β)과 결합한 정확한 공리주의의[4] 실행 원리로부터 연역해 내기로 한다.

그러나 **동등성**이 분배적 정의의 전부는 아니다. 부등 분배를 위한 *가치*가 요구될 지도 모른다. 재물의 부등성은 — 통치자의 경우와 남을 위한 각종 신탁의 경우를 제외하고 — 공리주의자들이 일반적으로 관습의 결과로 설명한다. 그 관습은 명백하고 확고해서 혼란을 방지하고 생산을 장려하지만 달리 바람직하지는 않고, 오히려 그런 필요성이 유감스러울 따름이다. 하지만 현대인과 고대의 현자들 가운데 많은 착한 사람들의 마음에서 — 불한당보다 사나이, 야만인보다 문명인, 출생, 재능, 그리고 남성에 주어지는 — 귀족적 특권에 호의를 갖는 깊숙한 감성이 보인다. 이런 권리의 감성이 다름 아닌 공리주의가 상정하는 **역량**의 차이에 한 근거를 둔다. 즐거움 역량은 진화를 통해 생겨난 특성이며 문명의 핵심 속성이다(α). 삶의 기품, 예의와 용기의 매력, 이런 것들이 적어도 한때는 신분을 드러나게 했으며, 향유하고 계승하는 수단이 불합리하지 않게 그런 신분의 사람들에게 돌아갔다(α). 하류 계층

---

a. 2판의 90, 346, 392쪽. 그리고 뷔퐁의 "도덕 산술"을 참조하라.[5] '느낌은 일반적으로 암묵적인 이성이어서 덜 명백하지만 때로는 더 섬세하고, 이성의 직접적 결과보다 언제나 더 확실하다.' (그가 우리의 첫째 공준을 증명하고 있다.)

however distantly, the procedure of the 'Methods of Ethics.'[a]

Consider first then Equality, the right of equals to equal advantages and burdens, that large section of distributive justice, that deep principle which continually upheaves the crust of convention.

πολλάων πολίων κατέλυσε κάρηνα
ἠδ' ἔτι καὶ λύσει τοῦ γὰρ κράτος ἐστί μέγιστον.

All this mighty moral force is deducible from the practical principle of exact Utilitarianism combined with the simple laws of sentience (α and β).

But Equality is not the whole of distributive justice. There may be needed an ἀξία for unequal distribution. Now inequalities of fortune — abstracted the cases of governor and general and every species of trustee for the advantage of others — are generally explained by utilitarians as the consequence of conventions clear and fixed and preventing confusion and encouraging production, but not otherwise desirable, or rather of which the necessity is regretted. Yet in the minds of many good men among the moderns and the wisest of the ancients, there appears a deeper sentiment in favour of aristocratical privilege — the privilege of man above brute, of civilised above savage, of birth, of talent, and of the male sex. This sentiment of right has a ground of utilitarianism in supposed differences of *capacity*. Capacity for pleasure is a property of evolution, an essential attribute of civilisation (α). The grace of life, the charm of courtesy and courage, which once at least distinguished rank, rank not unreasonably received the means to enjoy and to transmit (α). To lower classes was assigned the work of which they seemed

---

a. pp. 90, 346, 392, &c., 2nd edition. Cf. Buffon, *Moral Arithmetic*: 'Le sentiment n'est en général qu'un raisonnement implicite moins clair, mais souvent plus fin et toujours plus sûr que le produit direct de la raison.' (He is proving our first postulate.)

에는 그들이 가장 잘할 수 있는 일이 할당되었다. 상류 계층의 일은 그 성격이 달라서 가혹함에서 등치될 수 없다.[a] 만일 우리가 상정하기를, 즐거움 역량이 기술과 재능의 한 속성이라면(α), 그리고 생산이 육체적 노동과 과학적 노동의 **비대칭 함수**라면(β), 우리는 기술과 재능을 가진 상류층이 종종 더 편안한 일을 하면서 더 많은 보수를 받는 데 대해 경제학이 내놓는 것보다 더 깊숙한 이유를 볼 수 있다. 성性의 특권도 마찬가지로 행복 역량에서, 행동과 명상의 *에네르기아* 역량에서, 남성이 우월하다는 상정에 근거를 두고 있다. 이 감성에 대해

> 여성은 모자라는 남성이며, 그녀의 열정이 달빛이고 물이라면
> 나의 열정은 햇빛이고 포도주다.[6]

일반적으로 열등하다고 여겨지는 여성의 역량을 다른 특수한 역량이 보상한다고 흔히들 상정한다. 여성은 여러 가지 아름다움이나 우아함과 같은 어떤 특별한 감정에 대해 특수한 역량을 가진다는 것이다. 그런 섬세한 미적 감각에 걸맞게 현대의 숙녀는 사치나 관심과 같은 특정 **수단**의 많은 몫을 갖는다(정의 2, α의 *말미*). 그러나 정중히 말해서, '중세 기사도에서 생겨난 뒤섞인 감성'은[b] 다른 많은 요소를 갖고 있다. 예의 바른 흄은 그것을 약자에 대한 배려로 설명하고,[c] 열정적인 루소는 *더 자연스럽게* 설명한다.[d] 이제 약자로서의 여성에 대한 배려를 넘어서, 예의 바른 사회에서 일정한 배려를 받을 여성의 권리뿐만 아니라 생활의 고된 노동으로부터 얼마간의 면제를 받을 여성의 권리도 공리주의 이론에 부합한다. 강자가 더 많은 일을 해야 하는 것은 물론이고, 피곤을 겪어야 할 경우 더 많은 피곤을 겪을 만큼[e] 훨씬

---

a. 리비우스, 2편, 32절 참조.[7]
b. 버크[8]
c. 《시론》, 14.[9]
d. 루소, 《에밀》, 4편.[10]
e. 66쪽 주석을 보라.

most capable; the work of the higher classes being different in kind was not to be equated in severity.[a] If we suppose that capacity for pleasure is an attribute of skill and talent (α); if we consider that production is an *unsymmetrical function* of manual and scientific labour (β); we may see a reason deeper than Economics may afford for the larger pay, though often more agreeable work, of the aristocracy of skill and talent. The aristocracy of sex is similarly grounded upon the supposed superior capacity of the man for happiness, for the ἐνεργεῖαι of action and contemplation; upon the sentiment —

> Woman is the lesser man, and her passions unto mine
> Are as moonlight unto sunlight and as water unto wine.

Her supposed generally inferior capacity is supposed to be compensated by a special capacity for particular emotions, certain kinds of beauty and refinement. Agreeably to such finer sense of beauty the modern lady has received a larger share of certain *means*, certain luxuries and attentions (Def. 2; α *sub finem*). But gallantry, that 'mixed sentiment[b] which took its rise in the ancient chivalry,' has many other elements. It is explained by the polite Hume as attention to the weak,[c] and by the passionate Rousseau φυσικωτέρως.[d] Now attention to the weaker sex, and woman's right not only to certain attentions in polite society but to some exemption from the harder work of life, are agreeable to the utilitarian theory: that the stronger should not only do more work, but do so much more work as to suffer[e] more fatigue

---

a. Cf. *Livy*, ii., p. 32, β.
b. Burke.
c. *Essay*, 14.
d. *Emile*, iv.
e. See note, p. 66.

더 많은 일을 해야 한다(β). 이렇게 반박할 수도 있다. 동성의 강자와 약자 사이에서도 마찬가지로 배려가 있어야 한다. 그러나 이 경우에는 박애의 의무로 이끄는 자연스런 본능이 없다. 의무 협회의 규정에 들어갈 수 있게끔 정해진 힘의 기준도 없다. 그리고 여기에는 경쟁이 끼어든다. 이에 비하면 남자와 여자 사이에서는 (종족에게는 훨씬 덜 유익할 게 뻔한) 경쟁이 훨씬 덜 개방적이다. 이렇게 하여 우리는 여성의 본성에 관한 옳을 수도 있고 틀릴 수도 있는 기존 의견을 모두 검토했는데, 한편에는 공리주의 원리로부터의 연역을 놓고 다른 한편에는 현대 여성성을 둘러싸고 있는 장애와 특권을 놓고, 둘 사이에서 멋진 화해를 이뤄냈다.

가족생활의 관습 또한 공리적이다. 다른 여러 이유도 있겠으나, 가족생활은 (공동체 교육과 비교하여) 더 좋게 태어난 자가 더 좋은 교육적 영향을 받게 하는 것이기 때문이다(γ). 특히 인생을 시작하는 시기에 더 많은 몫의 좋은 사회를 누리게 한다. 삶을 위한 투쟁의 보편 원리는, 배럿 씨가 시사하듯, 공리적 선별에 이바지한다. 이를 염두에 두면, 위에서 연역하여 이끌어냈던 인구이론 (γδ)와 요즘의 결혼 윤리 사이에 일반적인 상응이 드러난다. 이 결혼 윤리는[a] 오직 기존의 조건, 즉 삶을 위한 투쟁에서 거둔 유전적 혹은 개인적 성공을 부과한다. 미래 사회를 분류하면서 우리의 상식은 동등성의 유토피아를 기대하지 않는다. 신체적 결핍은 불쌍히 여기지만, 불행한 계층이나 비천한 계층이 있다고 해서 섭리의 관대하지 않음을 탓하진 않는다.[b] 이 상식의 침묵에 정확한 공리주의($\alpha\gamma\delta$)의 불분명한 소리가 일치한다.

그러나 비록 시지윅 씨의 연역 과정이 이기주의자나 직관주의자를 모두

---

a. 인구와 관련하여.
b. 버크, 《시역자 평화》, 3. '노동하는 빈곤'에 대한 논의 참조.[11]

where fatigue must be suffered (β). Itmay be objected: consideration should equally be due from the stronger to the weaker members of the same sex. But in the latter case there is wanting a natural instinct predisposing to the duties of benevolence; there has been wanting also a fixed criterion of strength to fix the associations of duty; and, lastly, competition has interfered, while competition between man and woman has been much less open (and much less obviously useful to the race). Altogether, account being taken of existing, whether true or false, opinions about the nature of woman, there appears a nice consilience between the deductions from the utilitarian principle and the disabilities and privileges which hedge round modern womanhood.

Utilitarian also is the custom of family life, among other reasons, in so far as (contrasted with communistic education) it secures for the better-born better educational influences (γ); in particular a larger share of good society in early life. The universal principle of the struggle for life, as Mr. Barratt may suggest, conduces to Utilitarian selection. This being borne in mind, there appears a general correspondence between the population-theory above deduced ($\gamma\delta$) and the current ethics of marriage, which impose[a] only a precedent condition, success, hereditary or personal, in the struggle for life. Concerning the classification of future society, common sense anticipates no utopia of equality. Physical privations are pitied; the existence of a subordinate and less fortunate class does not seem to accuse the bounty of Providence.[b] With the silence of common sense accords the uncertain sound of exact Utilitarianism ($\alpha\gamma\delta$).

But, if egoist or intuitivist are not to be altogether converted by the

---

a. In respect to population.
b. Cf. Burke on the 'labouring poor,' in *Regicide Peace*, 3.

전향시키지는 못하더라도, 적어도 그의 정확한 정의定義에 대한 우리의 논의가 직관주의자의 미덕 가운데 하나이자 이기주의자의 만족 가운데 하나인 이성적理性的 박애를 그들의 무한히 넓은 공유 행동 영역에서 꼭 집어 되찾을 수 있다. 즐거워할 사람의 수, 그들의 민감성, 그리고 즐거움의 지속성을 측정하려 하지 않으면서 사람들을 즐겁게 해주고 싶어 하는 게 어떻게 이성적 소망일 수 있겠는가?

정확한 공리주의는 또한, 배럿 씨가 그럴 수도 있다고 생각하는 그대로,[12] 자기 이익에 기초한 정치의 목적을 제시한다.[a] 상충하는 이해를 조절하기 위한 정치적 '계약'은 두 가지 성질을 가져야 한다. 정치적 계약은 명백하고 확고해서 누구에게나 같은 의미로 해석되어야 한다. 정치적 계약은 자연적으로 더 강력한— 비록 그 수는 적더라도 협조의 위력, 능력, 역량을 가졌기에 수가 더 많은 계층을 능가하는— 계층이 다른 어떤 계약에서 더 좋을 수 있다고 생각할 만한 이유가 없게 해야 한다. 이 두 성질을 나타내는 두 계약이 있으니, 거칠고 손쉬운 **평등** 공리주의와 정확하고 가능한 **귀족** 공리주의다. 첫째 계약은 첫째 성질에서 우월하고, 둘째 계약은 둘째 성질에서 우월하다.

II. 동일한 추론이 우리를 위로는 일반 원리로 이끌어야 하고 아래로는 다시 원리의 적용으로 이끌어야 한다는 것이 그다지 역설적이지도 불가능하지도 않다. 이론은 웬만큼은 확실해야 하고, 실행은 무한히 멀리 떨어져 있다. 이를테면 원자이론을 논증한 자가 그 이론의 적용 가능성을 예견해야 한다는 것보다 더 역설적이지 않고, 그 이론이 열역학의 둘째 법칙을 누르고 승리하는[b] 것보다 더 불가능하지 않다. 쾌락학의 승리가 마찬가지로 기대된다면 마찬가지로 멀리 떨어져 있다. 하지만 더 멀리 떨어져 있다고 여겨질

---

a. **경제 미적분학**의 **따름정리**와 비교하라.
b. 맥스웰, 《열 이론》, 308쪽.[13]

deductive process of Mr. Sidgwick, at least the dealing with his exact definition may tend to mark out and reclaim from the indefinite one large common field of conduct, one of the virtues of the intuitivist, one of the gratifications of the egoist — rational benevolence. For can there be a rational wish to please without a willingness to estimate the duration of the pleasure, the susceptibility, as well as the number, of the pleased?

Exact Utilitarianism may also, as Mr. Barratt thinks plausible, present the end of Politics; of Politics as based upon self-interest.[a] A political 'contract' for the adjustment of conflicting interests should have two qualities. It should be clear and fixed, universally interpretable in the same sense. It should be such that the naturally more powerful class, those who, though fewer, outweigh the more numerous by strength, ability, and capacity to co-operate, should not have reason to think that they would fare better under some other contract. Two contracts present these qualities; the rough and ready *iso*cratical, the exact possibly *aristo*cratical, Utilitarianism. The first contract excels in the first quality; the second in the second.

II. That the same reasonings should lead up to a general principle and down again to its applications — that the theory should be tolerably certain, the practice indefinitely remote — is not more paradoxical than that the demonstrator of the atom-theory should foresee the remote possibility of its application, no less a possibility than to triumph over the second law of Thermodynamics.[b] The triumphs of Hedonics, if equally conceivable, are equally remote; but they do not so certainly become more conceivable when

---

a. Compare the *Corollary* of the *Economic Calculus.*
b. Clerk-Maxwell, *Theory of Heat*, p. 308.

때 확실히 더 기대되지는 않는다. 진화의 과정에서 과학의 미묘함이 결코 느낌의 미묘함을 따라잡지 못한다면 어찌 하겠는가! 희미하고 흐릿하며 추상해서는 안 될 것들을 추상하는 쾌락 미적분학은 일반적인 편향보다 덜 분명한 방향을 내놓는데, 여기서는 그것을 간략히 그리고 머뭇거리며 제시한다.

행위의 목적을 앞에서 정의했는데, 자코뱅의[14] 이상처럼 '모두 동등하고 거칠게'나 존 스튜어트 밀의 이상처럼 '모두 동등하고 세련되게'가 반드시 바람직하지만은 않으며, 혁명으로든 아니면 더 지루한 인구 축소의 방법으로든, 목적으로 삼아 추구할 만큼 훌륭하지 않다. 과학적 쾌락계량학을 기다리면서, '모든 남자 그리고 모든 여자를 각각 하나로 셈하는' 원리를 그때까지는 매우 조심스럽게 적용해야 한다. 공산주의자 조합에서 (만일 그런 게 있다면) 생산물 분배는 오언의 원리보다 푸리에의 원리에 따라야 한다.[15] 보통 평등 선거권은 승인 받기가 (밀이 생각했듯이[16]) 현명함에 부여되는 복수 투표권보다 어려울 뿐만 아니라 행복 역량에 부여되는 복수 투표권보다도 어려울 것이다.

현재 상태의 사회에서는 삶을 위한 투쟁이 제 역할을 하도록 북돋워야 한다. 물론 일정한 한계 안에서 지고한 원리의 지고함에 대한 편견 없이 그리해야 한다. 배럿 씨는 놀랍게도 경쟁의 효용이라는 동일한 전제에서 다른 결론을 추론한다. 공리주의는 이기주의에 자리를 내놓고 물러나야 한다는 것이다. 그러나 옳은 추론은 결코 공리주의가 행선지를 (시지윅의 도표에서 보듯이 *천양지간* 떨어져 있는) 보편적 쾌락주의에서 이기적 쾌락주의로[17] 바꿔야 한다는 것이 아니고, 오히려 자기 삶의 별을 변함없이 쫓으면서 (적어도 지금의 폭풍 치는 상황에서는) 경험 없는 항해자의 조언에 헷갈리지 말고 사려 깊게 **침로**를 잡아야 한다는 것이다. 아무도 공리주의의 이런 '자기 제한'을 오해할 수 없고 ─ 그것에 대해서는 시지윅 씨가 이미 설명했다 ─ 이기

considered more remote; for what if in the course of evolution the subtlety of science should never overtake the subtlety of feeling! Faint and vague and abstracting many things which ought not to be abstracted, the Hedonical Calculus supplies less a definite direction than a general bias, here briefly and diffidently indicated.

The end of action being defined as above, the Jacobin ideal 'All equal and rude,' J. S. Mill's ideal 'All equal and cultivated,' are not necessarily desirable, not paramount ends to be sought by revolution or the more tedious method of depopulation. Pending a scientific hedommetry, the principle 'Every man, and every woman, to count for one,' should be very cautiously applied. In communistic association (if such should be) the distribution of produce should be rather upon the principle of Fourier than of Owen. Universal equal suffrage is less likely to be approved than plural votes conferred not only (as Mill thought) upon sagacity, but also upon capacity for happiness.

The play of the struggle for life is to be encouraged, in the present state of society, within limits, without prejudice to the supremacy of the supreme principle. Mr. Barratt indeed from the same premisses, the utility of competition, infers a different conclusion: that Utilitarianism should resign in favour of Egoism. But surely the inference is, not that the Utilitarian should change his destination from Universal to Egoistic Hedonism (points *toto cœlo* apart, as the chart of Sidgwick shows); but that, while constant to his life's star, he should tack (in the present state of storm at least) more considerably than the inexperienced voyager might advise. No one can misunderstand this 'self-limitation' of Utilitarianism — for it has been explained by Mr. Sidgwick;

주의자라면 더욱 그럴 리 없으니, 이는 지고한 명령의 퇴위 없는 위임이 자기 사랑의 지고함을 위해서 더욱 필요하기 때문이다(버틀러[18] 등).

마지막으로, 우리가 공리주의의 세례를 받지 못한 옛 제도의 효용을 계산하면서 본성의 전망에 감명을 받았는데, 그 전망은 밀이 남긴 그림에서처럼 모두 나쁘지는 않고 오히려 최선을 향한 첫째 근사近似다. 우리는 개혁에서 더 보수적인 신중 쪽으로 기울어져 있다. 그리고 우리는 여기서 우리의 목적으로 가는 방향만 아니라 동기도 찾을 수 있다. 본성이 더 많은 선善이라고 판정 받듯이, 종교가 신의 속성에서 찾는 도덕성의 동기는 저 위대한 공리주의자가[a] 인정한 것보다 더 큰 힘을 갖는다.

---

a. 밀, 《본성과 종교에 대한 시론》.[19]

least of all the Egoist — for a similar delegation, without abdication, of the supreme command is much more necessary in the case of the supremacy of self-love (Butler, &c.).

Lastly, while we calculate the utility of pre-utilitarian institutions, we are impressed with a view of Nature, not, as in the picture left by Mill, all bad, but a first approximation to the best. We are biassed to a more conservative caution in reform. And we may have here not only a direction, but a motive, to our end. For, as Nature is judged more good, so more potent than the great utilitarian has allowed[a] are the motives to morality which religion finds in the attributes of God.

a. Mill, *Essays on Nature and Religion.*

부론

—◆—

I.
비非수치 수학

이 책의 첫머리를 여러 예시로 채우는 것은 바람직하지 않아 보였다. 필자의 생각이 맞는다면 수학자들에게는 그 예시들이 필요치 않았을 테고, 어느 경우에든 *기하학을 모르는 자*에게는 그 예시들이 흥미롭지 않았을 것이다. 사실 이 주제는 수치 자료 없는 수리 추론의 '대표하는 특정'으로[1] 인증되는 사례 **하나**가— 일종의 이른바 '수리적 귀납'으로— 일반 원리를 세우기에 충분한 그런 본성을 지녔다. 그렇더라도 몇 마디의 설명을 보태는 게 좋겠기에 우선 쟁점을 명확히 하려 하는데, 그러기 위해 (제번스 교수의 《이론》에 대한) 논평을 쓴 매우 유능한 저자가[2] 이미 언급한 바 있는 대비되는 견해의 대표로서 우리 편에 있는 수리 경제학의 아버지를 인용하겠다.

쿠르노의 말이다.[a] '수치 값은 물론이고 대수적代數的 형태조차 도저히 부여할 수 없는 수량들 사이에 확정적인 관계를 부여하는 것이 분석의 가장 중요한 기능들 중 하나다.

모르는 함수일지라도 알려진 성질 또는 일반적 특성을 가질 수 있다. 예컨대 무한히 증대하거나 감소할 수도 있고, 주기적일 수도 있고, 일정한 범위에서만 실재할 수도 있다. 그런 기초 자료는 아무리 불완전해 보이더라도 바로 그 일반성 때문에 분석적 기호를 통해 똑같이 일반적인 관계로 이끌 수 있으며, 그 관계는 기호의 도움 없이는 알아내기 힘들다. 수학자들은 모세관력 감소의 법칙을

---

a. 《부(富) 이론》, 51쪽. 서문, viii쪽도 보라.[3]

APPENDICES

—◆◆—

I.

ON UNNUMERICAL MATHEMATICS.

IT seemed undesirable to load our opening pages with a multiplicity of illustrations which, if the writer's views are correct, would be superfluous to the mathematician, and, in any case, might be uninteresting to the ἀγεωμετρητός. Indeed, the nature of the subject is such that a *single* instance — by a sort of 'mathematical induction,' as it has been called — a single 'representative-particular' authenticated instance of mathematical reasoning without numerical data is sufficient to establish the general principle. However, it may be well to add a few words of exposition after first precising the point at issue by citing on our side the father of Mathematical Economics, as the representative of the contrasted view the very able author of a review (on Prof. Jevons' 'Theory') already referred to.

Cournot says:[a] — 'L'une des fonctions les plus importantes de l'analyse consiste précisément à assigner des relations déterminées entre des quantités dont les valeurs numériques, et même les formes algèbriques, sont absolument inassignables.

'D'une part, des fonctions inconnues peuvent cependant jouir de propriétés ou de caractères généraux qui sont connus, par exemple, d'être indéfiniment croissantes ou décroissantes, ou d'être périodiques, ou de n'être réelles qu'entre de certaines limites. De semblables données quelque imparfaites qu'elles paraissent, peuvent toutefois, en raison de leur généralité même, et à l'aide des signes propres à l'analyse, conduire à des relations également génèrates, qu'on aurait difficilement découvertes sans ce secours. C'est ainsi que, sans connaitre

---

a. *Theorie des Richesses*, p. 51. See also Preface, p. viii.

모르면서도, 오로지 어느 정도 멀어지면 그 힘이 느껴지지 않는다는 원리에서 출발하여, 모세관 현상의 일반 법칙들을 증명했다. 그리고 그 법칙들은 관찰에 의해 확인되었다.'

1871년 11월 11일자 〈토요일 평론〉에 실린 논평의 일부다.[4] '우리는 이 즐거움이 저 즐거움보다 크다고 말할 수 있다. 수리적 방법을 적용하려면 즐거움이 어떻게든 수치數値로 표현될 수 있어야 한다. 이를테면 우리는 쇠고기 한 점을 먹는 즐거움을 맥주 한 잔을 마시는 즐거움과 비교해서 5대 4라고 말할 수 있어야 한다. 이 말은 우리에게 어떤 특정한 의미도 전달하지 않는다. 그리고 제번스 씨는 우리를 돕는 대신 이 문제를 회피하는 듯하다. 우리가 그에게 상기시켜야 할 게 있다. 주제를 수리 탐구에 맞추기 위해서라면 관련 수량 몇몇을 문자로 나타내는 것만으로는 충분하지 않다. 만약 G가 글래드스턴 씨에 대한 자유당 당원들의 신뢰를 나타내고,[5] D가 디즈레일리 씨에 대한 보수당 당원들의 신뢰를 나타내고,[6] x와 y가 두 정당의 당원 수를 나타내고, 글래드스턴 씨의 공직 재임 기간이 $\frac{dG}{dx}$ 와 $\frac{dD}{dy}$ 를 포함하는 어떤 방정식에 달려 있다고 우리가 말한다면, 우리는 단지 평범한 진술을 한 묶음의 기이한 문자들로 휘감을 뿐이다.' 이 글에서 독자들은 우리의 주제를 다루는 문학적 방법의 한 전형을 볼 수 있다. 그래서 더 인용한다. '그 함수들이 결정될 수 없을 게 분명하므로, 그 방정식들이 타당하다고 가정하더라도, 우리에게는 아무런 소용도 없어 보인다. 그것들은 말로 더 잘 표현할 수 있는 것을 둘러 표현하는 방법일 뿐이다.' 그리고 다시 '그는 결정되지도 않고 결정될 수도 없는 함수들을 포함하는 그저 장황하기만 한 기호들로 이 기이한 결론을 휘감는다.'

밀과[a] 비교해 보라. '어떤 부류의 현상이든 그것을 좌우하는 원인들이 우리의 관찰을 너무도 불완전하게 허용하여 우리가 그것의 수치數値 법칙을 귀납으로는 제대로 인지할 수 없는 경우에는 명백히 그런 (수리적) 원리가 적용될 수 없다.'

밀은 대수학에 대해,[b] 그리고 '숫자 사이의 관계를 알아내는 것으로 탐구가 이미 좁혀졌기에 대수학이 흔히 사용되는 그런 주제에 맞춰진 그것의 [배타적]

---

a. 《논리학》, 3편, 24장, 9절.[7]
b. 4편, 6장, 6절.[8]

비수치 수학

la loi de décroissement des forces capillaires, et en partant du seul principe que ces forces sont insensibles à des distances sensibles, les géomètres ont démontré les lois générales des phénomènes de la capillarité, lois confirmées par l'observation.'

The 'Saturday Review' (Nov. 11, 1871): − ⋯ 'We can tell that one pleasure is greater than another; but that does not help us. To apply the mathematical methods, pleasure must be in some way capable of numerical expression; we must be able to say, for example, that the pleasure of eating a beef-steak is to the pleasure of drinking a glass of beer as five to four. The words convey no particular meaning to us; and Mr. Jevons, instead of helping us, seems to shirk the question. We must remind him that, in order to fit a subject for mathematical inquiry, it is not sufficient to represent some of the quantities concerned by letters. If we say that G represents the confidence of Liberals in Mr. Gladstone, and D the confidence of Conservatives in Mr. Disraeli, and y the number of those parties; and infer that Mr. Gladstone's tenure of office depends upon some equation involving $\frac{dG}{dx}$ and, $\frac{dD}{dy}$ we have merely wrapped up a plain statement in a mysterious collection of letters.' The reader is referred to the whole article as typical of the literary method of treating our subject. Thus, again, 'the equations ⋯, assuming them to be legitimate, seem to us to be simply useless so long as the functions are obviously indeterminable. They are merely a roundabout way of expressing what may be better said in words.' And, again, 'he wraps up his mysterious conclusions in symbols which are mere verbiage, as they contain functions which neither are nor can be determined.'

Compare Mill: − 'Such principles (mathematical) are manifestly inapplicable where the causes on which any class of phenomena depend are so imperfectly accessible to our observation, that we cannot ascertain by a proper induction their numerical laws.'[a]

Compare also the spirit of his remarks[b] upon algebra and its exclusive 'adaptation to the subjects for which it is commonly employed, namely, those

---

a. *Logic*, book iii. chap. xxiv. p. 9.
b. Book iv. chap. vi. p. 6.

적응'에 대해 말했는데, 이 말의 정신과 비교해 보라. 그가 언급하는 콩트의 견해와도 비교해 보라.[9]

수학의 한계에 대한 이런 일반적 생각을 반박하는 데에는− 앞에서 언급한 바 있는− 사례 하나로 충분해 보인다. 톰슨과 테이트가 그들의 《자연철학론》 320절에서[10] 논의하는 것은 무한 평면의 한 면에서 모든 방향으로 무한히 확장하는 비압축성 유체 속에서 움직이게 놓인 구체球體의 문제다. 그들은 수치 측정과 관련해서라면 **선험적** 고려라고 부를 수 있는 것들로부터 라그랑주 방정식들을[11] 만들어낸다. 그리고서는 계속하기를, 'P와 Q를 결정하는 문제의 실제적인 풀이를 위해 충분한 원리들이 나중에 주어진다. 그에 앞서 분명한 사실은 x가 증가하면 그것들이 감소한다는 것이다. 그리하여 이 운동 방정식들이 보여주는' 연역은 참으로 '가장 놀랍고 매우 시사적이다.' 예를 들어 (유사한 문제에서) 완전한 비압축성 유체 속에서 적절히 발사된 두 구체는 서로를 끌어당기는 듯이 보인다. 내가 알기로는 이것이 사물의 궁극적인 구성에 관한 어떤 가설과 관찰된 인력 현상의 일치를 시사한다.

이제 여기에 수리 정신학의 유형이 있다. 'P와 Q를 결정하는 문제의 실제적인 풀이,' 즐거움의 수량을 (수단 등) 외부 사물과의 관계에서 나타내는 함수는 아직 주어지지 않았다. 그러나 그런 함수의 **어떤 특성**은 주어졌다. 그래서 만약 P가 한 사람이 가진 수단 x의 함수로 여겨지는 즐거움이라면, (톰슨과 테이트의 추론에 적용된 전제처럼) x가 증가함에 따라 P가 증가하되 그 증가율은 떨어질 게 분명하다. 그리하여 $\dfrac{dP}{dx}$ 는 계속해서 **양**이고 $\dfrac{d_2P}{dx^2}$ 은 계속해서 **음**이다. 그리고 그런 기초 자료로부터의 수리 추론이 흥미로운 결과를 여럿 보여줄 것이다. 도덕의 최종 원리와 최고 기준에 관한 어떤 가설이 인간 행동의 관찰된 현상과 (알아채지 못할 때도 있을 정도로) 일치한다는 것은 이미 시사했다.[a]

---

a. 4쪽을 보라.

of which the investigations have been already reduced to the ascertainment of a relation between numbers.' Compare also the views of Comte to which he refers.

A single instance — that already cited in the text — seems sufficient to oppose to this popular impression about the limits of mathematics. Thomson and Tait, in their 'Treatise on Natural Philosophy,' p. 320, discuss the problem of a ball set in motion through a mass of incompressible fluid extending infinitely in all directions on one side of an infinite plane, and originally at rest. After constructing the Lagrangian equations from (what may be called in reference to numerical measurements) *à priori* considerations, they go on: 'principles sufficient for a practical solution of the problem of determining P and Q will be given later. In the meantime, it is obvious that each decreases as *x* increases. Hence the equations of motion show' several deductions which are truly 'most remarkable and very suggestive,' *e.g.* (in an analogous problem), that two balls properly projected in a perfect incompressible liquid will seem to attract one another. It is suggested, I think, that a certain hypothesis as to the ultimate constitution of matter corresponds with the observed phenomena of attraction.

Now here is the type of mathematical psychics. The 'practical solution of the problem of determining P and Q,' functions denoting quantities of pleasure in terms of external objects (means, &c.), is not yet given. But *certain properties* of such functions are given. Thus, if P be a person's pleasure considered as a function of *x* his means, it is obvious (compare the premises of Thomson and Tait's reasoning) that P increases as *x* increases, but at a decreasing rate; whence $\frac{d\mathrm{P}}{dx}$ continually *positive*, $\frac{d_2\mathrm{P}}{dx^2}$ continually *negative*. And from such data mathematical reasonings show[a] several interesting results. It has been suggested that a certain hypothesis as to the ultimate principle and supreme standard of morals corresponds (to an extent not usually noticed) with the observed phenomena of human action.

---

a. Above, p. 4

만약 〈토요일 평론〉의 그 논평이 위 예제에서 톰슨과 테이트가 사용한 방법, 즉 수치 측정 없는 수리적 연역에 대한 비판이라면 그 논평이 얼마나 경박스러울지 누구나 상상할 수 있다. 우리가 P를 Q와 비교해서 5 대 4라고 말할 수 없기에 그 주장은 '우리에게 아무런 의미도 전달하지 않는다.' $\frac{dP}{dx}$ 와 $\frac{dQ}{dy}$ 를 사용하면서 '우리는 단지 평범한 진술을 한 묶음의 기이한 문자들로 감쌀 뿐이다.' 나는 이렇게 응답하겠다. 물론 P와 Q에 대해 우리가 아는 것은 얼마든지 수리적이지 않게 우회적이고 문학적인 방식으로 진술될 수 있다. 그러나 그 진술은 톰슨의 진술과 비교해서 **평범하지 않고** 적절하거나 편리하지도 않다. 바로 이런 기호어는 문학적 우아함과 비교해서 가혹하게 할퀴더라도 수줍은 진실을 획득하는 신기한 매력을 지닌다. 간결하고 단절된 그 언어는 추상적 진실을 향한 사랑에게서 힘을 얻지만 그 열정에 냉담한 사람들에게는 어리석게만 보인다.[a]

일반화를 자신의 재능으로 삼는 수학은 특정에 빠져들지 않고 일반화에서 일반화로 날아오르는데, 이 자명한 이치의 예시가 더 필요할 리 있겠는가! 그래도 나는 수리 물리학의 방법을 좀 더 충분히 예시하려 한다. '부디 내게 나쁘기보다 좋은 게 더 많아서'[12] 내 견해가 일반적으로 옳다면, 비전문가의 특정 오류에 대한 공인된 수학자의 용서를 바란다.

소리 이론으로부터 도출되는 대기 파동에 대한 표현은 두 개의 (거의) **독립적인 임의** 함수를 포함한다.[b] 즉, $\phi(n\theta at - x) + \psi(n\theta at + x)$.[13] ϕ와 ψ의 **형태가 알려져 있다고 가정하지 않고서도** 우리는 유의미한 결론을 이끌어낼 수 있다. 관의 두

---

a. 이쯤에서 말해두는 게 좋겠다. 제번스 교수가 제시한 '무차별 법칙'의 공식에 대해 〈토요일 평론〉의 그 논평이 가한 비판의 요지는 그의 기호들이 시장의 평범하고 단순한 사실들을 쓸데없이 복잡하게 만든다는 것이다. 그러나 탐구의 가장 강력한 수단이 이와 비슷한 비판의 대상이 된다. 이른바 '연속성 방정식'은 주어진 공간을 벗어나거나 들어오려면 반드시 경계를 뚫고 지나야 하는 상황을 나타내는데, 문학적 상식의 눈에는 틀림없이 그런 평범하고 단순한 사실을 쓸데없이 복잡하게 진술하는 듯이 보일 것이다. 그러나 이 공식이 다른 기호 진술과 결합하여 연역에서 얼마나 많은 결실을 맺는지, 유체 동역학을 웬만큼 아는 사람에게는, 설명할 필요가 없다.

b. 에어리, 《소리》, 23~28항.[14]

비수치 수학

One can imagine how facetious the 'Saturday Reviewer' might be in criticising the method employed by Thomson and Tait in the above example, namely, mathematical deduction without numerical measurement. As we are not able to say that P is to Q as 5 to 4, the argument 'conveys no particular meaning to us.' In employing $\dfrac{dP}{dx}\,\dfrac{dQ}{dy}$, 'we have merely wrapped up a plain statement in a mysterious collection of letters.' Doubtless, I reply, what we know of P and Q might have been stated unmathematically in a roundabout literary fashion; but that statement, as compared with Thomson's, would *not* be a *plain statement*, nor appropriate nor serviceable. For this same symbol-speech, so harsh and crabbed as compared with literary elegance, is gifted with a magical charm to win coy truth; the brief and broken language which the love of abstract truth inspires, no doubt foolishness to those who have no sympathy with that passion.[a]

What need to multiply illustrations of what is self-evident that mathematics, of which the very genius is generalisation, without dipping into particulars, soars from generality to generality! I shall attempt, however, to illustrate a little more fully the method of mathematical physics, hoping that the professed mathematician would pardon in an amateur particular errors, 'Si modo plura mihi bona sunt,' if only the general view is correct.

On the theory of sound we obtain an expression for an atmospheric wave involving two (almost) *independent arbitrary* functions,[b] $\phi(n\theta at - x) + \psi(n\theta at + x)$. *Without supposing the forms of ϕ and ψ to be known*, we may deduce

---

a. Here may be the place to notice the *Saturday Review*'s criticism upon Professor Jevons's formulæ for the 'law of indifference:' that his symbols needlessly complicate the plain and simple facts of the market. But the most potent instruments of research are open to similar criticism. The so-called 'equation of continuity' may no doubt appear to literary common sense a very artificial and complicated statement of some such simple fact, as that matter cannot enter or leave a given space without crossing its boundary. But how fruitful of deductions is this formula in connection with other symbolic statements, needs not to tell to any one, even moderately acquainted with the kinetics of fluids.

b. Airy on *Sound*, pp. 23, 28.

끝이 막혀 있다면 전진하는 파동과 후진하는 파동은 그 형태가 동일하다.[a] 그렇지만 나는 이 특정 사례에 대해, 그리고 매우 큰 부류의 유사한 물리학 문제들에 대해, 모든 면에서 정신학 추론의 전형이라고까지는 주장하지 않겠다. 파동 교란에 대한 표현이 연역되는 **기초 자료**는 공기 입자의 운동을 나타내는 미분 방정식 $\dfrac{d_2 X}{dt^2} = k\dfrac{d_2 X}{dx^2}$ 인데,[b] 이 전제는 수치적數値的 정밀의 본성을 갖는다고 말할 수 있다. 왜냐하면 k는 적어도 가깝게 측정할 수 있는 요소들로 만들어지기 때문이다. 이에 비해 정신학의 (일부) 기초 자료는 **거친 근사**近似**의 정확성**조차 갖지 못한 채 양 또는 음, 증가 또는 감소의 사실처럼 **느슨한 일반적 관계들**로 이뤄진다. 제번스 교수조차[c] 수리 추론에 대한 설명에서 이 수준을 넘어 자신의 견해를 확장하지는 않는 듯하다. 그런데 만약 우리가 교란에 대한 적분 방정식을 전제로 여긴다면, 정신학의 방법을 설명하기 위한 꽤 좋은 예들을 소리 이론을 비롯한 여러 이론에서 이뤄지는 **임의 함수**의 사용에서 찾을 수 있다. 수학이 사회과학의 복잡성을 다루지 못한다는ㅡ 복잡성은 그 정도가 어떻든 임의 함수에 전가할 수 없다는 주장과 다를 바 없는ㅡ 주장에 반대하는 사람들도 이런 생각은 한 적이 없다고 말해도 좋다.

그러나 (수치數値로 확정되지 않는 느슨한 관계들로부터의 연역이라는) 앞에서 제시한 방법의 정당성을 보여주기 위하여 임의 함수의 사용을 널리 검토하는 일은 필자의 능력과 자격을 넘어선다. 정신학의 범위로부터 가장 가까이 있는 수학의 두 영역에서 그 방법의 유효성을 보여주는 것으로 충분하다. I. 자연의 힘과 에너지에 관한 이론, 그리고 II. 변분학이 그 두 영역이다.

---

a. 에어리, 78항.
b. 앞의 책, 21항.
c. 《과학 원론》.[15]

substantial conclusions; as that, when a tube is stopped at both ends, the forward and backward waves are of identical form.[a] I would not, however, insist too much on this particular instance, and the very large class of similar physical problems, as in all respects typical of psychical reasoning. For no doubt it may be said that *the data* from which the expression for wave-disturbance was deduced, the differential equation expressing the motion of a particle of air[b] $\dfrac{d_2 X}{dt^2} = k \dfrac{d_2 X}{dx^2}$, that this premiss is of the nature of numerical precision; k is made up of factors supposed at least approximatively measurable; whereas (some of) the data of psychics consist of *loose general relations*, the fact of increase or decrease, positive or negative, possessing not even that degree of *grossly approximative accuracy*,[c] beyond which even Professor Jevons in his illustrations of mathematical reasoning does not appear to extend his view. At the same time, if we consider as premiss the integral equation for the disturbance, then the method of psychics is fairly well exemlified by the employment in the theory of sound and elsewhere of arbitrary functions; a conception, one might suppose, which had never been entertained by those who object to mathematics' inability to deal with the complexities of social science; as if any degree of complexity might not be attributed to an arbitrary function.

But it would exceed the ability and requirements of the present writer to justify the method above postulated (deduction from loose and numerically indefinite relations) by a general review of the uses of arbitrary functions; it will suffice to show the validity of the method in two provinces of mathematics least distant from the sphere of psychics — I., the theory of natural forces and energy; and II., the calculus of variations.

---

a. Airy, p. 78.

b. Id. p. 21.

c. *Principles of Science.*

I. 자연력 가설이 직접 또는 함의로서 가정하는 첫째 또는 근사 원리에 따르면, 두 입자 사이의 견인 또는 반발이 그들 사이의 거리의 **어떤 함수**다. 그 함수의 형태에 대한 지식이 없는 상태에서, 이 느슨하고 불확정한 관계로부터 가장 중요한 결론이 도출될 수 있다. 매우 단순한 예로서 힘의 중심 주위를 도는 입자의 운동을 보자. 우리는 그 힘 함수의 형태를 모르고서도 연역을 통해, 그 입자가 동일한 시간에 동일한 면적을 감싼다거나 속도는 접선 방향으로 중심으로부터의 거리에 반비례한다는 등의 결론을 이끌어낸다.

물론 반박이 있을 수 있다. 자연력 가설이라는 전제 안에는 불확정적이고 느슨한 것만 아니라 일정한 가속도라는 개념처럼 확정적이고 정밀한 것도 있다고 반박할 수 있다. 그러나 우선 그 가설은 심리 현상에 곧바로 수반되는 사물의 체계에 적용된다고 일반적으로 인정될 터이고, 따라서 그것으로부터의 연역이 정신물리학에게는 (에너지와 즐거움 사이에서 제시될 수 있는 유추 때문에 더욱) 대단히 흥미롭다. 그리고 사회과학의 기초 자료 가운데 정밀한 것이라곤 **하나도** 없다고 단정해서는 안 된다. 사회과학의 기초 자료에는 불확정적이고 느슨한 것만 아니라 확정적이고 정밀한 것도 있다. 하나의 시장에 오직 하나의 가격만 존재한다는 '무차별 법칙'이 그런 예다.[a] 이 명제가 갖는 근사 정밀성의 정도는 일반적으로, 그리고 어쩌면 보편적으로, 응용수학의 특성으로 여겨지는 근사 정밀성의 정도보다 덜하지 않다. 그리고 통계 자료는, 제번스 교수가 지적했듯이, 이와 같은 종류의 정밀성을 허용한다. 결국 그 반박은 우리의 **동태적** 예시에나 적용되고, 변분학을 사용하는 순수 분석에는 적용되지 않는다.

느슨하고 불확정한 관계에 대한 수리 추론은 에너지와 연결되는 위대한 이론들이 얼마든지 보여준다. 입자들의 상호 견인이 그것들 사이의 거리의 **어떤 함수**를 따르는데, 이 관계는 에너지 보존과 연루되어 있다. 그리하여 에너지 보존의 원리가 제공하는 사례는 통속적으로는 용어들 사이의 모순으로 여겨지는 사례이고, 수리적으로 그리고 *대략적으로*[6] 추론하는 사례이고, 수리적 연역으로 운동 상태에 관한 **일반적 관념**을 획득하는 사례이다. 자연력 아래 한 무더기의 입자들의 운동으로서 서로 가까이 모여 있는 경우와 모두 흩어져 날아가는 경우를 상정하면, 에너지 보존의 원리로부터 우리가 획득하는 것은 **일반적 관념**이다.

---

a. 5쪽에서 말한 대로다.

I. The hypothesis of natural forces assumes, directly or by implication, as a first or proximate principle, that the attraction or repulsion between two particles is *some function* of the distance between them. From this loose indefinite relation, without knowledge of the form of the function, the most importent conclusions may be deduced. As a very simple example take the motion of a particle round a centre of force. Without knowing the form of the force-function, we deduce that equal areas are swept out by the particle in equal times, that the motion is one plane, that the velocity is inversely proportional to perpendicular from centre upon tangent, and so forth.

No doubt it may be objected that while there is something indefinite and loose in the premisses, the hypothesis of natural forces, there is also something definite and precise, for instance, the very conception of uniform acceleration. But firstly, the hypothesis in question would generally be admitted to hold of the systems of matter immediately concomitant with mental phenomena, so that the deductions therefrom may well be of great psychophysical interest (especially in view of the analogies to be suggested between energy and pleasure). And again, it is not to be supposed that the data of social science have *nothing precise*. While there is something in them indefinite and loose, there is also something definite and precise; for instance,[a] the 'law of indifference,' that there is only one price in a market, a proposition which possesses that degree of at least approximative precision, which is generally, and supposed to be universally, characteristic of applied mathematics. And statistical data, as Professor Jevons has pointed out, admit of the same sort of precision. In fine, the objection applies at most to our *dynamical* illustrations, not to those which will be presented by pure analysis, by the calculus of variations.

The great theories relating to energy present abundantly mathematical reasoning about loose indefinite relations. Conservation of energy is implicated with such a relation, the mutual attraction of particles according to *some function* of the distance between them. The principle of conservation of energy affords instances of what is vulgarly supposed a contradiction in terms, of reasoning at once mathematically and παχυλῶς, obtaining by mathematical deduction a *general idea* of a state of motion. Suppose a swarm of particles so moving under natural forces that they are now all clustered near each other, now all fly asunder to a distance, then from the principle of the conservation of energy we obtain the *general idea*

---

a. As aforesaid, p. 5.

즉, 입자들이 널리 흩어졌을 때에 비해 그것들이 모여 있을 때에 그것들의 움직임이 평균적으로 더 빠르다는 관념, 또는 더 옳게 말해 그것들의 운동 에너지가 더 크다는 관념을 획득한다.

에너지 극대와 극소의 위대한 원리는 정신학을 독특하게 대표한다.[a] 한 체계는 그것의 최소 위치 에너지를 향하는데, 이 원리는 수없이 많은 경우에 체계의 안정 지점에 관한 일반적 관념을 우리에게 제공한다. 매우 단순한 경우의 균형을 예로 들면, 중력의 중심이 가능한 최저에 있을 때 안정적이라는 게 그런 관념이다. 그래서 우리는 물체의 정밀한 모양을 모르고서도 균형의 위치에 관한 일반적 관념을 획득할 수 있다.

어떤 자연력에서든 등위면等位面에서만 움직이도록 제약이 가해지고 있는 입자의 움직임에 대해서는 최소 작용의 원리로부터 추론될 수 있는데, 그 입자가 한 점에서 다른 점으로 이동하는 경로는 그 길이가 최대 또는 최소가 되도록 정해진다는 게 결론이다. 그래서 우리는 힘의 정밀한 법칙이나 전위면電位面의 정밀한 모양을 모르고서도 그 운동에 관한 일반적 관념을 획득할 수 있다.

베르트랑-톰슨의[17] 위대한 최대-최소 원리들과 그것들의 정태적 유사 원리들

---

a. 즐거움과 에너지의 비교는 두 측면에서 고려될 수 있다. 첫째는 비유 이상으로는 알려지지 않았으나 (여기서도 그 이상을 주장하지 않지만) 전기학의 유체가설이나 '이미 폐기되었는데도 여전히 흥미로운' (톰슨·테이트) 광입자이론처럼 우아하고 편리하다. 둘째는 본문의 (9~15쪽) 깊고 참된 유추로서 정신학에서의 **극대** 즐거움은 **극대** 물리 에너지의 효과 또는 부수물이라는 것이다.

우리가 이 비교의 도움을 받으면, 누군가에게는 생각조차 할 수 없는 것으로 보이겠지만, **동등성**이 최대 행복의 필요조건이 아니라는 사실을 인지할 수 있다. 에너지는 질량에 속도의 제곱을 곱한 것이다. 그러므로 한 체계의 어느 부분이 총 에너지에 대해 갖는 중요성은 그 부분의 질량만 아니라 속도에도 좌우된다. 한 자루의 총과 거기서 발사된 총알들로 구성된 체계에서는 무겁고 완강한 총보다 작고 하찮은 총알에 더 많은 에너지가 실려 있다. 더욱이, *다른 조건이 동일하다면* 총알이 작을수록 그것에 에너지가 많다. 그래서 우리는 사회 체계에서도 각 계층이 공리주의의 최대 가능 수량에 대해 갖는 중요성이 반드시 그 수에[18] 비례하는 것은 아님을 믿도록 우리 자신을 깨우쳐야 한다. 수많은 천민보다 한 명의 시인에, 바르바리아보다 헬라스에,[19] 헬라스의 나머지 전역보다 아테네에, 쇠퇴하는 로마제국의 천년보다 페이디아스[20] 시대의 한 세기에 더 많은 즐거움 에너지가 - 아리스토텔레스의 신탁 같은 언어로는 *에네르기아*[21] - 있을 수 있다.

물론 이런 특성은 예컨대 셋째 부론에서 제시한 즐거움 적분의 정의에 함축되어 있다. 그러나 **적분**의 개념은 수리적이지 않은 이들에게도 친숙하여 해설이 불필요한 그런 것이 아니다.

비수치 수학

that the movements of the particles are on an average more rapid, or more correctly their kinetic energy is greater, when they swarm together than when they are widely dispersed.

Peculiarly typical[a] of psychics are the great principles of maximum and minimum energy. That a system tends to its least potential energy, this principle affords us in innumerable instances a general idea of the system's position of rest; as in the very simple case of equilibrium being stable when the centre of gravity is as low as possible. Thus, without knowing the precise shape of a body, we may obtain a general idea of its position of equilibrium.

From the principle of least action we infer that a particle under any (natural) forces constrained to move on an equipotential surface will so move that its path from point to point is of maximum or minimum length. Without knowing the precise law of the forces, the precise shape of the potential surface, we may thus obtain a general idea of the motion.

The great Bertrand-Thompson maximum-minimum principles and their statical

---

a. The comparison between pleasure and energy may be viewed under two aspects; first (than which not more is asserted here), as not known to be more than a metaphor, yet elegant and convenient, like the hypothesis of fluids in electricity, or the 'now abandoned but still interesting' (Thomson & Tait) corpuscular theory of light; secondly, as in the text (pp. 9~15) a deep and real analogy, the *maximum* of pleasure in psychics being the effect or concomitant of a *maximum* physical energy.

The comparison assists us to conceive what appears to some inconceivable, that *equality* is not a necessary condition of greatest happiness. Energy is the product of mass and the square of velocity. Therefore the importance of any part of a system, with respect to the total energy, depends not only on its mass, but on its velocity. In the system, consisting of discharged rifle and shot bullets, there lives more energy in the little whiffling bullet than the heavy recalcitrant rifle. And, indeed, the smaller the bullet, the greater *cæteris paribus* its energy. So, in the social system, we must accustom ourselves to believe that the importance in respect to the utilitarian greatest possible quantity of each class is not necessarily in proportion to its numbers. More energy of pleasure, more ἐνέργειαι in the oracular language of Aristotle, may exist in one poet than many boors; in Athens than the rest of Hellas, in Hellas than Barbaria; in a century of the age of Phidias, than a thousand years of the declining Roman Empire.

No doubt this property is implicit in the definition of integral pleasure as defined, for instance, in the third Appendix. But the conception of an *integral* is not, perhaps, so familiar to the unmathematical as not to desiderate illustration.

은 느슨하고 불확정한 관계에 대한 수리 추론의 사례를 얼마든지 제공한다. 충격이 (또는 한정된 힘이) 가해진 한 체계의 에너지는 각 경우의 기초 자료와 부합하는 최대 또는 최소라는 것을 우리는 안다. 그 기초 자료를 정밀하게 알지 못하고서도 우리는 그 체계의 에너지 배열에 대한 어떤 일반적 관념을 획득할 수 있다. 그리하여 만약 한 물질 체계에서 한 부분 또는 여러 부분의 배치와 연결이 달라지지 않으면서 그것들의 질량이 감소한다면, 주어진 충격이 아무리 복잡하고 모호하더라도 거기서 유발되는 운동 에너지가 증가해야 한다.[a] 만약 그 체계의 한 부분 또는 여러 부분의 연결이 달라지지 않으면서 그것들의 강성剛 性이 감소한다면, 주어진 충격으로 인한 변형의 위치 에너지가 증가할 것이다.[b] 전제에서 **감소**, 결론에서 **증가**, 느슨하고 불확정한 관계들! 그래서 하나 더. 만약 충격으로 생긴 어떤 속도들이 어느 비압축성 유체의 경계면을 향한다면, 이 주어진 속도들의 분포에 대한 일반적 관념 이상을 갖지 않고서도 우리는, 톰슨의 원리로부터 추론하여, 유발되는 운동에 대한 일반적 관념을 획득할 수 있다. 이를테면 유체의 운동은 회전성이 없고, 각 입자의 운동은 그것을 지나는 속도 퍼텐셜 표면과 수직을 이루는데 일련의 그런 표면들 중 하나는 경계면이고, 등등이다. 이 마지막 구절을 도덕과학에서의 추론들과 비교해 보라. 극대 즐거움을 생산하는 (사회 제도 등의) 배열이 첫 원리들에 의해 유지된다. 우리는 이 최선의 배열이 **어떠한** 것인지를 정밀하게 연역하지 않고서, 어느 한 배열이 다른 한 배열보다 좋다는 식으로 최선의 배열에 대한 **일반적 관념**을 수리적으로 획득한다.

정전기학에도 유사한 원리들이 있는데, 이들에게서 우리가 알 수 있듯이, 한 마당 안의 전도체들 위로 어떤 분포의 전기가 주어지면, 그 체계 전부의 위치 에너지가 최소가 되도록 유전체誘電體에 변형이 가해진다.[c] 우리는 전도체들의 전기 분포를 표현하는 함수들의 정밀한 모양을 알지 못한다. 만약 우리가 이런

---

a. 왓슨·버버리, 《일반화 좌표》.
b. 앞의 책.
c. 클러크 맥스웰, 《전기》, 98항, 99항.[22]

analogues present abundant instances of mathematical reasoning about loose, indefinite relations. We know, in each case, that the energy of a system to which impulses (or finite forces) have been applied is the maximum or minimum consistent with certain data. Without knowing the data precisely, we may obtain certain general ideas of the arrangement of energy in the system under consideration. Thus, if the masses of any part or parts of a material system are diminished, the connections and configuration being unaltered, the resulting kinetic energy under given (however complex and undefined) impulses from rest must be increased.[a] If the stiffness in any part or parts of the system be diminished, the connection remaining unchanged, the potential energy of deformation due to given force applied from without will be increased.[b] *Diminution* in the premisses, *increase* in the conclusion, loose, indefinite relations! So again, I think, if certain velocities be imparted by impulses to the bounding surface of an incompressible liquid, we may obtain, without having more than a general idea of the distribution of these given velocities, a general idea of the resulting motion, by reasoning, from the Thomsonian principle, that the motion of the liquid is un-rotatory, that the motion of each particle is perpendicular to a certain velocity-potential surface passing through it, one of the series of such surfaces being the bounding surface, &c. Compare with the last two paragraphs the reasonings in moral science. By first principles the arrangement (of social institutions, &c.) productive of maximum pleasure holds. Without deducing precisely *what* this best arrangement is, we may obtain mathematically a *general idea* of it as that one arrangement is better than another.

Upon analogous principles in statical electricity, we know that, if there be a given distribution of electricity over the conductors in a field, the strains throughout the dielectric are such that the potential energy of the whole system is a minimum.[c] We may not know the precise form of the functions which express the distribution of electricity over the conductors; much less, if we had

---

a. Watson & Burbury, *Generalised Co-ordinates.*
b. *Ibid.*
c. Clerk-Maxwell, *Electricity*, Arts. 98, 99.

기초 자료들을 가졌다면, 우리는 그 위치 에너지를 계산할 수 있었을 테고, 그 함수의 미분들은 어느 지점에서나 제각기 각 방향으로의 변형을 알려줬을 테지만,[a] 전혀 그렇지 않다. 그러나 위치 에너지가 극소임을 수리적으로 알아내는 일은 가시적이고 유망하다. 유사한 발언이 적용될 수 있는 유사한 정리로서 전류의 극소 에너지 정리가[b] 있다. 힘 퍼텐셜보다 **운동량 퍼텐셜**로 부르는 게 더 적절한 그것의 본성에 대해, 더 높은 차원에서, 그렇게 말할 수 있지 않을까 생각된다.

II. 변분학의 첫째 원리에 의하면, 첫째 **변분 항**이 소멸하고 둘째 변분 항이 음일 때 변량이 극대가 (그리고 *필요한 변경을 가하면* 극소가) 된다. 후자의 조건은 우리가 줄곧 말해온 **느슨하고 불확정한** 관계들 가운데 하나다. 앞에서[c] 홀로 제시된 유년기 수리 정신학의 단순한 경우들에서 우리가 관찰로 알 수 있는 것은 둘째 항이 **무엇**인지가 아니라 그것이 계속해서 음이라는 **사실**이다. 더 복잡한 경우들에서는 확정적인 수치 관계가 아니라 느슨하고 불확정한 관계, 둘째 항의 **부호**를 계산하는 데 수학의 자원이 소진된다. 독자들이 눈여겨보아야 할 것은 예컨대 토드헌트 씨가 잘 설명하는[d] 야코비의 구별 방법이고, 토드헌트 씨의 특정 문제에 대한 그 방법의 적용이다.[e] 그리하면 수리 추론이 어떻게 양 또는 음, 볼록 또는 오목의 느슨하고 불확정한 관계에 맞춰지는지 알아차릴 것이다. 또한 그런 관계에 집중된 토드헌트 씨의 '여러 가지 관찰'을 눈여겨보라. 그 관계는 극대와 극소를 구분하는 전부이며, 변분학을 통틀어 다른 무엇보다 중요하다. 한 문제의 서술에서 당신이 계속 발견하는 것은 요구되는 곡선이 볼록해야

a. 사회과학의 수학 도입에 대한 밀 혹은 콩트의 이중 반대와 비교해 보라: 그 전제들은 획득할 수 없고, 그 추론은 가능하지 않다. 《논리학》, 3편,[23] 24장, 9절.
b. 클러크 맥스웰, 283항.
c. 61~65쪽을 보라.
d. 《변분학 연구》, 21~26쪽.
e. 앞의 책, 26~30쪽.

비수치 수학

these data, would we be able to calculate the potential, the function whose respective differentials shall give the strain in each direction at any point.[a] Yet it is something both tangible and promising to know mathematically that the potential energy is a minimum. That something is the type of what mathematical psychics have to teach. Analogous remarks are applicable to the somewhat analogous theorem of[b] minimum energy of electric currents; in a higher dimension, as I think it may be said, and of the nature of what may be called *momentum-potential* rather than force-potential.

II. It is the first principle of the calculus of variations that a varying quantity attains a maximum when the first *term of variation* vanishes, while the second term is negative (mutatis mutandis, for a minimum). The latter condition is one of those *loose, indefinite* relations which we have been all along describing. In the simple cases which in the infancy of Mathematical Psychics are alone presented in these pages,[c] we know by observation not *what* the second term is, but *that* it is continually negative. In more complicated cases the resources of mathematics are exhausted in calculating, not a definite numerical, but a loose, indefinite relation, *the sign* of the second term. The reader should consider Jacobi's method of discrimination, as stated, for instance, by Mr. Todhunter;[d] and Mr. Todhunter's application of the same to a particular problem,[e] and realise how a mathematical reasoning may turn upon the loose, indefinite relations of positive or negative, convex or concave. Consider also the many of Mr. Todhunter's 'Miscellaneous Observations' directed to the same relation. All through the calculus of variations the relation is of paramount importance, constituting, indeed, all the difference between a maximum and minimum. You find continually, in the statement of a problem, the condition that a required curve

---

a. Compare Mill's or rather Comte's double objection against Mathematics in Social Science: that the premisses are unattainable, and the reasoning impossible. — *Logic*, book iv. ch. 24, p. 9.

b. Clerk-Maxwell, Art. 283.

c. See above, pp. 61~65.

d. *Researches in the Calculus of Variations*, pp. 21~26.

e. *Ibid*, pp. 26~30.

한다거나 그렇지 않아야 한다는 조건이다.[a] 그렇게 거칠고 모양조차 없는 재료로도 수학을 세울 수 있다. 바로 이 오목의 관계가, 물리학에 비해 정신학에서 결코 더 불확정하지 않은데도, 공리 미적분학의 기둥이 된다. 감소하는 효용, 증가하는 피곤, 자본과 노동의 감소하는 수익 등의 법칙이 그 기둥의 재료다. 이에 관한 정확한 서술과 증명을 찾는 독자에게는 제번스 교수와 마셜 학장의 여러 경제학 저술을 권한다.

조금 전에 언급한 극대의 두 조건 가운데 변분의 첫째 항이 영이어야 한다는 조건에 대해서는 느슨하고 불확정적이라기보다 정밀하고 확정적이라고 말할 수 있다. 그러나 다시 말해야겠는데, 수리 정신학의 기초 자료 **모두**가 불확정하지는 않고 오직 (물리학의 경우처럼) 일부가 그렇다. 그리하여 우리는 영이어야 한다는 그 조건에 한 수량이 다른 수량과 함께 증가한다는 **불확정한 기초 자료를 결합시켜**, 그것으로부터 다른 불확정한 수량 관계를 연역해 낼 수 있다. 이를테면 행복 역량이 진화와 함께 증가한다는 기초 자료와 결합된 그 조건으로부터 우리는 공리적 분배에서 **수단**의 몫에 대해 증가 또는 감소를 연역해 낼 수 있다.[b]

변분학의 다른 두 원리도 마치 정신학의 방법을 예시하기 위해서 산출된 듯이 보인다. 첫째는 (함수들의 형태에 관한 모든 특정한 측정 또는 결정 앞에 놓이는) 첫 원리들에서 드러나는 것이다. 쉬트라우흐가[24] '머리 방정식'이라 부른 선행 방정식은 변분의 첫째 항이 소멸하기 위해서는 충족되어야 하는 방정식인데, 일반적으로는 미분 방정식이다. 만약 이것이 요소들로 분해된다면, 하나의 극대 또는 극소에 상응하는 함수 해가 여럿 있거나 있을 수 있다.[c] (앞에서 그리고 앞선 논문에서 제시한 단순한 경우들에서는 극대의 대상이 어떤 미분계수도 포함하지 않는다. 이를테면 $\pi = \int F(yx)dx$. 이 적분의 구간은 유한하고, y는 독립 가변 함수다. 만약 $\dfrac{dF}{dy}$가 요소들로 분해되면, 내가 생각하기에, 일반적으로 복수

---

a. 《변분학 연구》, 80, 117, 286쪽.
b. 68쪽을 보라.
c. 토드헌터, 《연구》, 262항.[25]

shall be, or shall not be, convex;[a] so rough and unshaped are the materials with which mathematics is able to build. Now this very relation of concavity, not a whit more indefinite in psychics than in physics, constitutes a main pillar of utilitarian calculus; quarried from such data as the law of decreasing utility, of increasing fatigue, of diminished returns to capital and labour; for the exact statement and proof of which the reader is referred to the economical writings of Professor Jevons and Principal Marshall.

It may be said that the former condition of a maximum mentioned lately, the equation of the first term of variation to zero, is of a definite precise rather than a loose indefinite character. But, again, it is to be repeated that *all* the data of mathematical psychics are not indefinite, but only (as in the case of physics) some. Accordingly, from this equation to zero, *combined with an indefinite datum*, the increase of one quantity with another, of capacity for happiness with evolution, we may deduce another indefinite quantitative relation, namely, increase,[b] or diminution of share of *means* in utilitarian distribution.

There are two other leading principles of the calculus of variations which seem calculated to illustrate the method of psychics. First, a consideration of first principles (prior, it may be observed, to any particular measurements or determination of the forms of functions), shows that if the 'Haupt Gleichung,' as Stranch calls it, the leading − in general differential − equation, which must be satisfied in order that the first term of variation should vanish, breaks up into factors, there are, or rather may be,[c] several solutions, several different functions, each corresponding to a maximum or minimum. (In the simple cases alone presented in these pages, or rather in the companion paper, in which the expression whose maximum is sought does not involve any differential co-efficients, say $\pi = \int F(yx)dx$ between limits, where y is an independent variable function; then, if $\dfrac{dF}{dy}$ breaks up into factors, there will in general, I think, be

---

a. *Researches in the Calculus of Variations*, pp. 80, 117, 286.

b. Above, p. 68.

c. Todhunter's *Researches*, p. 262.

의 해가 있을 것이다.) 주어진 두 점 사이에서 극대 조건을 충족하기 위해 요구되는 곡선은 서로 다른 해들로 구성되어 있어 한 단계는 어떤 법칙을 따르고 그 다음 단계는 다른 법칙을 따를 수 있다.[a] 그러나 서로 다른 법칙들 또는 함수가 혼합되거나 복합될 수는 없다. 단지 그것들이 잇달아 사용될 수 있을 뿐이다. 요구되는 곡선의 어느 한 부분은 **머리 방정식**의 해가 제공하는 법칙들 가운데 **어느 하나**에 (일반적으로, 그리고 뒤따르는 구절이 규정하는 예외들에 종속되면서) 복종해야 한다. 이미 밝혔듯이, 이런 성질에 상응하는 것이 사람의 일에도 있다. 하나의 목적을 달성하는 **두 가지 최선의 방법**이 있을 수 있다. 최상의 **최선**은 기술적인 의미에서 최상의 **극대**와 유사하다. 그 최선을 실현하기 위해 이 경로 또는 저 경로가 채택되어야 하며, 그 두 경로가 혼동되어서는 안 한다.

불연속성이라는 주제가 또 하나의 일반적 발언으로 이끈다. 변분의 첫째 항이 소멸해야 한다고 하지만 그것이 보편적으로 필요하지는 않다. 극대를 위해서는 **변분의 첫째 항**이 음으로 (그리고 극소를 위해서는 반대로) 판명되기만 하면 충분하다. 일반적으로 그런 판명은 **부과 조건들**의 결과다. 그 예를 토드헌터 씨의 문제들에서 찾을 수 있는데, 거기서 한 곡선은 주어진 경계의 밖을 지나지 않아야 하고, 주어진 점을 빠뜨리지 않아야 하고, 볼록해야 한다. 그렇게 복잡하게 만드는 부과 조건들은 실제 정치와 응용 공리주의에 필요해서 부과된 조건들과 유사하다. *현명은*[26] 종종 최선의 경로가 아니라 실재하는 조건들에 종속된 최선에 만족해야 한다. 토드헌트 씨의 변분학에 있는 절묘한 정신과 비교하여, 시지윅 씨의 공리주의 방법이 우리가 사는 실제 세계에 적용되기에 이르렀을 때의 그 절묘하고도 ('보통 사람'이라면 거의 그렇게 여기듯이) 명석한 정신을 보라. 추상적인 극대는 물리학에서와 마찬가지로 정신학에서도 비교적 단순하다. 그러나 실제는 부과 조건들에 의해 복잡해진다. 기존의 입법, 관습, 교회가 빠짐없이 고려된 현명한 박애의 양상은 생래적으로 변분학의 교활한 매력을 닮는다.

---

a. 토드헌터, *여기저기*.[27]

multiple solutions.) A curve between two given points required to fulfil some maximum condition may be discontinuous, may be made up of the different solutions, one step according to one law, and the next step according to another law.[a] But the different laws or function, though they may thus be employed successively, are not to be mixed and compounded. Any one portion of the required curve must (in general and subject to the exceptions of the following paragraph), obey *some one* of the laws supplied by the solution of the *Haupt Gleichung*. It is submitted that this property has its counterpart in human affairs; the fact that there are sometimes *two best ways* of attaining an end – if the superlative *best* may be employed in a technical sense analogous to the superlative *maximum*. To realise the best, one or other course must be adopted, not a confusion of the two.

The subject of discontinuity leads up to another general remark. It is not universally necessary that the first term of variation should vanish. It suffices for a maximum that the *first term* of variation should be known to be negative (and obversely for a minimum). Such knowledge is generally the result of *imposed conditions*; as in Mr. Todhunter's problems that a curve must not pass outside a given boundary, must not exclude a given point, must be convex. It is submitted that such complicating imposed conditions have some analogy with the conditions imposed by necessity upon practical politics and applied utilitarianism. For Φρόνησις has often to be content not with the best course, but the best subject to existing conditions. Compare the subtle spirit of Mr. Todhunter's calculus of variations with the subtle, and as the 'plain man' might almost suppose, sophistical spirit of Mr. Sidgwick's method of utilitarianism, when it comes to be applied to the actual world in which we live. The abstract maximum, in psychics as well as in physics, is comparatively simple; but the concrete is complicated by imposed conditions; and the complexion of a wise benevolence, in view of each established constitution, custom, church, is affected with a congenital resemblance to the wily charms of the calculus of variations.

---

a. Todhunter, *passim.*

II.
쾌락 미적분학의 중요성

수리 정신학이 가능은 하지만 가치가 없다고 반박할 수 있다. 여기서 내가 말하는 **가치**는 그 의미가 지나치게 좁혀 이해될 수도 있는 **유용성**이 아니다. 철학적으로 반박하는 사람이라면 결코 보편을 향한 영혼의 사랑은 유용성의 생산으로 축복을 받았을 때만 정당하다고 주장하지 않을 것이다.

물론 보편을 향한 영혼의 사랑이 과도할 수도 있다. 플라톤의 이데아에 대한 헌신이 그러했다. '*사랑 자체가 올바르게 사랑받게 마련이다.*'[1] 그러나 그 한계는 사랑하는 손에 의해 찾아져야 하고, 지나치게 엄격하게 구축된 효용에 의해 좁혀져서는 안 된다. 수학의 여러 위대한 일반화는 아마도 생산될 효용을 위해서보다 그 자체의 매력 때문에 더 추구되고 획득되었을 것이다. 일반적인 동역학의 문제를 오직 하나의 작용 함수를 찾아내는 것으로 환원한 그 탁월한 천재도[2] 자신의 발견이 가져올 실제적 결과들에게서 받은 것 못지않게 큰 영향을 '하나의 중심 관념'이[a] 갖는 이상적인 아름다움으로부터 받았음에 틀림없다. 톰슨과 테이트로부터 인용된 첫 예에서는 일반화 좌표가 앞에서(85쪽) 서술한 진실의 '첫 수확'을[3] 가져다주지 않았을 수도 있다. 그렇더라도 체계 전부의 에너지를 거기 담긴 물체들의 위치와 속도의 함수로 간주하는 라그랑주의 개념은 정당하고 위대하고 유망하다. 즐거움을 경제학의 중심 관념으로 들여놓으려 한 고센과[4] 제번스의 생각도, 비록 많은 열매를 맺지는 못했다 하더라도, 그와 마찬가지로 훌륭하다. 그래서 조지 다윈 씨도 제번스 교수의 《정치경제학》에 대한 논평에서[b] 실제적이진 않고 이론적인 근거에서 나름의 이유로 수리적 방법을 선호하는 모습을 보인다.[5]

케언스 교수[c] 자신은 수리적 방법이 불가피하지는 않으나 유용할 수 있음을

---

a. 윌리엄 로완 해밀턴 경, 〈철학 기요〉, 1834, 1835.[6]
b. 〈격주 평론〉, 1875.
c. 《논리적 방법》의 서문.

II.

ON THE IMPORTANCE OF HEDONICAL CALCULUS.

IT may be objected that mathematical psychics, though possible, are not valuable; I say *valuable* rather than, what might be understood in a too restricted sense, *useful*. For no philosophical objector would maintain that the love of the soul for the universal is then only legitimate, when it has been blessed with the production of the useful.

The love of the soul for the universal is undoubtedly capable of extravagance, as in the devotion of Plato to the idea. 'Amor ipse ordinate amandus est.' But the limits are to be traced by a loving hand, and not to be narrowed by a too severe construction of utility. The great generalisations of mathematics have perhaps been pursued and won less for the sake of utility to be produced, than for their own charm. Certainly the superior genius who reduced the general dynamical problem to the discovery of a single action-function was as much affected by the ideal beauty of 'one central idea,'[a] as by the practical consequences of his discovery. In the example first cited from Thomson and Tait, it might have happened that the generalised co-ordinates employed did not yield that 'first vindemiation' of truth above described (p. 85). Yet the Lagrangian conception of considering the energy of the whole system as a function of the position and velocities of the immersed bodies would still have been legitimate, and great, and promising. The Gossenian, the Jevonian thought of referring economics to pleasure as the central idea might be equally splendid, though unfruitful. And so Mr. G. H. Darwin, in his review of Professor Jevons's 'Political Economy,'[b] appears, not without reason, to prefer the mathematical method on theoretical, abstracted from practical, grounds.

Professor Cairnes[c] himself admits that the mathematical method might be

---

a. Sir William R. Hamilton, *Philosophical Transactions*, 1834, 1835.

b. *Fortnightly Review*, 1875.

c. Preface to *Logical Method*.

인정한다.[7] 만약 그렇다면 경제학에서 수리적 방법의 위치는 4원법四元法의[8] 위치와 비교될 수 있다. 비록 4원법이 아니고서는 연역해 낼 수 없는 정리란 없으나, 유능한 판관들의[a] 의견으로는, 이미 알려진 정리를 연역하는 일에서 흔히 사용되는 눈 먼 코끼리 같은 공식들에 비해 4원법이 훨씬 더 우아하며, 더 자연스럽고 철학적이라고 말해도 좋다. 어찌 되었건 두 방법을 모두 알지는 못하는 사람이 그것들의 상대적 가치에 대해 의견을 말하는 것은 아닐까? 자신이 걸어보지 않은 숭고한 경로에 대해 금지를 선언하는 것은 아닐까?

그러나 그 방법이 사회과학에서 **실제로** 많은 열매를 맺지는 못하지 않았는가? 수리적 '이성이 여기서 안내인은 아니지만 경비원'일[9] 가능성을 우리 부론의 요주의자 명단이[10] 보여줄지도 모르겠다. 그러나 나는 더 나가서 *기하학을 모르는 자*에게 아래 시험지의 해답을 내놓으라고 도전하겠다.

수학 없이 풀어야 하는 사회 문제들

1. 어느 공산주의 사회가 가진 토지의 비옥도가 곳곳이 다른데, 일정한 수량의 노동으로 극대의 산출을 얻게끔 그 토지가 경작된다. 만약 그 공동체가 동원할 수 있는 노동의 수량이 갑자기 증가한다면 새 노동은 어떻게 분배될까? 한 평에 투입되는 추가 노동의 많고 적음이 그곳 비옥도의 높고 낮음에 맞춰질까? 아니면 달리 정해질까?

2. 패니 켐블이[11] 그녀 남편의 노예 농장을 방문했는데, 거기서 그녀는 남자와 여자에게 같은 (동등한) 임무가 주어지고, 따라서 여자는 연약함 때문에 더 큰 피곤을 겪는 것을 보았다. 만약 그녀 남편이 일정한 수량의 작업이 이뤄지기를 요구하면서 부담의 **분배**를 박애주의자에게 맡긴다면, 가장 큰 베풂의 배열은 무엇일까? 남자가 받아야 하는 것은 같은 **피곤**일까?[b] 아니면 **더 많은 임무**에 그치지 않는 **더 많은 피곤**일까?

3. 상품들이 두 종류로 나뉘어 하나는 생산량이 증가함에 따라 생산비가 (감

---

a. 테이트, 〈에든버러 철학 기요〉, 1825 참조.[12]
b. 과세에 관한 밀의 '동등 희생의 이론' 참조.[13]

useful, though not indispensable. If so, the position of the mathematical method in economics might be compared, perhaps, to that of quaternions, which calculus, even if it conduct to no theorem not otherwise deducible, yet, in the opinion of some[a] competent judges, deduces theorems already known more elegantly and, as it may be said, naturally and philosophically, than the blind and elephantine formulæ usually employed for the purpose. At any rate, is it for one who is not conversant with both methods to offer an opinion on their relative value; to declare forbidden, without having himself trodden, the sublimer path?

But *is* the method unfruitful in social science? The black list in our appendix may show the possibility that mathematical 'reason is here no guide, but still a guard.' But I go further, and challenge the ἀγεωμετρητὸς to answer the following examination paper.

SOCIAL PROBLEMS TO BE SOLVED WITHOUT MATHEMATICS.

1. A communistic society owns land of varying degrees of fertility, which land it cultivates so as to obtain with a given quantity of labour the maximum of produce. Suppose the quantity of labour at the disposal of the community to be suddenly increased, how will the new labour be distributed? Will more or less additional labour be employed on any acre according as it is more or less fertile, or otherwise?

2. When Fanny Kemble visited her husband's slave plantations, she found that the same (equal) tasks were imposed on the men and women, the women accordingly, in consequence of their weakness, suffering much more fatigue. Supposing the husband to insist on a certain quantity of work being done, and to leave the *distribution* of the burden to the philanthropist, what would be the most beneficent arrangement — that the men should have the same *fatigue*,[b] or not only *more task*, but *more fatigue*?

3. Commodities being divided into two species, those whose expenses of production (do not diminish or) increase as the amount increases and those whose

---

a. Cf. Tait, Edinburgh *Philosophical Transactions*, 1825.
b. Cf. Mill's *Theory of equal sacrifice* in taxation.

소하지 않거나) 증가하고 다른 하나는 생산량과 함께 생산비가 감소한다. 추상적으로 말해 이 둘 가운데 한 종류에만 과세하는 편이 적절하다는 것, 그리고 그 과세가 다른 종류를 장려할 수 있으면 더욱 그러하다는 것을 보여라(마셜의 정리[14]).

4. 상품들이 두 종류로 나뉘어 하나는 약간의 가격 상승이 상당한 수요 증가를 수반하고 다른 하나는 그렇지 않다면, 추상적으로 말해 어느 종류에 과세해야 좋을까?[a]

5. 노동시장은 자기들끼리 경쟁하는 무한한 수의 고용주와 직공으로부터 노동조합과 고용주 연합을 통해 자기들끼리 경쟁하는 적은 수의 (단체) 단위들로 변형된다. 이 변형이 양측 **모두**에 이로울 수 있을까?

6. 앞에서 말한 대로 협력자들 (연합한 노동자들과 자본가들) 사이에서 **순생산물의 분배**가 자의적이고 **비非결정적**이다. 이 문제를 논하라.

7. 시지윅 씨가 《윤리학의 방법들》 4편 1장에서 공리적 목적을 최대 가능 총합의 즐거움으로 정의하면서 이 목적을 위하여, 행복의 **수단**은 그렇지 않을 수 있으나, **행복의 동등한 분배**가 바람직하다고 본다. 이 저자의 말에 담겨 있어 보이는 것을 가정하면(《윤리학의 방법들》, 2판, 256쪽 참조), 개인마다 행복과 수단 사이의 관계가 달라서 **같은** 수단으로부터 **다른** 양의 행복을 끌어낸다. 정해진 목적을 달성하기 위해서는 행복과 그 수단이 **모두 동등하게** 분배되거나 **모두 부등하게** 분배되어야 한다는 것을 보여라.

당신이 개에게 본성이나 훈육이 하찮게 만들어버린 냄새를 쫓게 하려 할 때 그 개가 그러하듯이, 이런 문제들을 경멸하고 외면하는, 그래서 거기서 아무 것도 보지 않는 사람들이 분명히 있다. 안타까운 일이지만, 공인된 수학자는 이 숫자에 들어 있을 리 없다고 말하기 어렵다. 그러나 그 공인된 수학자가 비록 순수하게 수학적인 면에서는 결코 틀리지 않는 안내인일지라도 (그리고 이 책이 운 좋게도 그의 눈에 띈다면 틀림없이 많은 오류를 찾아내겠지만) 그의 주의注意

---

a. 커닝헤임의 "교환가치 소론" 9쪽을 보라.

cost of production diminishes with the amount produced; show that it is abstractedly expedient to tax one of these species rather than the other, and even to tax one so as to bounty the other (Marshall's theorem).

4. Commodities being divided into two species, according as a slight decrease of price is, or is not, attended with a considerable increase of demand, which species is it abstractedly preferable to tax?[a]

5. The labour market, from an indefinite number of masters and men competing on each side, is transformed by trades-unions and combinations of masters into a small number of competing (corporate) units on each side. Can this transformation be advantageous to *both* sides?

6. It has been said that the *distribution of net produce* between cooperators (labourers and capitalists associated) is arbitrary and *indeterminate*. Discuss this question.

7. Mr. Sidgwick in the 'Methods of Ethics' (iv. chap, i.), having defined the utilitarian end as the greatest possible sum of pleasures, proceeds to observe that with a view to this end *equal distribution of happiness*, though not necessarily of the *means* of happiness, is desirable. Assuming what the author's note seems to imply (cf. 'Methods of Ethics,' p. 256, 2nd edition), that individuals have their happiness differently related to means, derive *different* amounts of happiness from the *same* means; show that to attain the end defined happiness and its means must be either *both equally* or *both unequally* distributed.

There are those no doubt who see nothing in all this, turning away contemptuously from such questions, as the dog when you try to put him on a scent which nature or discipline has made to him insignificant. The professed mathematician, it must be owned with regret, is not unlikely to be in this number. But the professed mathematician, however infallible a guide upon the purely mathematical side (and sure to find many errors in these pages should they be

---

a. See *Notes on Exchange Value*, by H. Cunynghame, p. 9.

가 심리적 문제들을 향하지 않는다면, 물리학과 정신학의 두 꼭대기 사이에 있다고 여겨지는 전인미답의 통로에서도 결코 틀리지 않는 안내인은 아닐 수 있다. 그럼에도 불구하고 그 최고 과학의 주인들이 가진 권위는 대단하다.

형이상학자의 권위는 우리를 훨씬 덜 주저하게 만든다. 초월적인 높이에서 뉴턴을 내려다보는 숭고한 헤겔주의자라면 즐거움의 수량을 측정하려는 시도에 웃음을 지을 것이다. 뉴턴을 허물어뜨리는 그 대단한 권위가 수량 과학과 그것의 한계에 대해 말한다. 그의 추종자들은 대단한 권위의 판관들인데, 그들이 선택한 철학자 안내자는 가장 명백히 드러나는 진실조차 보지 못하며, 더 비철학적이게도, 자신의 무지를 모르고 자신의 실성失性을 자랑한다. *그들에 대해 말하지 말라.*[15] 올림피아의 제우스는 헤라와[16] 아테나가 자신을 거역하자, 고질적으로 고집불통인 자는 내버려두고, 반항하는 지혜의 여신에게만 꾸지람을 내린다.

> *나는 헤라에게 분노하지도 분개하지도 않는다.*
> *내 뜻은 무엇이든 거역하는 게 그녀의 버릇이다.*[17]

그래서 진지한 주장은 구제 불능의 신비주의자에게 펼치는 게 아니다.

상식에 알리고 설득하면, 이런 종류의 미적분학에 반대하는 편견을 없애리라 기대한다. 더 높은 느낌들과는 어울릴 수 없는 오래된 편견이 아무리 죽임을 당해도 다시 살아나 심리학에서 법칙의 통치에 반대한다. 그러나 너무 늦었다. 법칙의 통치가 확립되었으니, 수리적으로 된다고 해서 느낌에 더 이상 억압적으로 되지는 않을 것이다. 그리고 상식이 **쾌락주의** 같은 용어들을 눈여겨보면서 모든 다툼을 **형이상학**으로 여겨 일축할 것이다. 단언하건대, 정확한 사회과학이[18] 관심을 기울이는 그 재료들은 형이상학의 그림자가 아니다. 그것들은 바로 근대 문명의 실체이며, 머지않아 실제 정치와 도덕에 체화될 게 분명하다. 노동의 수량, 즐거움의 수량, 희생과 향유의 동등성, 최대 평균 행복 등등은 독일 형이상학자들의 꿈이 아니다. 그것들은 앞선 영국인들의 앞선 생각이자 애덤

so fortunate as to come under his notice) is not necessarily an infallible guide over the untrodden pass here supposed to exist between the heights of physics and psychics, supposing that his attention has not been directed to psychological problems. Nevertheless, great is the authority of the masters of the supreme science.

The authority of the mere metaphysician need give us much less pause. The noble Hegelian, from the transcendental heights whence he looks down upon Newton, might smile at the attempt to estimate quantitatively pleasure. A notable authority forsooth, this demolisher of Newton, upon the science of quantity and its limits; and notable authorities and judges of authority are those his followers, whose chosen philosopher and guide is not only blind to truth in her clearest manifestation, but also, what is even more unphilosophical, is ignorant of his ignorance and vain of his inanity. *Non ragionam di lor.* As the Olympian Zeus, defied by Here and Athena, addresses his rebuke not to the inveterately obstinate one, but only to the rebellious goddess of wisdom —

Ἥρῃ δ᾽ οὔτι τόσον νεμεσίζεται οὐδὲ χολοῦται·
αἰεί γὰρ οἱ ἔωθεν ἐνικλᾶν ὅττι γοήσῃ·

so a serious argument is addressed not to the incorrigible mystic.

Common sense is addressed and may be persuaded, it is hoped, to forego its prejudices against this sort of calculus. There is the old prejudice still reviving, however often slain, against the reign of law in psychology, as incompatible with the higher feelings. But it is too late. The reign of law is established, and will not become more oppressive to feeling by becoming mathematical. And again, common sense, catching sight of such terms as *hedonism*, is apt to dismiss the whole affair as *metaphysical*. But, it is to be insisted, the materials with which exact social science is concerned are no metaphysical shadows, but the very substance of modern civilisation, destined, doubtless, ere long to become embodied in practical politics and morals. Quantity of labour, quantity of pleasure, equality of sacrifice and enjoyment, greatest average happiness, these are no dreams of German metaphysics, but the leading thoughts of leading Englishmen

스미스, 제러미 벤담, 존 밀, 그리고 헨리 시지윅의 체계 전부를 떠받치는 주춧돌 개념이다.

그것들이 모두 수량의 과학으로 가장 잘 다룰 수 있는 수량적 개념이 아닌가?

III.
쾌락계량학

이미 보았듯이, 정신학의 일부 기초 자료처럼 물리학의 일부 기초 자료도 불확정하다. 그렇지만 더 느슨한 물리적 논증들조차 정밀해질 수 있는 가능성이 있어 그 기초 자료에 어떤 권위를 부여한다는 것을 인정해야 한다. 우리가 물리학에서 (앞에서 든 예로 되돌아가면) 불확정한 P와 Q를 다룰 때는 'P와 Q를 결정하는 문제의 실제적인 풀이를 위해 충분한 원리들이 나중에 주어진다.'고 이해한다. 이에 비해 정신학에서는 우리의 기대가 너무도 희미하여 정밀한 측정을 생각조차 하지 않는 게 아닌지 의심스럽다. 그렇지만 수리 추론을 위해서는 그런 생각이 가능해야 한다. 우리는 이 가능성을, 그리고 거의 같은 것이지만, **즐거움 단위**의 존재와 본성을 주의 깊게 고려해야 한다.

여기에는 틀림없이 커다란 어려움이 있고, 떠오르는 그 과학은 아직 구름에 가려 잘 보이지 않는다. 제번스 교수가 서술했듯이,[a] 쾌락주의는 아직 정확한 과학이 되기 전의 열熱이나 전기와 마찬가지 상태에 있다. 그래도 우리는 그의 발자국을 따라가면서 되도록 선명한 전망을 가지려 노력하자. 적어도 *사람을 향한* 논증은 보이리라 기대되는데, 그 사람은 (제번스 교수와 함께) 스스로의 즐거움에 관한 수리 추론을 인정하면서도 여러 개인의 즐거움 사이에서는 수리 비교의 가능성을 부인한다. 따라서 우리가 이 *측정* 또는 즐거움 단위의 문제와 관련해서 수량 추정을 고려하면서는 한 사람이 (I.) 자기 자신의 효용에 적용할 수 있는 것과 (II.) 다른 사람들의 효용에 적용할 수 있는 것을 구분하기로 한다.

---

a. 《정치경제학 이론》, 9쪽.

and corner-stone conceptions, upon which rest whole systems of Adam Smith, of Jeremy Bentham, of John Mill, and of Henry Sidgwick.

Are they not all quantitative conceptions, best treated by means of the science of quantity?

III.

ON HEDONIMETRY.

IT has been shown that some of the data of physics are as indefinite as some of the data of psychics. And yet it may be admitted that there is a potentiality of precision about even the looser physical demonstrations which gives them a certain prestige. In physics, when we deal with an indefinite P and Q (to revert to an earlier example), there is some understanding that 'principles sufficient for a practical solution of the problem of determining P and Q will be given later.' Whereas in psychics we are so far from expecting, that it seems doubtful whether we can even conceive precise measurement. Yet the conceivability at least may be thought necessary to mathematical reasoning. We must then carefully consider this possibility, or, what is much the same thing, the existence and nature of a *unit* of *pleasure.*

There is, no doubt, much difficulty here, and the risen science is still obscured by clouds; and hedonism may still be in the state of heat or electricity before they became exact sciences, as described by Professor Jevons.[a] Let us, however, following in his footsteps, endeavour to gain as clear a view as may be. At least it is hoped that we may sight an *argumentum ad hominem,* an argument to the man who (with Professor Jevons), admitting mathematical reasoning about self-regarding pleasures, denies the possibility of mathematically comparing different persons' pleasures. Let us accordingly, with reference to this question of μετρητική and pleasure-unit consider separately the quantitative estimate which a man can form (I.) of his own pleasure, (II.) of other people's.

---

a. *Theory of Political Economy,* p. 9.

I. 제번스 교수의 (첫째 종류의 측정에 국한시킨) 주장에 의하면,[a] '효용은 **두 차원의 수량**으로 다룰 수 있다.'[1] 여기서 물음을 제기하는데, '무엇을 단위로 삼아서 이 강도強度가 저것보다 크다고 말할 수 있는가?' 내가 생각하기에 대답은 이래야 한다. '겨우 인지할 수 있는 즐거움 증분들이 등치等置될 수 있다.' 이것을 보여주기 위해서는 어쩌면 수학의 공리를 획득하는 방법으로 여겨지는 그런 종류의 내적 경험과 관념 취급이[b] 필요하겠다. 하나의 겨우 인지할 수 있는 증분이 다른 것보다 선호되게 할 수 있는지 보라. 그럴 수 있다면 반드시 (쾌락과 무관한 행동은 존재하지 않거나 우리의 탐구 대상이 아니므로) 그 선호는 즐거움 가능성의 차이 때문이어야 한다. 그러나 만약 그 증분들 중 하나가 즐거움 가능성에서 다른 것을 능가한다면, 그 하나는 **겨우 인지할 수 있는** 증분이 아니고, 적어도 **두** 개의 그런 증분들로 구성된 것이다. 물론 이런 방식의 주제 전환이 **연역**인 척해서는 안 된다. 생각의 흐름이 '그 원천에서 내려오지 않고 이리저리 거닌다.'[2] 그 문제를 우리가 바라는 대로 전환하려면 앞에서처럼 어떤 동등이 전제되어야 하는데, 그 동등은 어쩌면 확률의 첫째 원리와[c] 비교될 수 있겠다. 이 원리에 의하면,[3] 여러 경우 사이에서 우리가 어느 쪽으로도 결정하지 못하고 어떤 실질적인 차이도 인지하지 못할 때 그 경우들을 동등한 것으로 셈한다. 우리가 이 원리대로 행동하는 데 동의하지만 그 이유를 밝히기는 어려울 것이다.

여기서 우리가 *단단한 땅*, 물리학의 유추를 떠나고 있음을 고백해야 한다. 겨우 인지할 수 있는 증분, 감지 가능 극소가 물리학이 다루는 경우들에서는 단위로 취급받지 **않지** 않느냐고 반박할 수 있다. 온도 또는 무게의 (물리학에서 승인된 방법으로 추정되어) 객관적으로 동일한 증가에 대한 나의 주관적 추정이 내 신체의 어느 기관으로 어느 때 하느냐에 따라 다르다고 상정하자. 확실히 더 통상적인 의미에서는 그 수량들이 같다. 그렇지만 감지 가능 극소들이 등치된다는 의미에서는 **느낌이 존재다.** 망설이지 않고 주장하건대, 후자의 의미가 우리의 주제에 맞다.

내가 생각하기에 문제의 그 증분들은 (미분학의 기호를 사용하는 데 지장을

---

a. 《정치경제학 이론》, 51쪽.
b. 베인의 "공리론" 참조.[4]
c. 라플라스, 《확률에 관한 철학적 시론》, 5판, 7쪽.[5]

I. 'Utility,' says Professor Jevons (writing exclusively of the first sort of measurement), 'may be treated as a *quantity of two dimensions*.'[a] Now, when it is asked, 'In virtue of what unit is one intensity said to be greater than another?' the answer must be, I think, 'Just perceivable increments of pleasure are equatable,' which may be shown, perhaps, by that sort of internal experience and handling of ideas which seems to be the method of attaining mathematical axioms.[b] For if possible let one just perceivable increment be preferred to another. Then it must be preferred in virtue of some difference of pleasurability (non-hedonistic action not existing, or not being pertinent to the present inquiry). But, if one of the increments exceeds the other in pleasurability, then that one is not a *just perceivable* increment, but consists of at least *two* such increments. Of course such a way of turning the subject has no pretence to *de*duction. The stream of thought 'meanders level with its fount.' Turn the matter as we please, there must, I think, be postulated some such equation as the above, which may be compared, perhaps, to the first principle of probabilities,[c] according to which cases about which we are equally undecided, between which we perceive no material difference, count as equal; a principle on which we are agreed to act, but for which it might be hard to give a reason.

It must be confessed that we are here leaving the *terra firma* of physical analogy. It may plausibly be objected, the just perceivable increment, the minimum sensibile, is *not* treated as a unit in the cases with which physics deal. Let us suppose that for the same objective increase of temperature or weight (as estimated by the approved methods of physics) I have at different times, or with different organs of my body, different subjective estimates. In one sense, certainly more usual, the quantities are the same. In another sense, the minima sensibilia being equated, *what is felt is*. And this latter sense, it is contended, not without hesitation, is appropriate to our subject.

The increments in question are, I think, to be viewed as finite differences, rather

---

a. *Theory of Political Economy*, p. 51.

b. Cf. Bain on *Axioms*.

c. Laplace, *Essai Philosophique sur les Probabilites*, 5th edit., p. 7.

일으키지 않을) 진짜 미분들이[a] 아니라 유한한 차분差分들이라고 보아야 한다. 그 개념을 설명하기 위한 예로서는 마찰을 극복하고 천칭을 움직이기에 겨우 충분한 힘을 들 수 있다. 그렇지만 합리적인 지능이 의지의 기울기 하나하나를 동등한 것으로 취급하는 까닭에 대해서는, 이미 시사했듯이, 어떤 증명도 기대할 수 없다.

문제의 그 동등 또는 등치等置 가능성은 사실에 있기보다 완벽한 진화의 극한에 있다. 완벽하지 않은 지능은 미래의 즐거움 한 단위를 현재의 즐거움 한 단위와 동등한 것으로 취급하지 않는다. 미래의 불확실성을 사상하고서, 미래성의 상황 자체가 즐거움의 추정치에 영향을 미친다. 내가 이해하기로는 제번스의 요인 q가[b] 바로 그 할인을 나타낸다.[6] 이제 q가 1과 같아지는 것은 오로지 이상적인 극한에서다.

지금까지는 **강도**强度 차원에 대해서였다. 시간時間 차원에 관해 일련의 비슷한 발언이 시작된다. 동일한 객관적인 (이를테면 시계학時計學의) 시간에 상응하는 생각과 느낌의 요율이, 로크가 암시했듯이, 시기에 따라 다를 수 있다.[c]

각각 같은 수의 **강도** 증분이 의식에 제공되는 두 상태가 흐름의 요율에서 다르리라고 생각해 볼 수 있다. 그리고 아마도 일부 상태는, 특히 철학자들이 더 많은 즐거움은 아니더라도 더 많은 선善으로 여기는 지적 활동은, 많이 다를 수 있다. 꿈에서는 그 요율이 높아 보이고 강도가 낮아 보인다. 그렇다면 즐거움은 제번스 교수의 말처럼 두 차원이 아니라 세 차원을 가질 것이다. 이를테면 객관적 시간, 주관적 시간, 그리고 강도가 그것이다.

그렇더라도 그 수정이 그다지 중요해 보이지 않을 수 있는데, 이는 어쩌면 그 두 가지 요율과 강도를 하나의 표기로 결합하는 일에 의식意識이 더 능숙하기 때문일지 모른다. 한 상태가 즐거움 증분 세 개쯤을, 다른 상태가 두 개쯤을, 각각 영零을 넘어 제공하는데, 그것들의 객관적 지속 시간이 같으나 요율은 전자

---

a. 클러크 맥스웰, "원자론," 《대영백과사전》, 38쪽을 보라.
b. 《정치경제학 이론》, 78쪽.
c. 《뜻대로 하세요》 3막 2장 등과 비교하라. 설리 씨의 '인지의 환상'에[7] 관한 발언을 참조하라.

쾌락계량학

than as genuine differentials (a conception which need not militate with the employment of the notation of the differential calculus).[a] The conception might be illustrated by that of a force just sufficient to turn a balance overcoming friction. Why, however, each inclination of the will is treated as equal by the rational intelligence, of this, as already intimated, no proof is to be expected.

Indeed, the equation, or equatability, in question exists not so much in fact as in the limit of perfect evolution. The imperfect intelligence does not treat a unit of pleasure in the future as equal to one in the present. Abstracting from the uncertainty of the future, the mere circumstance of futurity affects the estimate of a pleasure; which depreciation the Jevonian factor q^b denotes, as I understand. Now it is only in the ideal limit that q becomes equal to unity.

So far about the dimension of *intensity*. As to the dimension of time a similar line of remark is open. The same objective (say horological) time may correspond to different rates of thought and feeling at different periods, as Locke intimates.[c]

It is conceivable that two states, presenting to consciousness the same number of *intensity*-increments above zero, should differ in this rate of flow. And perhaps some states, intellectual exercise in particular, which philosophers have distinguished as more good, though not more pleasurable, than others, may so differ. In dreams, the rate seems high, the intensity low. And so a pleasure would have not only two dimensions, as Professor Jevons says, but three dimensions, namely, objective time, subjective time, and intensity.

And yet the correction may not seem very important, for probably it is more competent to consciousness to combine into a single mark the two considerations of rate and intensity. Suppose one state presents about three pleasure-increments, another about two, above zero, that the rate of the former is double that of the latter, their objective duration being the same, is it better to give two marks to

---

a. See the remarks of Clerk-Maxwell, 'Essay on Atoms,' *Encyclopædia Britannica*, p. 38.

b. *Theory of Political Economy*, p. 78.

c. Compare *As You Like it,* Act iii. sc. 2, and elsewhere. Cf. Mr. Sully's remarks on *Illusions of Perspective*.

가 후자의 두 배라고 상정하자. 전자에는 셋과 둘을 주고 후자에는 둘과 하나를 주는 식으로 각 상태에 두 표기를 줘서 그것들을 곱하는 편이 더 좋을까? 아니면 일종의 무의식적 계산에 의해 단번에 여섯과 둘로 표기하는 편이 더 좋을까? **비슷하다.** 왜냐하면 여기서는 즐거움의 수량에 대한 비교의 모호함이 인정되기 때문이다. 그래도 아마 시험에서 탁월에 대해 평가자가 점수를 매겨 제출하게 되어 있는 비교보다 더 모호하지는 않을 것이다.

이 관념의 정밀성을 위해 우리는 에너지 과학에 허용된 것을 즐거움 과학에도 허용되게 하자.[a] 관념적으로 완벽한 어떤 도구, 정신물리학 기계를 상상해 보라. 이 기계는 한 개인이 경험하는 즐거움의 높이를 계속해서 기록하는데, 의식의 평결에 맞춰 정확히 혹은 **오차의 법칙**에 맞춰 거기로부터 멀어지면서 기록한다. 이 쾌락계량기는 순간순간 변한다. 그 섬세한 지표指標가 때로는 열정의 파닥임과 함께 하늘거리다가 때로는 지적 활동에 의해 잠잠해지며, 모든 시간 줄곧 영零 근처로 가라앉다가도 갑작스레 잠시 무한으로 솟아오른다. 계속해서 표시되는 그 높이는 균일하게 이동하는 수직 평면 위에 사진 찍는 장치 또는 마찰 없는 어떤 장치에 의해 기록된다. 그리하여 두 시기 사이 행복의 수량이 네 개의 선으로 둘러싸인 면적으로 표현된다. 영零의 선, 그 위의 두 시기에 상응하는 두 점에서 올린 두 수직선, 그리고 그 지표가 자국으로 남긴 곡선이 그 네 개의 선이다. 그리고 만약 앞 문단에서 제안한 수정이 받아들여진다면, 그 표현을 위해 차원 하나가 더 필요하다.

II. 즐거움을 이렇게 추정하는 데 따르는 어려움들은, 그 추정이 감수인感受人 자신에 의해 이뤄지든 타인의 즐거움에 대해 이뤄지든, (제번스 교수가 진작 인정했고 상식이 뒷받침하듯이) 그 수나 종류가 다르지 않다는 것을 이제 여기서 주장하려 한다. 우리는 단지 우리의 공리公理를[8] 조금 고치기만 하면 된다. 즉, 겨우 인지할 수 있는 즐거움 증분은 무엇이든 언제든 그리고 감수인이 누구든 같은 값을 갖는다. 이 공리적功利的 첫째 원리는 이기적 첫째 원리처럼 당연히 그 위에 궁극적 공리公理의 동일한 근원적 신비가 걸쳐 있다.

그 동등은 완벽한 진화의 극한에서만 참이다.

다른 개인들에 대한 **주관적 시간**의 변분이 한 개인에 대한 변분보다 더 큰

---

a. 클러크 맥스웰, 《열 이론》, 139쪽을 보라.[9]

each state, say three and two to the former, two and one to the latter, and then to multiply the marks of each; or by a sort of unconscious multiplication to mark at once six and two — *about*; for the comparison of pleasures as to quantity is here admitted to be vague; not vaguer perhaps than the comparisons made by an examiner as to excellence, where numerical marks are usefully employed.

To precise the ideas, let there be granted to the science of pleasure what is granted to the science of energy;[a] to imagine an ideally perfect instrument, a psychophysical machine, continually registering the height of pleasure experienced by an individual, exactly according to the verdict of consciousness, or rather diverging therefrom according to a *law of errors*. From moment to moment the hedonimeter varies; the delicate index now flickering with the flutter of the passions, now steadied by intellectual activity, low sunk whole hours in the neighbourhood of zero, or momentarily springing up towards infinity. The continually indicated height is registered by photographic or other frictionless apparatus upon a uniformly moving vertical plane. Then the quantity of happiness between two epochs is represented by the area contained between the zero-line, perpendiculars thereto at the points corresponding to the epochs, and the curve traced by the index; or, if the correction suggested in the last paragraph be admitted, another dimension will be required for the representation. The integration must be extended from the present to the infinitely future time to constitute the end of pure egoism.

II. Now it is here contended that there are as many, and the same sort of difficulties, in this estimate of pleasures by the sentient himself (which is yet admitted by Professor Jevons, and substantially by common sense), as in the estimate of other people's pleasures. We have only to modify our axiom thus: Any just perceivable pleasure-increment experienced by any sentient at any time has the same value. The same primal mystery of an ultimate axiom hangs, no doubt, over this utilitarian, as over the egoistic, first principle.

The equation is only true in the limit of perfect evolution.

The variation of *subjective time* for different individuals, presents no greater

---

a. See Clerk-Maxwell, *Theory of Heat*, p. 139,

어려움을 일으키지는 않는다.

적분은 관념적 기제機制로도 마찬가지로 잘 설명할 수 있다. 우리가 해야 할 일은 단지 감수인의 수를 나타내는 차원 하나를 더하고, 모든 시간과 모든 감수성에 대해 적분하고, 순수 공리주의의 목적을 구성하는 것이다.

자기 자신의 즐거움이라면 겨우 인지할 수 있는 증분이 의식에 의해 주어지지만 타인들의 즐거움이라면 그런 증분이 추측될 뿐이라고 반박할 수 있다.[a] 그렇지만, 확률 이론에 따르면, 덜 완벽한 도구로 더 많이 관찰하면 더 큰 정확성을 획득할 수 있다. 이와 마찬가지로 타인들의 즐거움에 대한 쾌락계량학의 더 큰 불확실성은 더 많은 수의 측정, 더 넓은 평균으로 보상받을 수 있다. '더 높은 지성의 발휘가 더 큰 즐거움 역량을 수반한다.'는 명제의 증명도 마찬가지여서, 아무리 정확하더라도 예외적일지 모르는 한 개인의 자기 관찰에 의존하기보다 넓은 평균에 의존하는 편이 낫다.

IV.
혼합된 양식의 공리주의

이기주의와 공리주의는 시지윅 씨가 비할 데 없는 솜씨로 구분 지었다. 그러나 우리는 이 두 극단 사이에, 한대寒帶의 이기주의와 열대熱帶의 공리주의 사이에, 불완전하게 진화한 인간들에게 허용되는 온대 지역이 있음을 직시해야 한다. 그 지역은 평온한 순간에 자기 이웃의 행복을 자기 자신의 행복과 비교하여 없음으로 셈하지도 '하나로 셈'하지도 않고 분수分數로 셈하는 사람들이 있는 곳이다. 우리가 앞에서 (부론 III.) 정의한 그 공리功利 적분을 알맞게 고치기 위해서는 그 주체 자신의 즐거움을 제외한 다른 모든 즐거움에 분수를 곱해야 한다.

---

a. 이 구분은 허버트 스펜서 씨가 공리주의에 대해 발언하면서 주장한 것이다. 《윤리학의 기초 자료》, 57쪽.

difficulty than the variation for one individual.

The integration may be equally well illustrated by ideal mechanism. We have only to add another dimension expressing the number of sentients, and to integrate through all time and over all sentience, to constitute the end of pure utilitarianism.

It may be objected that the just perceivable increment is given by consciousness in the case of one's own pleasures, only inferred in the case of others.[a] It may be replied, greater uncertainty of hedonimetry in the case of others' pleasures may be compensated by the greater number of measurements, a wider average; just as, according to the theory of probabilities, greater accuracy may be attained by more numerous observations with a less perfect instrument. The proposition, 'the exercise of higher intellect is accompanied with greater capacity for pleasure,' is proved by taking a wide average rather than by the self-observation, however accurate, of a single, perhaps exceptional, individual.

IV.

ON MIXED MODES OF UTILITARIANISM.

THE distinction between egoism and utilitarianism has been drawn with matchless skill by Mr. Sidgwick. But it has not been observed that between these two extremes, between the frozen pole of egoism and the tropical expanse of utilitarianism, there has been granted to imperfectly-evolved mortals an intermediate temperate region; the position of one for whom in a calm moment his neighbour's happiness as compared with his own neither counts for nothing, nor yet 'counts for one,' but counts for a fraction. We must modify the utilitarian integral as defined above (Appendix III.) by multiplying each pleasure, except the pleasures of the agent himself, by a fraction – a factor doubtless diminishing

---

a. This is a distinction insisted on by Mr. Herbert Spencer, in his remarks on utilitarianism. – *Data of Ethics*, p. 57.

물론 이 계수는 그 주체가 고려하는 사람들과 그 주체 사이의 이른바 사회적 거리가 멀어질수록 작아진다.

이 중간 개념이 두 극단보다 훨씬 더 큰 어려움을 야기하지는 않는다. 가장 큰 어려움은 두 극단에게도 마찬가지로 있는 것으로서 시지윅 씨가 각 방법의 자기 제한으로 묘사한 현상들을 통해 드러났다. 예컨대, 순수 공리주의의 방법에 따라 정돈된 삶에도 이기적 행동의 흔적들이 있으니, 그 주체는 때때로 자신의 공리주의 신조를 젖혀 두고서 자기 이익에 전권을 준다. 그런 주체가 정말로 순수 공리주의자인지를 판정하기 위해 확인해야 하는 것은, 내가 생각하기로는, 그가 스스로 수집한 방법들 사이에서 그 대안에 주목하면서 마음을 가라앉혀 차분해진 순간에 다른 사람들의 최대 행복을 위해 자기 자신의 최대 행복을 평온하게 그리고 의식적으로 희생시키려 하느냐 않느냐다. 시지윅 씨가 이미 설명한 것에 공을 들일 필요는 없어 보인다.

그렇지만 이처럼 군주 방법과 신하 방법 사이에서 운율을 맞추는 데는 적잖은 어려움이 있음을 유능한 사상가들의 말에서 알 수 있다. 그래서 스펜서 씨가 공리주의에 대한 반대 주장으로서 자기 탐닉의 효용을 든다고 보인다.[a] '자기 아내를 위해 익살스런 말과 웃음을 짓는' 그는 자기 탐닉에 빠진 비非공리주의자다. 그러나 만약 자기 탐닉에 빠져 일반 선善을 고려하지 않는 것이 그토록 바람직한 효과를 갖는다면 지성적 공리주의자는 자신의 지고한 원리를 잠시 완화하고 망각하는 능력을 일궈낼 것이다. 그가 자신의 공리주의 미덕으로 스스로를 휘감아 자기 친구들에게 젖은[b] 담요가 되어야 한다는 뜻은 결코 아니었다. 오스틴의[1] 말처럼 건전한 공리주의자라면 자기 아내에게 입을 맞추면서도 일반 선善에서 눈을 떼지 않아야 한다는 뜻은 결코 아니었다. 한 개인의 삶이 일반 선에 복속되어야 한다고 해서 일반 선이 항상 의식에 존재해야 할 필요는 없다. 만약 내가 시험에서 어떤 정리定理를 한 시간 안에 증명해야 한다면, *증명 완료*를 마음 앞에 계속 내놓으려 하지 말고, 전제로 사용될 수 있는 정리들 사이를 마음이 가로지르게 해야 잘 할 수 있을 것이다. 어떤 논고를 하루 안에 써야 하는 사람이라면, 비록 모든 시간을 그 일에 바칠 수 있을지라도, 휴식이나 운동 중에

a. 《윤리학의 기초 자료》, 11장.[2]
b. 스펜서 씨의 침울한 그림을 보라.

혼합 공리주의

with what may be called the social distance between the individual agent and those of whose pleasures he takes account.

There is not much more difficulty about this intermediate conception than about the extremes. The chief difficulty is one which is common to the extremes, presented by the phenomena which Mr. Sidgwick describes as the self-limitation of a method. For example, in a life ordered according to the method of pure utilitarianism there may be tracts of egoistic action, times when the agent gives full swing to self-interest, leaving out of sight his utilitarian creed. The test whether such an agent is really a pure utilitarian would be, I suppose, whether on having his attention directed to the alternative between methods, having collected himself, in a cool moment, he would or would not calmly and deliberately sacrifice his own greatest happiness to that of others. It seems superfluous to labour a point which has been explained by Mr. Sidgwick.

Yet that there is some difficulty about this rhythm between sovereign and subordinate method may be inferred from the expressions of able thinkers. Thus, Mr. Spencer appears to employ[a] as an argument against utilitarianism the utilities of self-indulgence. 'For his wife he has smiles, and jocose speeches,' and so forth — the self-indulgent non-utilitarian. But, if self-indulgence and the not taking account of the general good has such an agreeable effect, the intelligent utilitarian will cultivate a temporary relaxation and forgetfulness of his supreme principle. It never was meant that he should wrap himself up in his utilitarian virtue so as to become a wet[b] blanket to his friends. It never was meant, as Austin says, that the sound utilitarian should have an eye to the general good while kissing his wife. In order that one's life should be subordinated to the general good, it is not necessary that the general good should be always present to consciousness. If I have an hour to prove a theorem at an examination, I shall do well not to keep the *quod est demonstrandum* continually before the mind, but to let the mind range among theorems which may serve as premises. If a man has a day to write an article, though the whole time may be consecrated to the purpose, it

---

a. *Data of Ethics*, chap. xi.

b. See Mr. Spencer's gloomy picture.

는 그 일을 떨쳐버리는 게 상책일 수 있다. 이기주의 또는 다른 어떤 관행의 효용을 입증함으로써 공리주의의 권위를 반증할 수는 없다.

스펜서 씨가 서술한 효용들이 순수 공리주의에 접목될 **수 없다**고 주장하는 것은 곧 '윤리학의 방법들' 중 하나에 대한 개념이 시지윅 씨의 위대한 작업으로부터 도출되는 것과는 다르다는 뜻이다. **사실의 문제**로서 이기적 행동의 효용들이 순수 공리주의의 뿌리에서 솟아나지 않는다는 것은 여기서 거리낌 없이 인정될 수 있으며, 실재하는 19세기 사람은 대체로 비非순수 이기주의자, 혼합 공리주의자라고 보는 견해와 일치한다.

여기서 제시하는 견해에 의하면, 스펜서 씨가 아름답게 서술한 그 점진적 과정과 관념적 극한, **이기주의**와 **이타주의** 사이의 화해는 다름 아닌 혼합 공리주의에서 순수 공리주의로의 변형이며, 일종의 쾌락[a]-자기磁氣 마당으로 어렴풋이 파악될 수 있는 그것에서 일어나는 물리적 변화의 심리적 측면이다.

V.
제번스 교수의 교환 공식

제번스 교수의 공식 $\dfrac{\phi_1(a-x)}{\psi_1(y)} = \dfrac{y}{x}$ 은[b] 우리의 $\dfrac{F'_x(x,y)}{F'_y(x,y)} = \dfrac{y}{x}$ 과 거의 동일하다. **거의**라고 말하는 것은, 여기서 사용되는 표기가 조금 더 일반적이기 때문이다. 효용이 두 함수의 합이 아니라 두 변수의 함수로 간주된다.[1] 34쪽 아랫부분에서 제시된 탐구는 제번스 교수의 공식으로는 제시될 수 없다. 그리고 우리의 공식은 제번스 교수가 일별한 '복잡한 이중 수정,'[c] **생산 노동**의 고려에도 적합하다.

---

a. 위 14쪽.
b. 《이론》, 108쪽.
c. 《이론》, 203쪽.[2]

may be expedient to banish the purpose during refreshment or exercise. You cannot disprove the authority of utilitarianism by proving the utility of egoistical, or any other, practice.

To argue, then, that the utilities described by Mr. Spencer *could not* be grafted upon pure utilitarianism would imply a different conception of a 'method of ethics' from that which may be derived from Mr. Sidgwick's great work. That *as a matter of fact* the utilities of egoistic action do not now spring from a root of pure utilitarianism would be freely here admitted; agreeing with the view suggested that the concrete nineteenth century man is for the most part an impure egoist, a mixed utilitarian.

And the reconciliation between *egoism* and *altruism*, gradual process and ideal limit beautifully described by Mr. Spencer, would be upon the view suggested here, the transformation of mixed into pure utilitarianism, the psychical side of a physical change in what may be dimly discerned as a sort of hedonico[a]-magnetic field.

V.

ON PROFESSOR JEVONS'S FORMULÆ OF EXCHANGE.

PROFESSOR JEVONS's formula, $\dfrac{\phi_1(a-x)}{\psi_1(y)}=\dfrac{y}{x}$,[b] is almost identical with our $\dfrac{F'_x(x,y)}{F'_y(x,y)}=\dfrac{y}{x}$. *Almost*; for the notation here employed is slightly more general. The utility is regarded as a function of the two variables, not the sum of two functions of each. The inquiry suggested at p. 34, near foot, could not have been suggested by Professor Jevons's formula. Our formula also is adapted to take account of the *labour of production*, the 'complicated double adjustment' glanced at by Professor Jevons.[c]

---

a. Above, p. 14.
b. *Theory*, p. 108.
c. *Theory*, p. 203.

X가³ 제작한 물건을 y와 교환한다고 하자. 그러면 (난폭하지만 위험하지 않은 추상에 의해) 그의 효용을 다음과 같이 표기할 수 있다.

$$P = F(f(e) - x, y) - \hbar(e)$$

여기서 e는 노동의 **객관적** 측정 (예컨대 작업 시간), $\hbar(e)$는 작업의 **주관적** 측정으로서 피곤의 고생스러움, 그리고 $f(e)$는 e에 상응하는 생산이다. 이제 e가 계약 **물건**이 아니므로 e에 관한 편미분 $\left(\dfrac{dP}{de}\right)$는⁴ 항상 영釁과 등치되어야 한다. 따라서 우리는 e를 소거함으로써 우리의 옛 형태 F(x, y) 또는 F($-x$, y)로 가는데, 여기서 쓰기에 편리한 것은 후자다.

이 '복잡한 이중 수정'을 설명하기 위해 흥미로운 현상 하나를 잠깐 언급하기로 한다. 그것은 바로 마셜 씨와 발라스 씨가 함께 지적한 **교역의 불안정 균형**이다. 여기서 채택된 관점에서 쓰면, x에서 한 거래인의 효용은 P=F($-x$, y).⁵ **교환요율**을 $\tan\theta$로 나타내면서 극좌표로 변형하면, P=F($-\rho\cos\theta$, $\rho\sin\theta$). 수요 곡선은 $\left(\dfrac{dP}{d\rho}\right) = 0$.⁶ 이 궤적이 나타내는 것은 어떤 주어진 교환 요율에서 그 거래인이 동의할 최상의 거래량, 그 요율에서 그의 효용이 극대가 되는 양이다. 그러나 그 궤적은 **또한** 어떤 주어진 요율에서 효용이 **극소**가 되는 위치들을 표현한다. 그리고 그 궤적의 이런 부분은 진정한 수요 곡선이 아니다.⁷ 각 점은 그 거래인이 변경을 승낙하지 않을 위치가 아니라 그가 어떻게 해서라도 변경하고 싶어 할 위치를 나타낸다.

분석의 일반 성질에 의해 극대와 극소의 점들은 어느 벡터 위에서든 **교대로** 배열된다. 이 성질은 **안정과 불안정이 교대하는 교역의 균형**과 긴밀히 연결되어 있다. 그렇지만 내가 생각하기에 $\left(\dfrac{dP}{d\rho}\right) = 0$가 **극소**에 상응하지 않으면서 불안정한 위치들이 있는데, 마셜 씨의 [그림 8]이 그렇다.⁸

그러나 불안정 가운데 가장 중요한 종류는 (마셜 씨의) 제2종의 경우에 나타날 수 있는 것이라 여겨진다.⁹ 내가 이해하기로는 이 경우에 그 정의가 두 성질을 연결하는데,¹⁰ (1) 수출의 증가에 따른 교환 가치의 감소와 (2) 수출을 위해

Let x manufacture the article which he exchanges for y. Then (by a violent but not dangerous abstraction) his utility may be written

$$P = F(f(e) - x,y) - \hbar(e)$$

where e is the *objective* measure of labour (*e.g.* time of work); $\hbar(e)$ is the *subjective* measure of work, the toilsomeness of fatigue; $f(e)$ is the produce, corresponding to e. Now, as e is not an *article* of contract, it appears that $\left(\dfrac{dP}{de}\right)$ the partial differential with regard to e must always be equated to zero. Hence, by eliminating e we come on our old form $F(xy)$, or $F(-x, y)$, as it is convenient here to write.

This 'complicated double adjustment' may be illustrated by a brief reference to that interesting phenomenon pointed out by both Mr. Marshall and Mr. Walras, *unstable equilibrium of trade*. From the point of view here adopted the utility of a dealer in x may be written $P = F(-x, y)$. Transformed to polar co-ordinates $P = F(-\rho\cos\theta, \rho\sin\theta)$; when $\tan\theta$ expresses the *rate of exchange*. The demand-curve is $\left(\dfrac{dP}{d\rho}\right) = 0$. For this locus expresses the utmost amount of dealing to which the dealer will consent at any given rate of exchange, the amount for which his utility is a maximum at that rate. But the locus *also* expresses positions for which the utility is *a minimum* at any given rate. And this part of the locus is not in a genuine demand-curve. Each point represents a position not which the dealer will not consent to change, but which he would by all means wish to change.

By a general property of analysis the maximum and minimum points are arranged *alternately* along any vector. This property is closely connected with the property of *alternately stable and unstable equilibrium of trade*. There are, however, I think, unstable positions where $\left(\dfrac{dP}{d\rho}\right) = 0$ does not correspond to a *minimum, e.g.* Mr. Marshall's figure 8.

But the most important sort of instability is perhaps that which may be presented in the case of (Mr. Marshall's) Class II; of which, as I take it, the definition connects two properties (1) diminution of value in exchange upon

생산되는 물품의 증가에 따른 생산 비용의 감소가 그것들이다. 이 두 성질이 어떻게 연결되는지를 **개인적**[11] 관점에서 살펴보는 것은 흥미로운 일이다. 첫째 성질의 분석적 조건은 $\left(\dfrac{d_2 P}{d\rho^2}\right) = +.$[12] 왜냐하면 문제의 그 성질이 시작되는 ([그림 3]을 보라[13]) 점 P_1부터[14] 그 성질이 종료되는 점 P_2까지 이 조건이 성립해야

[그림 3]

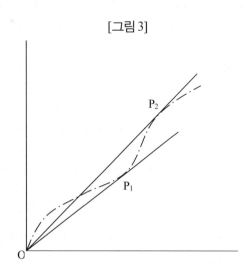

하기 때문이다. 이 점들 각각에서는 $\dfrac{d_2 P}{d\rho^2} = 0.$ 마셜 씨의 정의에서 둘째 (그가 기술하는 순서로는 첫째) 성질의 분석적 조건은 $\dfrac{d_2 f(e)}{de^2} = +.$ 여기서 e는 (앞에서처럼) 노동의 **객관적 측정**이고[a], $f(e)$는 e에 상응하는 생산물의 양量이다.

그런데 우리는 $\left(\dfrac{d_2 P}{d\rho^2}\right)$이 양陽일 수 있는 것은 $\dfrac{d_2 f(e)}{de^2}$이 양陽일 때뿐임을 보일 수 있다. 앞에서 사용되는 기호에 맞춰 쓰면, $P = F(f(e) - \rho\cos\theta, \rho\sin\theta) - \hbar(e).$

---

a. **생산** 자체가 일으키는 것과는 **다른** 무엇. 이를테면 한 작업자의 균일한 근육 에너지가 발산되는 시간의 길이.

교환 공식

increase of exports, with (2) diminution in the expense of production upon increase of wares produced for exportation. It is interesting to see from our *individualistic* point of view how these two properties are connected. The analytic condition of the first property is $\left(\dfrac{d_2\mathrm{P}}{d\rho^2}\right)=+$. For this condition must hold from the point P, where the property in question sets in (see figure) to the point P_2,

FIG. 3.

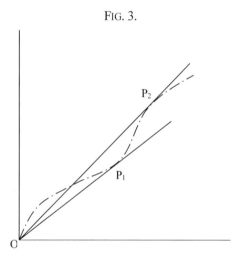

where the property ceases. At each of these points $\dfrac{d_2\mathrm{P}}{d\rho^2}=0$. The analytic condition of the second property of Mr. Marshall's definition (the first in the order of his statement) is $\dfrac{d_2 f(e)}{de^2}=+$; where (as before) e is the *objective measure*[a] of labour, $f(e)$ is the amount of product corresponding to e.

It may be shown, then, that $\left(\dfrac{d_2\mathrm{P}}{d\rho^2}\right)$ can only be positive when $\dfrac{d_2 f(e)}{de^2}$ is positive. For, agreeably to previous notation, put $P = F(f(e) - \rho\cos\theta,\ \rho\sin\theta) - \hbar(e)$.

---

a. *Other* than that which the *produce* itself presents; *e.g.,* length of time during which a uniform muscular energy is put forth by a workman.

우리가 항상 갖는 조건이 $\left(\dfrac{dP}{de}\right)=0$. 우리가 찾아야 하는 것은 **이 조건이 부과된**

$\left[\dfrac{d_2P}{d\rho^2}\right]$. 이제 θ가 줄곧 상수로 취급되고 e가 ρ에 상응하는 변수로 간주되므로 우리의 탐구 대상을 괄호 **없이** $\dfrac{d_2P}{d\rho^2}$로 표기하는 편이 편리하다. 괄호로는 e의 변분을 고려하지 않는, ρ에 관한 편미분을 나타낸다. 이렇게 기호를 사용하는데, 우선 $\left(\dfrac{dP}{de}\right)=0$. 따라서 $\dfrac{d_2P}{d\rho^2}=\left(\dfrac{d_2P}{d\rho^2}\right)+2\left(\dfrac{d_2P}{d\rho de}\right)\dfrac{de}{d\rho}$. 여기서 $\dfrac{de}{d\rho}$ 는 $\left(\dfrac{dP}{de}\right)=$

$\left(\dfrac{dF}{de}\right)-\dfrac{d\hbar}{de}$ 와 영의 동등으로부터 찾아낼 수 있다.[15] 즉, $\dfrac{de}{d\rho}=-\dfrac{\left(\dfrac{d_2F}{d\rho de}\right)}{\left(\dfrac{d_2F}{de^2}\right)-\dfrac{d_2\hbar}{de^2}}$.

그러므로

$$\frac{d_2P}{d\rho^2}=\left(\frac{d_2F}{d\rho^2}\right)-\frac{2\left(\dfrac{d_2F}{d\rho de}\right)^2}{\left(\dfrac{d_2F}{de^2}\right)-\dfrac{d_2\hbar}{de^2}}$$

이제 만약 우리가 앞에서[a] 공준으로 삼았던 **감수성의 법칙들에 대해 확신한다면**, 우리는 이 표현이 양陽일 수 있는 것은 $\dfrac{d_2f(e)}{de^2}$ 이 양陽일 때뿐임을 확신할 수 있다. 우리가 $f(e)$를 (제번스 교수의 교환 방정식에서 사용된) a로 쓰고 $\rho\sin\theta$ 를 y로 쓰면,[16]

$$\left(\frac{d_2F}{d\rho^2}\right)=\frac{d_2F}{da^2}\cos^2\theta+2\frac{d_2F}{dady}\sin\theta\cos\theta+\frac{d_2F}{dy^2}\sin^2\theta$$

$$\left(\frac{d_2F}{de^2}\right)=\frac{d_2F}{da^2}\left[\frac{df}{de}\right]^2+\frac{dF}{da}\frac{d_2f}{de^2}$$

여기서 우변의 미분들에 괄호를 씌울 필요는 없어 보인다. 이 값들을 $\dfrac{d_2P}{d\rho^2}$ 에

---

a. 34쪽.

Then we have always the condition $\left(\dfrac{dP}{de}\right) = 0$, and we have to find $\left[\dfrac{d_2P}{d\rho^2}\right]$ *subject to this condition.* Now, as θ is throughout treated as constant, whereas e is considered as a variable, dependent on ρ, it will be convenient to denote the object of our inquiry as $\dfrac{d_2P}{d\rho^2}$ *without* brackets, denoting by brackets differentiation, which is partial with respect to p, does not take account of e's variation. With this notation, since $\left(\dfrac{dP}{de}\right) = 0$, $\dfrac{d_2P}{d\rho^2} = \left(\dfrac{d_2P}{d\rho^2}\right) + 2\left(\dfrac{d_2P}{d\rho de}\right)\dfrac{de}{d\rho}$ where $\dfrac{de}{d\rho}$ is to be found from the equation to zero of $\left(\dfrac{dP}{de}\right) = \left(\dfrac{dF}{de}\right) - \dfrac{d\hbar}{de}$. Whence $\dfrac{de}{d\rho} = -\dfrac{\left(\dfrac{d_2F}{d\rho de}\right)}{\left(\dfrac{d_2F}{de^2}\right) - \dfrac{d_2\hbar}{de^2}}$.

Therefore
$$\frac{d_2P}{d\rho^2} = \left(\frac{d_2F}{d\rho^2}\right) - \frac{2\left(\dfrac{d_2F}{d\rho de}\right)^2}{\left(\dfrac{d_2F}{de^2}\right) - \dfrac{d_2\hbar}{de^2}} .$$

Now we may be certain this expression can only be positive when $\dfrac{d_2f}{de^2}$ is positive, *if we are certain of the laws of sentience* which were postulated[a] on a previous page. For, writing a for $f(e)$ (the a employed in Professor Jevons's equation of exchange), and y for $\rho \sin\theta$, we have

$$\left(\frac{d_2F}{d\rho^2}\right) = \frac{d_2F}{da^2}\cos^2\theta + 2\frac{d_2F}{dady}\sin\theta\cos\theta + \frac{d_2F}{dy^2}\sin^2\theta$$

$$\left(\frac{d_2F}{de^2}\right) = \frac{d_2F}{da^2}\left[\frac{df}{de}\right]^2 + \frac{dF}{da}\frac{d_2f}{de^2}$$

where it does not seem necessary to bracket the differentials on the right-hand side. Substituting these values in the expression for $\dfrac{d_2P}{d\rho^2}$ we see that that

---

a. Page 34.

대한 표현 안에 대입하면, 아래 조건들에 의해 그 표현이 확실히 음이 된다는 것을 볼 수 있다.

(1) $\dfrac{d_2 F}{da^2}$, $\dfrac{d_2 F}{dy^2}$ (모두) 계속해서 양이 아니다.

(2) $\dfrac{d_2 F}{dady}$ "   "

(3) $\dfrac{dF}{da}$ 계속해서 음이 아니다.

(4) $\dfrac{d_2 \hbar}{de^2}$ "   "

(5) $\dfrac{d_2 f}{de^2}$ 양이 아니다.

첫째 조건을 확보해 주는 것은 제번스 교수의 효용 감소의 법칙이자 우리의 **첫째 공준**이다(61쪽을 보라).

둘째 조건은 같은 것의 흥미로운 다양성인데, 한 종류의 부富로부터 나오는 효용의 증가 요율이 다른 종류의 부富의 증가와 함께 감소한다.[17]

셋째 조건의 의미는 효용이 부의 증가와 함께 적어도 감소하지는 않는다는 것인데, 문명국가에서는 인정될 수 있다.

넷째 조건은 노동의 고생스러움의 증가에 관한 제번스 교수의[a] 법칙이자 우리의 둘째 공리다(65쪽을 보라).

그리하여 **만약** 이 감수성의 법칙들이 성립한다면, $\dfrac{d_2 P}{d\rho^2}$이 양陽일 수 있는 것은 $\dfrac{d_2 f}{de^2}$이 양陽일 때뿐이다. 시장의 더 복잡한 현상들이 이렇듯 단순한 감수성의 법칙들에 복속된다는 게 ─ 그 형태가 아무리 추상적이고 전형적이더라도 ─ 흥미롭지 않다고 할 수 없다.

그러나 제번스 교수에게로 돌아가자. 여기서 사용되는 공식은 그의 공식과 한 가족이라고 말해야 할 정도로 대동소이하면서도 주목할 만한 두 가지 대비를 제공한다. (1) 여기서는 **도해**圖解가 더 비중 있게 사용되었다. 어떤 의미에서 순수 해석학은 쾌락학의 모국어로 보일 수 있다. 그것이 공간과 숫자 위를 날아올

---

expression is certainly negative upon these conditions:

(1) $\dfrac{d_2F}{da^2}, \dfrac{d_2F}{dy^2}$ (both) continually not positive.

(2) $\dfrac{d_2F}{dady}$ "   "

(3) $\dfrac{dF}{da}$ continually not negative.

(4) $\dfrac{d_2\hbar}{de^2}$ "   "

(5) $\dfrac{d_2f}{de^2}$ not positive.

The first condition is secured by Professor Jevons's law of diminishing utility, our *first postulate* (see p. 61).

The second condition is an interesting variety of the same; that the rate of increase of utility derived from one sort of wealth diminishes with the increase of other sorts of wealth.

The third condition imports that utility at least does not decrease with increase of wealth; which in a civilised country may be allowed.

The fourth condition is Professor Jevons's law of increasing toilsomeness of labour[a], our second axiom (see p. 65).

If then these laws of sentience hold, $\dfrac{d_2\mathrm{P}}{d\rho^2}$ can only be positive when $\dfrac{d_2f}{de^2}$ is positive. It is submitted that this subordination — in however abstract and typical a form — of the more complicated phenomena of the market to the simple laws of sentience is not without interest.

But to return to Professor Jevons: the formulæ here employed, along with a general, and perhaps it ought to be added a filial, resemblance to his, present two points of contrast which deserve especial attention: (1) *Graphical illustration* has been more largely employed here. Now in some sense pure Analysis may appear to be the mother-tongue of Hedonics; which soaring above space and number deals with quantities of pleasure, employing the Calculus of Variations,

---

a. *Theory*, p. 185.

라 즐거움의 수량을 다루면서 사용하는 변분학은, 콩트가[a] 가야바처럼[18] 일컬었듯이, 해석학의 가장 숭고한 분야이자 사회학에 가장 잘 적용될 수 있는 분야다.[19] 그러나 다른 한편으로 교환 이론에서 등장하는 미분 방정식은 독특한 성격을 가져서, 지금도 그렇게 보이겠지만, 기하학의 장치 없이 다루기는 상당히 어렵다. 적어도 이 점에서는 기하학적 추론에 대한 마셜 씨의 선호가 정당해 보일 수 있다.[b]

(2) 이 책에서 거듭 두드러지게 내세웠듯이, 제번스의 '무차별 법칙'이 있을 자리는 오직 경쟁, 바로 그 **완전** 경쟁이 있는 곳뿐이다. 고립된 한 쌍이 그들 각자의 상품을 교환할 때 대체 왜 모든 부분을 같은 교환 요율로 교환하겠는가?[20] 달리 물으면, 그들의 경우에 어떤 의미가 그런 법칙에 부여될 수 있는가? 고립된 한 쌍의 거래를 규율하는 것은 (31쪽에 기술된) 교환 이론이 아니라 (29쪽에 기술된) 단순 계약 이론이다.

이런 고려가 제번스 교수의 교환 이론에서는 그다지 두드러지게 이뤄지지 않았지만 시야에서 사라져 버린 것 같지도 않다. 내가 이해하기에 그가 다루는 한 쌍의 거래인은, 그가 그토록 명료하게 서술했듯이,[c] '열린 시장'에[21] 그 기원이 있는 '무차별'의 성질을 갖춰 입은 일종의 전형典型이며, 드퀸시나[22] 쿠르셀-스뇌가[23] 상상한 고립된 한 쌍처럼 벌거벗은 추상이 아니다. 버클리의 표현을 빌리면, 각자는 '대표하는 특정'이다.[24] 한 명의 거래인만 등장하지만 그 배경에는 한 부류의 경쟁자들이 이미 상정되어 있다. 일반적인 교환의 경우에 대해서는 이것을 독자의 지능에 맡겨도 안전할지 모른다. 그렇지만 예외적인 경우들을 다룰 때는(132~134쪽) 이미 상정된 경쟁을 첫째 원리들과 함께 언급했더라면 훨씬 더 엄밀했을 테고, 나아가 이 책에서 내놓은 구분도(19쪽 등) 떠오르게 했을 것이다. 그 구분에 대해 다시 말하면, 교환이 비非결정적인 경우는 (1) 어느 한 교역체交易體[25](개인으로서든 조합으로서든) 또는 (2) 거래인에 의해 공급되는 상품의 **분할이 불가능하거나 불완전하게 가능할** 때다.

수리적 교환 이론의 주제 전부에 더 선명한 빛을 비추기 위해 우리는 한 유능

---

a. 《실증 철학》, 8강.[26]
b. 《해외 교역》, 19쪽.
c. 《이론》, 98, 99쪽.

the most sublime branch of analysis[a], as Comte, Caiaphas-like, called the branch most applicable to Sociology. But on the other hand the differential equations which occur in the theory of exchange are of such a peculiar character that it is rather difficult, as may presently appear, to handle them without geometrical apparatus. In this respect at least Mr. Marshall's preference for geometrical reasoning would seem to be justified[b].

(2) It has been prominently put forward in these pages that the Jevonian 'Law of Indifference' has place only where there is competition, and, indeed, *perfect* competition. Why, indeed, should an isolated couple exchange every portion of their respective commodities at the same rate of exchange? Or what meaning can be attached to such a law in their case? The dealing of an isolated couple would be regulated not by the theory of exchange (stated p. 31), but by the theory of simple contract (stated p. 29).

This consideration has not been brought so prominently forward in Professor Jevons's theory of exchange, but it does not seem to be lost sight of. His couple of dealers are, I take it, a sort of typical couple, clothed with the property of 'Indifference,' whose origin in an 'open market' is so lucidly described[c]; not naked abstractions like the isolated couples imagined by a De Quincey or Courcelle-Seneuil in some solitary region. Each is in Berkleian phrase a 'representative particular;' an individual dealer only is presented, but there is presupposed a class of competitors in the background. This might safely be left to the intelligence of the reader in the general case of exchange. But in dealing with exceptional cases (pp. 132, 134), a reference to first principles and the presupposition of competition would have introduced greater precision, and suggested the distinction submitted in these pages (pp. 19, &c.), namely, that exchange is indeterminate, if *either* (1) one of the trading bodies (*quâ* individual or *quâ* union) or (2) the commodity supplied by one of the dealers, be *indivisible or not perfectly divisible*.

The whole subject of the mathematical theory of exchange would be put in

---

a. *Philosophie Positive*, Leçon 8.
b. *Foreign Trade*, p. 19.
c. *Theory*, pp. 98, 99.

한 비평가가 1871년 11월 11일자 〈토요일 평론〉에서 제번스 교수의 이론을 향해 던진 반대를 살펴보기로 한다.[27] 그 논평의 필자가 이렇게 말한다. '제번스 씨가 이 방정식을 그의 문제를 푸는 데 적용하면서 명백한 실수로 빠져드는 게 보인다. 평범한 영어로 번역된 그 방정식 $\dfrac{y}{x} = \dfrac{dy}{dx}$ 은, 우리가 보기에, A가 B에게 주는 곡물이 얼마만큼이든 그가 교환에서 받는 쇠고기의 양은 비례한다는 단순한 내용이다. 예컨대 그가 곡물의 양을 두 배로 늘리면, 그가 받는 쇠고기의 양도 두 배가 된다. 그러나 다른 방정식들은[28] 상반된 전제 위에서 도출된다. 그 전제에 의하면 교환 요율이 어떤 복잡한 법칙에 따라 변동하는데, 그 법칙은 우리가 만약 흥정에 나선 당사자들의 마음에 그들이 소유하는 쇠고기와 곡물의 양이 달라지면서 일으킬 영향을 정밀히 알아차린다면 확인할 수 있는 그런 것이다. 사실 x는 이제 이전과는 전혀 다른 의미에서 y의 함수이며, 이는 제번스 씨가 그 경우에 대해 한 말에서 쉽게 예견될 수 있다. 그러므로 $\dfrac{y}{x}$ 로 $\dfrac{dy}{dx}$ 를 대체하는 것은 실수다.'

내가 말하려는 것은 (1) 다음 문제의 유의미성이다. 주어진 두 미분 방정식이 $F_1\left(xy\dfrac{dy}{dx}\right)=0$, $F_2\left(xy\dfrac{dy}{dx}\right)=0$. 두 수량 $\underline{x}$와 $\underline{y}$를 찾되, 우선 각각에서 x의 함수로서 y를 도출하고, 각각에서 x의 함수로서 $\dfrac{dy}{dx}$ 를 도출한다. 그리고 y의 두 (함수) 값과 $\dfrac{dy}{dx}$ 의 두 (함수) 값에 $\underline{x}$를 대입한다. 그리고서는 (a) y의 그 두 (수량) 값이 서로 같으면서 $\underline{y}$와 같게 하고, (b) $\dfrac{dy}{dx}$ 의 그 두 (수량) 값이 서로 같게 한다.

(2) 다음이 이 문제의 풀이다. 두 방정식 $F_1\left(xy\dfrac{dy}{dx}\right)=0$, $F_2\left(xy\dfrac{dy}{dx}\right)=0$ 사이에서 $\dfrac{dy}{dx}$ 를 소거하면 x와 y에 관한 방정식이 남는데, 그것이 바로 요구되는 점의 궤적이다.

(3) 이 문제와 풀이는 제번스 교수의 문제와 풀이와 상응한다.

a clearer light by considering the objections which have been brought against Professor Jevons's theory by an able critic in the 'Saturday Review' (Nov. 11, 1871). The Reviewer says: 'When Mr. Jevons proceeds to apply this equation to the solution of his problem, he appears to us to fall into a palpable blunder. Translated into plain English, the equation $\dfrac{y}{x} = \dfrac{dy}{dx}$ means, as we see, simply that, however much corn A gives to B, he will receive a proportionate quantity of beef in exchange. If he doubles the amount of corn, that is, he will receive twice as much beef. But the other quantities are obtained on the contrary supposition, namely, that the rate of exchange will vary according to some complex law, determinable, if we could tell precisely what effect will be produced on the mind of the parties to the bargain, by the possession of varying quantities of beef and corn. In fact x is now a function of y, as might easily be foreseen from Mr. Jevons's statement of the case, in quite a different sense from what it was before. The substitution, therefore, of $\dfrac{y}{x}$ for $\dfrac{dy}{dx}$ is a mistake.'

I submit (1) the following is a significant problem. Given two differential equations $F_1\left(xy\dfrac{dy}{dx}\right) = 0$, $F_2\left(xy\dfrac{dy}{dx}\right) = 0$, find $\underline{x}$ and $\underline{y}$ two quantities such, that if each differential equation be solved, and thereby y for each be found as a function of x, and thence for each $\dfrac{dy}{dx}$ be derived as a function of x; then, if $\underline{x}$ be substituted in both (functional) values of y, and both (functional) values of $\dfrac{dy}{dx}$, (a) the two (quantitative) values of y are equal to each other equal to $\underline{y}$, and (b) the two (quantitative) values of $\dfrac{dy}{dx}$ are equal to other.

(2) The following is a solution of this problem. Eliminate $\dfrac{dy}{dx}$ between the equations $F_1\left(xy\dfrac{dy}{dx}\right) = 0$, $F_2\left(xy\dfrac{dy}{dx}\right) = 0$; the resulting equation in x and y is the locus of the required point.

(3) The problem and solution correspond to Professor Jevons's problem and solution.

이 명제들을 차례로 살펴보자.

(1) 이 명제가 일으키는 극도의 웅성거림은 내가 앞에서 도해의 이득에 대해 말한 것의 예시가 되어 준다. 실제로 그것의 기하학적 동치는 단순하다. 제각기 (1차) 미분 방정식으로 주어진 두 곡선이 만나고 접촉하는 점을 찾아라. 또는 더욱 간략하게, 두 무리의 구성원들 사이에서 접촉의 궤적을 찾아라.

이렇게 도입되는 개념은 정당할 뿐만 아니라 변분학에서 친숙하게 사용되는데, **갑작스런 방향의 변화가 없어야 한다는 조건에 복속하는 복수의 해**를 갖게 되는 문제들에서 특히 그렇다. 독자들은 토드헌터 씨의 《연구》에서 그런 문제를 얼마든지 많이 찾을 수 있다.

내 관심은 토드헌터 씨의 문제들과 우리 문제 사이의 정확한 평행을 보여주는 데 있지 않다. 그의 문제들이 첫째 미분과 함께 **둘째** 미분을 포함한다면 그 평행이 정확하지 않을 수 있다. 그러나 우리 경제 곡선의 원천인 **극대 분석**이 내놓는 곡선에 관한 문제라면 정확히 평행하게 만들기가 쉽다. 직선과 사이클로이드,

[그림 4]

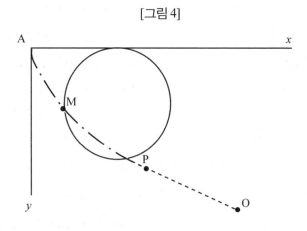

가장 짧은 선과 가장 빨리 내려가는 선을 보자. 사이클로이드는 일정한 지름의 원을 수평선 위에서 굴릴 때 생성되는데-그 생성점 M이 수평선 위 어딘가에서 출발하겠으나- 그 출발점은 임의에 맡긴다. 이제 다음과 같은 점 P를 (그리고 그 궤적을) 찾아라. 한 입자가 정지 상태에서 출발하여 사이클로이드를 따라

교환 공식

Let us take these propositions in order.

(1) This proposition by its extreme bumblediness illustrates what was above said about the advantages of graphical illustration. For the geometrical equivalent is simply: Required a point at which two curves each given by a differential equation (of the first order) meet and touch. Or even more briefly: Find the locus of contact between members of two families.

The conception thus introduced is not only legitimate, but familiarly employed in the Calculus of Variations, in those problems where we have *multiple solution subject to the condition that there shall be no abrupt change of direction.* The reader will find any number in Mr. Todhunter's 'Researches.'

I am not concerned to show that Mr. Todhunter's problems are exactly parallel to ours. They could not well be so involving *second*, where they involve first, differentials. But it is easy to construct an exactly parallel problem with curves presented by *maximum analysis*, the source of our economical curves. Take the straight line and the cycloid, the shortest line and line of quickest descent. A

FIG. 4.

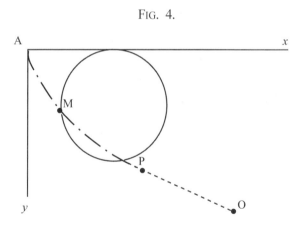

cycloid is generated by a circle of given diameter rolling on a given horizontal line, the starting-point of the circle — that is where the generating point M is on the horizontal line — being arbitrary. Find (the locus of) a point P on the cycloid such that if a particle starting from rest slide down the cycloid from the horizontal

수평선으로부터 P까지 내려가서는 거기서 접선 방향으로 날아가되 주어진 점 O를 지난다.

(2) 앞에서 제안한 풀이는 쉽게 입증된다. F_1과 F_2 사이에서 $\dfrac{dy}{dx}$ 을 소거한 뒤 그 소거식에서 무엇이든 한 점 x y를 잡아서 그것을 지나는 각 무리의 곡선을 그려라. 그리하면 F_1(x y p_1)=0. 여기서 p_1은 x로 x가 대체될 때 첫째 곡선에 대해 $\dfrac{dy}{dx}$ 가 갖는 값이다. 그 점은 소거식에 있으므로 F_2(x y p_1)=0. 그리고 F_2(x y p_2) =0. 따라서 $p_1 = p_2$. 증명 완료.

바로 앞에서 든 특정 경우에 사이클로이드의 미분 방정식은[a] $\dfrac{dy}{dx} = \sqrt{\dfrac{2a-y}{y}}$, 그리고 주어진 점의 좌표가 p와 q이면 직선의 미분 방정식은 $\dfrac{dy}{dx} = \dfrac{y-p}{x-q}$. 그리하여 요구되는 궤적은

$$\sqrt{\dfrac{2a-y}{y}} = \dfrac{y-p}{x-q}$$

이 3차 곡선은 **가능하기만 하다면** 명백히 그래야 하는 대로 그 주어진 점을 지난다. 그렇지만 생성하는 원이나 생성되는 사이클로이드가 도달하기에는 그 주어진 점이 수평선에서 너무 멀리 있을 수도 있다. 이 경우에 그 점은 여전히 사이클로이드와 선 사이의 접촉 현장이고, 오직 그 사이클로이드가 **가상**이다. 수학자라면 그런 기형畸形 분석에 준비가 되어 있다. 경제학자도 이와 비슷하게 도출된 '수요 곡선'의 이와 비슷한 기형들에[b] 준비가 되어 있어야 한다.

오해를 피하기 위해 덧붙여야 하겠다. 만일 1차 미분이 아닌 **다른** 미분이 더 있었더라면 $\dfrac{dy}{dx}$ 의 소거에 의한 풀이가 적용될 수 **없었을** 것이다. 이 경우에 소거

---

a. 토드헌트의 《미분학》,[29] 342쪽을 보라.

b. 원점이 **비록 수요 곡선들의 교차점이지만** 그 어떤 의미에서도 균형의 위치가 아니고 **계약 곡선** 위에 있지도 않다. 또한 수요 곡선들이 **번갈아** 교차하는 점들은 (마셜 씨와 발라스 씨가 보였듯이) 단지 이름으로만 교역 균형의 위치들이다. 그리고 우리는 **계약 곡선**의 분석적 표현을 다룰 때(26쪽) 비슷한 주의가 요구된다는 것을 보았다.

line as far as P, and there fly off at a tangent, it will pass through a given point O.

(2) The solution above offered is easily verified. Having eliminated $\frac{dy}{dx}$ between F_1 and F_2, take any point $\underline{x}\,\underline{y}$ on the eliminant, and draw through it a curve of each family. Then $F_1(\underline{x}\,\underline{y}\,p_1)=0$; where p_1 is the value of $\frac{dy}{dx}$ for the first curve when $\underline{x}$ is substituted for x. Since the point is on the eliminant $F_2(\underline{x}\,\underline{y}\,p_1)=0$. Also $F_2(\underline{x}\,\underline{y}\,p_2)=0$. Therefore $p_1=p_2$. Q. E. D.

In the particular case just put let the differential equation of the cycloid[a] be $\frac{dy}{dx}=\sqrt{\frac{2a-y}{y}}$, and the differential equation of the line $\frac{dy}{dx}=\frac{y-p}{x-q}$ where p and q are the co-ordinates of the given point. Then the required locus is

$$\sqrt{\frac{2a-y}{y}} = \frac{y-p}{x-q} ;$$

a curve of the third degree passing through the given point, as it evidently ought, *if it can*; for the given point may be too far from the horizontal line to be reached by generating circle or generated cycloid. In this last case the point is still the scene of contact between a cycloid and line, only the cycloid is *imaginary*. The mathematician is prepared for such freaks of analysis; the economist should be prepared for somewhat similar freaks[b] on the part of his similarly obtained 'demand-curve.'

To avoid misconstruction it may be as well to add that this solution by elimination of $\frac{dy}{dx}$ would *not* have been admissible if there had been *other*

---

a. See Todhunter's *Differential Calculus*, p. 342.

b. Thus the origin, *though an intersection of the demand-curves*, is not in any sense a position of equilibrium; not even being on the *contract-curve*. Again, the *alternate* intersections of the demand-curves are (as Messrs. Marshall & Walras have shown) positions of trade-equilibrium only in name. And we have seen that similar caution is required in handling the analytical expression of the *contract-curve* (p. 26).

의 결과는 잡종 미분 방정식, '*두 모습의 잡종*'인데,[30] 그 논평의 필자가 그것을 어렴풋이 보았을 수 있다.

(3) 제번스 교수의 문제를 주의 깊게 고려하면 그것이 바로 여기서 순수 분석 또는 기하학의 언어로 제기된 문제의 한 경우임을 알 수 있다. 나는 기하학의 언어를 택할 텐데, 간결을 위해서이기도 하고 그것의 편리를 예시하기 위해서이기도 하다. 거래가 시작되고 x와 y가 영인 그 곳을 원점으로 삼으면, (*a*) **무차별 법칙**에[a] 의해 각 거래인은 미분 방정식 $\dfrac{dy}{dx} = \dfrac{y}{x}$이 정해주는 **직선**을 따라 움직여야 한다. (그 논평의 필자가 이만큼을 본다.) 그리고 '교환 이론'이라는 표제 아래서[b] 우리가 배우기를, (*b*) **거래인의 위치 변동을 나타내는** $\dfrac{dy}{dx}$가 **균형점에서** $= \dfrac{\phi_1(a-x)}{\psi_1(y)}$. 그러나 (*a*)에 의해, 거래인의 위치 변동을 나타내는 $\dfrac{dy}{dx}$가 **계속해서** $= \dfrac{y}{x}$. 그리하여 이제 막 펼쳐놓은 원리들에 의해, 요구되는 그 점의 궤적은 (*a*)와 (*b*) 사이에서 $\dfrac{dy}{dx}$을 소거하면 찾아진다. 그래서 $\dfrac{\phi_1(a-x)}{\psi_1(y)} = \dfrac{y}{x}$. 이것은 다름 아닌 우리의 오랜 친구 '**수요 곡선**'이다.

우리는 보통의 미분 방정식으로 여겨지는 그 방정식 $\dfrac{dy}{dx} = \dfrac{\phi_1(a-x)}{\psi_1(y)}$에서 오랜 친구 하나를 더 알아볼 수 있다. 그 방정식은 바로 우리의 여러 '**무차별 곡선**'을 위한 미분 방정식이다. 지금 고려되고 있는 문제는 이렇게 표현된다. 원점에서 나오는 선들이 무차별 곡선들을 접촉하는 점의 궤적을 찾아라. 만약 (이전에 상정했듯이[31]) 무차별 곡선들이 점 C를 둘러싸는 일련의 원들로 구성된다면, O에서 나오는 한 접선이 그 곡선 하나와 접촉하는 점의 궤적은 OC 위에 그려지는 직각삼각형들의 꼭짓점 궤적이다. 달리 말해 OC 위에 그려지는 반원인데, 이

---

a. 《이론》, 98쪽 이하.
b. 103쪽 이하.

differentials besides those of the first order. Elimination would in this case have resulted in that sort of mongrel differential equation, 'Mixtumque genus prolemque biformem,' which the Reviewer may be supposed to have had dimly in view.

(3) An attentive consideration of Prof. Jevons's problem will show that it is a case of the problem here proposed, whether in the language of pure analysis or of geometry. I take the latter for brevity and to illustrate its convenience. Taking for origin the point at which the dealing begins where x and y are zero, we see (*a*) by the *law of indifference*[a] that each dealer must move along a *straight line* given by the differential equation $\frac{dy}{dx} = \frac{y}{x}$ (the Reviewer sees this much). Again under the heading 'Theory of Exchange'[b] we may learn (*b*) that the $\frac{dy}{dx}$ *which expresses the dealer's change of position is at the point of equilibrium* $= \frac{\phi_1(a-x)}{\psi_1(y)}$. But by (*a*) the $\frac{dy}{dx}$ which expresses the dealer's change of position is *continually* $= \frac{y}{x}$. Therefore by the principles just now laid down the locus of the required point is found by eliminating $\frac{dy}{dx}$ between (*a*) and (*b*); whence $\frac{\phi_1(a-x)}{\psi_1(y)} = \frac{y}{x}$ which is none other than our old friend the '*demand-curve.*'

We may recognise another old friend in the equation $\frac{dy}{dx} = \frac{\phi_1(a-x)}{\psi_1(y)}$ considered as an ordinary differential equation. It is the differential equation of our '*curves of indifference.*' The problem under consideration may be expressed: Find the locus of the point where lines from the origin *touch* curves of indifference. If (as before supposed) the curves of indifference consist of a series of circles round a point C, then the locus of the point of contact to any curve of a tangent from O is the locus of vertices of right-angled triangles described on OC; that is, a semicircle described in OC, a result which of course might be obtained

---

a. *Theory*, p. 98, *et seq.*
b. P. 103, *sqq.*

결과는 여기 서술된 방법에 따라 분석적으로 얻을 수 있다. OC를 반분하는 점으로 변형하여 $c = \frac{1}{2}OC$. 그리하면 **어느** 무차별 곡선이든 그것의 방정식은 $(y-c)^2 + x^2 = r^2$. 그래서 그 무리의 미분 방정식은 $\frac{dy}{dx} = -\frac{x}{y-c}$. 그리고 O에서 나오는 직선의 미분 방정식은 $\frac{dy}{dx} = \frac{y+c}{x}$. 여기서 방어한 원리에 의거해서 $\frac{dy}{dx}$를 소거하면, $x^2 + y^2 = c^2$. 이것은 지름이 OC인 원의 방정식이다. *증명 완료*. 이렇게

[그림 5]

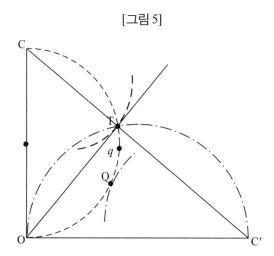

얻은 궤적과 비슷하게 얻는 다른 궤적이 교차하는 점을 결정하는 일은 어렵지 않다. 그 결합 결정 문제는 우리가 이미 본 대로 나타낼 수 있다. 원점에서 나오는 직선을 그리되 한 점에서 두 무차별 곡선과 접하게 하라. 이 교환 결정성의 문제는 매우 다양하게 다른 방식들로 바뀔 수 있다. 당신이 하고 싶은 대로 바꿔라. 그 공식의 핵심적 옳음이 더 분명하게 드러날 것이다.

깊숙이 가라앉혀도 다시 아름다움으로 떠오르고
나서서 다퉈도 끄떡없이 이겨내고
승자에게 칭송을[32]

analytically according to the method here described. Transforming to the point of bisection of OC, and putting $c = \frac{1}{2}OC$, the equation of *any* indifference-curve is $(y-c)^2 + x^2 = r^2$. Whence the differential equation of the family $\frac{dy}{dx} = -\frac{x}{y-c}$. And the differential equation of a straight line from O is $\frac{dy}{dx} = \frac{y+c}{x}$. Eliminating $\frac{dy}{dx}$ upon the principle here defended, we have $x^2 + y^2 = c^2$ the equation of a circle

FIG. 5.

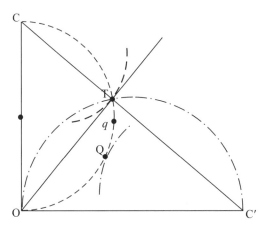

whose diameter is OC. Q. E. D. The determination of a point by the intersection of the locus thus obtained, with another locus similarly obtained, presents no difficulty. The conjoint determinate problem may, as we have already seen, be thus expressed. Draw from the origin a straight line, which at the same point touches two curves of indifference. As we have seen, the problem of determinate exchange may be turned in a great variety of other ways. Turn it as you will, the essential correctness of the formula under consideration emerges clearer.

> Merses profundo; pulchrior evenit.
> Luctere; multâ proruet integrum
> Cum laude victorem.

그 공식에 대한 〈토요일 평론〉의 나머지 반대들은 이미 오류로 드러난 해석에 근거를 두고 있다. 다시 말하면, 정치경제학자들이 외로운 섬에 갖다놓기 좋아하는 그런 고립된 쌍에 그 공식이 적용된다고 보면 오류다. 그 논평의 필자가 사용하는 문학적 방법은 우연찮게도 그에게 자기 자신이 가정하는 이런 전제들로부터 맞는 결론들을 연역하는 능력을 주지 않았다.[a] 그러나 여기서 우리의 관심은 그의 가정된 전제들로부터의 틀린 추론에 있는 게 아니라 전제들에 대한 그의 부당한 가정 또는 *논지/무시*에 있다. 우리는 단지 그의 반대가 **한 시장 안의 전형적** 쌍에는 적용되지 않음을 보이려 할 뿐이다.

그는 A와 B가 제각기 곡물과 쇠고기를 거래하는 경우를 내놓고서는 곡물 5에 대해 쇠고기 1의 요율로 A가 곡물 20을 쇠고기 4와 교환하면서 더 이상은 교환하려 하지 않는다고 상정한다. 이제 이 반대가 우리가 세운 **전형적** 공식에 적용되는 한에 있어서 갖는 함의가 있으니 — 내 말은 그 논평의 필자가 이 구조를 겨냥했다는 게 아니고, 내 관심은 그가 이 구조를 맞추지 않음을 보이는 데 있다 — 만약 한 전형적 거래인의 물품 가격이 인상되려 한다면 그 거래인은 거래를 거절하면서 그런 가격 상승을 승낙하지 않으리라는 것인데, 이에 대해서는 아무런 반박도 필요하지 않다. 기호로는 x를 거래하는 사람의 효용이 P이고 $\tan\theta$가 교환의 요율이면, $\frac{dP}{d\theta}$는 계속해서 +. 물론 그 움직임은 P의 **수요 곡선을 따른다**.[33] 그리고 여기서 우리의 고려 대상은 **한 시장 안의 전형적** 개인들이므로 수요 곡선을 따르는 움직임 말고는 논할 게 없으며, 그 지표의[34] 위치가 P의 수요 곡선 위, 이를테면 ([그림 5]에서) q임을 그 경우가 보여준다.

그리하여, 이런 조건에 복속하면서 — 이를테면 $\left(\frac{dP}{d\rho}\right)=0$ — P가 계속해서 θ와 함께 증가한다. 왜냐하면

$$\frac{dP}{d\theta} = \left(\frac{dP}{d\theta}\right) + \left(\frac{dP}{d\rho}\right)\frac{d\rho}{d\theta} = \left(\frac{dP}{d\theta}\right) = \frac{dF}{da}\sin\theta + \frac{dF}{dy}\cos\theta$$

[여기서 상정하는 P는 $=F(a-\rho\cos\theta, \rho\sin\theta)$] 부富가 계속 증가해서 **비非효용**이

---

a. 그의 가설을 주의 깊게 살펴보면 알 수 있듯이, 그는 **계약 곡선을 벗어나는 타결**이 있을 수 있다고 상정하는데, 이 상정은 옹호될 수 없다.

The remaining objections of the Saturday Reviewer against this formula are based upon the interpretation already shown to be erroneous that the formula is applied to solitary couples, such as those which political economists delight to place in lonely islands. It happens, indeed, that the Reviewer is not enabled by his literary method to deduce correct conclusions from these premisses of his own assumption.[a] But we are here concerned not with his fallacious reasoning from assumed premisses, but with his undue assumption of premisses or ignorantia elenchi. We are only concerned to show that his objection does not apply to a *typical* couple *in a market*.

He puts the case of A and B, dealing respectively in corn and beef, and supposes that at a certain rate 5 of corn to 1 of beef A would exchange 20 of corn against 4 of beef and no more. Now, in so far as this objection might apply to the *typical* formula which we have been building — I do not say that the Reviewer aimed at this structure, but I am concerned to show that he does not hit it — it might import that a typical dealer would refuse to deal if the price of his article were to be raised, would not consent to such a rise of price, which surely requires no refutation. In symbols, P being the utility of dealer in x, and tan θ the rate of exchange, $\dfrac{dP}{d\theta}$ is continually +; it being understood, of course, that movement *is along the demand-curve* of P; for, as we are here concerned with *typical* individuals *in a market*, there is no talk of movement other than along demand-curves, and the case put shows that the position of the index is on P's demand-curve, say at the point q (on the last figure).

Well, then, subject to this condition, namely $\left(\dfrac{dP}{d\rho}\right) = 0$, P increases continually with θ. For $\dfrac{dP}{d\theta} = \left(\dfrac{dP}{d\theta}\right) + \left(\dfrac{dP}{d\rho}\right)\dfrac{d\rho}{d\theta} = \left(\dfrac{dP}{d\theta}\right) = \dfrac{dF}{da}\sin\theta + \dfrac{dF}{dy}\cos\theta$ [P being here supposed $= F(a - \rho\cos\theta,\ \rho\sin\theta)$], which is continually +, unless it can be supposed

---

a. An attentive consideration of his hypothesis will show that he supposes that there can be a *settlement not on the contract-curve*; which is untenable.

될 수 있다고 상정하지만 않는다면 이것은 계속 +. *증명 완료*.

그러나 물론 다음처럼 말하더라도 틀리지 않을 것이다. A는 당신이 서술하는 이동을 할 의사가 충분히 있을 수 있으나, B는 비록 가설에 의해 **어떤** 방향으로 이동하려 한다 할지라도 **그런** 방향으로는 이동하려 하지 않는다. 그리고 충분히 참으로, 시장의 여러 성질을 갖춰 입지 않은 단순한 B라면, **그런** 이동을 하려 하지 않을 것이다. 다시 [그림 5]를 보면서, B의 **무차별 곡선들**이 C'을 중심으로 가진 원들이라고 상정하자. 이제 우리는, B의 **무차별 곡선** 하나가 A의 **수요 곡선**에 닿는 그곳 Q보다 **높이** 있는 모든 점들에 대해, 그 개인 B로서는 A의 수요 곡선을 따라 오르는 게 이익이 아님을 알 수 있다.[35] 그러나 **전형적이고 경쟁적이고 대표적인** B는 달리 어쩔 수 없다. 그를 움직이는 힘의 발휘는 그의 극대 효용 **홀로**가 아니라 경쟁 아래서다. 줄여 말하면, 그가 가질 수 있는 최선이다. 여기서 그리고 다른 필자들에 의해 충분히 설명된 시장의 이런 작동이, 우리의 탐구에서 그토록 자주 거듭 등장하는 그 공식으로 이끈다.[a]

VI.
기하학을 모르는 자들의 오류

'*위대한 호메로스를 꾸짖는 당신*,' '*훌륭한 몸의 흠*,'[1] 그리고 사소한 트집에 적용될 수 있는 모든 격언들이 아래 언급되는 이름들을 보는 순간 떠오르겠지만, 이 비평가가 서둘러 그 위대한 이름들에 대한 어떤 불경도 마음에 없음을

---

a. 그러나 만약 B들 사이에서 경쟁이 **완전하지 않으면**, 그들이 서로를 움직여 두 수요 곡선이 교차하는 T까지 오르는 일이 일어나지 않을 수 있다. 그래도 그 체계는 (48쪽에서 시사했듯이) 어떤 중간 지점 *q*에서 **최종 타결**에 도달할 것이다. 물론 이때 그 체계가 (예전 우리의 X) A의 수요 곡선을 따라 움직이도록 제한되고 있다고 상정한다. 이 **부과 조건**이 없다면, 그 체계는 계약 곡선 위의 최종 타결로 달려갈 텐데, 그곳이 수요 곡선과 (이 경우 직선인) 계약 곡선 CC'가 교차하는 점 T일 필연성도 가능성도 없다.

that wealth can so increase as to become a *disutility*. Q. E. D.

But, it may be said, and not without plausibility, of course A would be willing enough to make the change you describe, but B, though by hypothesis he is willing to make changes in *some* direction, is not willing to make a change in *that* direction. And, true enough, a mere B, unclothed with the properties of a market, might well be unwilling to make *that* change. Referring to the same figure, let us suppose that B's *curves of indifference* are circles with C′ at centre. Then we see that for all points *above* Q where a *curve of indifference* of B touches the *demand-curve* of A, it will not be for the interest of the individual B to move up the demand-curve of A. But the *typical competitive representative* B cannot help himself. The force which moves him is not his maximum utility *barely*, but subject to competition; the best that he can get in short. And this play of the market, as fully explained here and by other writers, leads to the formulæ[a] which have been so often returned to our inquiry.

VI.

ON THE ERRORS OF THE ἀγεωμετρητοί

'ECQUID tu magnum reprendes Homerum,' 'Egregio in corpore nævos,' and whatever adage is applicable to carping smallness, might occur at sight of the undermentioned names, if the critic did not hasten to disclaim any disrespect for these great names, and to explain that the argument of this work, to vindicate

---

a. If, however, the competition between the Bs is *not perfect*, it may happen that they cannot force each other up to T, the intersection of the demand curves; but that the system will reach a *final settlement* at some intermediate point *q* (as intimated at p. 48), supposing that the system is constrained to move along the demand-curve of A (our old X); for in the absence of this *imposed condition* it would run down to a final settlement on the con- tract-curve, not necessarily nor even probably T, the point where the demand curve intersects the contract-curve (in this case a straight line), CC′.

밝히면서 해명하는데, 사회과학의 수리적 방법이 정당하다는 이 작업의 주장을 완성하는 유일 또는 최선의 마무리는 가장 심오한 사상가들이 수학의 도움을 받아들였더라면 더 명료하게 사회과학에 대해 사고했을 것임을 보여주는 것이다.

그리고 만약 어차피 독자에게 피고인 명단과 고발문의 길이가 그다지 길어 보이지 않는다면− 검토되는 저자들 가운데 적어도 첫 둘과 마지막 둘에 관해서는− 여기서 오류를 범했으리라 의심받는 이들이 **누구**인지 그리고 그 오류의 주제가 **무엇**인지 알아보는 게 독자의 즐거움이 될 수 있다. 만약 **이들이** 수학의 도움이 없어서 오류를 범했다면, 도움 받지 않는 다른 사람들의 이성에 대해서는 우리가 무엇을 기대해야겠는가? 그리고 만약 행동의 **목적**에 대한 개념이 분명하지 않다면, 수단에 대한− 도덕성의 중간 공리들 모두에 대한− 오류와 혼란이 있을 수밖에 없지 않은가? '네 안에 있는 빛이 어둠이면 그 어둠이 얼마나 크겠느냐.'[2]

벤담

수량적으로 정밀했었어야 하지만 과학적으로 분석했을 때 거의 무의미해 보일 수 있는 표현을 위대한 벤담이[a] 생활의 신조로 그리고 자기편의 표어로 채택했다는 사실은 수량 과학에 부여될 중요성과 관련하여 의미가 있다. '최대 다수의 최대 행복,' 이것이 과연 '최대 다수 등불의 최대 조명'보다 더 잘 이해되는가? 더 작은 수의 등불로 (더 많은 재료를 공급받아) 얻어지는 더 센 조명을

---

a. 나는 벤담이 나중에 이 문구를 고쳤다고 바우링이 말한(《의무론》, 328쪽) 사실을 알고 있다.[3] 그러나 이 문구는 그의 마지막 저작들에서도 고쳐지지 않았다(《대륙법전》, 2장, 7절[4]). 그리고 어쨌든 우리의 논쟁은 승리가 아니라 설명을 위한 것이다. *삼발을 위해서가 아니라 영혼을 위해서 다.*[5] 천재의 오류들은 비록 나중에 고쳐졌을지라도 들여다보면 유익하다.

만일 나의 앞선 시인(是認)과 뒤따를(130쪽) 시인에도 불구하고 내 비평이 혹평으로 보인다면, 그것의 적용을 벤담의 조심스럽지 못한 문구 사용에 (예를 들면, "혼동의 오류들,"[6] 3장, 2절) 이끌려 **공리주의**에 내재된 민주주의 또는 평등주의 경향을 과장하는 그의 추종자들에게로 한정하자. 벤담의 선생 프리스틀리[7] 그리고 '*최대 다수의 최대 행복*'을 내세운 베카리아에게도[8] 적용된다.

the mathematical method in Social Science, could only, or would best, be completed by showing that the profoundest thinkers would have thought more clearly upon Social Science if they had availed themselves of the aid of Mathematics.

And, if after all it appears to the reader that the list of the accused and that the accusation are not of very formidable length, he will please to consider – with reference, at least, to the two first and the two last of the reviewed authors – both *who* they are who are here suspected to have erred, and *what* the subject of their error. If *these* have erred from want of mathematical aid, what shall we expect from the unaided reason of others? And, if there is obscurity about the conception of the *ends* of action, must there not be error and confusion about the means – about all the middle axioms of morality? 'If the light that is in thee be darkness, how great is that darkness.'

BENTHAM.

That the great[a] Bentham should have adopted as the creed of his life and watchword of his party an expression which is meant to be quantitatively precise, and yet when scientifically analysed may appear almost unmeaning, is significant of the importance to be attached to the science of quantity. 'Greatest happiness of the greatest number' – is this more intelligible than 'greatest illumination with the greatest number of lamps'? Suppose a greater illumination attainable with a smaller number of lamps (supplied with more material), does the criterion in this

---

a. I am aware that Bentham is said by Bowring (*Deontology*, p. 328) to have corrected this phrase in later life. It was not, however, corrected in bis latest works (*Constitutional Code*, chs. ii. vii.). And at any rate, as our contention is not for victory but for the sake of instruction, οὐ περί τρίποδος Ἀλλὰ περί ψυχῆς, it may be useful to note the errors of genius, even if they were at length self-corrected.

If after the preceding, and in view of a subsequent (p. 130), admission, the criticism in the text appears hypercritical, let it be applied only to such of Bentham's followers as may have been led by Bentham's incautious use of the phrase (*e.g. Fallacies of Confusion*, ch. iii. f. 2) into exaggerating the democratic or isocratic tendencies implicit in *Utilitarianism*; to Bentham's predecessors also, Priestley, and Beccaria, with his 'La massima felicità divisa nel maggior numero.'

상정하면, 이 경우에 그 기준이 어떤 소리를 내는가? 벤담의 시대에는 수의 변동이 고려될 수 없었다고 주장할 수도 없다. 고정된 수의 분배받는 사람과 고정된 분배 물건을 상정하더라도, 행복의 총합이 최대가 되는 것은 총합의 가장 큰 부분 또는 얼마라도 더 큰 부분들을 소수가 가질 때가 아닐까? 귀족주의 정당이 만일 자신들을 정밀하게 표현하려 한다면 이렇게 주장할 수 있다.

최대 행복의 원리가 인기를 얻었을 수 있으나, 그 원리에 '**최대 다수의**'가 더해지면서 그 의미를 잃었다.[a]

존 스튜어트 밀

밀 역시 공리적 목적의 정의定義에 대해 분명하지 않다. 오히려 분배의 동등성이라는 조건을 부과하여 (많은 비평가들이 느꼈듯이) 그 주제를 어둡게 만들었다. 그가 과세의 원리로 정해 놓은 '희생의 동등성'이 '최소 가능 총합의 희생'과 상응하지 않는다고 상정해보라. 그러면 어찌 되는가?

밀의 정치경제학에서는 눈에 띄는 그 종種의 오류들이 적잖이 발생하는데, 그것들은 제번스 교수와 발라스 교수가[b] 충분하고도 남음이 있게 들춰내었으므로 곱씹을 필요가 없다. 이런 비평들이 불필요하게 엄격했다고 얼마든지 주장할 수 있고, 수학의 도움으로 밀을 개선한 마셜 씨의 어조가[g] 더 적절할 수 있다.[c] 그래서 가치에 대한 밀의 정의가 비록 항상 썩 잘 표현되지는 않았다 할지라도 제번스 교수의 정의와 다르지 않아 보인다. 그리고 비록 두 개의 방정식이 아닌 한 개의 방정식을[d] 인정한 밀이지만,[10] 공급과 수요의 수수께끼에서 우리를 구출할 지식을 가질 수도 있었다. 하나의 조건 아래에 여러 방정식을 놓는 게 수리적으로 가능하기 때문이다. 그래서 가상 속도와 영帚의 동등이[11] 일반적인 자유

---

a. 필자의 《윤리학의 새로운 방법과 오래된 방법》에서 이 문제가 검토된다.
b. 《정치경제학 이론》, 2판; 《정치경제학 요론》.
c. 《순수 교역 이론》, 1장, 4~12쪽.
d. 《정치경제학 이론》.

기하학을 모르는 자들의 오류

case give a certain sound? Nor can it be contended that variation of number could not have been contemplated in Bentham's day. For, supposing the number of distributees fixed, and as before a fixed distribuend, might not the sum-total of happiness be greatest when the greatest part of the sum-total, or at any rate larger portions, were held by a few? Which perhaps the aristocratic party, if they would express themselves precisely, might contend.

The principle of greatest happiness may have gained its popularity, but it lost its meaning, by the addition '*of the greatest number.*'[a]

J. S. MILL.

Nor is Mill any clearer about the definition of the Utilitarian End; indeed, darkens the subject (as many critics seem to have felt), by imposing the condition of equality of distribution. Suppose that 'equality of sacrifice,' which he lays down as the principle of taxation, should not correspond to 'least possible sum-total of sacrifice,' what then?

In the Political Economy of Mill occur some fallacies of the species under notice, on which it is unnecessary to dwell, since they have been more than abundantly exposed by Professors Jevons and Walras.[b] It might be possible, indeed, to maintain that these critics have been unnecessarily severe, and that the tone of Mr. Marshall improving upon Mill by the aid of Mathematics is more proper.[c] Thus Mill's definition of Value appears to be the same, though not always, perhaps, so well expressed, as that of Professor Jevons. And again, it might be possible for Mill to have a saving knowledge of the mysteries of Supply and Demand, even though he may have acknowledged, not two equations, but one equation.[d] For it is possible mathematically to subsume several equations in one condition. Thus the equation to zero of Virtual Velocities includes in the

---

a. See this point examined in *New and Old Methods of Ethics*, by the present writer.
b. *Theory of Political Economy*, 2nd edition; *Eléments d'Economie Politique*.
c. *Theory of Pure Trade*, ch. i. pp. 4, 12.
d. *Theory of Political Economy*.

강체剛體의 경우에는 **여섯** 방정식을 포함하고, 다르게는 얼마든지 많은 수의 방정식을 포함할 수 있는 것이다. 또한 그래서 정치경제학의 모든 방정식들이, 그 수가 아무리 많더라도, 하나 아래에 놓일 수 있다고[a] 상정할 까닭이 있음을 우리가 이미 보았던 것이다. 그리고 역시 우리가 앞에서 보았듯이, 표적에 더 가까이 다가가면, 교역 균형의 조건들이 반드시 쌍방 대칭 형태로 기술되는 게 아니고, **수요와 공급의 동등**이라는 **하나의 외로운** 조건 아래에 놓일 수 있다. 그리하여 두 조組의 조건들이 상정되었고 이해되었으니 – 사실 경제학자들은 너무 쉽사리[b] 상정하고서는 당연하게 여긴다 – 그것들은 (1) 그 **사실**, (2) 가격의 **균일성**으로[c] 서술될 수 있다.

그러나 아가멤논처럼 '적을 약탈하기보다 진영으로 들어가 동맹군을 터는'[d] 것은 우리가 할 일이 아니다.

만약 한 저자가 수리적 주제들에 대해 비非수리적 언어를 사용한다면, 그는 의심으로 가득한 해석과 명성을 기대해야 한다.

케언스

정치경제학의 문제에 대한 케언스 교수의 커다란 기여는 더 수리적인 형태를 갖췄더라면 더 컸을 것이다.

'가치 총량의 증가'라는[e] 문구의 내포를 붙잡는 게 얼마나 어려운지 곧 드러난다. 바로 그 앞에 제시되는 두 경우가[12] 그것의 외연이겠지만 내가 보기에는 정의定義를 구성할 유의미한 공통 속성을 하나도 제공하지 않는다.

수리적 교환 이론을 눈앞에 둔 이 저자의 놀라운[f] 맹목이, 교환 현상[g] 아래 깔려 있는 정신 기제를 과학적으로 숙고할 능력의 부재가, 장황한 문구 속의

---

a. 발라스 씨가 극대 원리의 그런 포괄성을 알아보았지만 (《요론》, 15강) 내가 아는 한 그가 나서서 쾌락의 극대를 물리적 극대와 동일시한 적은 없다.

b. 만약 우리의 추론이 옳다면. 색인에서 가격 항목을 보라.

c. 위 42쪽.

d. 포프, 《일리아스》, 1편.[13]

e. 《선도 원리》,[14] 5쪽.

f. 1875년 〈격주 평론〉에 실린 조지 다윈 씨의 너무나 너그러운 비평을 보라.[15]

g. 앞의 책, 15쪽.

general case of a free rigid body *six*, and may include any number of equations. And thus we have seen reason to suppose that all the equations of Political Economy, however numerous, may be subsumed under one.[a] And, to come nearer the mark, we have seen above that the conditions of trade-equilibrium are not necessarily stated in a bilateral and symmetrical form, but may be subsumed in a *single solitary* condition, the *equation of Demand to Supply*; presupposed and understood — what, in fact, economists only too readily[b] presuppose and take for granted — two sets of conditions, which might be described as (1) the *fact*, (2) the *uniformity* of price.[c]

But it is none of our part, Agamemnon-like, 'through the camp to go and rob an ally,' rather than 'despoil a foe.'[d]

If an author will use unmathematical language about mathematical subjects, he must expect a doubtful interpretation and fame.

PROFESSOR CAIRNES.

Professor Cairnes's substantial contributions to the matter of Political Economy might surely have been enhanced by being framed in a more mathematical form.

It will be found very difficult to seize the connotation of the phrase 'increase in the aggregate amount of values.'[e] The denotation, the two instances immediately preceding, does not appear to afford any significant common attribute to constitute a definition.

The amazing[f] blindness of this author in view of the mathematical theory of exchange, his inability to contemplate scientifically the psychical mechanism underlying the phenomenon[g] of exchange, must vitiate, one should think, what

---

a. Mr. Walras has discerned the all-comprehensive character of the principle of Maximum (*Eléments*, Leçon 15); though he has not ventured, as far as I am aware, to identify Hedonical with Physical Maximum.

b. If our reasonings are right. See Index *sub voce* Price.

c. Above, p. 42.

d. Pope, *Iliad,* i.

e. *Leading Principles*, p. 5.

f. See the only too lenient criticism of Mr. Geo. Darwin in *Fortnightly Review*, 1875.

g. *Ibid.* p. 15.

'수요'나 '일반적 구매력에 대한 욕구로서의 공급'에 관해서 그가 우리에게 말해야 하는 것을 훼손할 수밖에 없다고 누군가는 생각할 것이다. 수량 과학을 경멸하는 그이기에 이 주제에 관해서는 플라톤이 *여럿 중 하나*라고[16] 말할 현자이기 어렵다.

그래도 그가 때때로 밀에게서 취약한 점을 찾아내는데(116쪽), 그것은 제번스 교수가 이미 더 명료하게 드러낸 것이다.[17] 그리고 내가 감히 생각하건대, 공급과 수요의 정의에 관한 케언스 교수의 여러 주장은 단어에 관한 논쟁에 불과하고, 시장을 결정하는 힘을 파악하지 못한 사람에게는 명백할 수 없다. 사실들을 우리 목적에 맞게 충분히 정확하게 요약하기 위해 제번스 교수의 기호를 사용한 진술을[a] 가져오면,

$$\frac{\phi_1(a-x)}{\psi_1(y)} = \frac{y}{x} = \frac{\phi_2(x)}{\psi_2(b-y)}$$

여기서 ϕ와 ψ는 Φ와 Ψ의 첫째 미분들이다.[18] 예컨대 $\Psi_1(y)$는 수량 y의 상품 2가 거래인 1에게 주는 효용을 나타내는데, 가장 단순하고 추상적인 경우에는 y의 소비에 의해 한꺼번에 획득되는 즐거움이다. 그러나 일반적인 경우에는 임박한 미래와 더 먼 미래에 획득되는 즐거움 모두를 나타내는데, 이것은 이를테면 공통 척도의 현재 즐거움으로 (**위험**과 **원격성**에[19] 대한 제번스 요인들을 거쳐)[b] 환원되므로 나는 그 즐거움을 가리켜 수량 y를 **지금 가짐**으로써 (점차 소비되든 다른 상품들과 교환되든) 획득되는 것이라고 말한다.

기호로 기술되어 표현된 그 사실이 파악되었으면 다음처럼 정의할지 말지는 그저 단어들에 관한 논쟁일 뿐이다.

(1) 상품 I의 공급 = a.

  상품 II의 공급 = b.[c]

(2) 교환 요율 $\left(\dfrac{y}{x}\right)$에서 상품 I의 수요 = x (내 생각에 보통의 정의).

  교환 요율 $\left(\dfrac{x}{y}\right)$에서 상품 II의 수요 = y.

---

a. 《이론》, 108쪽.

b. 《이론》, 36~38쪽

c. 케언스, 117쪽 참조.

기하학을 모르는 자들의 오류

he has to tell us of 'demand' in ponderous phrase, or of 'supply, as the desire for general purchasing power.' ⋯ This is a subject as to which he who despises the science of quantity is not likely, as Plato would say, to be himself ἐνάριθμος.

No doubt he occasionally detects a vulnerable point in Mill (p. 116) which had already been more clearly exhibited by Professor Jevons. Still I venture to think that the contentions of Professor Cairnes about the definition of Supply and Demand are much more a dispute about words than could be evident to one who had no grasp of the forces determining a market. Let the facts, with sufficient accuracy for the present purpose, be summed up in Professor Jevons's symbolic statement,[a]

$$\frac{\phi_1(a-x)}{\psi_1(y)} = \frac{y}{x} = \frac{\phi_2(x)}{\psi_2(b-y)},$$

where ϕ ψ are the first differentials of Φ Ψ, and e.g., $\Psi_1(y)$ represents the utility to dealer No. 1 of the quantity y of commodity No. 2; in the simplest abstract case the pleasure to be at once obtained by the consumption of y, but in the general case the pleasure to be obtained both in the immediate and more distant future, reduced to the common measure so to speak of present pleasure (by way of the Jevonian factors for *risk* and *remoteness*),[b] the pleasure I say to be thus obtained from *having now* the quantity of y (whether to be consumed gradually or perhaps exchanged for other commodities).

When the fact expressed by the symbolic statement has been grasped, it is only a dispute about words, whether we define

(1) Supply of commodity No. I. $= a$.

Supply of commodity No. II. $= b$.[c]

(2) Demand of commodity No. I. at rate of exchange $\left(\dfrac{y}{x}\right) = x$ (the usual definition, I think).

Demand of commodity No. II. at rate of exchange $\left(\dfrac{x}{y}\right) = y$

---

a. *Theory*, p. 108.

b. *Theory*, pp. 36, 38.

c. Cf. Cairnes, p. 117.

(3) 상품 I에 대한 수요는 x와 교환되는 수량 y로 측정된다[a]. (?)

(4) 수요는 상품에 대한 **욕구**, 등등.[b] '수요'라는 용어의 **첫 의도**에[c] 의해 이런 언어가― 케언스가 그것을 확정된 의미로 사용한다고는 말하지 않겠으나― 정당화된다. 이 경우에는 y에 대한 수요를 $\psi(y)$로 나타내도 된다.

그러나 공급과 수요라는 독단적 용어가 일깨우는 그 성난 민감성이[20] 무엇인지 알기에 나는 먼지 구름들로 컴컴해진 곳에서 벌어지는 다툼을 거절한다.

케언스 교수가 내세우는 '비용은 희생을 의미한다.' 등의(60쪽) 주장 전부가 희생의 느낌 또는 주관적 노동의 수량화 및 측정의 중요성에 대한 무의식적 헌사로 보일 수 있다. 만약 그가 사용하는 '희생'과 '생산 비용'이[d] 대체로 **주관적** 수량이 아닌 **객관적** 수량으로서 '날, 노동, 절제의 수數로 측정되는[21] 비용'이라면(389쪽), 그래서 우리의 $h(e)$이기보다 e라고[e] 인정된다면, 그렇다면 우리는 그가 전자의 수량을 보았으면서도 그것을 더 분명히 구별함으로써 가졌을 이득을 놓쳤다고 볼 수 있다.

각 임금 요율에서 노동자가 내놓으려는 일의 수량과 고용주가 내놓으려는 보수의 (총) 금액을 제각기 나타내는 두 수요 곡선의 사용으로 고용주와 피고용인 사이의 흥정에 대한 케언스 교수의 해설이 향상되었을 수 있다. 주어진 임금 요율에서 임금 기금 혹은 임금 제공의 값이 **결정**되긴 하지만 반드시 **유일**하진 않다고 상정되었을 것이다. 그 수요 곡선들이 한번 이상 교차할 수 있다. 그리하여 그 흥정의 위치를 첫째에서 셋째 교차점으로 (혹은 셋째에서 첫째 교차점으로) 이동시키는 것이 노동조합의 효과라고 할 수 있을 텐데, 그것이 비록 케언스의 결론과 불일치하더라도 그의 전제들과는 그렇지 않을 것이다. 또한 노동조합으로 말미암아 노동자가 받는 총 보수가 줄더라도 그가 더 적은 노동을 함으로

---

a. 케언스, 24~25쪽.
b. 앞의 책, 21쪽.
c. 커닝햄, "교환 가치에 대한 소론," 1쪽 참조.
d. 62, 63, 70쪽 참조.
e. 부론 IV.

(3) Demand for commodity No. I. is measured by the quantity y exchanged for x.[a] (?)

(4) Demand is *the desire* for commodities, &c.[b] Such language is justified, though it is not pretended that Cairnes uses it with any definite meaning, by the *first intention* of the term 'demand.'[c] In this case the demand for y might perhaps be represented by $\psi(y)$.

But I know what angry susceptibilities are awakened by the dogmatic terms Supply and Demand, and decline a contest in a region which has been darkened by such clouds of dust.

Professor Cairnes's whole contention that 'cost means sacrifice,' &c. (p. 60), may seem an unconscious tribute to the importance of the quantification and measurement of the sense of sacrifice, subjective labour. If it is admitted that on the whole he uses his 'sacrifice' and 'cost of production'[d] as an *objective* not a *subjective* quantity, 'cost as measured in number of days, labour, and abstinence' (p. 389), our e rather than our $\hbar(e)$;[e] still he may seem both to have had the latter quantity in view, and to have foregone some of the advantages which would have been obtained by more clearly distinguishing it.

Professor Cairnes's exposition of the bargain between employer and employed would probably have been enhanced by the use of demand-curves, one representing the quantity of work which the labourer is willing to give, and the other the (total) amount of remuneration which the employer is willing to give, at a certain rate of wages. It would have been suggested that the Wage-Fund or -Offer, though for a given rate of wages it have a *determinate*, has not necessarily a *unique*, value. The demand-curves may intersect more than once. It would not then, I think, be inconsistent with the premisses, though it might be with the conclusions, of Cairnes, that the effect of a trades-union might be to shift the position of the bargain from the first to the third (or rather from third to first) intersection. Also it would have been suggested as above, that, though the labourer might have less total remuneration in consequence of a trades-union,

---

a. Cairnes, pp. 24, 25.

b. Id. p. 21.

c. Cf. Cunyngham, *Notes on Exchange Value*, p. 1.

d. Cf. 62, 63, 70, &c.

e. Appendix IV.

써 더 많은 효용을 가질 수 있다는 것도 앞에서처럼 제시되었을 것이다.

스펜서

스펜서 씨가 《윤리학의 기초 자료》에서[22] 시지윅 씨의 공리주의를 '심리'하고 서는 선고했다. 그러나 만약 그 절차가 수량 과학의 형태를 따랐더라면 그 판결이 달랐을 수 있다. 스펜서 씨가 '모두를 하나로 셈하라'를 지목하여 공리주의를 반대하지만,[a] 그가 해석한 이 동등은 시지윅 씨가 공리적 목적으로 정의한[23] 수 數 × 평균 행복의 최대 가능 곱[b] 또는 앞에서 기호로 나타낸 정의에[c] 들어가지 않는다. 차이의 동등성은 이 정의의 *고유 자아*가 아니다. 그 *반대*다.[d] '모두를 하나로 셈하라'가 아니라 '겨우 인지할 수 있는 즐거움 증분 모두를 하나로 셈하라' 또는 그렇게 정의된 어떤 즐거움 단위에[e] 대해 그리하라는 것이 공리적 분배 원리다.

(§85.) 생산자 A, B, C, D 사이에서 생산물이 분배되는 경우는 변분학으로 무장된 '불편부당한 감독관'에게 아무런 이론적 어려움도 주지 않는다. **작업 역량**이 가장 큰 사람이 가장 많은 작업을 하고, **즐거움 역량**이 가장 큰 사람이 가장 많은 생산물을 갖는다.[f] 얼기설기 얽힌 협동 작업의 경우에는 동등성 원리가 어떻게 작동할 수 있을까?[g] 그러나 최대 행복의 원리에게는 모든 것이 단순하다. 생산물 전부를 노동자들이 겪는 피곤의 어떤 주어진 함수로 간주하고, 각 노동자의 즐거움을 그가 갖는 몫의 어떤 주어진 함수로 간주하라. 그리고 즐거움들의 합에서 피곤들의 합을 **뺀** 것이 최대 가능이 되도록 그 피곤들과 몫들을 결정하되, 그 몫들의 합이 생산물 전부와 같아야 한다.[h]

(§86.) 이타적 즐거움이 이기적 즐거움을 요구한다는 주장이 앞에서 (부론 IV.) 한 진술에 열려 있다. 물리적 예시와 (228쪽) 관련해서, 전부가 가열되기 위해서는 부분들이 가열되어야 한다는 데 동의하자. 그러면 어떻게 되는가?

---

a. 《윤리학의 기초 자료》, 13장.
b. 4편, 1장, 2절.
c. 위 57쪽을 보라.
d. 색인에서 동등성 항목을 보라.

e. 위 8쪽을 보라.
f. 위를 보라.
g. 위 51쪽을 보라.
h. 위 64~47쪽을 보라.

yet he might have more utility, having less labour.

Mr. SPENCER.

Mr. Spencer has 'tried' the Utilitarianism of Mr. Sidgwick ('Data of Ethics'), and condemned it; but had the procedure been according to the forms of quantitative science the verdict might have been different. 'Everybody to count for one' is objected to Utilitarianism,[a] but this equation as interpreted by Mr. Spencer does not enter into Mr. Sidgwick's definition of the Utilitarian End, greatest possible product of number × average happiness,[b] the definition symbolised above.[c] Equality of distinction is no *proprium* of this definition; *au contraire.*[d] Not 'everybody to count for one,' but 'every just perceivable increment of pleasure to count for one,' or some such definition of the pleasure unit,[e] is the utilitarian principle of distribution.

(S. 85.) The case of A B, C D, producers, among whom the produce is to be distributed, presents no theoretical difficulty to the 'impartial spectator,' armed with the Calculus of Variations. The most *capable* of work shall do most work; the most *capable of pleasure* shall have most *produce.*[f] How could the principle of equity be worked in the entangled case of cooperative work?[g] But to the principle of greatest happiness all is simple. Consider the whole produce as a given function of the fatigues of the labourers, the pleasure of each as a given function of his portion; and determine the fatigues and the portions so that the sum of the pleasures, *minus* the sum of the fatigues, should be the greatest possible, while the sum of the portions equals the whole produce.[h]

(S. 86.) To insist that altruistic requires egoistic pleasure, is open to the remarks above made (Appendix IV.). As to the physical illustration (p. 228), grant that, in order that the whole may be heated, the parts must be heated. What then? Is it not conceivable that to each part should be imparted *just that amount* of

---

a. *Data of Ethics*, ch. xiii.
b. Book iv. ch. 1, § 2.
c. See above, p. 57.
d. See Index *sub voce* Equality.
e. See above, p. 8.
f. See above.
g. See above, p. 51.
h. See above, p. 64~67.

최대 적분으로 이끌 **딱 그만큼**의 열이 각 부분에 전달되는 것을 생각해 볼 수 없는가? 이 예가 제시하는 견해는 그 저자의 견해와는 매우 달라서 오히려 '취급의 동등함'이[24] **없어야** 한다는 것이다. 무더기 전체의 평균 온도에 요소들의 수를 곱한 값이 최대 가능이 되는 것을 실현되어야 하는 목적으로 삼자. 그 요소들이 상이한 **온도 역량**을 갖는다고 하자. 혹은 그 요소들에 전달된 동일한 양의 에너지가 상이한 온도 상승을 일으킨다고 하자. 그리고 (에너지 보존의 원리에 신경 쓰지 말고) 각 요소가 자체의 온도를 낮추지 않으면서 방사에 의해 이웃의 온도를 높인다고 하자. 만약 열용량이 (이 용어의 공인된 정의가 은유를 위해 **도치**되어)[a] 방사 및 흡수의 능력과 함께 간다면,[b] 주어진 에너지 기금에서 더 많은 부분이 더 높은 역량에 할당될 것이다.

그 저자는 최종 균형 상태에서 역량의 차이가 존재할 가능성을 생각해 보지 않은 듯하다. 그러나 우리는 이것을 받아들일 수 있지 않을까? 미래의 시험 목록이 과연 모든 것을 포함하는 괄호로 이뤄질까? 작업 역량들이 다르다면, 즐거움 역량들 또한 다를 수 있다.[c] 두 種 가운데 하나 또는 모두가 계속 다르다면, 《기초 자료》가 고려하지 않은 공리주의의 한 기능으로서 부등不等 분배가 계속되리라고 말할 수 있다.

순수 공리주의는 이제 절대적으로 옳은 게 아니라는 그 저자의 견해에 대한 일반적 동의가 이미 제출되었다.[d] 그렇지만 불규칙하고 불완전하게 진화된 사회에서의 '절대적' 옳음을 한 편에 두고 '구부러진 선線들과 꺾어진 곡선들'의 경우에서의 수리적 확실성을 다른 한 편에 두는 그 비교에 대해서는 몇 마디 말을 할 만하다. 당신이 원하는 대로 구부러지고 꺾어진 한 마디의 끈을 집어 들고, 그것의 양 극단에 충격을 전달하라. 그리하면 각 요소의 초기 운동은 그 끈의 초기 에너지 전부가 최대가 되게 하는 그런 양상을 보인다는 것이[e] 수리적으로

a. 클러크 맥스웰, 《열》, 65쪽을 보라.[25]

b. 자애 즐거움의 역량과 동감 즐거움의 역량이 제각기 진화와 함께 증가할 수 있다.

c. 위 59쪽과 아래 131쪽을 보라.

d. 부론 IV.

e. 베르트랑의 "정리." 왓슨·버베리, 《일반화 좌표》, 16, 17항 참조.[26]

기하학을 모르는 자들의 오류

heat which may conduce to an *integral maximum*. The illustration suggests a very different view from the author's, viz., that there should *not* be 'equalness of treatment.' Let us state, as the end to be realised, that the average temperature of the entire cluster, multiplied by the number of the elements, should be the greatest possible. Let us suppose that the elements have different *thermal capacities*, or that the same amount of energy being imparted causes different increases of temperature; and (not troubling ourselves about the conservation of energy) that each element, without diminishing its own temperature, increases by radiation the temperature of its neighbours. If thermal capacity (the received definition of the term being *inverted* for the sake of the metaphor)[a] and power of radiation and absorption go together,[b] then the larger portions of a given fund of energy shall be assigned to higher capacities.

The possibility of differences of capacity in the final state of equilibrium does not seem to be entertained by the author. But can we receive this? Can we suppose that the Examination-list of the Future will consist of an all-comprehensive bracket? If capacities for work differ, possibly also capacities for pleasure.[c] If either or both species continue to differ, Utilitarianism, it is submitted, will continue to have a function not contemplated by the Data, unequal distribution.

A general agreement has been already[d] expressed with the author's view that Pure Utilitarianism is not now absolutely right. Some comment, however, may be made upon the suggested comparison between 'absolute' Tightness in the case of an irregular imperfectly evolved society and mathematical certainty in the case of 'crooked lines and broken-backed curves.' Take a piece of string as crooked and broken-backed as you please, and impart to its extremities given impulses. Then it is mathematically deducible and accurately true[e] that the initial motion

---

a. See Clerk-Maxwell, *Heat*, p. 65.
b. Capacity for self-regarding and for sympathetic pleasures, each probably increasing with evolution.
c. See above, p. 59, and below, p. 131.
d. Appendix IV.
e. Bertrand's *Theorem*, Thomson & Tait. Cf. Watson & Burbury, *Genealised Co-ordinates*, Arts. 16, 17.

연역될 수 있고 정확하게 참이다. 물론 실제로 변분학을 사용하여 각 요소의 운동을 결정하기 위해서는 우리가 그 끈의 (본래) 형태를 알아야 한다. 만약 그 형태가 꺾어진 것이라면 가상의 유한 곡선이 가정될 수 있다. 그래서 각 개인은 순수 공리주의가 정의한 일반 행복이 최대가 되게끔 행동함이, 비록 무엇이 그런 행동인지가 근사치로만 결정될 수 있지만, 이제도 절대적으로 옳을 **수 있다**.

시지윅

시지윅 씨의 경제 추론들은 이미 보았다.[27] 이 추론들이 너무도 면밀하고 강력하여 나로서는 도저히 감출 수 없는 인상이 하나 있다. 이 탁월한 분석가가 만약 정치경제학에 수학이 사용되는 데 대한 케언스의 불행한 의견을 수용하지 않았더라면 경제 추리에서도 그는 그에게 더 걸맞은 자리를 잡았을 것이다.[a]

시지윅 씨의 윤리 분석에서 유일한 결함을 찾아내려면 수학의 엄호가 필요한 곳을 보아야 한다.

《윤리학의 방법들》에서[b] 그가 공리적 목적을 최대 행복 합으로 정의한 뒤 내놓는 추정은 (수리적 주제에 대해 보통 언어를 사용하는 사람들의 생각을 파악하기란 언제나 매우 어려운데 그래도 내가 이해하기로는) **행복의 수단**은 아니더라도 **행복**이 동등하게 분배되어야 한다는 것이다. 그러나 이 추정은 그의 정의와 어울릴 수 없다. 일반적으로 (위 57쪽에서 정의된) 행복 역량은 사람마다 동등하거나 그렇지 않다. 만일 동등다면 행복도 수단도 둘 다 동등하게 분배되어야 하고, 만일 동등하지 않다면 어느 것도 그리되어서는 안 된다(64쪽). 그리하여 행복의 수단은 아니더라도 **행복**이 동등하게 분배되어야 한다는 그 추정은 일반적으로 공리적 목적과 어울릴 수 없다.

---

a. 〈격주 평론〉, 1879년 2월, 310쪽. '금의 일반적 구매력'의 변동에 관해 매우 모호한 견해를 가졌다면 그 주제의 이론을 비판할 게 아니다. 그렇지만 인용된 그 논문에서 제시된 '총 가격 이론'으로도 그 모호함이 제거되지 않는다고 말해도 될 듯하다.[28]

b. 4편, 385쪽.

기하학을 모르는 자들의 오류

of each element is such that the whole initial energy of the string shall be maximum. No doubt to actually determine by the Calculus of Variations the motion for each element, we must know the (original) form of the string. If that form is broken-backed, a definite curve may be hypothetically assumed. So then it *might be* even now absolutely right that each individual should act so that the general happiness, as defined by Pure Utilitarianism, should be a maximum; though what that action is can only be approximately determined.

Mr. SIDGWICK.

Mr. Sidgwick's Economical reasonings have been already noticed. Close and powerful as these reasonings are, it has been impossible to conceal the impression that this distinguished analyst would have taken the field in Economical speculation in a manner more worthy of himself if he had not embraced the unfortunate opinions of Cairnes[a] upon the application of Mathematics to Political Economy.

Probably the only flaws in Mr. Sidgwick's ethical analysis are where mathematical safeguards were required.

In the 'Methods of Ethics,'[b] after defining the Utilitarian End as the greatest sum of happiness, he supposes (as I understand, but it is always very difficult to catch hold of those who use ordinary language about mathematical subjects) that *happiness*, though not the *means of happiness*, should be distributed equally. But this supposition is repugnant to his definition. For, in general, either the capacities for happiness (as defined above, p. 57) are, or are not, equal. If they are equal, then both happiness and means should be distributed equally; if unequal, neither (p. 64). The supposition, then, that happiness, though not the means of *happiness*, should be distributed equally, is in general repugnant to the Utilitarian

---

a. *Fortnightly Review*, February, 1879, p. 310. It is not for one whose views about changes in the 'general purchasing power of gold' are very hazy to criticise a theory of that subject. It may be allowable, however, to mention that the haze has not been removed by the theory of 'aggregate price,' &c., advanced in the article cited.

b. Book iv. p. 385.

일반적으로 말해 수리 분석의 아름다움은 그것이 우리의 주의를 일반 규칙으로만 아니라 예외로도 이끈다는 데 있다.[a] **행복 역량**의 정의를 구성하는 그 두 성질이,[29] 그 정의를 제시하면서 주목한 그것의 셋째 불완전에서처럼,[30] 함께 가지 않는다고 상정하자. 그리하면 분배할 물건이 분배받을 사람들 사이에서 가장 행복스럽게 분배되는 그 때가 행복 수단은 아니더라도 **행복**이 동등하게 분배되는 때일 가능성이 겨우 있다.[31]

이제 막 논의된 구절에서 시지윅 씨가 **행복 역량**의 차이를 고려한다는 해석은 그의 명시적인 인식이 뒷받침한다(256쪽). '동등하게 행복하기 위해 필요한 양이 어떤 사람들은 많고 어떤 사람들은 적다.' 이런 맥락에서 제기된 그 문제를 다루는 그의 방식이 수리적 정밀성을 결여한다. '우리는 이기적이고 불만족해하고 탐욕스러운 사람들보다 활기차고 만족해하고 자기희생적인 사람들에게 더 적게 줘야 하는데, 그것은 이들이 더 적게 가져도 행복해질 수 있기 때문이다.' 그의 주장은 이런 것으로 보인다. 영(零)의 행복에 상응하는 극소의 수단이 (위 64쪽) 더 높은 쪽은 활기찬 사람들이 아니라 불만족해하는 사람들이다.[32] 그 극소를 넘는 값의 수단에 대해서는 활기찬 사람들이 더 큰 행복 역량을 갖는다. 그런데 만일 분배할 물건이 많아서 모두가 적어도 영의 행복에 도달하기에 충분하다면, 활기찬 사람들이 더 큰 몫의 수단을 가질 것이다. (위 57~65쪽을 보라.)

이것들은 추론의 경미한 걸음들이다. 그러나 그것들은 일반화의 엄청난 높이에 있고, 거기서 헛디디면 낭패다.

---

a. 이 명제의 예시로 내가 다시 들지 않을 수 없는 것이 바로 수요 곡선의 복수 교차와 교역의 불안정 균형에 대한 마셜 학장과 발라스 교수의─물론 독립적인─서로 비슷한 이론이다.

기하학을 모르는 자들의 오류

End.

In general; for the beauty of mathematical analysis[a] is that it directs our attention not only to general rules but to exceptions. Suppose the two properties which constitute the definition of *capacity for happiness* not to go together, as in the third imperfection of that definition noticed on the same page; then it is just possible that a given distribuend would be most felicifically distributed among given distributees when the *happiness*, though not the means of happiness, should be distributed equally.

The interpretation that Mr. Sidgwick, in the passage just discussed, has in view differences of *capacity for happiness*, is confirmed by explicit recognition of such (p. 256), 'Some require more and some less to be equally happy.' The problem raised in that context is not treated with mathematical precision. 'We should have to give less to cheerful, contented, self-sacrificing people, than to the selfish, discontented, and grasping, as the former can be made happy with less.' The case would seem to be this: the minimum of means corresponding to the zero of happiness (above, p. 64) is higher for the discontented than the cheerful; for values of means above that minimum the cheerful have greater capacity for happiness. If, then, the distribuend be sufficient to admit of all at least reaching the zero of happiness, then the cheerful shall have a larger portion of means. (See above, pp. 57, 65.)

These are slight steps of reasoning; but they are at an enormous height of generalisation, where a slip is ruin.

---

a. I cannot refrain from illustrating this proposition by one more reference to Principal Marshall's and Professor Walras's similar — doubtless independent — theory of multiple intersection of demand-curve, unstable equilibrium of trade.

VII.
아일랜드의 현 위기

실제 경우에 대한 고려는 그것이 아무리 피상적이더라도 우리의 방법을 더 분명하게 밝히는 데 도움이 될 수 있다. 그래서 우리가 상정하는 한 명철한 독자가 이 부론의 제목에 이끌려 탐문한다. 정신 수학이 실생활에서 과연 어떤 쓸모가 있을 수 있을까?

우선 말해둬야 할 게 있다. '그래서 당신이 무엇을 제안하는가?'를 따지려고 연역 추론을 갑자기 멈추게 해선 안 된다. 비록 고도로 연역적인 이 방법이 잠정적인 소묘보다 더 센 힘을 갖는다는 게 입증될지라도 그 힘이 주는 것은 자세한 규정들이 아니고 단지 일반적인 지침들이다. 그런 높이의 추리로부터 먼 지방의 윤곽을 알아차릴 수 있겠지만 바로 아래 평원의 지름길을 찾아내기는 어렵다. 수리 정신학이 제공할 수 있는 최선은 인간사 속에 개략적으로 복사할 일종의 틀 관념이며,[a] 근대 논리학의 언어로 말하면, 경험과의 비교와 부합으로 수정하고 입증할 가설적 연역이다. 사회학에서 이뤄지는 연역 추론의 이런 일반적 성격을 밀이 《논리학》에서 길게 이론적으로 펼쳐 보였고, 그의 《정치경제학》에서 반복되는 주의를 통해 실제적으로 펼쳐 보였다. 방법에 관한 저술에서 거의 모든 비중 있는 저자들이 ─ 콘월 루이스,[1] 케언스,[2] 베인,[3] 《과학 원론》에서 제번스 씨, 세부적 정밀함을 포기한 채 '경제학의 방법'을[4] 대변한 시지윅 씨 ─ 밀의 행보를 따랐다.

그런 저자들이 샅샅이 파헤친 분야를 이런 짤막한 논고가 다 훑기를 기대할 순 없다. 명철한 사람에게 명백한 것이라면 우리의 명석한 탐구자가 이해하리라고 여기는 게 당연하다. 만일 이제 막 인용한 그 권위들을 그가 믿지 않는다면, 보편적 수용으로 축성된 지 오래인 숙고들을 되살리느라 애쓸 가치가 없다. 우리가 달리 할 일은 없다. 다만 우리는 사회학에서 이뤄지는 연역 추론의 본성과 필요성을 일반적인 방식으로 이해하여 문학의 언어에 담긴 연역에 선을 긋는

---

a. 플라톤, 《국가론》, 6편, 501절 참조.

VII.

ON THE PRESENT CRISIS IN IRELAND.

The consideration, however superficial, of a real case may serve to put our method in a clearer light. Let us suppose, then, that an intelligent reader, attracted by the heading of this Appendix, inquires of what possible use can Psychical Mathematics be in real life?

First, it must be pointed out that deductive reasoning is not to be too sharply pulled up with the demand, 'What then do you propose?' For, even if this highly deductive method should prove more potent than the present tentative sketch may warrant, it would have power only to give general instructions, not detailed regulations. From such a height of speculation it might be possible to discern the outlines of a distant country, but hardly the by-paths in the plain immediately below. Mathematical Psychics would at best furnish a sort of pattern-idea to be roughly copied into human affairs;[a] in the language of modern Logic hypothetical deductions to be corrected and verified by comparison and consilience with experience. This general character of deductive reasoning in Sociology has been exhibited by Mill theoretically at length in his 'Logic,' and practically by repeated cautions in his 'Political Economy.' The steps of Mill are followed by almost all considerable writers upon method — Cornewall Lewis, Cairnes, Bain, Mr. Jevons in the 'Principles of Science,' Mr. Sidgwick in behalf of 'Economic Method' renouncing pretensions to precision of detail.

It cannot be expected that so terse a treatise as the present should go over ground exhausted by such writers. We must take for granted that our intelligent inquirer understands what is intelligible to the intelligent. If he believe not the authorities just cited, it would not be worth our while to resuscitate considerations long consecrated by universal acceptance. We can only consider the position of one who, understanding in a general way the nature and the need of deductive reasoning in Sociology, draws the line at deductions couched in the language of

---

a. Cf. Plato, *Republic*, b. vi. s. 501.

사람, 수리 기호를 일상의 단어와 함께 나란히 일반적 개념의 기호로 사용하기를 거부하는 사람, 그런 사람의 관점을 고려할 수 있을 뿐이다. 이런 관점의 이론적 약점은 그 선을 그을 어떤 논리적 근거도 없다는 것이다. **수리 추론이 수치 자료를 불러들인다는 편견만** 있다. 사실 케언스가 경제 수학을 반대하면서 제출하는 근거가 그런 것으로 보이는데, 이 주제에 대한 케언스의 의견을 더욱 탁월한 분석가가[a] 공유한다. 이 편견이 지워 없어지고[b] 수량에 관한 일반적 추론이 일상의 단어만 아니라 수량 과학에 알맞은 문자의 지원을 받지 말란 법이 어디 있는가? 대꾸가 있을 수 없는 물음을 수학의 일반화 재능이 던진다. '*내가 조금밖에 차지할 수 없다면 왜 시샘하는가?*'[5]

실제로 그런 반대는 수리적 직관의 환한 빛줄기 속에서 - 흐름을[c] 타고 얽힘을 헤치며 - 더 안전하게 걷는 과학의 행진에 의해 *걸으면서 해결된다.* 이 방법의 쓰임새는 수리 경제학자들의 성취를 언급함으로써 이미 예시되었다. 그렇지만 여기서 정치적 모의와 경제적 연합으로 교란된 한 지방의 두드러진 경우가 제공하는 예시 하나를 더 제출하려 한다.

(I.) 먼저 이 경우의 **정치적** 측면에 대해 미적분학이 가르칠 게 있는가? 실제 정치에 대해서는 없다. 그러나 정치 이론의 첫째 원리들에 대해서는 있다. 정치의 첫째 원리가 무엇인가? **공리주의**, 그것이 19세기의 명철한 사람들 대부분이 내놓는, 다른 용어를 쓰더라도 실질적으로 일치하는, 대답일 것이다. 이 기본의 근거는 무엇인가? 여기서 우리는 드러나는 외적 행동의 보이는 구조물을 떠나서 궁극적 동기動機의 지하 영역으로 내려간다.

정치 공리주의에서 동기는 윤리 공리주의의 경우와 같다고 말하는 사람들이 있을 텐데, 그들이 모색해야 하는 **공리주의의 증명**은 시지윅 씨가 한 손으로 한 대寒帶의 원리를[6] 붙잡고서 다른 손으로 붙잡은 그런 것이다. 그의 방법은 그

---

a. 〈격주 평론〉, 1879, '경제학의 방법.'
b. 2~6쪽과 부론 I.을 보라.
c. **변수를 상수로** 취급하는 것이 비(非)수리적 경제학자의 특징적 해악이다. 발라스 씨가 비판하는 오류들 중 이런 특성을 가진 게 많다. **미리 정해진 임금 기금**이 시사적인 사례다.

아일랜드의 위기

literature, refusing to employ as signs of general conceptions mathematical symbols along with ordinary words. The theoretical weakness of this position is that there is no logical ground for drawing the line, *other than the prejudice that mathematical reasoning imports numerical data.* Such, in fact, appears to be the ground on which the objections against economical mathematics are based by Cairnes; Cairnes, whose opinion on this subject is shared by a still more distinguished analyst.[a] This prejudice having been cleared away,[b] why should not general reasonings about quantities be assisted by the *letters* appropriate to the science of quantity, as well as by ordinary words? 'Ego cur, acquirere pauca si possum, invideor?' the generalising genius of Mathematics unanswerably demands.

Practically, the objection *solvitur ambulando*, by the march of science which walks more securely – over the[c] flux and through the intricate – in the clear beam of mathematical intuition. The uses of this method may have been already illustrated, at least by reference to the achievements of mathematical economists. It will, however, be attempted here to present some further illustration, introduced by the conspicuous case of a country convulsed by political conspiracy and economical combination.

(I.) First as to the *political* aspect of the case has Calculus anything to teach? Nothing as to practical politics; but as to the first principles of political theory perhaps something. What is the first principle of politics? *Utilitarianism*, it would be replied by most intelligent persons of the nineteenth century, if in different terminologies, yet virtually with one accord. Of this basis what is the ground? Here we leave the visible constructions of external action descending into a subterraneous region of ultimate motives.

The motives to Political Utilitarianism are the same as in the case of Ethical Utilitarianism, some would say; and they would have to grope for a *proof of utilitarianism,* such as Mr. Sidgwick grasps at with one hand, while with the other hand he grasps the polar principle. His method proceeds by comparing deductions

---

a. *Fortnightly Review*, 1879, *Economic Method.*

b. See pp. 2~6, and Appendix I.

c. To treat *variables as constants* is the characteristic vice of the unmathematical economist. Many of the errors criticised by M. Walras are of this character. The *predeterminate Wage-fund* is a signal instance.

존재가 관찰되는 도덕 감정과 공리주의의 첫째 원리에서 나오는 연역을 비교하는 것이다. '철학적 직관주의'는 상식을 파괴하려는 게 아니라 완성하려 하며, 상식을 체계화하고 일관되게 만들려 한다. 이제 이 방법이 상식의 어떤 수량적 판단과 관련하여 수량 과학의 지원을 받을 수 있다.[a] 도덕적 판단이 공리주의로부터의 연역과 부합한다는 것을 입증하고, 체계적이지 못한 생각의 거친 모서리를 깎아내는 데 수량 과학이 유효하다.

그러나 다른 사람들의 눈에는 도덕적 고려가 정치 체계의 복합 구조를 지탱하기에는 너무 연약해 보인다. **자기 이익**의 압력을 감당해야 한다는 것이 간파된다. 그러나 어떤 기제에 의해 자기 사랑의 힘이 적용되어 공리적 정치의 구조를 지탱할지는 엘베시우스도[7] 벤담도[b] 그리고 어느 연역적 이기주의자도 밝히지 않았다. 벤담이 모호하게 남겨 놓은 것을 밝히길 기대한다면 참으로 주제넘은 일이다. 그런데 그 계약 곡선 이론이[c] 마치 그럴 계획으로 만들어진 양, 서로 밀치는 한 무리의 이기주의자들이 공리적 배열로 정착하는 그 신비한 과정에 빛을 비춘다.

그래서 어쩌면 조금 더 뚜렷하게 사회 계약의 내용이 '최대 행복'의 조건들이라는 게 보일지 모른다. 만약 사회의 두 계층—이를테면 지주 계층과 임차인 계층—사이의 정치 계약이 교란되고, '결정할 수 없는[d] 분쟁'과 교착으로 감염되면, 그 치유책은 모든 계몽된 정치가들이 이미 느낀 대로 공리적 입법이다.

이렇게 추상적인 고려를 실제 정치의 밀물에 내던진다면 당연히 비웃음을 살 것이다. 그러나 모든 행동의 경로들이 유래하는 감정의 자그마한 실개천과 동기의 비밀스런 옹달샘으로 우리가 되짚어 오를 때는 그 고려가 전혀 터무니없지 않다. 추리의 희박한 대기 속 추상의 높이에서 행동의 비밀스런 옹달샘이 솟고, 물길이 향하는 그곳에서 젊은 열정의 순수한 분수는 마침내 사건의 넓은

---

a. 위 76~80쪽을 보라. 그리고 필자의 《윤리학의 새로운 방법과 오래된 방법》에서 **공리주의의 증명**을 참조하라.
b. 이 견해는 시지윅 씨가 〈격주 평론〉에서 벤담의 목표와 그의 성공에 대해 취한 것이다.
c. 따름정리, 53쪽.
d. 위 29쪽.

from the utilitarian first principle with moral sentiments observed to exist; 'philosophical intuitionism' does not come to destroy common-sense, but to fulfil it, systematising it and rendering it consistent with itself. Now this method may be assisted, with regard to certain quantitative judgments of common sense, by the science of quantity;[a] proving these moral judgments to be consilient with deductions from Utilitarianism, clipping off the rough edges of unmethodical thought.

But to others it appears that moral considerations are too delicate to support the gross structure of political systems; at best a flying buttress, not the solid ground. It is divined that the pressure of *self-interest* must be brought to bear. But by what mechanism the force of self-love can be applied so as to support the structure of utilitarian politics, neither Helvetius, nor Bentham,[b] nor any deductive egoist has made clear. To expect to illuminate what Bentham has left obscure were presumptuous indeed. Yet it does seem as if the theory of the contract-curve[c] is calculated to throw light upon the mysterious process by which a crowd of jostling egoists tends to settle down into the utilitarian arrangement.

Thus the terms of the social contract are perhaps a little more distinctly seen to be the conditions of 'Greatest Happiness.' If the political contract between two classes of society, the landlord and the tenant class for instance, is disturbed, affected with the characteristic evil of contract 'undecidable[d] strife' and deadlock, the remedy is utilitarian legislation; as is already felt by all enlightened statesmen.

Considerations so abstract it would of course be ridiculous to fling upon the flood-tide of practical politics. But they are not perhaps out of place when we remount to the little rills of sentiment and secret springs of motive where every course of action must be originated. It is at a height of abstraction in the rarefied atmosphere of speculation that the secret springs of action take their rise, and a direction is imparted to the pure fountains of youthful enthusiasm whose

---

a. See above, pp. 76~80. And cf. the *proof of utilitarianism* in *New and Old Methods of Ethics* (by the present writer).
b. I take the view which Mr. Sidgwick takes (*Fortnightly Revieiv*) of Bentham's aims, and of his success.
c. Corollary, p. 53.
d. Above, p. 29.

흐름에 흘러들어 영향을 미친다.

그래서 목적의 영토는 수학의 인지認知 안에 있다. 중간 혹은 최종 언저리 원리들에 대해서는 무슨 말을 해야 할까? 현재로서는 수량 종種의 '이성이 여기서 안내인은 아니지만 경비원'이고,[8] (일반적으로 서술되는 진화와 다르지 않게) 현재와 연결되는 진화의 어떤 먼 단계에서는, 가열된 기체의 격렬하고 불규칙한 운동과 연결되는 결정結晶의 규칙성처럼, 그 이상의 무엇이 되어 있을 법하다.

우리의 표제가 희미하게나마 시사하는 물음을 붙들자. '소농 소유제,' '지주地主 몰수,' 그리고 더 공산주의적인 계획들이 논의되는 이때, **동등**의 수준이, 시간이나 시대의 편의는 사상된, *그 자체로서* 바람직한 것인지 탐구하게 이끄는 사고방식의 소유자들이 있다.

선동가라면 당연히 어떤 형이상학적 '사람의 권리'를 단언하면서 이 사안을 재빨리 끝낼 것이다. 밀조차 공리주의의 최종 목적 언저리를 제대로 풀어헤친 적이 없다. 그리고 두려워해야 할 일인데, 선의를 갖고 일반적인 일을 하는 벌집 사회의 구성원들도 목적과 수단 사이에서 이와 비슷한 혼동을 겪는다. 그들은 꿀의 풍족함보다 벌집 방의 크기 같음에 더 신경을 쓴다. 그러나 공리주의자의 정수精髓는 그가 모든 실제적 원리들을 그 지고한 원리 아래 복속시킨다는 데 있다. 이제 그가 모든 것을 그것 아래 복속시켰으니, 그에게는 그것 아래 있지 않은 게 남아 있지 않다.[9]

그렇다면 어떻게 '최대 행복'으로부터 **동등**을, 극대 즐거움 에너지로부터 사회적 기제의 대칭을, 연역할 수 있을까? 앞에서[a] 또는 선행 논문에서[b] 제공한 것과 같은, 그리고 벤담과 벤담주의자 윌리엄 톰프슨이[10] 이미 내놓은 것과 같은, 수리 추론으로 할 수 있다. 벤담이 형이상학적 인간의 권리와 그런 종류의

---

a. 위 64쪽.
b. 《윤리학의 새로운 방법과 오래된 방법》. 그 추론은 그 벤담주의자의 추론을 알지 못한 상태에서 전개되었다.

influence will ultimately affect the broad current of events.

The province of ends is thus within the cognisance of Mathematics. What shall we say of intermediate, or proximately final, principles? The quantitative species of 'Reason is here no guide, but still a guard,' at present; and might conceivably be something more in some distant stage of evolution related to the present (agreeably to the general description of evolution) as the regularity of crystallization to the violent irregular movements of heated gas.

Let us take a question suggested, however remotely, by our heading. When 'peasant proprietorship,' 'expropriation of landlords,' and even more communistic schemes, are talked of, there are those whose way of thinking carries them on to inquire whether the level of *equality* is a thing so much to be desired *per se*, and abstracted from the expediencies of the hour, and even the age.

The demagogue, of course, will make short work of the matter, laying down some metaphysical 'rights of man.' Even Mill never quite disentangled what may be a proximate from what is the final end of utilitarianism. And it is much to be feared that a similar confusion between ends and means is entertained by those well-meaning, generally working, members of the social hive, who seem more concerned about the equilateralness of the honeycomb than the abundance of the honey. But the very essence of the Utilitarian is that he has put all practical principles in subjection, under the supreme principle. For, in that he has put all in subjection under it, he has left none that is not put under it.

How then is it possible to deduce *Equality* from 'Greatest Happiness; the symmetry of the Social Mechanism from the maximum of pleasure-energy? By mathematical reasoning such as that which was offered upon a previous page,[a] or in an earlier work,[b] such as had already been given by Bentham and the Benthamite William Thompson. Bentham, who ridicules the metaphysical rights of man and suchlike 'anarchical fallacies,' reasons down from Greatest

---

a. Above, p. 64.

b. *New and Old Methods of Ethics.* The reasoning was offered in ignorance of the analogous Benthamite reasoning.

'무정부적 오류'를 비웃고, 최대 행복에서 시작하여 동등으로 추론해 내려가는데,[a] 비록 일반적인 기호보다 '대표하는 특정' 수數가 사용되긴 하지만,[b] 그 방법이 엄격히 수리적이다. 그 논증을 더 뚜렷하게 만들 평행 논증을 세울 수 있으니, 그 토대는 정확한 사회과학의 위대한 아치라고 불러도 좋을, 인간사에 변분학을 적용할 수 있게 하는, 여러 **오목함수** 가운데 하나인 **수익 감소의 법칙**이다. 단서但書의 대등을 알기 쉽게 만드는 추론의 대등에 의해, 주어진 수량의 노동이 (그리고 자본이) 주어진 조각의 땅에 가장 생산적으로 지출되는 것은, **그 토지의 질에 아무런 차이도 없는 경우에**, 그것이 그 구역에 균일 **동등**하게 분배될 때다. 문자대로 그리고 우화로서 말해서, 만일 (징후와 가능성에서 드러나는) 차이가 있다면, 만일 같은 종자와 노동으로 거둬들이는 소출이 어떤 땅은 일백 배, 어떤 땅은 육십 배, 어떤 땅은 삼십 배라면, 그런 경우의 추정은 좋은 토지에 더 많이 돌아가야 한다는 것이다.

그렇다면 그런 차이의 징후가 감수인感受人들 사이에도 있을까? 이 물음이 근대적인 독자들에게는 반갑지 않더라도, 우리의 철학적이지 않은 귀족주의자들에게 쓸데없어 보이고, 우리의 민주적인 철학자들에게 밉살스럽겠지만, 우리가 한 번 더 다루지 않을 수 없다.

(Ⅰ.) 그래서 첫째로 시인하는 것인데, **행복 역량**에 있어서 사람과 더 낮게 진화한 동물들 사이에 차이가 있고, **따라서** 더 낮은 창조물의 이익이 — 다른 고려 사항들 가운데 또는 위에서 — 인류와의 비교로 무시될 수 있고, 사람의 특혜가 정당화된다. 그런데 만약 이 실제적인 결론을 인정하는 어떤 공리주의가 그것과 그 전제의 **연결**을 인정하려 들지 않고, 자기 종의 특혜를 지지하는 어떤 첫째 원리를 단언한다면, 공리주의 원리에 복속되지 않는 첫째 원리들에 대한 이런 단언은 한 위대한 공리주의자가 '말씀주의'라[1] 부른 것에 다름 아니라고 그에

---

a. 벤담, 뒤몽 편, 《입법론: 민법》, 6장; "병리학 원리" (바우링 편), 1권; 앞의 책 2권, 228쪽 등.[12] 그리하여 드러나는 공리적 목적에 대한 관념이 완벽하게 명백하며, 그의 어법으로부터 추정할 수 있는 것 이상이다.[13]

b. 종종 위태로운 방법. 마셜, 《해외 교역》, 1장, 4쪽 참조.

Happiness[a] to Equality by a method strictly mathematical; even though he employ 'representative-particular' numbers[b] rather than general symbols. The argument might be made palpable by a parallel argument, constructed upon *another* of the great arches of exact social science, or those *concave functions*, as they might be called, in virtue of which the Calculus of Variations becomes applicable to human affairs – the *law of diminishing returns*. A given quantity of labour (and capital) will be expended most productively on a given piece of land, when it is distributed uniformly, *equally*, over the area; by a parity of reasoning which makes palpable the parity of proviso: *provided that there be no differences of quality in the ground.* If, speaking both literally and in parable, there is (indication and probability of) difference; if for the same seed and labour some ground brought forth a hundredfold, some sixtyfold, some thirtyfold, the presumption is that more should be given to the good ground.

Is there then any indication of such difference between sentients? We may not refuse once more to touch this question, however unwelcome to the modern reader; otiose to our unphilosophical aristocrats, and odious to our democratical philosophers.

(I.) First, then, it may be admitted that there is a difference with respect to *capacity for* happiness between man and the more lowly evolved animals; and that *therefore* – among or above other considerations – the interests of the lower creation are neglectible in comparison with humanity, the privilege of man is justified. Or if any so-called utilitarian, admitting the practical conclusion, refuses to admit its *sequence* from the premiss, affirming some first principle in favour of the privilege of his own species, he must be gently reminded that this affirmation of first principles not subordinate to the Utilitarian Principle is exactly what the great utilitarian called 'ipse-dixitism'; and also – in case he protests against the oligarchical tendencies of our position – that *he*, not we, is the

---

a. Bentham apud Dumont, *Traités de Législation: Code Civil*, ch. vi.; *Principles of Pathology* (Bowring's edition), vol. i.; ib. vol. ii. 228, &c.; thus evincing a perfectly clear idea of the utilitarian end, more than might have been inferred from some of his phraseology.

b. Often a precarious method. Cf. Marshall, *Foreign Trade*, ch. i. p. 4.

게 점잖게 일러줘야 한다. 그리고 그가 우리 견지見地의 과두주의 경향에 항의할 경우에는, 우리가 아니라 **그**가 과두주의자라고, 과두주의 선동가가 자신에게로 내려가서는 거기서 선을 긋는 것이라고 그에게 일러줘야 한다. 그러나 순수 공리주의자는 단연코 스콜라철학의 논리에 따른 속屬 분류 또는 다윈 이전의 '**진짜 종류**'에[14] 맞춰 어떤 고정 불변의 선도 긋지 않고, **즐거움의 수량** 말고는 선호의 어떤 궁극적인 근거도 인정하지 않고, '모든 종류의 모든 창조물을 받아들이고,'[15] 모든 진화 단계의 모든 감수인의 행복을─비록 그가 거기서 동등하지 않음을 보지만─'동등한 눈으로 본다.'

(II.) 이어서 시인하는 것인데, **작업 역량**의 차이가 예컨대 나이, 성, 그리고 임금에 관한 통계가 증명하듯이 인종의 차이에 상응하여 존재한다. 부담의 분배에서 주관적 차이를 감안하지 않고 객관적 상황을 동등하게 만들고 싶어 한다면 그것은 이상한 종류의 합리적 박애다.

(III.) 이제 (앞에서 말했듯이[a]) 한 종種의 (음陰의) 즐거움과 관련하여 외부 상황과 내부 느낌 사이의 관계가 상이한 개인들에게서 상이하다고 시인하면, 다른 종의 즐거움 또는 즐거움 일반과 관련해서도 그런 차이를 시인하기 쉽다. 우리에게는 후자의 차이가 관찰과 부합한다면 시인되지 **말아야** 하는 까닭이 보이지 않을 뿐만 아니고, 그것이 시인되지도 관찰되지도 **아니한** 까닭이 보인다. 그 까닭은, 우리가 전자의 경우에는 갖고 후자의 경우에는 갖지 않는 것, 외부 변수의 상이한 값들에 상응하는 상이한 개인들에게서 나타나는 동일한 수량의 느낌, 이를테면 수행된 작업의 상이한 외부 한계들에 상응하는 피곤의 무한 (이웃) 값, 바로 그것이다. 누구나 자신이 '아무리 스스로를 닦달하더라도 도저히' 동등해질 수 없는 신체적 또는 지적 능력의 소유자들을 알고 있다. 이에 비해 즐거움 일반의 경우에는─알다시피 매우 높은 값의 즐거움이 드물거나 들쭉날쭉해서─동일한 수단 증분이 일으키는 상이한 즐거움 증분들로 우리의 관찰이 좁혀진다.

그러나 이 관찰이 불충분한가? 그렇지 않고, 주어진 기회 또는 수단 증분이 수여되어 일으키는 것이 다만 하나의 단순한 감각적 인상印象의 *금전적 즐거움*

---

a. 위 59쪽.

oligarch, the oligarchical demagogue levelling down to himself, and there drawing the line. But the pure Utilitarian, drawing no hard and fast line, according to the logical divisions of scholastic *genera* or pre-Darwinian *Real Kinds*, and admitting no ultimate ground of preference but *quantity of pleasure*, 'takes every creature in and every kind,' and 'sees with equal eye,' though he sees to be unequal, the happiness of every sentient in every stage of evolution.

(II.) Again, it may be admitted that there are differences of *capacity for work*, corresponding, for example, to differences of age, of sex, and, as statistics about wages prove, of race. It would be a strange sort of rational benevolence which in the distribution of burdens would wish to equalise the objective circumstance without regard to subjective differences.

(III.) Now (as aforesaid[a]) the admission of different relations in different individuals between external circumstances and internal feeling in the case of one species of (negative) pleasure is favourable to the admission of such differences in the case of other species of pleasure, or pleasure in general. Not only do we see no reason why the latter difference, if agreeable to observation, *ought not* to be admitted; but also we see a reason why it *has not* been admitted or not observed. For in the former case we have what in the latter case we have not, the same quantity of feeling in different individuals corresponding to different values of an external variable, namely the (neighbourhood of) the infinite value of fatigue to different external limits of work done. And everyone is acquainted with those whose physical or intellectual power he himself could not equal, 'not even if he were to burst himself;' whereas in the case of pleasure in general – owing apparently to the rarity or irregularity of the very high values of pleasure – we are reduced to the observation of different increments of pleasure occasioned by the same increment of means.

But is this observation insufficient? Or can it be indifferent to the utilitarian whether a given opportunity or increment of means is bestowed where it occasions but a single simple sensuous impression of μονόχρονος ἡδονὴ, or a pleasure truly called 'higher,' or 'liberal,' or 'refined'—integrated by redintegrating memory,

---

a. Above, p. 59.

이든,[16] 아니면 진심으로 일컬어 더 높다거나, 관대하다거나, 세련됐다거나, 통합 기억에 의해 통합된다거나, 동감하는 사람들의 '윤나는 가슴'의 반복되는 반사에 의해 증폭된다거나, 그렇게 온갖 과학적 상상과 낭만적 상상의 권세로 추켜세워지는 그런 즐거움이든, 공리주의자에게는 무차별할 수 있을까? 작동되는 감수성의 종류가 전자이든 후자이든 무차별하다고 우리가 생각할 수 있을까?

　(IV.) 작동 또는 존재에 이르렀다. '무의식적으로 시사되는'[a] 그리고 때로는 명시되는[b] 공리주의에 고무된 플라톤이 (아리스토텔레스를 향한 마땅한 존경과 함께 제출되는[c]) 현재의 행복만 아니라 다음 세대의 행복까지 포함하는 대비를 하는데, 어느 지점에서 우리가 돌연 멈춰 서서 그를 따르기를 거부할까? 혹은 벤담주의자들이 드러내어 가르친 그것, 모든 사람이 동등하진 않더라도 동등한 교육 가능성 덕택에 적어도 **등위**等位라는[17] 인상을 전달하는 밀의 권위에 우리가 감염되어야 할까? 혹은 밀의 체계에서 더 덧없는 부분에, 다윈보다 노아를 따르는 '진짜 종류' 이론에,[18] 모든 것을 경험에 돌림으로써 아무 것도 유전遺傳에 돌리지 않는 지식 이론에, 골턴 씨가 (인구의 양量만을 강조하고 **질**質**의 차이**는 고려하지 않으면서) 지적했듯이 인류의 파멸을 초래할지도 모르는 인구 이론에, 이 인상을 연결하지 말아야 할까? 다윈 이전 편견의 권위를 받아들일까? 혹은 우리 스스로 다윈의 법칙으로부터 매우 다른 결과를 끌어내지 말까? 혹은 오히려 골턴 씨의[d] '법칙과 결과'를[19] 채택할까?

　우리의 방법이 가진 능력이라고 내세운 것들을 요약하자. 진화의 어떤 먼 단계에 구별과 선별이 실행 가능하리라는 생각을 품을 만하다. 그것에 대해 플라톤이 《국가론》에서 어렴풋이 말했는데, 선별된 특성들은 아마도 ─ 더 근대적인 정신의 과학과 낭만으로 채운 지혜와 사랑으로서 ─ 플라톤의 이상理想과 다르지 않을 테지만 그 선별의 원리는 지능 못지않게 느낌의 행복 역량이다. 역량에 관한 그 섬세한[e] 추론에 수리 기호는 아닐지라도 수리적 개념이 필요해 보일

---

a. 시지윅 씨의 행복한 문구.
b. '*참으로 매우 잘 말했고 다시 말하는데, 유익한 것은 좋고 해로운 것은 나쁘다.*'[20] 플라톤의 《국가론》.
c. 《정치학》, 5편.
d. 《유전성 재능》, 끝에서 두 번째 장의 마지막.[21]
e. 위 65쪽.

　　　　　아일랜드의 위기

multiplied by repeated reflection from the 'polished breast' of sympathisers, in fine raised to all the powers of a scientific and a romantic imagination? Can we think it indifferent whether the former or the latter sort of sentience shall be put into play?

(IV.) Put into play, or brought into existence. For at what point shall we stop short and refuse to follow Plato while, inspired with an 'unconsciously implicit,'[a] and sometimes an explicit,[b] utilitarianism, he provides for the *happiness* (it is submitted, with due deference to Aristotle[c]), not only of the present, but of succeeding generations? Or should we be affected by the authority of Mill, conveying an impression of what other Benthamites have taught openly, that all men, if not equal, are at least *equipotential*, in virtue of equal educatability? Or not connect this impression with the more transitory parts of Mill's system: a theory of Real Kinds, more Noachian than Darwinian, a theory of knowledge which, by giving all to experience gives nothing to heredity, and, to come nearer the mark, a theory of population, which, as pointed out by Mr. Galton (insisting only on quantity of population) and, taking no account of *difference of quality*, would probably result in the ruin of the race? Shall we resign ourselves to the authority of pre-Darwinian prejudice? Or not draw for ourselves very different consequences from the Darwinian law? Or, rather, adopt the 'laws and consequences' of Mr. Galton?[d]

To sum up the powers claimed for our method: if in some distant stage of evolution there may be conceived as practicable a distinction and selection, such as Plato adumbrated in the 'Republic,' the selected characters perhaps not so dissimilar from the Platonic ideal — wise and loving, with a more modern spirit both of science and romance — but the principle of selection, not intellect so much as feeling, capacity for happiness; then the delicate[e] reasoning about capacity

---

a. Mr. Sidgwick's happy phrase.
b. Κάλλιστα γὰρ δὴ τοῦτο λέγεται καί λελέξεται, ὁτί τὸ μέν ὠφέλιμον καλὸν, τὸ δέ βλαβερὸν αἰσχρὸν. — Plato's *Republic*.
c. *Politica*, v.
d. *Hereditary Genius*; end of penultimate chapter.
e. Above, p. 65.

것이다. 그리고 지금이라도 멀리 떨어져서나마 그런 추론의 잠재력과 그늘을 숙고해 보면 좋겠다. 왜냐하면 비록 더 근접한 효용들에 의해 결정되는 (예컨대 참정권의 확산이나 재분배 같은) 실제 정치에는 그 추상적 결론들이 직접적인 영향을 미치지 않지만 ─ 동등성에 대한 자신의 추상적 선호가 재산 제도를 훼손하지 않는다면서 벤담이 항의했듯이 ─ 그럼에도 불구하고 그 관념적 추론이 우리의 정치 성향의 일반적 추이와 경향에 얼마간 영향을 미치리라는 것은 의심하기 어렵다. 그리고 어찌 되었든, 모든 신조信條의 역사가 보여주듯이, 신념을 지탱하는 게 그것의 핵심 내용이냐 아니면 어떤 우연한 부착물이냐는 중요하지 않다고 할 수 없다. 그래서 문제의 그 추론이 갖는 쓸모는, 그 정신을 계속 일반성에 열려 있고 선입견으로부터 자유롭게 하고, 그 순수 이상을 신조에 달라붙은 껍데기로부터 자유롭게 하는 데 있다. '분석 지능'의[a] 지시를 받는 준準 *선험적* '타고난 지각知覺'으로부터 자유롭게, '**평등**'과 '취급의 동등함'과 '분할의 공정함'으로부터[b] 자유롭게. 만일 그것들이 어떤 방향이든 분명하게 제시한다면 (물론 오로지 공리적[c] 고려에 의해 제시되는 것들은 제외하고) 그것들이 제시하는 방향은, 시지윅과 흄의 더 귀납적인 방법에 의해 확립된 보편적 쾌락주의 또는 효용의 원리를 거스른다는 의미에서, 틀린 것일 개연성이 매우 크다. 불분명하고 혼란스러운, 만일 분명하다면 ─ 적어도 '동등함'이나 '평등'처럼 편견에 고분고분한 주제에 대해서는 그럴 수 있다 ─ 틀릴 개연성이 매우 큰, 그런 지시들로부터 자유롭게. 그 위험을 보여주는 데 모자람이 없기 위해서 (희생시킨 존경을 아니 느껴서가 아니고 오로지 필요해 보여서) 지목하는데, 동일한 준準 *선험적* 방법이 물리학에 적용되어, 힘과 그것의 지속에 관한 일련의 길어진 논의에서, '운동량 보존'과 '에너지 보존'을 결코 명백히 구별하지 못하고 오히려 혼동하게 한다! 이에 비해 그 **역 제곱** 법칙이 '단순히 경험적인 것이 아니라 공간 관계로부터 수리적으로 연역될 수 있는, 그래서 부정否定은 생각할 수 없는 것'임은[d] 명백히 진술된다. 이런 *선험적* 신조로 과학에 족쇄와 쥠쇠를 들이대는

---

a. 허버트 스펜서, 《윤리학의 기초 자료》, 62절.
b. 앞의 책, 60절, 164쪽.
c. 앞의 책, 68절, 69절 등.
d. 허버트 스펜서, 《첫째 원리》, 18절.

아일랜드의 위기

would seem to stand in need of mathematical, if not symbols, at least conceptions. And even at present it is well, at whatever distance, to contemplate the potentiality and shadow of such reasoning. For though the abstract conclusions have no direct bearing upon practical politics (for instance, extension or redistribution of suffrage), determined by more proximate utilities — just as Bentham protests that his abstract preference for equality does not militate against the institution of property — nevertheless it can hardly be doubted that the ideal reasonings would have some bearing upon the general drift and tendency of our political proclivities. And at any rate the history of all dogma shows that it is not unimportant whether a faith is held by its essential substance, or some accidental accretion. And the reasonings in question may have a use in keeping the spirit open to generality and free from prepossession, the pure ideal free from the accreting crust of dogma. From semi-à-priori 'innate perceptions' dictated by an 'analytic[a] intelligence,' from 'equity,' and 'equalness of treatment,' and 'fairness of division;'[b] which, if they gave any distinct direction at all (other, of course, than what is given by merely utilitarian[c] considerations), would be very likely to give a wrong direction, meaning one which is opposed to the Universalistic Hedonism or Principle of Utility established by the more inductive methods of Sidgwick and of Hume. From dictates indistinct and confusing, or, if distinct — at least about a subject so amenable to prejudice as 'equalness' and 'equity' — most likely to be wrong. To show which danger it is sufficient (and it appears necessary, at a not unfelt sacrifice of deference) to observe that the same semi-à-priori method, applied to Physics, in the course of a prolonged discussion of 'Force' and its 'Persistence,' never clearly distinguishes, nay, rather confounds, 'Conservation of Momentum' and 'Conservation of Energy'! while it is distinctly stated that the law of the *inverse square* is 'not simply an empirical one, but one deductible mathematically from the relations of space — one of which the negation is inconceivable.'[d] Is it wise, is it safe, to weight and cramp science with à-priori

---

a. Herbert Spencer, *Data of Ethics,* s. 62.

b. Ib. s. 60, p. 164.

c. Ib. ss. 68, 69, etc.

d. Id. *First Principles*, s. 18.

게 현명한가? 안전한가? 더욱이 보통의 귀납적 논리학의 (연역적) 방법을 사용하여 결국에는 역 **오승五乘** 법칙을 따르는 원자들 사이의 인력을 발견하는 클러크 맥스웰의 가능성을 목격하면서도? 귀납적으로 연역적인 방법이 사회학에서는 독단적 평등주의에 비슷한 놀람을 안길지도 모른다. 그러나 만약 우리가 비잔틴 나태에 빠져 스스로를 선험 또는 공리주의자에게 더 소중한 다른 권위에 맡긴다면, 그래서 사랑의 신념을 평등의 신조로부터 떼어내지 않는다면, 부착된 당파 정신과 벤담 공리주의의 평등주의 편견으로부터 '순수한 천상의 감각'과 섞임 없는 즐거움의 불꽃을 떼어내지 않는다면, 그 놀람은 결코 오지 않고 어떤 발전도 없을 것이다.

그리고 마지막으로 그토록 아련한 주제에 대하여, '이것들이 그러한가 혹은 아닌가.' 효용 측정을 교란하는 허영과 우리 본성의 여러 미덕, 귀족적 긍지, 민주적 열정. 그러나 이들도 수리적 진리의 차분한 정신으로 접근하는 그 탐구의 이득을 깎아내리진 못한다.

그리하여 수리적 방법이 실제 정치에서 터무니없이 권위를 내세우는 일은 없어 보인다. 라플라스가 사람들을 미분학에 맞춰 다스리고 싶어 한다면서 불평한 나폴레옹의 풍자를[22] 위한 방이 여기에는 없다. 실제적 재능의 감각이 공격으로 받아들일 필요가 없다. 수리적 방법의 자리가 진영이나 내각에는 없다. 그러나 나폴레옹이 끼어들지도 차지하지도 않았고 '이데올로기'로 여기며 정찰한 철학 영역에는[a] 있다.

(II.) 이제 우리가 향하는 곳은 우리 앞에 있는 사안의 **경제적** 측면이다. 지주들에 맞선 임차인들의 **연합**,[23] 그것이 아일랜드의 현 위기와 관련이 있다고 여겨진다.[b] 여기에도 한 줄기 마른 빛이[24] 있어, 교착에 빠진 조합들의 난감한 광경을 밝히고, 찾기 어려운 길을 따라 다시 그 효용의 원리로 이끌어 중재의 기초로[c] 삼게 한다. **공정한** 지대는 **공리적** 지대임이 보이게 된다.[d]

---

a. 부리엔의 《회고록》.[25]
b. 〈폴 몰 가제트〉는 줄기차게 그것을 소작농의 노동조합주의 폭동으로 간주한다.
c. 크럼프턴 씨의 《산업 조정》을 읽고(82~83쪽 참조) 어떤 중재 **원리**의 필요성을 실감하라.[26]
d. 1870년 토지법 등의 작동에 관한 국왕 특별 조사위원회가 '공정 지대'를 승인하고 타결을 전제하

dogmas such as this — in view of the possibility of a Clerk-Maxwell after all discovering, by the ordinary (Deductive) method of Inductive Logic, that there is attraction between atoms according to a law of inverse *fifth* power? An inductively deductive method in Sociology may have similar surprises for the dogmatic isocrat forthcoming; but they will certainly not come, there will not come any development, if we resign ourselves with a Byzantine sloth to à-priority or other authority more dear to the utilitarian; not dissociating the faith of love from the dogma of equity, from the accreted party-spirit and isocratic prejudice of Benthamite utilitarianism, the 'pure ethereal sense' and unmixed flame of pleasure.

And lastly, 'whether these things are so, or whether not;' about a subject so illusory, where the vanity and the very virtues of our nature, oligarchical pride, democratical passion, perturb the measurements of utility; not slight the advantage of approaching the inquiry in the calm spirit of mathematical truth.

Thus it appears that the mathematical method makes no ridiculous pretensions to authority in practical politics. There is no room for the sarcasm of Napoleon complaining that Laplace wished to govern men according to the Differential Calculus. The sense of practical genius need not take offence. The mathematical method has no place in camps or cabinets; but in a philosophic sphere in which Napoleon had neither part nor lot, and which he scouted as 'Ideology.'[a]

(II.) Let us turn now to the *economical* aspect of the case before us: *combination* of tenants against landlords, which the present crisis in Ireland[b] is thought to involve. Here also the dry light may illuminate the troubled scene of dead-locked unions; and by an unobvious path lead up again to the principle of utility as the basis[c] of arbitration. The *fair* rent is seen to be the *utilitarian* rent.[d]

---

a. Bourrienne's *Memoirs.*

b. The *Pall Mall Gazette* has persisted in regarding the agrarian as Trades Unionist outrages.

c. Read Mr. Crompton *Industrial Conciliation* (cf. pp. 82, 83), and realise the need of some *principle* of arbitration.

d. Her Majesty's Commissioners of Inquiry into the working of the Land Act of 1870,

여기서 두 숙고 사이의 관계를 지적하는 게 적절할 듯싶다. **계약의 비非결정성**에 대한 앞에서의 숙고가, 필자가 시사했듯이, 최근 클리프 레슬리[a] 씨와 프레더릭 해리슨[b] 씨를 비롯한 여러 저자들이－어쩌면 구 리카도학파의 견해로 불릴 수도 있는 것과 대비되는－불규칙하고 돌발적인 성격의 상업 현상들에 대해 제시한 숙고와 무관하지 않다. 우리의 숙고와 그들의 숙고가 서로를 입증하지만, 그 두 숙고가 가끔 겹칠 뿐이고 대부분은 구별된다. 그래서 상이한 직종에서의 동등한 이윤 등에 관한 레슬리 씨의 주장은 이 단편적인 연구의 일부를 이루지 않는다. 다른 한편으로 우리의 **둘째**와 **넷째[c] 불완전**이 아마도 다른 곳에서는 주목을 받지 않았을 것이다. 그런데 인간적 정신을 지닌 프레더릭 해리슨 씨가 천착하는 노동자의 비非이동성과 그것에 기인하는 노동시장의 불완전은, 분석적으로 숙고하면, 우리의 **첫째 불완전**의 한 경우다.

이 숙고와 저 숙고 사이에 어떤 동맹 관계가 있는 만큼 둘 모두 동일한 공격에 노출되어 있다. 이를테면 문제의 그 불규칙성은 사실로서 존재하지만 경향으로서 존재하지 않고 사라지는 경향이 있으며, 따라서 추상 과학이 무시해도 좋다. 이것은 사실의 문제이며, 그것에 대해 의견을 제시하기에는 필자의 준비가 모자란다. 그러나 필자가 보기에는, 이 책에서 협동조합에 대해 지적하려 했고 노동조합에 대해 추적하려 했던 그 불완전은 적어도 가까운 미래에는 사라지지 않고 오히려 증가하는 경향이 있다. **둘째** 불완전의 중요성은－어떤 특정 종류의 용역

면서 제출한 권고에 따르면, 발생할지 모르는 '불로(不勞) 증분'은, 지주와 임차인 사이의 분배를 결정하는 **첫째 원리가 부재한 상황에서**, 그들 사이에서 **동등하게** 분할되어야 한다. 우리는 이 경우에 **계약 곡선**이 모든 가능한 **지대**를 대표한다는 것을 확인하면서(142쪽) 우리 이론의 단순한 예시 하나를 여기서 갖는다. 그 이론에 따르면, **중재의 기초**는 그 계약 곡선 위의 한 점이다. 그 점은 여기서처럼 개략적으로 그리고 실제적으로는 **양적(量的)** 평균으로서 계약 곡선의 비결정적 범위를 양분하고, 이론적으로는 질적 평균으로서 공리(功利)의 점이다(55쪽).

a. 〈격주 평론〉, 〈헤르마시나〉, 등.[27]

b. 앞의 책, 1865.[28]

c. 46~47쪽.

아일랜드의 위기

Here it may be proper to indicate the relation which preceding considerations upon *indeterminateness of contract* are supposed by their writer to bear to the considerations recently adduced by others, in particular Mr. Cliffe Leslie[a] and Mr. Frederick Harrison,[b] concerning the irregular and accidental character of mercantile phenomena – as contrasted with what may be called perhaps the old-Ricardian view. The two sets of considerations, ours and theirs, may be mutually corroborative; but they are for the most part distinct, though they occasionally overlap. Thus Mr. C. Leslie's contention against the equality of profits, &c., in different occupations, does not form any part of these fragmentary studies; while, on the other hand, our *second* and *fourth*[c] *imperfections* have not perhaps been noticed elsewhere. Again, the imperfection of the labour market, due to the immobility of the labourer upon which Mr. Frederick Harrison in a human spirit dwells is, analytically considered, a case of our *first imperfection.*

As there is a certain relation of alliance between these considerations and those, so they may be all exposed to the same attack, namely, that the irregularities in question, though existent in fact, do not exist in tendency, tend to disappear, and therefore may be neglected by abstract science. This is a matter of fact upon which the present writer is ill-qualified to offer an opinion. But he submits that the imperfections which it has been in these pages attempted to point out in the case of cooperative association and to trace in the case of trades-unionism, do not tend to disappear, but rather to increase, in the proximate future at least. The importance of the *second* imperfection – affecting contract with regard to certain

---

&c., having sanctioned and supposing settled a 'fair rent,' recommend that the 'unearned increment' which may accrue should, *in the absence of first principles* to determine the distribution between landlord and tenant, be divided *equally* between them. Observing that the *contract-curve* in this case is the representation of all the possible *rents* (p. 142), we have here a simple exemplification of the theory that the *basis of arbitration* is a point on the contract-curve, roughly and practically as here the *quantitative* mean, the bisection of the indeterminate reach of contract-curve, theoretically the qualitative mean the utilitarian point (p. 55).

a. *Fortnightly Review*, Hermathena, &c.

b. *Ibid.* 1865.

c. Pp. 46, 47.

에 관한 계약에 영향을 주면서 – 아마도 보수報酬의 부등성에 대한 클리프 레슬리 씨의 숙고가 갖는 중요성과 함께 일어서거나 넘어질 것이다.[a]

마지막으로 만약 이 책에서 **계약**의 비결정성에 대해 시도된 주장이 그 전제에 있어서 실증주의의[29] 주장과 얼마간 비슷하다면 그 결론에 있어서도 당연히 그러할 것이다. 그 결론은 바로 도덕 원리로써 경제적 차이를 타결해야 하는 필요성이니, '*타인을 위해 살라*'[30] 이 원리는 **공리주의**가 그토록 불완전하게 드러내는 자신의 함의인데, 일그러진 모양새의 원인은 불행하게 추한 그 용어이고, 차려 입은 언어의 주인은 콩트보다 밀이다.

이 여담에서 되돌아와 우리는 이제 수학이 **연합**에 비출 빛을 조금 더 정확히 거르기로 한다. 이 저작의 앞부분에서 제시한 분석을 "독점과 연합"에 관한 《산업 경제학》의[31] 일반적 설명과 비교해 보라. **연합의 증대와 함께 증대하는 비결정성**의 개념이 수리 분석에서 조금 더 명백하게 나타난다. 이 비교를 끌어내기 위해서는 연합의 특정 種種을 고려하는 게 최선이다. 그렇지만 여기에 어려움이 있다. 방법에 관한 이 보충 발언의 지문으로 제시되는 그 종을 경제학자들이 기껏해야 아주 조금 다루었을 뿐이다. 그래서 우리는 고용주들의 연합과 직공들의 연합을 고려하기로 한다. 우리의 주제로부터 이탈하지만 적은 변명으로도 충분한 이유를 밝히면, 여러 가지 상이한 계약들의 근본적 동일성에 대해 주장하면서 내놓을 발언의 요지에 그 이탈이 포함된다.

《산업 경제학》, 3편, 6장, 1절과 2절에 들어있는 노동조합에 대한 주장을 살펴보라. 혹은 노동조합을 반대하면서 그런 구절들로부터 무엇이든 가져와 강화한 어떤 통속적 주장을 생각해보라. 크나큰 존경을 표하며 개진하는데, **첫째**, 결론이 그 전제들로부터는 나오지 않는다. 물론 단서가 있다. **만일** 조합원들의 이익이라는 그 자신의 목표를 패배시키는 경향이 노동조합에 있다는 게 결론이라면 그렇다는 것이다. 그 전제에 따르면, 노동조합이 작용할 때 그 결과는 계속 커지는 '성장 장애'다. 가상의 규모에 비해 줄어드는 임금-이윤 기금이고, 그래서

---

a. 위 47쪽.

아일랜드의 위기

kinds of service — might perhaps stand or fall with the importance of Mr. Cliffe Leslie's considerations upon the inequality of remunerations.[a]

Lastly, if the argument attempted in these pages concerning the indeterminateness of *contract* is as to the premisses somewhat similar to the Positivist argument, it would fain be also as to the conclusion: the necessity of settling economical differences by a moral principle — here clothed in the language more of Mill than of Comte, and disfigured by the unfortunately ugly term *Utilitarianism*, which so imperfectly suggests what it connotes. '*Vivre pour autrui.*'

Returning from this digression, let us now sift a little more accurately the light which Mathematics may shed upon *Combinations*. Compare the analysis suggested in a previous part of this work with the general account of 'Monopolies and Combinations' in 'Economics of Industry.' The conception of *indeterminateness increasing with the increase of combination* comes out perhaps a little more clearly in the mathematical analysis. To bring out the comparison, it is best to consider some particular species of combination. Here, however, occurs the difficulty that the species as presented by the text of these supplementary remarks upon method has not been much, if at all, treated by economists. Let us take, then, combinations of workmen against employers; a deviation from our subject for which the less apology is due as it is part of the purport of some coming remarks to insist on the essential unity of the different kinds of contract.

Let us consider the argument about Trades Unions contained in the 'Economics of Industry,' book iii. chapter 6, §§ 1 and 2; or rather a certain popular argument against Trades Unions strengthened by whatever it can borrow from the passage under consideration.

It is submitted with great deference, *first*, that the conclusion does not follow from the premisses, *if* the conclusion is that trades unions tend to defeat their own object, the interest of the unionists. The premiss is that the consequence of the action of Trades Unions is a continually increasing 'check to the growth,' diminution from what it would have been, of the wages-and-profits fund, and so

---

a. Above, p. 47.

줄어드는 작업자의 총 보수다. 그러나 작업자들의 효용이 그들이 받는 보수만의 함수가 아니라 그들이 하는 **노동**의 함수이기도 하다. 효용이 비록 명시적으로 보수의 증가함수이지만 노동 안에서 암묵적으로 그것의 감소함수다.[a] 조합이 목표로 삼고 늘이려는 수량은 조합원들의 각 순간 효용 또는 **효용의 시간 적분**인데, 그 수량을 줄이는 경향이 있다는 결론이 나오지 않는다. 오히려 계약에 대한 일반적 분석으로부터는 다른 결론이 나온다. 어떤 효과든 조합으로 인해 발생한다면, 그 효과는 조합원들에게 유익한 것이라고 그 분석이 (물론 그들 편의 지능을 상정하면서) 시사한다. 그리고 연합의 규모가 충분히 크면 효과가 발생하기 쉽다고 시사한다.

그러나 **둘째**, 그 전제들이 보편타당하지 않은데, 통속적 주장의 전제들이 특히 그렇다. 마셜의 주장은 '용서의 희망 안에서 조심'을[32] 한다. 만약 조합원들이 '그들의 노동을 유보 가격 이하로 판매하기를 거부한다면,'[33] 그런 조합원들의 행동은 궁극적으로 보수를 감소시키는 것이라고 하겠다. 그렇지만 이 결과가 더 이상 성립하지 않는 경우가 있다. 만약 조합원들의 요구가 어떤 **임금 요율**이 아닐뿐더러 고용주들로 하여금 그 요율에서 노동을 원하는 대로 많이 또는 적게 구입하게 내버려두는 게 아니라면, 그 대신 만약 조합원들의 요구가 **다른** 조건의 고용으로서 예컨대 일정 수량의 작업 수행에 대한 일정 수량의 보수라면, 이 결과는 성립하지 않는다. 만약 (우리 용어로) 그들의 진행이 **수요 곡선**이 아니

---

a. 기하학적으로, 가로축이 **시간**을 나타내게 하자. 각 순간의 보수는, **아마도 실제로 그러하듯이**, 일종의 쌍곡선 모양의 곡선을 형성하는 좌표로 나타내자. 적어도 우리가 관심을 갖는 부분의 시간에 대해서는, 혹은 현재에서 시작하여 인간의 눈이 볼 수 있는 데까지는 (그러나 정점과 점근선에는 신경 쓰지 말고) 그렇게 나타내자. 관념을 고정하기 위해, 그 근사(近似) 모양을 방정식으로 나타낸다. 즉, $\dfrac{x^2}{a^2}-\dfrac{y^2}{b^2}-1=0$. 이제 그 조합의 작용으로 말미암아 달라지는 일련의 보수에 대해서는 $\dfrac{(x+c)^2}{a^2}-\dfrac{y^2}{b'^2}-1=0$. 여기서 $b'<b$. 그리고 c는 양이다. 어느 점이든 새 좌표를 y'로 나타내고 옛 좌표를 y로 나타내자. 그리고 현재와 상응하는 점에서 $y'=y$. 그러면 $\dfrac{y'-y}{y}$ 가 계속 증가하는 보수의 상실 비율이 된다. 그러나 조합원들의 목적은 그 좌표들도 그 면적도 모두 아니고, 준 쌍곡선 위에 그려지는 어떤 **준 쌍곡면**의 고체 함유량으로 표현되는 쾌락 적분이다. 이 곡면의 함수들의 본성으로부터 드러나는데, 그 고체 함유량은 전자보다 후자에서 더 크다. *증명 완료*

아일랜드의 위기

of the total Remuneration of operatives. But, since the utility of the operatives is a function not only of their remuneration, but their *labour*; and, though an increasing function of the remuneration, considered as explicit, is a decreasing function of the same considered as implicit in labour;[a] 'it does not follow that there tends to decrease that quantity which it is the object of unions to increase — the unionists' utility at each time, or rather *time-integral of utility*. Rather, it appears from the general analysis of contract that, if any effect is produced by unions, it is one beneficial to the unionists (presupposed, of course, intelligence on their part); and that, if combination is on a sufficiently large scale, an effect is likely to be produced.

But, *secondly*, the premisses are not universally true, those of the popular argument at least; for the Marshall argument keeps 'intra spem venise cautus.' For though it be true that the action of unionists, if they 'refuse to sell their labour except at a reserve price,' would be to diminish ultimately the Remuneration, this result would no longer hold if the unionists were to insist, not on a *rate of wages*, leaving it to the employers to buy as much or as little work as they please at that rate, but upon other terms of employment — a certain quantity of remuneration in return for a certain quantity of work done. If (in our terminology) they

---

a. Geometrically; let an abscissa represent *time*. Let the remunerations at each time, *as they would have been*, be represented by ordinates forming a sort of hyperbola-shaped curve as to the portion of time at least with which we are concerned—from the present, far as human eye can see (not to trouble ourselves about the vertex and the asymptote). To fix the ideas, let the approximate shape be given by $\frac{x^2}{a^2} - \frac{y^2}{b^2} - 1 = 0$. Now let the series of remunerations, as it is in consequence of the action of Unions, be $\frac{(x+c)^2}{a^2} - \frac{y^2}{b'^2} - 1 = 0$. where $b'<b$, c is positive. Let the present time correspond to the point where ; $y'=y$ if y' be new ordinate at any point y being the old. We have then $\frac{y-y'}{y}$ the percentage of loss of remuneration continually increasing. But the end of the unionists is not the ordinates nor the area, but the hedonic integral represented by the solid contents of a certain *quasi-hyperboloid* described upon the quasi-hyperbola. From the nature of the functions of this surface it appears that the solid contents may be greater in the latter case than in the former. — Q. E. D.

라 **계약 곡선**을 따라서 이뤄진다면,[a] 그들의 행동이 그들의 효용만 아니라 그들의 보수도 증가시킨다고 추정함이 옳다.

그리고 **셋째**, 설혹 일종의 직관 혹은 짐작을 사용하는 문학적 방법이 진실을 붙잡을지라도 그 방법이 온전한 진실을 붙잡기란 대단히 어렵다. 이 어려움을 알아채게 하는 그 분석에 따르면 연합은 계약을 조합원들에게 더 이롭게 만들 뿐만 아니라 계약을 **비결정적**이게 만드는 경향이 있다. 이 상황이 흥미로운 까닭은 연합이 개입하는 곳에서는 **중재의 원리**가 필요하다는 것을 명백히 보여준다는 데 있다.

물론 수리적 방법이 스스로를 마셜 씨의 비非기하학적 주장과 견줘 돋보이게 하지는 않는다. 최초의 수리 경제학자들 사이에서 마셜 씨는 문학의 의복을 걸칠 때도 그 안에 수학의 갑옷을 입고 있는데, 바로 이 경우에 그것이 엿보인다 (《산업 경제학》, 201쪽). 훨씬 더 유리한 비교를 위한 도전의 상대는 통속적 경제학자들이다. 몰리 씨가 어느 유창한 연설에서[b] 지적했듯이, 그들은 종종 자신들을 꽤나 혼란스럽게 표현한다. 몰리 씨가 자신의 의견을 그다지 직접적으로 표현하지는 않았으나 짐작컨대 '조합이 임금을 올리지 않는다고 주장하는 사람들'에 반대할 것이다. 지금 제안하는데, 케언스-마셜의 주장에 맞서 그 의견을 방어할 수 있는 유일한 수단은 수리 분석의 예기치 못한 지원이다. 이 사안이 시사하는 바이자 이 책이 떠안은 부담인데, 인간사가 이제는 수리 분석의 지원을 필요로 하는 복잡성의 정규화에 도달했다. 지원 없는 이성의 빛은− 유창함으로 반짝거리고 공공公共 정신으로 빛나더라도− 엄격한 과학이 그 길을 튼튼히 하지 않으면 한낱 위태로운 안내인이다.

그러나 이 모든 것이 **지주와 임차인**에게는 무엇인가? 혹은 연합 일반에 대한 당신의 빈약한 분석이 그 특정 경우의 지대地代로 확장될 수 있을까? 그 답으로 말하면, 그렇다. 비결정성을 발생시키는 연합의 경향에 대한 추론이 충분히 안전하게− 일종의 수리적 환원으로− 일반에서 특정으로 확장될 수 있다. 기호記號는 필요 이상으로 증식하지 않아야 한다. 수리 정신학자가 오히려 스스로 유념

---

a. 48쪽, 116쪽을 보라.
b. 〈격주 평론〉, 1877, 401쪽.[34]

proceeded by way of *contract-curve*,[a] not by way of demand-curve, the presumption is that their notion would increase not only their utility but their remuneration.

And, *thirdly*, even if the literary method by a sort of intuition or guess-work apprehends the truth, it can hardly comprehend the whole truth. For it appears from analysis that the tendency of combinations is not only to make contract more beneficial to the unionists, but also to make it *indeterminate*; a circumstance of some interest as bringing clearly into view the necessity of a *principle of arbitration* where combinations have entered in.

The Mathematical method does not, of course, show to advantage measuring itself with the ungeometrical arguments of Mr. Marshall, himself among the first of mathematical economists, and bearing, even under the garb of literature, the arms of mathematics; which peep out in this very place ('Economics of Industry,' p. 201). A much more favourable comparison would be challenged with the popular economists, who often express themselves rather confusedly, as Mr. Morley, in an eloquent address,[b] points out. Mr. Morley's own opinion is not very directly expressed, but is presumably opposed to 'those who deny that unions can raise wages.' Now, it is submitted that this opinion, in face of the Cairnes-Marshall arguments, can only be defended by the unexpected aid of mathematical analysis. The incident may suggest, what is the burden of these pages, that human affairs have now reached a state of regular complexity necessitating the aid of mathematical analysis; and that the lights of unaided reason — though sparkling with eloquence and glowing with public spirit — are but a precarious guide unless a sterner science fortify the way.

But what is all this to *landlords and tenants*? Or can your scanty analysis of combination in general be securely extended to the peculiar case of rent? The reply is: Yes; the reasoning about the tendency of combination to produce indeterminateness can with sufficient safety — by a sort of mathematical reduction — be extended from the general to a particular case. Symbols are not to be multiplied beyond necessity. Rather the mathematical psychist should be

---

a. See pp. 48, 116.

b. *Fortnightly Review,* 1877, p. 401.

하여

> 빼야 할 것은 한갓 허영 또는 치장,
> 또는 배움의 사치, 또는 게으름.
> 기껏 인간 두뇌의 신축을 보여주는 재주들.[35]

그렇지만 보여주려는 것이 다름 아닌 **계약** 이론의 (그 **물건**이 무엇이든) 실질적 동일성이고, 더불어 내놓으려는 것이 일반 이론의 추가 예시여서, 우리는 이제 지주와 소농 임차인 사이의 계약을 분석하기로 한다. 우리는 상거래의 모든 얽힘을 사상하고, **경쟁 마당**이 오로지 지주들과 소농 임차인들로 구성된다고 상정한다.

[그림 6]

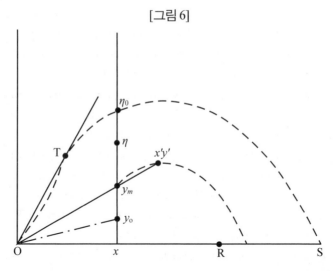

그리하여 우리는 앞선 일련의 추론 위에서 출발하는데, 우선 그 수數가 같은 동일 본성의 지주들과 동일 본성의 임차인들을 상상하자. 그리고 상정하기를, 각 지주가 동일한 양과 질의 토지를 소유하는데, 그 양률이 **유한**하다. 혹은 더 정확히 말해, 임차인이 지대를 전혀 지불하지 않아도 된다면 기꺼이 경작하려 할 양보다 적다. 소작농들의 필요와 역량도 마찬가지로 동일하다고 당분간 상정한다. 한 지주가 소유하는 만큼의 토지를 가로축의 한 부분 ox로 나타내고, 그것에 대해 지불되는 지대를 다른 축을 따라 측정되는 길이로 나타내자. 그리고

on his guard to

> Deduct what is but vanity or dress,
>
> Or learning's luxury, or idleness:
>
> Mere tricks to show the stretch of human brain.

To show, however, this very thing, the substantial unity of the theory of *contract* (whatever the *articles*), and also to further illustrate the general theory, let us attempt an analysis of the contract between landlord and cottier-tenant. We may abstract all the complications of commerce, and suppose the *competitive field* to consist only of landlords and cottier-tenants.

FIG. 6.

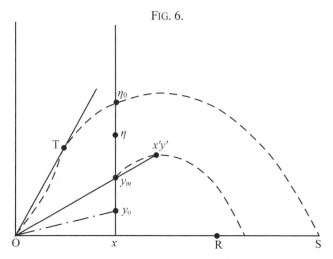

Let us start, then, upon the lines of previous trains of reasoning, and begin by imagining equal numbers of on the one side equal-natured landlords, and on the other side equal-natured tenants. The quantity and the quality of the land possessed by each landlord are supposed to be the same; the quantity *limited*, or more exactly less than a tenant if he had to pay no rent would be willing to take into cultivation. The requirements and capacities of the tenants likewise are for the moment supposed equal. Let us represent the portion of land owned by the landlord as a portion of the abscissa *ox*, and the corresponding rent paid by a length measured along the other co-ordinate. And let us proceed to write

나아가서 이 특정한 경우의 함수들을 쓰는데, 그것들의 일반적인 특성은 이미 서술한 대로다.

지주 X의 **효용 함수** P는 F(y). (이것이 어떤 불연속성에 복속하는데, 그 내용은 곧 설명된다.) 임차인 Y의 **효용 함수** Π는

$$\Phi(\phi(e)x - y) - \psi(xe)$$

이것이 **복속하는 조건이** $\left(\dfrac{d\Pi}{de}\right) = 0$. 여기서 Φ는 앞에서처럼 즐거움 함수다. e는 Y가 내놓는 (근육의 에너지 또는 다른 객관적 척도로 재는) **객관적 노동**으로서 **단위 토지 당** 양量이다. $\phi(e)$는 그 노동에 상응하는 단위 당 생산인데, **수익 감소의 법칙**에 따라 그것의 첫째 미분이 계속해서 양陽이고 그것의 둘째 미분이 계속해서 음이다. $\psi(xe)$는 상응하는 **주관적 노동** 혹은 비非효용인데,[36] **피곤 증가의 법칙**에 따라 그것의 첫째와 둘째 미분이 모두 계속해서 양陽이다. e는 Y가 마음대로 바꿀 수 있고, 따라서 그는 (x가 무엇이든) 그것을 바꿔 자기 효용이 자신 안에 놓이는 한에서 극대가 되게 할 것이다. 그래서 $\left(\dfrac{d\Pi}{de}\right) = 0$. 편의를 위해 우리는 이것에 의한 e의 소거로부터 도출되는 함수를 $\pi(xy)$로 표시한다.

만약 지주가 자기 토지를 달리 사용할 데가 없다면 그의 **무차별 곡선들**은 모두 수평선이다. 그 의미를 풀어 말하면, 만약 지주가 동일한 (총)지대를 받는다면 그가 얼마만큼의 토지를 임대하든 그에게는 다를 게 없다. 그렇지만 예시를 위해서, 그리고 실로 더 현실적이기 위해서, 지주가 언제든 자기 토지를 달리 사용하여—예를 들어, 소농 경작자들에게 임대하지 않고 자본가 목축업자들에게 임대하여—어떤 극소를 확보할 수 있다고 상정하자. 그리하여 만약 그렇게 달리 사용되는 토지로부터 지주가 얻는 소득이 토지 단위 당 어떤 **요율**로 그렇게 사용되는 토지에 비례한다면, 지주의 **무차별 곡선**은 Oy_0와 그것에 평행한 선들로 나타낼 수 있다([그림 6]).

소작인의 **무차별 곡선들**은 미분방정식으로 주어진다. 즉 $\left(\dfrac{d\pi}{dx}\right)dx + \left(\dfrac{d\pi}{dy}\right)dy = 0$. 이제 $\left(\dfrac{d\pi}{dx}\right)$는 가설에 의해 원점 근처에서 **양**이고, 궁극적으로는 음이다.

down in this particular case the functions whose general character has been already described.

P, the *utility-function* of X the landlord, is F(y) (subject to a certain discontinuity which will be presently suggested). Π, the *utility-function* of Y the tenant, is

$$\Phi(\phi(e)x - y) - \psi(xe)$$

subject to the condition $\left(\dfrac{d\Pi}{de}\right) = 0$. Here Φ as before is a pleasure-function, *e* is the amount of *objective-labour* (muscular energy or other objective measure of labour) put forth by Y, *per unit of land*. $\phi(e)$ is the corresponding *produce per unit*; a function which, according to the *law of diminishing returns*, has its first differential continually positive, and its second differential continually negative, *xe* is the total objective labour, $\psi(xe)$ the corresponding *subjective labour*, or disutility; a function which according to the *law of increasing fatigue* has both its first and second differential continually *positive*. Since *e* is variable at the pleasure of Y, he will vary it (whatever *x* may be), so that his utility as far as in him lies may be a maximum; whence $\left(\dfrac{d\Pi}{de}\right) = 0$. Let us for convenience designate the function which results from the indicated elimination of *e* by $\pi(xy)$

The *indifference-curves* of the landlord if he have no other use for his land are horizontal lines; importing that it is indifferent to the landlord how much land he lets, provided he gets the same (total) rent. Let us however for the sake of illustration, and indeed as more real, suppose that the landlord can always make sure of a certain minimum, by employing his land otherwise, e.g. not letting it to cottier cultivators, but to capitalist graziers. If then the landlord's income from lands thus otherwise employed be proportionate to the land thus employed at a certain *rate* per unit of land, the landlord's *indifference-curve* may be represented by Oy_0 and parallel lines (Fig. 6).

The *indifference-curves* of the tenant are given by the differential equation $\left(\dfrac{d\pi}{dx}\right)dx + \left(\dfrac{d\pi}{dy}\right)dy = 0$. Now $\left(\dfrac{d\pi}{dx}\right)$ is by hypothesis positive in the neighbourhood

이는 **지대가 없다면** Y가 기꺼이 경작할 토지의 양에 비해 αx가 더 적다고 가정했기 때문이다. 그리고 그 토지의 양을 규정하는 방정식은 $\left(\dfrac{d}{dx}\right)\pi(x,0)=0.$[37] 그리고 $\left(\dfrac{d\pi}{dy}\right)=\left(\dfrac{d\Pi}{dy}\right)=-\Phi'(x\phi(e)-y)$은 근본적으로 **음**이다. 그래서 그 무차별 곡선은 원점 근처에서 올라간다. 그리고 [그림 6]에서 표시되어 있듯이 점 R로 내려가는데, 이 점을 규정하는 방정식이 $\left(\dfrac{d}{dx}\right)\pi(x,0)=0.$ 또한

$$\frac{d_2 y}{dx^2}=\frac{\left(\dfrac{d\pi}{dx}\right)^2\left(\dfrac{d_2\pi}{dy^2}\right)-2\dfrac{d\pi}{dx}\dfrac{d\pi}{dy}\left(\dfrac{d_2\pi}{dxdy}\right)+\left(\dfrac{d\pi}{dy}\right)^2\left(\dfrac{d_2\pi}{dx^2}\right)}{-\left(\dfrac{d\pi}{dy}\right)^3}$$

여기서 $\left(\dfrac{d_2\pi}{dx^2}\right)=\left(\dfrac{d_2\Pi}{dx^2}\right)+2\left(\dfrac{d_2\Pi}{dxde}\right)\dfrac{de}{dx}+\left(\dfrac{d_2\Pi}{de^2}\right)\left(\dfrac{de}{dx}\right)^2+\left(\dfrac{d\Pi}{de}\right)\dfrac{d_2 e}{dx^2}$. 그런데 그 방정식 $\left(\dfrac{d\Pi}{de}\right)=0$ 덕택에 위 방정식 우변의 마지막 항은 영이다. 그리고 $\dfrac{de}{dx}$ $=-\dfrac{\left(\dfrac{d_2\Pi}{dedx}\right)}{\left(\dfrac{d_2\Pi}{de^2}\right)}$.[38] 그리고 작은 π의 다른 둘째 미분들에[39] 대해서도 비슷하다. 이렇게 표시되는 다소 코끼리 같은 공식에 작업을 하고, 함수 Φ ϕ ψ의 특성에 주목하면, $\dfrac{dy}{dx}$가 음일 때 그 곡선이 볼록하다는 것을 발견하게 된다.[a] 여기서 학생에게 일러 주목하게 해야 하는데, **사회적 주제에 관한 그 수리 추론이 꽤 길게 확장되었으나 수치 자료를 전혀 상정하지 않고 있다.** 그 곡선들은 (내가 생각하기에) 출발하면서부터 볼록할 것이다. 그리하여 [그림 6]에서 $oT\eta_o S$가 원점을 지나는 Y의 **무차별 곡선**을 잘 대표한다. y_m과 $(x'y')$를 지나는 곡선은 같은 무리의 다른 구성원을 (부분적으로) 대표한다.

지주의 **수요 곡선**은 점 x에서 올린 세로축으로서 점 y_o 위에서부터 시작한다. 지주는 자기 토지에 대해 그 극소를 초과하는 **어떤** 양量의 지대도 기꺼이 받아들일 것이다! 혹은 달리 말해, (벡터와 가로축 사이의 각도로 표시되는) 지대 요율

---

a. 35~36쪽에서의 추론과 비교하라.

of the origin, and negative ultimately; since ox has been assumed less than the quantity of land which Y would be willing to take into cultivation *without rent*, which quantity is given by the equation $\left(\dfrac{d}{dx}\right)\pi(x,0) - = 0$. And $\left(\dfrac{d\pi}{dy}\right) = \left(\dfrac{d\Pi}{dy}\right)$ $= -\Phi'(x\phi(e)-y)$ is essentially *negative*. Thus the indifference curve ascends in the neighbourhood of the origin and descends as indicated in the figure to the point R where $\left(\dfrac{d}{dx}\right)\pi(x,0) = 0$. Again,

$$\frac{d_2 y}{dx^2} = \frac{\left(\dfrac{d\pi}{dx}\right)^2\left(\dfrac{d_2\pi}{dy^2}\right) - 2\dfrac{d\pi}{dx}\dfrac{d\pi}{dy}\left(\dfrac{d_2\pi}{dxdy}\right) + \left(\dfrac{d\pi}{dy}\right)^2\left(\dfrac{d_2\pi}{dx^2}\right)}{-\left(\dfrac{d\pi}{dy}\right)^3}$$

where $\left(\dfrac{d_2\pi}{dx^2}\right) = \left(\dfrac{d_2\Pi}{dx^2}\right) + 2\left(\dfrac{d_2\Pi}{dxde}\right)\dfrac{de}{dx} + \left(\dfrac{d_2\Pi}{de^2}\right)\left(\dfrac{de}{dx}\right)^2 + \left(\dfrac{d\Pi}{de}\right)\dfrac{d_2 e}{dx^2}$, the last term

being equal to zero in virtue of the equation $\left(\dfrac{d\Pi}{de}\right) = 0$. And $\dfrac{de}{dx} = -\dfrac{\left(\dfrac{d_2\Pi}{dedx}\right)}{\left(\dfrac{d_2\Pi}{de^2}\right)}$

And similarly for the other second differentials of little π. Working out the somewhat elephantine formulae thus indicated, and attending to the character of the functions Φ ϕ ψ, we should find that[a] the curve is convex when $\dfrac{dy}{dx}$ is negative. The attention of the student is directed to this, if expanded rather lengthy, *mathematical reasoning, for which never a numerical datum is postulated, about a social subject*. The curves may be (I think) convex at starting. Thus in figure 6, $o\mathrm{T}\eta_o\mathrm{S}$ is a fair representation of Y's *indifference-curve* through the origin. The curve through y_m and $(x'y')$ represents (part of) another member of the same family.

The *demand-curve* of the landlord is the ordinate at the point x from above the point y_0. The landlord will be willing to take *any* amount of rent for his land above that minimum! Or, in other terms, the quantity of land which he offers

---

a. Compare the reasoning at pp. 35, 36.

이 무엇이든 그가 제공하는 토지의 양은 ox다. 임차인의 수요 곡선은 원점에서 부터 그려지는 벡터들과 **무차별 곡선들** 사이의 접점들의 궤적이다. [그림 6]에서 는 그것이 T, η, 그리고 R을 통과하는데, 이 마지막 점은 임차인이 영率의 지대 요율에서 수요하는 토지의 양을 표시한다.

이제까지는 **개인적** 혹은 개별적 함수로 불릴 것들에 대해서였다. 그렇다면 우리의 추리에서 그토록 큰 역할을 하는 그 **상호**相互 함수, **계약 곡선**은? 계약 곡선의 사용 가능한 부분이 $y_0\eta_0$이다. 즉, x에서 올린 세로축의 한 부분으로서 원점에서 나오는 무차별 곡선들 사이에서 막힌다. 왜냐하면, 쉽게 알 수 있듯이, 만약 그 지표가[40] 이 선의 왼쪽 어디엔가 놓인다면 – 가설에 의해 오른쪽에는 놓일 수 없다 – 동시에 발생하는 자기 이익의 힘을 받아 문제의 그 선으로 달려 갈 것이기 때문이다. 예컨대 점 T에서, Y의 무차별 곡선이 [그림 6]에 그려져 있고, X의 무차별 곡선이 Oy_0에 평행한 선인데, (적어도 어떤 한계 또는 상대적 소량의 ox를 가정하면) 이 선들 또는 각 점에 상응하는 선들 사이에서 그 지표가 계속해서 선 $x\eta_0$로 움직일 것이다. 그렇지만 여기서 흥미로운 어려움이 발생한 다. 선 $y_0\eta_0$이 그 일반적 조건 $\dfrac{dP}{dx}\dfrac{d\Pi}{dy}-\dfrac{d\Pi}{dx}\dfrac{dP}{dy}=0$을 충족하지 않는다. 이것의 근거가 무엇인가? 이렇게 말할 수 있다. **계약 곡선**은 쾌락의 어떤 (상대적) **극대** 를 위한 조건이다. 이제 변분학의 일반적 원리에 따르면, 이 극대의 조건은 일반 적으로 변분의 어떤 첫째 항이 소멸하는 것이다. 그러나 토드헌터 씨가 발견한, 어쩌면 인간사에 적용된 변분학에서 가장 중요할 수도 있는, 한 원리에 따르면, 변분학의 일반 규칙이 특정한 경우의 **부과 조건들**에서는 유예된다. 지금 우리 앞에 있는 **고정적**이고 **적은** 양의 토지가 그런 경우로서 토드헌터 씨의 많은 문제 에서 등장하는 것과 같은 부과 조건과 장벽을 이룬다. 이미 사용한 비유의 언어 로 말하면,[a] 우리는 계약자들이 단일 조組를 이뤄 평원 위를 달려 장벽 $y_0\eta_0$에 도달한다고 생각할 수 있다. 그 장벽이 제거되면 곧바로 그 선 오른쪽으로 계속

---

a. 위 24쪽.

아일랜드의 위기

at any *rate* of rent (indicated by the angle between a vector and the abscissa) is *ox*. The demand-curve of the tenant is the locus of points of contact between vectors drawn from the origin and indifference-curves. In the figure it is supposed to pass through T, η, and R; the last point indicating the quantity of land demanded by the tenant at rate of rent zero.

So far as to what may be called *personal* or individualistic functions. What of the *mutual* function, which plays so large a part in our speculations, the *contract-curve*? The available portion of the contract-curve is $y_o\eta_o$, the portion of the ordinate at *x* intercepted between the indifference-curves from the origin. For it is easy to see that if the index be placed anywhere to the left (it cannot by hypothesis be placed on the right) of this line it will run down under the force of concurrent self-interests to the line in question. For instance, at the point T, the indifference-curve of Y is drawn in the figure, and the indifference-curve of X is a line parallel to Oy_0; between which and the corresponding lines at each point the index will continually move down to the line $x\eta_o$ (assuming at least a certain limitation or relative smallness of *ox*). Here, however, occurs the interesting difficulty that the general condition $\dfrac{d\text{P}}{dx}\dfrac{d\Pi}{dy} - \dfrac{d\Pi}{dx}\dfrac{d\text{P}}{dy} = 0$ is not satisfied by the line $y_o\eta_o$ What is the rationale of this? It may be thus stated. The *contract-curve* expresses the condition of a certain hedonic (relative) *maximum*. Now the condition of this maximum is in general, according to the general principles of the Calculus of Variations, the vanishing of a certain first term of variation. But the general rule of the Calculus of Variations is suspended in particular cases of *imposed conditions*; according to a principle discovered by Mr. Todhunter, which is probably of the greatest importance in the calculus as applied to human affairs. Now the case before us of quantity of land *fixed* and *small* constitutes such an imposed condition and barrier as is presented in so many of Mr. Todhunter's problems. In the metaphorical language already employed,[a] we might conceive the contractors' joint-team driven over the plain up to the barrier $y_o\eta_o$; ready to move on to the right of the line if the barrier were removed, but

---

a. Above, p. 24.

움직이겠으나 그 선 위로나 아래로는 움직일 수 없다. 계약 물건에 대해 일반적으로 상정되듯이 토지의 양이 **유동적**이라면, 보통 모양의 계약 곡선이 다시 나타날 것이다. 토지의 양이 유동적이라는 상정이 곧 그것이 절대적으로 무한하다는 상정을 의미하지는 않는다. 한 사람이 제공할 수 있는 노동의 양처럼 계약 물건들은 일반적으로 상한이 있다. 토지의 양이 많다는 것으로 충분하다. 더 정확히 말하면, Y의 무차별 곡선들이 그 좌표의 각 점에서 ox 방향과 이루는 각이 X의 무차별 곡선들이 이루는 각보다 크다는 것으로 충분하다.

우리는 이제 막 서술한 **경쟁 마당**에서의 **최종 타결들**에 대한 탐구로 나아간다. 최종 타결 각각의 첫째 조건은[a] 그 마당 전부가 계약 곡선 위의 한 점에서 모아진다는 것이다. 둘째 조건은 재계약이 불가능하다는 것이다. 그렇다면 그 마당 전부가 결집되면서 재계약이 가능한 점들이란 무엇인가? 그 수가 p인 지주들이 그 수가 q인 임차인들과 재계약을[b] 맺을 수 있는 점들이다.

계약 곡선의 정의에 의해서 p와 q는 같지 않다. 우리는 재계약, 혹은 적어도 재계약이 지향하는 **타결들**을 앞에서[c] 제시된 것과 유사하게 그려지는 **보완** 계약 곡선으로 나타낼 수 있다. 주의를 조금 기울이면 알 수 있듯이, 곧 정의될 점 η의 아래에 y_0가 놓일 때는 p가 q보다 커야 한다. 그리하여 그 **보완** 체계는 본래의 계약 곡선에 더해 점 x'에서 가로축에 수직인 선으로 구성되는데, 점 x'에 대해서는 $p{\times}ox = q{\times}ox'$. 이 체계에서 재계약자들이 지향하는 배열은 이렇게 기술할 수 있다. 그 수가 p인 지주들은 본래 계약 곡선 위의 한 점, 이를테면 xy, 위에 위치하고, 그 수가 q인 임차인들은 xy를 지나는 벡터가 보완 계약 곡선 또는 x'에서 세운 수직선을 교차하는 점 $x'y'$ 위에 위치한다. 따라서 만약 이제 막 상정한 대로 그 마당 전부가 계약 곡선 위의 한 점 xy에서 결집된다면, 그리고 xy에 상응하는 $x'y'$가 놓이는 곳이 xy를 지나게 그려진 임차인의 무차별 곡선 안이기만 하면, 그 수가 p인 지주들이 그 수가 q인 임차인들과 재계약을[d] 맺을

---

a. 위 35쪽.
b. 지주 각자가 스스로 재계약을 맺는데, 당연히 넷째 불완전은 일반적으로 상정되지 않는다.
c. 위 37쪽.
d. 불완전한 경쟁에서의 재계약 과정이 **교환 요율**이라는 개념을 실제로 얼마나 포함할지는 매우

아일랜드의 위기

incapable of moving either up or down the line. If the quantity of land were *fluent*, as in general *articles* of contract are to be regarded, then the ordinary form of the contract-curve will reappear. That the quantity of land should be regarded as fluent it is not necessary that it should be absolutely unlimited, as in general articles of contract have a superior limit *e.g.*, the quantity of labour a man can offer. It suffices that the quantity of land should be large; more exactly that the angles made by the indifference-curves of Y at each point of the ordinate with the direction *ox* should be greater than the angles made by the indifference-curves of X.

Let us now proceed to investigate the *final settlements* in the *field of competition* just described. The first condition[a] of a final settlement is that the whole field be collected at a point on the contract-curve. The second condition is that recontract be impossible. What then are those points at which the whole field being concentrated recontract is possible? Those at which p landlords can recontract[b] with q tenants.

By definition of contract-curve p and q are unequal. The recontract, or at least the *settlements* to one of which it tends, may be represented by a *supplementary* contract-system constructed on the analogy of that above[c] indicated. A little attention will show that p must be greater than q when the point y_0 falls as in the figure below the point η to be presently defined. The *supplementary* system then consists of the original contract-curve and a perpendicular to the abscissa at the point x' such that $p \times ox = q \times ox'$; and it imports that the recontractors tend to the following arrangement: the p landlords on a point, say xy, of the original contract-curve, and the q tenants on a point $x'y'$ determined by the intersection of a vector through xy, with the supplementary contract-curve or perpendicular at x'. Accordingly, if as just supposed the whole field is concentrated at a point xy on the contract-curve p landlords can[d] recontract with q tenants so long as y

a. Above, p. 35.

b. Each recontracting for himself, of course, the fourth imperfection being not in general presupposed.

c. P. 37.

d. It may be a nice question how far, as a matter of fact, the process of recontract in

수 있다. 이에 비해 $x'y'$가 그 무차별 곡선과 보완 계약 곡선이 교차하는 그곳에 놓이면서부터는 재계약이 불가능해진다. 우리가 y_o에서 시작하여 계약 곡선을 따라 올라갈 때, 분수 $\frac{q}{p}$가[41] 클수록 재계약의 불가능성이 더 오래 미뤄진다. 그러므로 재계약이 가능한 마지막 점을 y_m으로 표시하면, 그 점을 지나는 (임차인의) 무차별 곡선과 원점에서 나오는 벡터가 만나는[42] 점의 좌표 x'에 대해 $(m-1)ox' = mox$.[43] 그리고 y_m를 넘어서는 점들이 **최종 타결**이다.

유추로 보여줄 수 있듯이, η_o에 이웃한 계약 곡선 위의 점들은 **최종** 타결이 아니다. 만약 체계가 그 점들 중 어느 하나에 위치한다면, 그 체계는 **지주들 사이의 경쟁**으로 인해 그 점에서 멀어질 것이다. 그리고 그 이동이 향하는 점 η_m에 대해 다음처럼 말할 수 있다. 그 점을 지나는 무차별 곡선과 원점에서 나오는 벡터가 만나는 점의 좌표 x''에 대해 $mox'' = (m-1)ox$.

계약 곡선에서 최종 타결들로 구성되는 범위가 η_m과 y_m 사이에 있다. m이 **클수록 그 범위가 작고, 비결정적 계약의 범위도 작다.**

우리가 상정하는 지주들과 임차인들이 개인들이 아니라 동일한[44] 경쟁적 공동체들 혹은 이 책에서 이해되는 대로 동일한 **연합들**이라 할지라도 비슷한 추론이 명백히 성립한다. 그리하여 명백히 보이게 되듯이, 연합의 증대가 연합을 결성하는 사람들에게 유리한 비결정성의 증대를 가져오는 경향이 있다.

추상 속에서 명백히 보인다. 추상 속에서 명백히 보이는 것은 구체 속에 잠기더라도 시야에서 사라지지 않는다. 우리가 이편과 저편 모임의 수, 임차인들의 본성, 토지의 양과 질, 연합의 크기 등이 **부등**하다고 상정할 때도 그렇다. 이편과

멋진 문제일 수 있다. 이는 예컨대 기존의 계약을 변경하려 애쓰는 임차인이 그 계약에서 제시된 **요율** 또는 교환되는 물건들의 비율에서 더 많은 토지를 기꺼이 취하려 하고 **수요**한다는 셈이다. 계약 일반을 다룰 때는 한 종(種)의 계약, 즉 완전 경쟁에 의해 결정되는 계약에서만 **근본적**이라고 간주되는 개념은 피하는 편이 최선이다.

아일랜드의 위기

is such that the corresponding point $x'y'$ falls within the tenant's indifference-curve drawn through xy. The recontract will just be impossible when $x'y'$ is on the intersection of the indifference and supplementary curves. It will appear that the larger is the fraction $\frac{p}{q}$ the longer, as we ascend the contract-curve moving from y_0 is impossibility of recontract deferred. The last point, therefore, at which recontract is possible, is y_m the (tenant's) indifference-curve through which meets the vector from the origin on the ordinate at x', where $(m-1)ox' = mox$. The points beyond y_m are *final settlements*.

By parity it may be shown that the points on the contract-curve in the neighbourhood of η_0 are not *final* settlements; but that the system if placed at any of them will move away under the influence of *competition between landlords*; on to a point η_m, the indifference-curve through which meets the vector from the origin on the ordinate at x'' where $mox'' = (m-1)ox$.

Between η_m and y_m m there is a reach of contract-curve consisting of *final settlements. The larger m is the smaller, is the reach of indeterminate contract.*

It is clear that similar reasoning will hold if we suppose our landlords and tenants to be not individuals, but equal corporate competitive units, in short, equal *combinations* as in these pages understood. Thus it is clearly seen how the increase of combination tends to increase indeterminateness in a sense favourable to the combiners.

Clearly seen in the abstract; and what has been sighted in the abstract will not be lost sight of as it becomes immersed in the concrete: when we suppose the numbers of the parties on each side, the natures of the tenants, the quantities and qualities of land, the size of combinations, &c., to be *unequal*. The treatment

---

imperfect competition will involve the conception of *rate cf exchange* — the tenant for instance endeavouring to vary any existing contract — because at the *rate* presented by that contract, the ratio of the articles exchanged, he would be willing to take, he *demands,* more land. It has seemed best in treating of contract in general to keep clear of a conception which is, it is submitted, *essential* only to one species of contract, that determined by perfect competition.

저편의 다른 수數를 어떻게 다룰지는 보완 계약 곡선의 이론이 시사해 준다. 그래서 상이한 본성은 양편의 수가 무한히 큰 경우로 한정하여 다뤄도 좋다. 이 경우에는 동등성이 상정되면서 두 점 η_m과 y_m이 한 점 η으로 일치한다. 그리고 원점에서 나오는 벡터가 (임차인의) 무차별 곡선을 계약 곡선 위에서 접촉하고, 따라서 임차인의 **수요 곡선** 위에서 접촉하는데,[a] 그 접점이 바로 그 한 점 η다. 그 점은 또한 지주의 수요 곡선 위에 있다.[b] 그리하여 **수요 곡선들의 교차에 의해 계약이 결정된다.** 여기서 우리는 모든 임차인들이 동일한 필요와 동일한 무차별 곡선을 갖는다고 상정한다. 우리는 일단 완벽하게 유사한 그 곡선들이 일치하며 쌓여서 η에서 접촉한다고 생각할 수 있다. 이제 그 본성이 바뀌어 더 이상 동일하지 않게 된 곡선들이 서로에게서 미끄러져 나오는데, 그래도 여전히 그 역시 움직이는 벡터와 접촉한다. 그리고 이때도 임대되는 토지들의 합이 임차되는 토지들의 합과 같다는 조건에 복속한다. 더 정밀하게 말할 수도 있다. 이미 말한 그 조건에 복속하면서, 원점에서 나오는 벡터를 그리되 각 무리의 (임차인의 무차별) 곡선들에서 하나씩을 골라 접촉하게 하라. 그리하여 분명히 균형이 획득된다. 어느 임차인도 그 벡터로 표시되는 지대 요율에는 더 많은 토지를 원하지 않으므로, 그가 다른 경우라면 했을 수도 있듯이, 같은 요율에 또는 약간 높은 요율에라도 더 많은 토지를 확보하기 위해 요율을 높이려 하지 않는다. 그리고 어느 지주도 더 많은 토지를 갖고 있지 않기에 더 많은 지대에 대한 **유효** 수요가 없다.

지금까지의 탐구는 토지의 양이 상이한 경우에 적용된다. 질이 상이한 경우를 이 책에서 명시적으로는 다루지 않았다. 그러나 그것을 어떻게 다룰지는 유추로 시사된다. 예컨대 만약 두 종種의 땅 x와 y가 있어 그 지대를 $Z(=Z_x+Z_y)$로 나타낸다면, 그 **계약 궤적**은 **이중 곡면의 곡선**으로 간주될 수 있다. 그 곡선을 따라 임차인들이 경쟁에 떠밀려─그들의 극대 효용으로부터 아래로─내려가는데, 그들이 덜 연합할수록 더 멀리 내려간다. '지대가 지불되지 않는 가장 열악한 땅' 등에 관한 리카도-밀의 이론은, 만약 관련이 있다면, 이 관점에서 쉽게 고려할 수 있다.

---

a. 색인에서 수요 곡선 항목을 찾아서 보라.
b. 위 141쪽.

아일랜드의 위기

of different numbers on each side is suggested by the theory of the supplementary contract-curve. The treatment of different natures may be thus indicated in the important instance when the numbers on each side are indefinitely large. In this instance, it may be premised, upon the supposition of equality the points η_m and y_m coincide at the point η, where the vector from the origin touches the (tenant's) indifference-curve on the contract-curve, and which is accordingly on the tenant's *demand-curve*[a] And it is also on the landlord's demand-curve.[b] And thus contract is *determined by the intersection of the demand-curves.* Here we suppose all the tenants to have the same requirements, the same indifference-curves. We might conceive the perfectly similar curves which are touched at η coincidently heaped up. Now, the natures varying, let the curves no longer identical slide away from each other, still keeping in contact with the itself-moving vector; subject to the condition that the sum of the lands let is equal to the sum of the lands rented. Or more precisely: subject to the said condition, draw a vector from the origin such that it touches a member of every family of (tenant's indifference) curves. It is clear that equilibrium is then attained. No tenant wants any more land at the rate of rent indicated by the vector, and therefore does not, as he otherwise would, tend to raise the rate in order to obtain more land at the same, or even a slightly increased, rate. And no landlord has an *effective* demand for more rent, since he has no more land.

The preceding investigation applies to the case of different quantities of land. The case of different qualities is one which has not been explicitly treated in these pages. But its treatment is suggested by analogy. If, for instance, there are two species of land, x and y, the rent being represented $Z(=Z_x+Z_y)$, the *contract-locus* might be regarded as a *curve of double curvature,* down which $-$ down from their maximum utility $-$ the tenants are worked by competition, the further as they are less combined. It would be easy, were it relevant, to contemplate from this point of view the Ricardo-Mill theory of the 'worst land paying no rent, &c.

---

a. See Index *sub voce* Demand-curve.

b. Above, p. 141.

구체 속의 연합들에 관해서라면, 추상 속의 대칭적 경우에는 연합을 결성하는 사람들 사이의 분배의 동등성이 당연하게 받아들여질 수 있겠지만, 그들의 본성이 동등하지 않은 경우에는 일반적으로 **연합의 구성원들 사이에서 맺어지는 계약의 한 물건**으로서 – 아마도 공리적 분배를 지향할 텐데 – **분배의 원리**가 미리 상정되어야 한다.

분석의 이 마지막 개화가 훨씬 더 많은 열매로 이어진다고는 약속하지 않았다. 그래도 어디를 쳐다보아야 할지 아는 사람이라면 아마도 약간의 수확은 거둘 것이다. 임차인의 무차별 곡선에서 가능한 초기 볼록성이 주목할 만하다. **완전 경쟁**에서 임차인이 흥정의 **효용 전부**를 경쟁으로 말미암아 잃어버릴 가능성의 있고 없음이 이 성질의 있고 없음에 좌우된다. 그리고 이 성질은 불완전 경쟁의 경우에 흥미로운 특유성들을 내놓는다.

시야에 명백히 들여놓으려고 지금껏 애쓴 것이 바로 (**마당**과 **물건**의 다양성 안에 들어있는) **계약**의 근본적 동일성이다. 다수를 하나 아래 포함시킬 준비는 되어 있지 않아 보이면서 하나를 다수로[45] 어김없이 분할하는 탁월한 사람들에게는 달가울 리 없는 종류의 통일이다.

클리프 레슬리 씨가 우리에게 계속 말하기를, '부를 향한 욕구와 노동에 대한 혐오,' 다른 사람의 다른 느낌, 그리고 그런 추상들로부터는 얻을 게 전혀 없다. 그러나 그도 틀림없이 인정할 텐데, 계약의 일반 이론이 있다. 취향의 다양성과는 상관없이,[a] 그리고 클리프 레슬리 씨가 바라는 특유성들에 대한 모든 정보와도 상관없이, 추상적인 욕구에 이끌려 행동하는 개인들 사이의 흥정에 관한 일반 이론이 있다. 그래서 우리의 주의를 단순한 경우로 한정하였으니, 복수의 X와 복수의 Y로 지칭된 두 조組의 계약자들이 그것이다.[b] 그것이 생산자들과 소비자들일 수도 있고, 고용주들과 피고용인들일 수도 있고, 대출자들과 차용자들일 수도 있고, 지주들과 임차인들일 수도 있고, 국제 교역자들일 수도 있다. 우리가 설명의 편의를 위해 이 간단한 경우를 배제하고서 (가장 일반적이지는 않고 꽤 일반화할 수 있는) 어떤 그런 **계약의 법칙들**을 기술할 수 있다고 나는 생각하는데, 경쟁에 의해 제한되는 계약의 법칙들이 그런 것이다.

I. 양편 모두 그 수가 무한히 많고, 어떤 **연합**도 없고, 그 외에도 경쟁이 **완전**

---

a. 145쪽을 보라.
b. 위 17쪽을 보라.

With regard to *combinations* in the concrete, it may be observed that, while in the abstract symmetrical case equality of distribution between combiners might be taken for granted, we must in case of unequal natures presuppose in general a *principle of distribution* as an *article of contract between members of a combination*; presumably tending to the utilitarian distribution.

It was not promised that this final efflorescence of analysis would yield much additional fruit, though perhaps one who knew where to look might find some slight vintage. Attention may be directed to the possible initial convexity of the tenant's indifference-curve. It will depend upon the presence or absence of this property whether or not the tenant can be deprived by competition of the *entire utility* of his bargain in *perfect* competition; and the same property presents interesting peculiarities in the case of imperfect competition.

What it has been sought to bring clearly into view is the essential identity (in the midst of diversity of *fields* and *articles*) of *contract*; a sort of unification likely to be distasteful to those excellent persons who are always dividing the One into the Many, but do not appear very ready to subsume the Many under the One.

Mr. Cliffe Leslie is continually telling us that nothing is to be got from such abstractions as the 'desire of wealth and aversion for labour,' feelings different in different persons, and so forth. Yet he would surely admit that there is a general theory of contract, of the bargain between individuals actuated by those abstract desires, irrespective of the diversity of their tastes,[a] and all the information about particulars which Mr. Cliffe Leslie desiderates. Thus confining our attention to the simple case of two[b] sets of contractors, Xs and Ys — it may be Producers and Consumers, Employers and Employed, Lenders and Borrowers, Landlords and Tenants, International traders; prescinding this simple case for convenience of enunciation, we might write down I think some such (not the most general, but quite generalisable) *laws of contract* — contract qualified by competition.

1. Where the numbers on both sides are indefinitely large, and there are no *combinations*, and competition is in other respects *perfect*, contract is determinate.

---

a. See p. 145.
b. See above, p. 17.

한 경우, 계약이 결정된다.

II. 경쟁이 불완전한 경우, 계약이 결정되지 않는다.

III. *다른 조건이 동일할 때*, 만약 한 편의 수가 감소하면 (또는 증가하면), 그 편의 (기존) 구성원들이 완전 경쟁에서는 효용으로 따져 이득을 (또는 손실을) 보고, 불완전 경쟁에서는 **이득을** (또는 **손실을**) **차지한다.**[a]

IV. 완전 경쟁에서, *다른 조건이 동일할 때*, 한 편의 수가 증가해서든 아니면 다른 이유에서든, 그 편의 공급— 각 가격에서 제공되는 물건의 양을 의미한다— 또는 제공의 전체 규모가 증가하면, 다른 편이 이득을 본다. 그리고 유사한 명제가 불완전 경쟁에서도 참이다.

마지막 두 정리定理는 중요한 예외들을 갖는데, 그 탐구에는 대부분 수리 분석이 요구된다. 마셜 씨의 **제2종** 곡선들을 사용해서 (만약 들여온 그 변동이 수요들의 첫째 교차점 근처에서 셋째로 뛰어넘는 이동을 유발한다면) 보여줄 수 있는 것들이 그런 예다.

앞에 기술한 정리나 그와 비슷한 많은 추상적 정리들은 그 중요성이 레슬리 씨가[b] 그토록 강조한 역사적 탐구에 비해 작지 않다. 이에 대해서는 사례 하나로 충분할 듯하다. 셋째 정리의 한 형태 위에서 존 스튜어트 밀은 근로 계층들에게 충고를 했고, 자본 공급 이론에 의거해서 수백만의 그 방책을 고쳤다가 다시 고쳤는데, 그 이론이 처음에는 비非기호 경제학의 특수한 해악으로[c] 지칭될 수 있는 것의 영향을 받다가 한참 뒤에[d] 수정되었고, 그것에 대한 파악이 끝내[e] 비非기하학적이었기에 불완전했다.

노동을 상품과 동일하게 여기는 데 항의하는 케언스로서는 하기 쉬운 말이 있다.[f] '말로서 일반화하기란 당연히 쉽고,' 공급에 대한 수요의 동등은 '노점상도 당신에게 말해 줄 수 있는 것'이다. 그러나 그 고귀한 노점상은 아마도 마셜 씨의 **제2종** 수요 곡선에 대해서나 (노동조합 등) 불완전 경쟁에서 나오는 것들

---

a. 43쪽을 보라.

b. 제번스 교수가 〈격주 평론〉의 그 온화한 논고에서[46] 지적하듯이, 누구에게나 돌아갈 공간이 있다.

c. 위 127쪽.

d. '손턴에 대한 논평.'

e. 위 5쪽.

f. 《선도 원리》, 2부, 1장, 2절.

II. Where competition is imperfect, contract is indeterminate.

III. *Cateris paribus,* if the numbers on one side are decreased (or increased) each of the (original) members on that side, in perfect competition gains in point of utility (or loses); in imperfect competition *stands*[a] *to gain* (or *stands to lose*).

IV. In perfect competition, if, *cæteris paribus,* the supply on one side — meaning the amount of article offered at each price — if this whole scale of offers is increased on one side, whether from increase of numbers on that side or otherwise, then the other side gains; and an analogous proposition is true of imperfect competition.

The last two theorems have important exceptions mostly requiring mathematical analysis for their investigation; those, for instance, which may be presented by Mr. Marshall's *second* class of curves (if the introduced change might cause a jump from the neighbourhood of the first intersection of demand-curves to that of the third).

The preceding and the many similar abstract theorems are important as well as those historical inquiries on which Mr. Leslie[b] lays so much stress. It suffices to say that on a form of the third theorem J. S. Mill propounded his counsels to the wage-earning classes, and shaped and re-shaped the policy of millions upon a theory of capital-supply, at first affected with what may perhaps be called the special[c] vice of unsymbolical Economics, at length[d] corrected, and after all[e] imperfectly because ungeometrically apprehended.

It is easy with Cairnes protesting against the identification of Labour with commodities to say:[f] 'Verbal generalizations are of course easy,' and the equation of Demand to Supply is 'what any costermonger will tell you.' But the noble costermonger would not perhaps find it so easy to tell us about Mr. Marshall's

---

a. See p. 43.

b. There is room for all, as Prof. Jevons points out in a temperate article in the *Fortnightly Review.*

c. Above, p. 127.

d. *Review of Thornton.*

e. Above, p. 5.

f. *Leading Principles,* Part II. ch. i. § 2.

과 같은 다른 예외적인 경우들에 대해서는 당신에게 말하기가 그다지 쉽지 않음을 알아차릴 것이다.

물론 닮은 점만 아니라 다른 점에도 주목해야 옳다. **인간** 속屬만 아니라 그 종차種差에도 주의를 기울여야 알맞다. 특히 인간을 다른 동물들과 다르게 만드는 높은 도덕적 속성에 대한 숙고가 요구된다. 그러나 우리는 이 차이와 그것에 연결된 도덕 감정이 과학의 통일이나 다윈 이론의 수용을 반대하게 해서는 안 된다. 노동자에게는 **팔 물건이 없다**거나 **노동시장**은 불행한 모습이라고 프레더릭 해리슨 씨가,[a] 노동에 관한 계약의 종차種差를 숙고하면서,[b] 높은 도덕적 목적을 위해 주장하는 것은[47] 매우 옳고 알맞다. 그러나 우리는 잊지 말아야 한다. 노동자는 다른 모든 계약자와 마찬가지로 **물건을 판다.**[c] 그리고 추상적이고 일반적이고 수리적인 계약 이론이 있다.

이런 종류의 일반화의 필요성은 상상이 아니다. 이와 관련하여 최고로 철학적이지만 수리적이지 않은 분석이 명백히 드러내는 결함의 예를 하나 들면, 방법에 대한 다소 방법적이지 못한 지금까지의 발언들이 인상적으로 마무리될 듯하다. 시지윅 씨가 고용주와 노동자 사이의 흥정에 대해 논의하면서 진술하기를─평소보다 덜한 선명함으로, 그렇지만 임금에 관한 워커의 완벽하게 타당한 진술에 반대하면서─무제한 경쟁에서 (이 책에서 **완전** 경쟁으로 불린 그것에서) 이뤄지는 고용주와 노동자 사이의 흥정은, 한 명뿐인 자본가와 한 명뿐인 노동자 사이의 흥정만큼이나 (우리의 경우 α), 그런 노동시장에서도 비결정적이다. 이것은 계약의 첫째 법칙에 반한다.

시지윅 씨의 진술을 개선했다는 것이 **수리 정신학**의 충분한 옹호일 수 있다.

---

a. 〈격주 평론〉, 1865.[48]

b. 그러나 손턴이 노동의 지속적인 소멸, 판매가 지연되는 순간마다 일어나는 상실에 대해 말하면서 하는 그런 과장은 하지 말아야 한다. **자본**에 대해 참이라고 해서 고용되는 모든 것에 대해 참이지는 않다. 택시의 사용에 대해 참이라고 해서 택시 기사의 노동에 대해 참이지는 않다.

c. 〈격주 평론〉, 1865.

Demand-curves *Class II.,* or other exceptional cases, such us those which are presented by imperfect competition (trades unions, &c.).

Of course it is right to notice differences as well as similarities. It is proper to attend to the differentia, as well as the genus of *Man*; in particular to dwell upon the high moral attributes which distinguish him from other animals. But we must not allow this distinction and the associated moral sentiments to oppose the unifications of science and our reception of the Darwinian theory. It is very right and proper with Mr. Frederick Harrison[a] for high moral purposes to insist that the labourer *has not a thing to sell*, that the *labour-market* is an unhappy figure; to dwell upon the differentiæ[b] of the contract about labour. But we must not allow ourselves to forget that there is a sense in which the labourer equally with any other contractor *has* a thing to sell, an[c] *article*; that there is an abstract general mathematical theory of contract.

The need of this sort of generalisation is not imaginary, and an example of the apparent deficiency in this respect of the highest philosophical, without mathematical, analysis may impressively conclude these somewhat unmethodical remarks upon method. Mr. Sidgwick discussing the bargain between employer and workman — with less than his usual clearness indeed, yet at least by opposition to the, as it is here submitted, perfectly correct statement of Walker upon wages — states that in unrestricted competition (presumably in what is in these pages called *perfect* competition) the bargain between employer and workmen is as indeterminate in such a labour-market as the bargain between a single employer and a single workman (our case α). Which is contrary to the first law of contract.

To have improved upon the statements of Mr. Sidgwick would surely be a sufficient vindication of *Mathematical Psychics*.

---

a. *Fortnightly Review.*

b. But not to exaggerate them, as Thornton perhaps does when he speaks of the continual perishing, the loss during every moment that its sale is delayed, of lahour. For is not the same true of *capital* and anything which is for hire — of the use of a cab, as well as the lahour of the cabman?

c. *Fortnightly Review*, 1865.

‖ 원문 색인 ‖

▌옮긴이 주 ▐

목차와 개요 (v~viii쪽)

[1] 'data'를 '기초 자료'로 옮긴다. 1부 열다섯 쪽에서만 열 번 넘게 사용되는 용어다. 옮긴이 해설을 참조하라.

[2] '극대 에너지의 원리'(Principles of Maximum Energy)는 '최소 작용의 원리' (principle of least action)로도 불리는 '해밀턴의 원리'를 가리킨다. 해밀턴은 작용 범함수의 변분이 영의 값을 갖게 하는 방정식($\delta S = 0$)으로부터 운동 방정식을 도출한다. 에지워스가 '극대'(Maximum)로 가리키는 것도 변분이 영의 값을 갖는 정상(stationary) 상태다. 6쪽의 각주 a와 10~11쪽을 보라.

[3] '윤리적 방법들'(ethical methods)은 시지윅이 《윤리학의 방법들*Methods of Ethics*》 (1874)에서 차례로 검토한 이기주의, 직관주의, 공리주의를 가리킨다.

[4] 1879년 9월호 〈격주 평론〉에 게재된 시지윅의 논문 '임금 기금 이론'을 가리킨다. 에지워스는 책을 가리킬 때만 이탤릭체로 쓰는 게 아니라 책의 한 장 (章)이나 논문을 가리킬 때도 이탤릭체로 쓴다. 후자의 경우에 옮기면서는 큰따옴표를 사용하기로 한다.

[5] 'indeterminate'를 '비(非)결정적'으로 옮긴다. 에지워스가 '최종 타결'이라 부르는 일종의 균형이 무수히 많이 존재하여 계약이 어느 하나로 정해지지 않는 경우를 가리킨다. 《수리 정신학》의 핵심 주제다. 가격의 '비결정성' (indeterminateness)은 손턴의 《노동론》(1869)에 대한 존 스튜어트 밀(1869)의 논평에서 사용된 용어이며, 당시 여러 논쟁의 주제였다. '비결정성'에 대한 옮긴이 해설을 참조하라.

[6] 'combination'을 '연합'으로, 'union'과 'association'은 '조합'으로 옮긴다. 'combination'은 당시 널리 사용되던 용어로서 노동자 연합과 기업가 연합을 두루 가리킨다. 두 용어에 대한 옮긴이 해설을 참조하라.

[7] 'Hedonics'를 '쾌락학'으로 옮긴다. 부록 III.의 제목이기도 한 'Hedonimetry' 는 '쾌락계량학'으로 옮긴다. 두 용어에 대한 옮긴이 해설을 참조하라.

[8] 〈마음〉은 1876년부터 연 4회 발간되고 있는데, 이 학술지의 창간을 주도한

알렉산더 베인의 학생이었던 로버트슨(George C. Robertson, 1842~1892)이 창간 때부터 1891년까지 편집을 맡았다. 에지워스의 논문 "쾌락 미적분학 Hedonical calculus"은 1879년 7월에 발간된 〈마음〉 4권 15호에 게재되었다. 그 논문이 거의 그대로 이 책 2부의 후반부에 들어오면서 그 제목이 '공리 미적분학'(Utilitarian Calculus)으로 바뀐다.

9 'sentience'를 '감수성'으로, 'sentient'를 '감수인'으로 옮긴다. 즐거움과 괴로움을 느끼는 주체로서의 개인을 가리킨다. 옮긴이 해설을 참조하라.

10 에지워스가 그리스어로 쓰는 '*ἀγεωμετρητοι*'를 '*기하학을 모르는 자들*'로 옮긴다. 영어로 옮기면 'those who are ignorant of geometry.' 이 문구는 뒤에서 다시 여러 차례 나타나며, 단수(ἀγεωμετρητὸς)로도 쓰인다. 플라톤의 아카데미 현관문에 이 문구를 포함하는 구절이 새겨 있었다고 전해진다 (Αγεωμετρητος μηδεις εισιτω). 그 구절 전부를 옮기면, '기하학을 모르는 자를 들이지 말라.'

수리 정신학: 수학을 적용하는 도덕과학 (1쪽)

1 19세기의 일반적 정의에 따르면 확률은 '타당한 믿음의 정도'(the degree of reasonable belief)를 가리킨다. 에지워스의 1884년 논문 "가능성의 철학 Philosophy of chance"으로부터 인용하면, '확률은 … 완전한 믿음 또는 신빙성과는 어떤 식으로든 그 정도가 달라서 부분적이고 불완전한 믿음을 가리킨다.' 이 정의는 에지워스가 7쪽과 62쪽에서 인용하는 라플라스(1814)의 확률 이론과 부합한다. 이에 비해 에지워스가 61쪽에서 부정적으로 인용하는 존 벤은 《가능성의 논리》(1866)에서 이런 확률 개념을 비판하면서 빈도(frequency)로서의 확률을 주장했다.

2 'Sociology'를 '사회학'으로 옮긴다. 콩트가 《실증철학 강의》(1830~1842)에서 처음 사용한 용어로 알려져 있는데, 그는 이 용어로 인간과 사회에 관한 연구를 총칭했다. 에지워스도 그런 의미로 이 용어를 사용한다. 따라서 이 용어는 '사회과학'으로 바꿔 읽을 수 있다. 실제로 에지워스는 아래에서 '사회학'보다 '사회과학'(social science)을 더 많이 사용한다. 이 두 용어와 '도덕

과학'에 대한 옮긴이 해설을 참조하라.

제1부 (1~15쪽)

[1] 'moral science'를 '도덕과학'으로 옮긴다. 이 용어는 이 책의 부제에도 들어 있다. '사회학' 또는 '사회과학'으로 지칭되는 것만 아니라 윤리학도 포함시키기 위해 에지워스가 이 용어를 사용하는 듯하다. 존 스튜어트 밀은 에지워스가 자주 인용하는 《논리학 체계》(1843) 6편에서 '도덕과학'으로 윤리학, 정치학, 경제학, 사회학, 심리학 등을 모두 포함했다.

[2] 제번스는 《정치경제학 이론》 1장 서론에서 '정확한(exact) 측정의 가능성'에 대해 논의했는데, 2판에서는 그 논의를 확장했다. 그에 따르면(1879, p. 12~13), '[즐거움이나 괴로움의] 크기가 우리로 하여금 계속 사고팔고, 빌리고 빌려주고, 일하고 쉬고, 생산하고 소비하게 한다. **이런 느낌의 수량적 효과로부터 그것의 상대적 효과를 추정해야 한다.** … 그렇지만 [완벽하게 체계적인] 통계의 결여가 유일하게 극복할 수 없는 장애가 되어 경제학을 정확한(exact) 과학으로 만드는 길을 막고 있다.'

[3] 제번스의 《정치경제학 이론》은 1871년에 초판이 출간되었고 1879년에 2판이 출간되었다. 에지워스가 사용하는 것은 2판이다. 그렇지만 2판 9쪽에는 에지워스가 여기서 인용하는 문구가 없다. 그 문구는 《정치경제학 이론》 초판 서문에 등장하며 2판의 vii쪽에 있다. 이 서문에서 제번스는 '경제학을 즐거움과 괴로움의 미적분학(Calculus of Pleasure and Pain)으로 다루려' 하는 자신의 의도를 밝혔다.

[4] 존 스튜어트 밀은 《논리학 체계》(1843) 6편 3장에서 도덕과학이 '정확한 과학'일 수 없는 까닭을 설명하면서 수학을 사용하는 데 대해 부정적인 견해를 드러낸다. 밀은 자신의 부정적 견해를 3편 24장과 4편 6장에서도 설명하는데, 3편 24장에서는 콩트를 언급하기도 한다. 에지워스는 부론 I.에서 사회과학의 수학 사용에 반대하는 밀의 견해를 언급하면서 《논리학 체계》 3편 24장의 구절과 4편 6장의 구절을 인용한다. 84쪽을 보라.

[5] 〈토요일 평론〉에 익명으로 게재된 이 논평은 즐거움이 수량으로 나타낼 수

없는 것임을 지적하면서 수리적 방법의 사용을 비판한다. 이와 관련해서는 에지워스가 부론 I.에서 이 비판을 길게 인용하면서 반박한다. 84쪽을 보라. 이와는 별도로 이 익명의 논평이 제번스가 '무차별 법칙'(law of indifference) 으로부터 도출하는 '교환 방정식'(equations of exchange)에 대해서도 비판을 가하는데, 제번스는 그 비판을 무겁게 받아들인다. 그리고 에지워스는 부론 V.에서 그 비판을 길게 인용하면서 반박한다. 110쪽을 보라.

6   에지워스가 인용하는 쿠르노의 책은 1838년에 파리에서 출간된 《부(富) 이론의 수리적 원리에 대한 연구》다. 쿠르노는 이 책에서 수요를 가격의 **임의 함수**로 나타내었고, 이윤 극대화의 조건을 **미분 방정식**으로 나타내었다. 그리고 서문에서는 이런 내용의 수학을 경제 분석에 사용하는 데 대한 자신의 견해를 밝힌다. 한 구절을 인용하면(1838, pp. vi~vii; 1897, p. 3), '[대부분의 경제학자들은] 부 이론에 수리 분석을 적용하는 것에 대해 틀린 생각을 갖고 있는 듯하다. (중략) 그러나 … 수리 분석의 목적은 단순히 수치를 계산하는 데만 있지 않고, 수치로 표현될 수 없는 크기 사이의 관계 또는 대수적(代數的) 표현이 불가능한 함수 사이의 관계를 발견하는 데에도 수리 분석이 사용될 수 있다.'

7   에지워스는 《수리 정신학》에서 'Political Economy'보다 'Economics'를 더 많이 사용하는데, 각각을 '정치경제학'과 '경제학'으로 옮긴다. 그러나 에지워스가 그 두 용어에 상이한 의미를 담지는 않는다. 에지워스는 단지 앞뒤 단어와 더 잘 어울리는 것을 선택하여 사용하는 것으로 보인다.

8   원전에는 그리스어로 씌어 있다. viii쪽의 옮긴이 주를 참조하라. 이하에서도 그리스어나 라틴어로 쓰인 문구는 옮기면서 기울임꼴로 쓴다.

9   제번스의 《정치경제학 이론》 4장에 제시된 '교환 방정식'(equations of exchange)을 염두에 둔 진술로 보인다. 제번스는 자신의 교환 방정식이 정태적 균형을 규정할 뿐임을 밝혔고, 자신의 교환 이론이 그 균형에 도달하는 동태적 과정을 설명하지 못함을 인정했다. 그리고 이 점에서는 에지워스가 이 책 2부 "경제 미적분학"에서 제시하는 계약 이론도 다르지 않다. 그의 이론이 완전 경쟁에서의 '균형'을 규정하지만 그것으로의 운동 방식은 규정하지 못한다.

10   이 예에서 운동 에너지가 $T = \frac{1}{2}Px^2 + Q(y^2 + z^2)$ 로 주어지는데, (x,y,z)가 좌

표이고 P와 Q는 x의 함수다. 그리고 이것의 도함수 $\dfrac{d\mathrm{T}}{dx}$, $\dfrac{d}{dt}\left(\dfrac{\partial \mathrm{T}}{\partial \dot{x}}\right)$ 등을 라그랑주 방정식에 대입하면 세 개의 운동 방정식이 도출된다. 그들 중 하나를 그대로 옮기면, $\mathrm{P}\ddot{x}+\dfrac{1}{2}\left\{\dfrac{d\mathrm{P}}{dx}\dot{x}^2-\dfrac{d\mathrm{Q}}{dx}\left(\dot{y}^2+\dot{z}^2\right)\right\}=\mathrm{X}$. 에지워스는 10쪽에서 '라그랑주가 발견했거나 개선한 원리'를 언급하는데, 이에 대한 옮긴이 주를 참조하라.

11 톰슨과 테이트의 공저 《자연철학론》은 1867년에 1부가 출간됐고, 1874년에 2부가 출간됐다. 에지워스가 인용하는 1부의 2판은 1879년에 출간됐다. 에지워스는 뒤에서 십여 차례 더 이 책을 인용한다. 여기서 에지워스가 언급하는 "좌표 소거Ignoration of Co-ordinates"는 《자연철학론》 1부 2장 319절에서 제시되는 한 예제의 주제인데, 라그랑주 운동 방정식에서 일반화 좌표들 중 일부가 사라지고 그에 상응하는 속도만 남는 경우에 관한 것이다. 이것을 '무지'(ignorance)와 연결하는 에지워스의 진술은 그다지 적절하지 않다. Cf. Newman, P., ed., 2003, pp. 154~155.

12 원전에는 'p. 320'으로 잘못 씌어 있어 '§320'로 고쳐 읽고 옮긴다. 《자연철학론》 1부의 320절은 2판에서 327쪽부터 시작되고, 에지워스가 인용하는 구절은 329쪽에 있다. 에지워스는 뒤에서도 종종 절(§)을 쪽(p.)으로 표기한다.

13 톰슨이 1868년 논문에서 제시한 소용돌이(vortex) 원자이론을 염두에 두고 쓴 것으로 보인다. 이 이론에 따르면 원자는 동질적 에테르 안에서 특정 유형의 회전 운동이 그리는 궤적이다. 이 논문은 12쪽, 14쪽, 50쪽에서 명시적으로 인용된다. 이에 대한 옮긴이 주를 참조하라.

14 'uniformity'를 '균일성'으로 옮긴다. 에지워스는 이 용어를 40쪽에서 다시 사용하고, 42쪽에서는 그 내용을 연립방정식으로 나타낸다. 줄여 말하면, 한 시장에서 같은 상품이면 같은 가격에 거래되는 것을 가리킨다. '일물일가의 법칙'으로 불리기도 한다. 제번스는 《정치경제학 이론》(1871)에서 이 '법칙'을 확장하여, 한 상품의 각 부분이 같은 비율로 교환된다고 전제했다. 그리고 2판에서는 그것을 '무차별 법칙'(law of indifference)이라 불렀다.

15 에지워스가 말하는 마셜의 '연역'은 마셜의 《해외 교역의 순수 이론. (국내) 가치의 순수 이론》을 가리킨다. 이것은 마셜이 완성하지 못한 저서의 일부인데, 시지윅이 1879년에 개인적으로 인쇄해서 유포했다. 발라스의 '연역'은 그

의 《순수 정치경제학 요론》을 가리키는데, 1권과 2권이 각각 1874년과 1877
년에 출간되었다.

[16] 'the equation of supply to demand'를 '수요에 대한 공급의 동등'으로 옮긴다.
에지워스가 42쪽에서는 'the equation of demand to supply'로 바꿔 쓰는데,
두 표현의 차이에 의미를 부여하지는 않는다. 에지워스에 앞서 존 스튜어트
밀은 《정치경제학 원론》(1848) 3편 2장 4절에서 'the equation of demand and
supply'를 가격이론의 핵심으로 제시했다. 애덤 스미스가 《국부론》(1776) 1
편 7장에서 시장에 반입된 수량과 유효수요 사이의 '비율'(proportion)을 시장
가격의 결정 원리로 지목했었는데, 밀이 이 관념의 부적절함을 지적하면서
이 문구를 제안한 것이다.

[17] 한 상품의 공급과 수요를 일치시키는 균형 가격이 하나가 아니라 여럿일 수
있으며, 그중 일부는 '불안정'(unstable)할 수 있음을 가리킨다. 균형의 안정성
은 발라스(1874)와 마셜(1879)의 핵심 주제들 중 하나다.

[18] 윌리엄 손턴은 1869년에 《노동론》을 출간했고 1870년에 개정판을 출간했다.
그는 이 책에서 '공급과 수요의 법칙'에 의해 가격이나 임금이 결정된다는
주장을 비판했다. 이 비판에 대해 존 스튜어트 밀은 1869년 5월호 〈격주 평론〉
에 게재된 논평에서 부분적으로 동의하면서 그것을 가격의 '비결정
성'(indeterminateness)이라 부른다.

[19] 에지워스가 인용하는 스토크스의 저서는 1880년에 출간된 《수학 물리학 논
집》 1권일 텐데, 이 책 112쪽은 1845년에 발표된 논문의 일부로서 유체 동역
학에 관한 것이다("On the theory of the internal friction of fluids in motion,
and of the equilibrium and motion of elastic solids," *Transactions of the
Cambridge Philosophical Society*, vol. 8, pp. 287~319). 《수학 물리학 논집》
2권은 1883년에 출간되었다.

[20] 함수의 미분이 영(零)인 상태를 가리킨다.

[21] 에지워스는 여기서 책 제목을 밝히지 않는데, 왓슨과 버버리가 함께 저술한
《물질 체계의 운동역학에 적용되는 일반화 좌표에 관한 논저》(1879)가 10쪽,
90쪽, 123쪽에서 제목과 함께 인용된다. 이 이 책의 16~17항은 '베르트랑의
정리'(Bertrand's Theorem)를 제시한 뒤 설명하고, 20항은 '톰슨의 정
리'(Thomson's Theorem)을 제시한 뒤 설명한다. 베르트랑의 정리는 9쪽과
123쪽에서도 인용된다. 그에 대한 옮긴이 주를 참조하라.

22 에지워스가 말하는 변분의 '첫째 항'과 '둘째 항'은 매클로린급수의 첫째 항과 둘째 항을 가리키는 것으로 보인다. 예컨대 y가 x만의 함수일 때 증분의 매클로린급수는 $\Delta y = \left(\dfrac{dy}{dx}\right)\Delta x + \dfrac{1}{2}\left(\dfrac{d^2 y}{dx^2}\right)\Delta x^2 + \cdots$. 그리고 y_0가 극대이기 위해서는 ($y_0 \geq y = y_0 + \Delta y$) 모든 Δx에 대해 Δy가 음이어야 하며, 그러기 위해서는 위 매클로린급수의 첫째 항이 영이고 둘째 항이 음이어야 한다. 이처럼 급수를 이용한 극대 또는 극소의 규정은 매클로린(Colin Maclaurin, 1698~1746) 이후 일반화되었다. 에지워스는 67쪽에서 총합 효용 함수에 대해 변분의 '둘째 항'을 구체적으로 제시한다.

23 토드헌터의 《변분학 연구》(1871)는 278쪽으로 끝난다. 에지워스가 'p. 286' 등으로 쓰지만 'article 286' 등으로 고쳐 읽어야 한다. 에지워스는 절($\S$)만 아니라 항(article)도 종종 쪽(p.)으로 표기한다.

24 에지워스의 인용과는 달리 제번스는 《정치경제학 이론》 2판 51쪽에서 효용의 두 차원(dimensions)에 시간을 포함시키지 않았다. 직접 인용하면, '효용은 **두 차원의 수량**으로 취급할 수 있다. 한 차원은 상품의 수량에 있고, 다른 한 차원은 소비자에게 주는 효과의 강도에 있다.' 여기서 후자는 $\left(\dfrac{du}{dx}\right)$로 표시되었고 '효용도'(degree of utility)로 명명되었다.

25 'just-perceivable increment'를 '겨우 인지할 수 있는 증분'으로 옮긴다. 이것은 에지워스가 각주 c에서 분트의 《생리적 심리학 원론》(1874)으로부터 인용하는 'eben merkliche Unterschied'에 상응하는 것일 텐데, 뒤에서 몇 차례 더 사용된다. 요즘의 일반적인 표현은 'just noticeable difference'이고 'jnd'로 줄여 쓰기도 한다. 그리고 대개는 '최소 식별 차이'로 번역된다. 독일의 생리학자 베버(Ernst Heinrich Weber, 1795~1878)가 이것을 발견하고 연구했는데, 이에 대한 에지워스의 언급이 없다. 에지워스는 이 개념과 관련해서 분트만 언급한다. 분트에 대한 옮긴이 해설을 참조하라.

26 여기서 '믿음의 미적분학'(calculus of belief)은 확률 이론을 가리킨다. 1쪽을 보라.

27 이 원리는 인식론적 확률에 적용되는 것으로서 '무차별의 원리'(principle of indifference) 또는 '불충분 이유의 원리'(principle of insufficient reason)로 불린다. 이 원리의 이름은 나중에 붙여졌지만 베르누이(Jacob Bernoulli, 1654~1705)가 일찍이 그 원리를 지극히 당연한 것으로 여기면서 강조했다. 에지워

스는 이 원리를 99쪽에서 다시 기술한다.

28 행복 혹은 효용의 개인 간 비교 가능성(interpersonal comparability)은 효용의 측정 가능성과 함께 논쟁의 주제였는데, 제번스는 《정치경제학 이론》에서 후자에 대해 부정적인 견해를 드러냈다.

29 라플라스는 《확률에 관한 철학적 시론》(1814)에서 확률의 기본 원리를 제시한다. 에지워스는 이 《확률 시론》을 99쪽에서도 인용하는데, 거기서는 5판이 사용됨을 명시한다. 5판은 1825년에 출간되었다. 이 5판 7쪽의 한 구절을 옮기면, '가능성의 이론은 동일 종류의 모든 사건들을 일정한 수의 동등하게 가능한(également possibles) 경우들 또는 그 존재에 관해 우리가 동등하게 비결정적인(également indécis) 경우들로 환원하고, 그 사건에 들어맞는 경우들의 수를 결정하는 데 있다.'

30 벤담이 제시한 도덕 원리들 중 하나가 '이익에 대한 동등한 배려'다. 풀어쓰면, '모두를 하나로 셈하고(count for one), 누구도 하나 이상으로 셈하지 않는다.' 이 문구는 존 스튜어트 밀의 《공리주의》(1863) 5장 91쪽에 인용 부호와 함께 등장한다. 그러나 벤담의 어느 저서에서도 이와 정확히 같은 문구는 발견되지 않는다.

31 'lot of pleasure'를 '즐거움 묶음'으로 옮긴다. 공리주의를 주창한 벤담의 《도덕과 입법의 원리 서설》(1789) 4장의 제목이 '즐거움 또는 괴로움 묶음의 가치를 측정하는 방법'(Value of a lot of pleasure or pain, how to be measured)이다.

32 원전에 인용 부호가 없지만, '삶의 황금 모래'(the golden sands of life)는 테니슨의 1832년 시 "록슬리 홀" 31~32행에서 차용한 것일 수 있다. 이 시는 1842년에 출간된 《시집》에 들어있다. 에지워스는 78쪽에서도 "록슬리 홀"을 인용하면서 출전을 밝히지 않는다. Cf. Newman, P., ed., 2003, p. 159.

33 순수 공리주의로의 진화에 관한 에지워스의 견해는 그의 첫 저서 《윤리학의 새로운 방법과 오래된 방법》에 잘 제시되어 있다. 거기서 인용하면(1877, p. 33), '이기주의자는 일반 선(善)을 향한 욕구를 개발할 능력과 동기를 가지며, 진화의 과정에서 세대를 거치면서 순수 공리주의의 정점에 도달하지는 않을지라도 그것에 점차 가까이 다가간다.'

34 뉴먼(Newman ed., 2003, pp. 158~159)에 의하면 고대 그리스 희곡 《포박된 프로메테우스》 89~90행과 비슷하다(ποντίων τε κυμάτων ἀνήριθμον γέλασμα).

이 두 행의 영어 번역은 'innumerable laughter of the waves of the sea.'

35 '극대 에너지의 원리'에 대해서는 v쪽과 10쪽의 옮긴이 주를 참고하라.

36 에지워스가 출전을 밝히지 않지만 알렉산더 포프의 시집 《인간론》(1734)의 "첫째 서간First epistle"에 나오는 구절이다. 에지워스는 부론 II.와 VII.에서도 이 시집을 인용하면서 출전을 밝히지 않는다.

37 '베르트랑의 정리'는 보통 그의 1873년 논문 "고정된 중심으로 이끌리는 점의 운동에 관한 정리"에서 제시된 것을 가리킨다. 에지워스는 6쪽 각주 a에서 '베르트랑의 극대 정리'와 관련하여 왓슨 · 버버리의 《일반화 좌표》(1879)를 인용하고, 123쪽 각주 e에서 베르트랑의 "정리"와 함께 《일반화 좌표》(1879) 16~17항을 인용한다. 이 두 항은 베르트랑(1873)의 정리를 소개한다.

38 물체의 수가 셋 또는 그 이상이 되면 비록 그들 상호간에 작용하는 힘의 성질을 잘 알고 있어도 방정식을 풀어 운동의 양상을 추구하기란 분석적으로는 불가능하므로 참값의 근사치를 얻는 것으로 만족할 수밖에 없는데, 이를 가리켜 '다체 문제'(the problem of many bodies)라 부른다.

39 라그랑주(1788)가 유도한 운동방정식은 $\dfrac{d}{dt}\left(\dfrac{\partial L}{\partial q_k}\right) - \dfrac{\partial L}{\partial q_k} = 0$. 여기서 L은 운동 에너지에서 위치 에너지를 뺀 것으로서 위치 q와 속도 $\dot{q}$의 함수다. 단, q와 $\dot{q}$는 일반화 좌표로 나타낸다. 라그랑주의 운동방정식은 뉴턴의 둘째 운동법칙($F_i = m\ddot{x}_i$)으로부터 유도될 수 있지만 사용하기에 더 편리하며, 그런 의미에서 개선된 것이라 할 수 있다.

40 '작용'(action)은 운동 에너지와 위치 에너지에 의해 규정되는 '라그랑주 함수'의 시간 적분이다. 즉, $S = \int_{t_1}^{t_2} L dt$. 그리고 해밀턴(1834~1835)의 원리에 의하면 계(system)의 진화는 이 작용의 1차 변분에 관한 방정식($\delta S = 0$)의 해로 표현된다.

41 해밀턴(1834~1835)은 운동방정식을 '해밀턴 함수'와 연결한다. 그것은 운동 에너지와 위치 에너지의 합이며, 일반화 좌표 q와 그에 상응하는 '운동량' p의 함수로 나타난다. 해밀턴 함수와 라그랑주 함수와 관계는 $H = \sum_k p_k q_k - L$. 그리고 그것을 사용하여 표현되는 운동방정식은 $\dfrac{\partial H}{\partial q_k} = -\dot{p}_k$, $\dfrac{\partial H}{\partial p_k} = -\dot{q}_k$.

42 이런 공리주의 문제의 풀이를 찾는 것이 이 책 2부 후반의 내용이다.

43 에지워스가 인용하는 해밀턴의 논문은 "동역학의 일반적 방법"인데, 둘로 나

318   제1부

뉘어 1834년과 1835년에 〈런던 왕립학회 철학 기요〉에 게재되었다. 이 논문을 통해 고전 역학을 재구성한 '해밀턴 역학'이 확립되었다. '해밀턴'에 관한 옮긴이 해설을 참조하라.

[44] 스펜서(1862)가 《첫째 원리》 2부에서 여러 장에 걸쳐 '진화의 법칙'에 대해 논의하는데, 여기서 반복하여 사용하는 단어가 '통합'(integration)이다. 그 논의가 마무리되는 17장의 마지막 문장들을 옮기면, '진화는 확산을 동반하는 사물의 통합(integration)이다. 그 과정에서 사물은 불확정, 부조응의 균질성으로부터 확정, 조응의 이질성으로 나아간다. 그리고 그 과정에서 유지되는 운동은 병렬 변형을 겪는다.'

[45] '천체 역학'(Mécanique Céleste)은 라플라스가 1799년부터 26년에 걸쳐 다섯 권으로 묶어 출간한 책의 제목이다. 그는 이 책에서 태양계 행성의 움직임에 대한 기존의 연구를 집대성하고 확장하면서 미분법을 사용하였다. '사회 역학'(Mécanique Sociale)은 에지워스가 이 책의 제목에 빗대어 만든 용어로 생각된다.

[46] '천체 역학'을 가리킨다.

[47] 존 스튜어트 밀 사후 1874년에 출간된 《종교에 관한 세 시론: 본성, 종교의 효용, 유신론》을 가리킨다.

[48] '해밀턴의 원리'로 더 많이 불리며 '최소 작용의 원리'(principle of least action)로도 불린다. 10쪽의 '작용'에 관한 옮긴이 주를 보라.

[49] 인용 문헌의 제목과 연도가 정확하지 않다. 톰슨은 1867년 2월에 에든버러 왕립학회에서 "소용돌이 원자On vortex atoms"를 발표했고, 그 내용이 〈에든버러 왕립학회 회보〉에 실렸다(1867, vol. 6, pp. 94~105). 그리고 이어서 "소용돌이 운동On vortex motion"을 〈에든버러 왕립학회 기요〉에 게재했다(1868, vol. 25, pp. 217~260). 이 두 논문에서 제시된 이론에 따르면 원자는 동질적 에테르 안에서 특정 유형의 회전 운동이 그리는 궤적일 뿐이다. 그의 이 이론은 한때 많은 지지를 받았다. Cf. Silliman, Robert H., 1963, 'William Thomson: Smoke rings and nineteenth-century atomism,' *Isis*, 54(4), pp. 461~474.

[50] 맥스웰과 볼츠만(Ludwig Boltzmann, 1844~1906)의 연구를 가리키는 듯하다. 맥스웰은 1859년에 기체 분자의 속도에 확률 분포 개념을 적용했고, 볼츠만은 1872년에 그것을 일반화한 분포법칙을 제시했다. 이들의 연구는 통계 역학의 토대가 되었으며, 그 후 양자 역학의 발전에 기여했다.

51 루이스(George H. Lewes)는《마음의 물리적 토대》(1877)와《유기체의 한 기능으로서의 마음》(1879)의 저자다. 그에 의하면, 인간의 의식은 신경 체계의 한 기능이고, 신경 체계는 하나의 전체로서 기능한다.

52 맥스웰의《전기자기론》은 1873년에 두 권으로 출간되었다. 2권에 포함된 4부 5장과 6장의 제목은 각각 '연결된 계의 운동 방정식'과 '전자기의 동역학 이론'이다.

53 〈에든버러 왕립학회 기요〉에 게재된 1868년 논문을 가리킨다. 12쪽의 각주 c에 대한 옮긴이 주를 보라.

54 밸푸어 스튜어트의《에너지 보존》(1873)은 에너지 이론을 알기 쉽게 소개한다. 이 책 6장의 제목이 '생명의 위치'(The position of life)인데, 여기서 저자는 동물을 '섬세한 구조를 가진 기계'(delicately-constructed machine)로 이해한다. "생명의 기제Mechanism of life"는 이 6장을 가리키는 듯하다.

55 원전의 'her every air / Of gesture and least action'을 이렇게 옮긴다. 밀턴의《실낙원》9편 459~460행에서 인용한 듯한데, 거기에는 'and'가 아니고 'or'로 되어 있다.

56 '여왕 요정'(Fairy Queen)은 맵 여왕(Queen Mab)의 다른 이름이다. 전차를 타고 사람의 얼굴 위를 지나면서 그 사람으로 하여금 소망이 이뤄지는 꿈을 꾸게 한다는 요정이다. 1855년 영국 리드에서 만들어져 인도 캘커타에 보내진 기관차의 이름이기도 하다.

57 셰익스피어의 희곡《오셀로》1막 3장에 나오는 문구다. 여기서 생각의 도구(speculative instruments)는 눈을 가리키고 행동의 도구(active instruments)는 손과 발을 가리킨다.

58 원문에는 라틴어로 기술되어 있는데, 베르길리우스의《농경시》2편 483~484행을 가져온 것이다. 영어로 옮기면, 'But if I could not approach these parts of nature, my blood would stand cold about my heart.' 심장 주위의 피에서 느낌과 생각이 생겨난다는 당시 사람들의 믿음이 드러나는 표현이다. Cf. Newman, P., ed., 2003, p. 161.

59 원문의 'the conception of Man as a pleasure machine'을 옮긴 표현인데, 많이 인용되는 문구다. 에지워스에 앞서 제번스는《정치경제학 이론》에서 경제학을 '인간 이익의 역학'(mechanics of human interest)으로 규정했고(1871, p.

24) 2판에서는 '효용과 자기 이익의 역학'(mechanics of utility and self-interest)으로 바꿔 썼다(1879, p. 23).

제2부 (15~16쪽)

[1] 시지윅은 《윤리학의 방법들》에서 세 가지 방법을 구분하였는데, 하나가 직관주의(intuitionism)이고 나머지 둘이 이기적 쾌락주의(egoistic hedonism)와 보편적 쾌락주의(universalistic hedonism)다. 시지윅은 이 둘 중 후자를 공리주의의 다른 이름으로 사용하기도 한다.

[2] 에지워스가 그리스어(μικτή τις)로 쓰는데 영어로 옮기면 'the mixed.'

[3] 8쪽에서도 사용되는 문구다. 이에 대한 옮긴이 주를 보라.

[4] 이를 가리켜 8쪽 각주 a에서는 '비순수(impure) 공리주의'로 부른다.

경제 미적분학 (16~56쪽)

정의 (16~19쪽)

[1] '모드'(Maud)는 테니슨이 1855년 발표한 시의 제목이자 그 시에 등장하는 사람의 이름이다. 에지워스가 인용하는 부분은 1부 7절에 있다.

[2] 뒤에서 에지워스는 '재계약'(recontract)을 분명한 정의와 함께 사용하는데, 그것은 계약의 단순한 갱신이 아니다. 계약의 내용은 물론 상대도 달라지는 것이 재계약이다.

[3] 'field of competition'을 '경쟁 마당'으로 옮긴다. 여기서 'field'는 에지워스가 물리학에서 가져와 쓰는 용어다. 에지워스는 바로 아래에서 이것을 'field of force'와 비교하는데, 후자는 '힘 마당'으로 옮긴다. '마당'에 대한 옮긴이 해설을 참조하라.

[4] '경쟁' 앞에 '완전'(perfect)이라는 수식어를 붙인 것은 에지워스의 《수리 정신학》이 처음이라고 알려져 있다. 그 전에는 '경쟁' 앞에 '자유'(free)가 붙곤했다. 그렇지만 에지워스의 '완전 경쟁'이 무수히 많은 거래 당사자를 (필요)

조건으로 한다는 점에서는 쿠르노가 《부(富) 이론의 수리적 원리에 관한 연구》(1838) 8장에서 명명한 '무한 경쟁'(concurrence indéfinie)과 다르지 않다. '경쟁'에 대한 옮긴이 해설을 참조하라.

5 제번스는 《정치경제학 이론》 4장의 한 절에서 '교환 방정식의 실패'를 다루면서 세 경우를 구분하는데, 그중 하나가 '한 편 혹은 양 편이 소유하는 상품 혹은 유용한 물품이 분할할 수 없는 것일 경우'다. 이 경우에 대한 논의가 2판에서는 130쪽부터 시작되며, 그런 상품의 예들 중 하나가 집이다. 한 채의 집을 쪼개 팔 수 없기에 그 가격을 '이론적으로 결정할' 수 없다는 것이다. 그렇지만 에지워스가 지목하는 135쪽부터는 병 단위로 판매되는 포도주 또는 잉크가 예로서 등장한다. 집의 분할 불가능성과 가격 비결정성에 대해서는 에지워스가 제번스와 다른 견해를 갖고 있음을 30쪽에서 알 수 있다.

문제 (20쪽)

1 원문을 그대로 옮기려면 '비결정성이 얼마나 널리 막아내는가를'로 해야 한다. 그러나 에지워스가 자신의 소장본에 표시했듯이, 원문의 'prevent'는 'be present'로 고쳐 읽어야 한다. Cf. Creedy, J., 1986, p. 138.

논증 (20~51쪽)

1 'indeterminate'를 '비결정적'으로 옮기는 데 맞춰 'determinate'를 '결정적'으로 옮긴다. 이하에서도 그렇게 한다. 원전에는 'decisive'나 'crucial'이 사용되지 않으며, 여기서 모든 '결정적'은 'determinate'를 옮긴 것이다.

2 제번스는 효용을 나타내는 함수를 사용한 적이 없고, '최종효용도'(final degree of utility)를 나타내는 함수로서 ϕ와 ψ를 사용했다. 제번스의 '최종효용도'는 그 후 마셜이 《경제학 원론》(1890)에서 제안한 대로 '한계효용'(marginal utility)으로 바뀌어 불린다. 에지워스는 《수리 정신학》에서 '효용'을 사용할 뿐이고, '한계효용'은 물론 '최종효용도'도 사용하지 않는다. 그렇지만 옮긴이 주에서는 '한계효용'을 사용한다.

3 효용을 $P = \Phi_1(a-x) + \Psi_1(y)$로 나타내는 것은 각 재화의 **한계효용**이 오직 해당 재화의 교환 및 소비 수량에 달려있다고 가정하는 셈이다. 예컨대 $\frac{dP}{dy} = \psi_1(y)$. 제번스가 《정치경제학 이론》에서 사용한 예를 빌어 말하면, 쇠고기의 한계효

용은 오직 쇠고기의 수량(y)에 달려 있고, 함께 소비하는 빵의 수량($a-x$)과는 무관하다는 것이다. 실제로 제번스는 두 재화의 한계효용을 각각 $\phi_1(a-x)$와 $\psi_1(y)$으로 나타냈다. 이에 반해 에지워스처럼 효용을 P=F(xy)로 나타내는 것은 각 재화의 한계효용이 그 재화의 수량뿐만 아니라 다른 재화의 수량에 따라서도 달라질 수 있음을 의미한다. 이 점에서 제번스의 (한계)효용 함수보다 에지워스의 효용 함수가 더 일반적이다. 한편 에지워스는 두 교환 당사자의 효용을 P=F($a-x,y$)와 Π=Φ($x,b-y$)로 쓰지 않고 P=F(xy)와 Π=Φ(xy)로 쓴다. 교환 수량이 직접 효용을 결정하는 게 아니라 소비 수량을 통해 효용을 결정하지만, 제번스와 달리 에지워스는 효용을 곧바로 교환 수량 x와 y의 함수로 나타낸 것이다. 그래서 첫째 재화의 한계효용은 $\frac{\partial P}{\partial x}$ 가 아니고 $-\frac{\partial P}{\partial x}$ 다.

4 에지워스는 함수의 변수들을 쉼표 없이 이어 쓰며, 함수나 종속변수를 나타내는 **대문자**를 이탤릭체로 표기하지 않는다. 마셜은 1881년 6월 18일자 〈아카데미〉에 게재된 서평에서 이를 지적하지는 않으나 P=F(x,y)로 고쳐 쓴다. 옮긴이 주에서도 이렇게 쓰기로 한다.

5 에지워스가 제번스의 '방정식'(equation)을 인용하면서 출처로 지목하는 《정치경제학 이론》 2판 108쪽에는 제번스가 '교환 방정식'(equations of exchange)으로 명명한 연립방정식이 나온다. 그리고 에지워스가 인용하는 것과 정확히 같은 방정식은 《정치경제학 이론》 어디에도 없다. 그렇지만 제번스가 X의 효용 극대화 조건을 $\frac{\phi_1(a-x)}{\psi_1 y}=\frac{dy}{dx}$ 로 나타냈으므로 이것을 Y에 적용하면 $\frac{\phi_2 x}{\psi_2(b-y)}=\frac{dy}{dx}$ 이다. 에지워스가 말하는 '제번스 교수의 방정식'은 이 두 방정식을 결합하면서 $\frac{dy}{dx}$ 를 소거한 것으로 이해할 수 있다. 이에 비해 제번스의 '교환 방정식'은 효용 극대화 조건에 '무차별 법칙'을 더한 것인데, 후자는 $\frac{dy}{dx}=\frac{y}{x}$. 따라서 그의 '교환 방정식'은 $\frac{\phi_1(a-x)}{\psi_1 y}=\frac{y}{x}=\frac{\phi_2 x}{\psi_2(b-y)}$. 이 연립방정식의 해는 x-y 평면 위에 선(線) 아닌 점으로 나타난다.

6 에지워스가 22쪽과 그 뒤에서 이 방정식을 다시 쓸 때는 각 미분계수에 괄호를 씌워 $\left(\frac{dP}{dx}\right)$, $\left(\frac{d\Pi}{dy}\right)$ 등으로 쓴다. 이 괄호는 편미분을 나타내기 위한 것이며, 다른 식에서도 그런 용도로 괄호를 쓴다. 이에 대해서는 에지워스가 107쪽에서 명시적으로 기술한다. 그런데 요즘은 괄호로 편미분을 나타내지 않고

$\dfrac{\partial P}{\partial x}$, $\dfrac{\partial \Pi}{\partial y}$ 등으로 쓴다. 옮긴이 주에서는 요즘 방식대로 쓰기로 한다.

[7] 여기서 ρ는 미분이다. 이에 비해 25쪽에서는 미분을 $d\rho$로 쓴다. 부록 V.에서도 원점에서 (x,y)까지의 길이를 ρ로 나타낸다. 그래서 $x = \rho\cos\theta$, $y = \rho\sin\theta$. 이 표기를 따르려면 아래 식과 22쪽의 식에서 ρ를 $d\rho$로 바꿔야 한다.

[8] '무차별 선'(line of indifference)은 곡선이 아닌 직선이며, 에지워스가 뒤에서 '무차별 곡선'(indifference-curve)이라 부르는 것에 접하는 직선이다. 이 둘 모두 에지워스가 이 책에서 처음 정의하고 명명했다. 이때 '무차별'은 제번스가 《정치경제학 이론》 2판에서 명명한 '무차별 법칙'(law of indifference)의 '무차별'과는 다른 의미다. 제번스의 '무차별'은 한 상품의 부분별 가격에 차이가 없음을 의미하고, 에지워스의 '무차별'은 한 사람의 효용에 차이가 없음을 의미한다.

[9] 점 (x,y)를 지나는 무차별 선의 궤적 (ξ, η)을 규정하는 방정식이다. 원전에는 이 방정식 좌변 첫 항에 $(\zeta - x)$로 표기되어 있으나 뒤에서 사용되는 기호와의 일관성을 위해 $(\xi - x)$로 고쳐 쓴다.

[10] 'line of preference'를 '선호 선'으로 옮긴다. 점 (x,y)로부터 효용을 가장 빠르게 증가시키는 방향을 나타내는 선이다. 따라서 선호 선의 방향각 θ는 효용 증분 극대화의 1계 조건을 충족해야 한다. 즉, $\dfrac{d}{d\theta}\left[\left(\dfrac{\partial P}{\partial x}\right)\cos\theta + \left(\dfrac{\partial P}{\partial y}\right)\sin\theta\right] = 0$. 이 미분 방정식의 해에서 확인할 수 있듯이 '선호 선'은 '무차별 선'과 직각을 이룬다.

[11] 에지워스의 설명은 아래 그림의 도움을 받을 수 있다. X와 Y가 약간의 교환에 의해 일단 점 Q에 도달했다고 하자. 이 점을 지나는 실선과 파선은 각각 X와 Y의 무차별 곡선 및 무차별 선이다. 그리고 화살표로 표시된 실선과 파선은 각각 X와 Y의 선호 선이다. 두 사람은 Q로부터 북동쪽을 향해 두 무차별 선 사이로 움직이는 데 동의할 것이다.

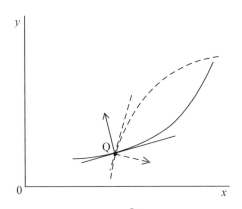

12 X의 무차별 선을 달리 쓰면 $\dfrac{\eta-y}{\xi-x}=-\dfrac{\frac{\partial P}{\partial x}}{\frac{\partial P}{\partial y}}$. Y의 무차별 선을 같은 식으로 쓰

면 $\dfrac{\eta-y}{\xi-x}=-\dfrac{\frac{\partial \Pi}{\partial x}}{\frac{\partial \Pi}{\partial y}}$. 두 무차별 선이 겹치려면 $\dfrac{\frac{\partial P}{\partial x}}{\frac{\partial P}{\partial y}}=\dfrac{\frac{\partial \Pi}{\partial x}}{\frac{\partial \Pi}{\partial y}}$. 이를 바꿔 쓰면 본

문의 식이 된다.

13 에지워스는 충분조건이 아닌 이유를 25~26쪽에서 '비순수'(impure) 계약 곡
선과 관련하여 설명한다. 25쪽 본문과 옮긴이 주를 참조하라.

14 'complete variation'을 '완전 변분'으로 옮긴다. 요즘의 경제학도라면 전미분
(total differential)이라 부르면서 $dP=\left[\left(\dfrac{\partial P}{\partial x}\right)\cos\theta+\left(\dfrac{\partial P}{\partial y}\right)\sin\theta\right]d\rho$ 로 쓸 것이
다. 본문의 ρ를 $d\rho$로 바꿔 쓴 것에 대해서는 21쪽의 옮긴이 주를 참조하라.

15 $d\rho$와 $d\Pi$를 각각 바꿔 쓰면

$$dP=\cos\theta\left[\frac{\partial P}{\partial x}+\left(\frac{\partial P}{\partial y}\right)\tan\theta\right]d\rho$$

$$d\Pi=\cos\theta\left[\frac{\partial \Pi}{\partial x}+\left(\frac{\partial \Pi}{\partial y}\right)\tan\theta\right]d\rho$$

따라서

$$g^2=\frac{dP}{d\Pi}=\frac{\frac{\partial P}{\partial x}+\left(\frac{\partial P}{\partial y}\right)\tan\theta}{\frac{\partial \Pi}{\partial x}+\left(\frac{\partial \Pi}{\partial y}\right)\tan\theta}$$

이로부터 본문의 tanθ에 대한 식이 도출된다.

16 이 경우

$$\tan\theta = -\frac{\dfrac{\partial P}{\partial x} - g^2\dfrac{\partial \Pi}{\partial x}}{\dfrac{\partial P}{\partial y} - g^2\dfrac{\partial \Pi}{\partial y}} = -\frac{\dfrac{\partial P}{\partial x}}{\dfrac{\partial P}{\partial y}} = -\frac{\dfrac{\partial \Pi}{\partial x}}{\dfrac{\partial \Pi}{\partial y}}$$

따라서

$$\frac{\partial P}{\partial x} + \left(\frac{\partial P}{\partial y}\right)\tan\theta = 0$$

$$\frac{\partial \Pi}{\partial x} + \left(\frac{\partial \Pi}{\partial y}\right)\tan\theta = 0$$

그리고 $dP = d\Pi = 0$. 즉 dP와 $d\Pi$가 모두 양이라는 전제와 맞지 않는다.

17 에지워스는 여기서 등식 제약 하의 최적 값을 찾기 위한 라그랑주 승수법을 사용한다. 오늘날의 경제학도라면 $\mathcal{L} = P - \lambda(\Pi - \overline{\Pi})$로 쓸 수도 있다. 에지워스는 자신의 1877년 저서 《윤리학의 새로운 방법과 오래된 방법》에서도 라그랑주 승수법을 사용하는데, 알려진 바로는 이것이 사회과학에서 최초로 라그랑주 승수법이 사용된 사례다.

18 본문의 방정식이 x와 y의 모든 변분에 대해 성립해야 한다. 그러기 위해서는 $\frac{\partial P}{\partial x} - c\left(\frac{\partial \Pi}{\partial x}\right) = 0$, $\frac{\partial P}{\partial y} - c\left(\frac{\partial \Pi}{\partial y}\right) = 0$. 이 두 방정식에서 라그랑주 승수 c를 소거한 방정식이 $\left(\frac{\partial P}{\partial x}\right)\left(\frac{\partial \Pi}{\partial y}\right) - \left(\frac{\partial P}{\partial y}\right)\left(\frac{\partial \Pi}{\partial x}\right) = 0$.

19 원전에는 둘째 방정식 첫 항의 편도함수가 '$\left(\frac{dP}{dx}\right)$'로 잘못 씌어 있기에 고쳐 옮긴다.

20 'line of pleasure-force'를 '즐거움 역선'으로 옮긴다. 22쪽에서 정의하는 '선호선'(line of preference)과 같은 것이다.

21 원전에는 'the by the condition joint-system'으로 인쇄되어 있으나 'by the condition the joint-system'으로 고쳐 읽고 옮긴다.

22 'total utility'를 '총합 효용'으로 옮긴다. 마셜이 《경제학 원론》(1890)에서 '한

계효용'(marginal utility)과 비교하는 '총효용'(total utility)이 아니다. 제번스가 《정치경제학 이론》(1871)에서 명명한 '최종효용도'(final degree of utility)의 적분도 아니다. 에지워스의 '총합 효용'은 여러 개인의 효용을 더한 것이며, 따라서 개인 간 효용의 비교 가능성을 전제한다. 에지워스는 56쪽에서 'sum-total utility'로 쓰기도 하는데, 이것도 '총합 효용'으로 옮긴다. '효용'에 관한 옮긴이 해설을 참조하라.

[23] 만약 교환되는 두 상품의 수량 x와 y에 상응하는 효용 u를 3차원 공간에서 표시하는 곡면이 구(球)를 이룬다면, 세 변수를 연결하는 방정식은 $(x-a)^2+(y-b)^2+u^2=\overline{R^2}$. 그리고 무차별 곡선들의 방정식은 $(x-a)^2+(y-b)^2=r^2$에서 동심원들로 나타난다. 두 거래인의 무차별 곡선들이 서로 접하는 점의 궤적을 찾기 위해 우선 거래인 1의 무차별 곡선의 기울기를 나타내는 미분 방정식을 구하면, $\dfrac{dy}{dx}=-\dfrac{x-a_1}{y-b_1}$. 두 거래인의 무차별 곡선들이 각 접점에서 기울기가 같으므로, $\dfrac{x-a_1}{y-b_1}=\dfrac{x-a_2}{y-b_2}$. 이 방정식이 규정하는 접점의 궤적은 두 점 (a_1,b_1), (a_2,b_2)를 지나는 직선이다. 한편 에지워스는 부록 V.의 [그림 5]에 $a_1=b_2=0$의 경우에 나타나는 계약 곡선을 두 상호 수요 곡선과 함께 그린다.

[24] 아래 그림에서 두 구의 중심이 C_1과 C_2이고, 둘째 구의 어떤 주어진 높이 Π에 상응하는 궤적이 C_2을 둘러싼 실선으로 표시되어 있다. 이 실선 위의 점들 중 첫째 구의 극대 높이 P에 상응하는 점이 R이고, 극소 높이 P'에 상응하는 점이 R'이다. 파선으로 그려진 두 원 중에서 작은 원은 그 극대 P와 같은 높이에 상응하는 궤적이고, 큰 원은 그 극소 P'와 같은 높이에 상응하는 궤적이다. 이때 두 점 R과 R'은 제각기 극한의 1계 조건을 충족한다. 즉, $\left(\dfrac{\partial P}{\partial x}\right)\left(\dfrac{\partial \Pi}{\partial y}\right)-\left(\dfrac{\partial P}{\partial y}\right)\left(\dfrac{\partial \Pi}{\partial x}\right)=0$. 그렇지만 극소에 상응하는 R'은 '순수'(pure) 계약 곡선의 일부가 아니다. 순수 계약 곡선은 두 구의 중심 C_1과 C_2를 연결하는 직선이다. 덧붙이면, 에지워스의 '순수 공리주의'에서 '순수'와 '순수 계약 곡선'에서의 '순수'는 그 내용이 전혀 다르다.

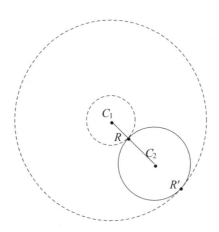

25 마셜은 《해외 교역의 순수 이론》(1879)에서 두 나라가 교역하려는 두 상품의 수량을 나타내는 두 개의 '수요 곡선'을 그리고, 그 곡선 위의 점을 가리켜 '교환 지표'(exchange-index)라 부른다(p. 9). 더 정확히 말하면, '교환 지표'의 궤적이 '수요 곡선'이다. 이 곡선은 나중에 '제공 곡선'이라고도 불리는데, '제공'(offer, offre)은 발라스가 《순수 정치경제학 요론》(1874)에서 사용한 용어다. 이에 앞서 존 스튜어트 밀은 《정치경제학 원론》(1848)에서 국제가치 이론을 전개하면서 '상호 수요'(reciprocal demand)라는 표현을 사용했다. 에지워스도 39쪽과 그 뒤에서 같은 내용의 곡선을 가리켜 '수요 곡선'이라 부른다. 옮긴이 주에서는 '상호 수요 곡선'으로 부르기로 한다.

26 'discommodity'를 '비(非)상품'으로 옮긴다. 'commodity'의 관행적 번역이 '상품'이므로 이 관행에 맞추기 위해 그렇게 옮긴다. 그러나 이 단어의 어원은 상업(commerce)과 무관하다. 영어 commodity는 편익을 뜻하는 프랑스어 commodité에서 유래했고, 그 어원은 적절 또는 유리(有利)를 뜻하는 라틴어 commoditas다. 그리고 나중에는 그런 성질을 가진 물품을 가리키는 단어가 되었다. 제번스가 《정치경제학 이론》 2판에서 이 사실을 지적하면서, '불편이나 피해를 유발하는 성질을 가진 물질이나 물건'을 가리키는 단어로 'discommodity'로 사용할 것을 제안했다(1879, p. 62). 에지워스도 그런 의미로 이 단어를 사용한다고 보아야 한다. 다시 말하면, '비(非)상품'은 교역되지 않는 물품이 아니라 불편이나 피해를 주는 물품이다.

27 케임브리지 세인트존스칼리지의 교수였던 마셜은 1877년에 결혼하면서 학칙에 따라 그 대학을 떠나 옥스퍼드 베일리얼칼리지로 옮겼으며, 같은 해에 브

리스틀 유니버시티칼리지의 초대 학장으로도 선임됐다. 그리고 1885년에 헨리 포셋의 후임으로 케임브리지대학교의 정치경제학교수가 되어 돌아갔다. 옮긴이 해설을 참조하라.

28 계약 타결을 규정하는 세 방정식 중 하나는

$$\frac{\partial P_1}{\partial x} + \lambda_2 \frac{\partial P_2}{\partial x} + \lambda_3 \frac{\partial P_3}{\partial x} = 0$$

이것을 포함한 세 방정식으로부터 λ_2와 λ_3를 소거하면 세 변수 x, y, z에 관한 하나의 방정식이 남는데, 이것이 계약 곡면의 방정식이다.

29 마셜의 《해외 교역의 순수 이론》(1879)에 실린 [그림 8]과 [그림 9]는 두 가지 예외적인 상호 수요 곡선 및 균형을 보여준다. 이 두 그림 모두에서 점 B도 A와 C처럼 공급과 수요가 일치하는 균형이지만 안정적이지는 않다. 점 B에서 조금이라도 벗어나면 거기로 되돌아가지 않고 더 멀어진다는 것이다. 그 이유로 마셜이 드는 것은 시장 가격이 '공급 가격' 또는 생산비와 다를 때 이뤄지는 생산 및 판매의 수량 조정에 대한 그의 가정이다. 이런 의미의 불안정은 '계약 곡선 일반의 불안정'과 같을 수 없으며, 에지워스도 이 점을 지적한다. 그런데도 에지워스는 [그림 9]를 '순수하지만 불안정한 (부분의) 계약 곡선'과 연결한다. 그리고 [그림 8]은 이 연결에서 제외한다. 여기서 '불안정한 부분'은 '아래 반구(半球)와의 관계에서는 극소'인 부분을 가리키는 듯한데, 그런 부분과 두 그림이 어떻게 연결되거나 연결되지 않는지 설명하지 않

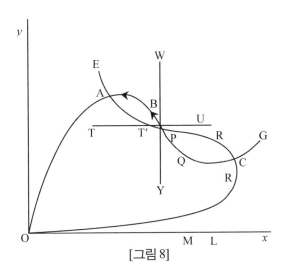

[그림 8]

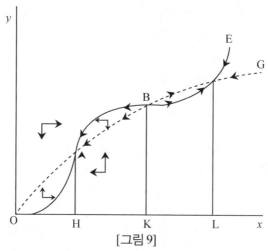

[그림 9]

는다. 에지워스가 부론 V.에서 여러 수리 식을 사용하면서 그 관계를 설명하지만 혼란스럽다. 105쪽 이하와 옮긴이 주를 참조하라.

[30] 'subject of contract'를 '계약 대상'으로 옮긴다. 에지워스가 다른 곳에서는 'article of contract'로 쓰면서 여기서만 이렇게 쓴다.

[31] P_i는 개인 i의 효용으로서 교환되는 상품들의 수량 x_1, x_2, …, x_n의 함수다. 조건부 극대화 문제이므로 라그랑주 승수법을 적용하는데, 라그랑주 함수는

$$\mathcal{L} = P_1 + \lambda_2(P_2 - \overline{P_2}) + \lambda_3(P_3 - \overline{P_3}) + \cdots + \lambda_m(P_m - \overline{P_m})$$

극대화의 1계 조건으로서 이것의 전미분이 영이어야 하고, 그 조건은 n개의 방정식으로 쓸 수 있다.

[32] 'complete increment'를 '완전 증분'으로 옮긴다. '전미분'(total differential)으로 바꿔 읽을 수 있다.

[33] 로빈슨 크루소(Robinson Crusoe)는 1719년 발간된 디포(Daniel Defoe, c1659~1731)의 소설 제목이자 그 소설 주인공의 이름이다. 아프리카의 외딴 섬에 표류한 로빈슨 크루소는 근처 원주민 소년과 함께 살게 되는데, 그 소년에게 붙인 이름이 프라이데이(Friday)다. 로빈슨 크루소는 제번스의 《정치경제학 이론》(1871)과 멩거(Carl Menger, 1840~1921)의 《경제학 원론Grundsätze der Volkswirtschaftslehre》(1871)에도 등장한다.

[34] 원전에는 'horizontal line'으로 되어 있으나 'vertical line'으로 고쳐 읽고 옮긴다.

경제 미적분학

35 원전에는 [그림 1]의 횡축과 종축 끝에 X와 Y가 씌어 있다. 그러나 이 둘은 각각 x와 y로 고쳐야 한다. 본문에서 X와 Y는 각각 로빈슨 크루소와 프라이데이를 가리키고, x와 y는 그들이 주고받는 임금과 노동의 양을 나타낸다.

36 '계약 물건의 변경'(to vary the articles of contract)은 [그림 1]의 종축과 횡축으로 표시되는 평면 위 어느 한 점에서 다른 점으로의 이동으로 나타난다. 그 한 점이 '무작위로 정해진' 것이라면 계약 곡선 CC′ 위에 있지 않고 원점 O 쪽으로 치우쳐 있을 가능성이 크다. 그리고 실제로 그렇다면, 그 한 점으로부터 북동쪽으로 이동하는 게 '두 당사자 모두에게 이익이 될 것이다.'

37 [그림 1]에 $\eta\xi$, $y_2\xi_2$ 등으로 표기된 점을 37쪽 이하에서는 $\xi\eta$, $\xi_2 y_2$ 등으로 바꿔 쓴다. 이는 X가 지불하는 임금 ξ를 Y가 제공하는 노동 η 또는 y 앞에 쓰는 게 자연스럽기 때문일 것이다. 그리고 우리는 $\eta\xi$, $y_2\xi_2$ 등을 (η,ξ), (ξ_2,y_2) 등으로 바꿔 읽을 수 있다.

38 [그림 1]에는 모두 세 개의 무차별 곡선이 그려져 있다. 원점 O에서 출발해서 $\eta_0 x_0$에 이르는 프라이데이의 무차별 곡선, 원점 O에서 출발해서 $y_0\xi_0$에 이르는 크루소의 무차별 곡선, 그리고 $y_0\xi_0$에서 출발해서 북동쪽을 향하는 프라이데이의 무차별 곡선이 그것이다. 프라이데이의 두 무차별 곡선은 파점선(—-—)으로 그려져 있고, 크루소의 무차별 곡선은 파선(- - -) 으로 그려져 있다. 그리고 $y_0\xi_0$에서 프라이데이의 무차별 곡선과 크루소의 무차별 곡선이 접하게 그려져 있다. 사실 계약 곡선 CC′는 이처럼 둘의 무차별 곡선이 접하는 점의 궤적이다. 한편 원점에서 출발하여 ηx에 이르는 두 곡선은 무차별 곡선이 아니라 상호 수요 곡선이다. 이 두 곡선을 규정하는 방정식은 뒤에 나오는데, 38쪽과 39쪽의 옮긴이 주를 참조하라.

39 두 사람이 세 물건을 두고 거래한다면($m=2$, $n=3$), 에지워스가 27쪽에서 밝히듯이, 타결은 세 변수에 관한 두 방정식으로 규정된다($n-(m-1)=2$). 3차원 공간에서 선으로 나타나는 것이다. 더 일반적으로 말하면, 두 사람 사이의 타결은 n개의 변수에 대한 $n-1$개의 방정식이 규정하는 '일종의 선'으로 나타낼 수 있다.

40 에지워스가 그리스어로 인용하는데, 《왕관》 18절의 한 구절이다. 영어로 옮기면, indiscriminate strife and confusion.

41 에지워스는 5쪽에서 가격 균일성의 두 조건으로서 시장의 충만성(fulness)과 유체성을 제시하고 정의했는데, 충만성은 '무한한 수의 거래인'을 가리킨다.

에지워스는 '완전 시장'(perfect market)이라는 용어도 사용하는데, 충만성과 유체성은 완전 시장이 되기 위한 조건의 일부다.

[42] 에지워스는 19쪽 각주 a에서 상품의 분할 불가능성과 관련하여 제번스의 《정치경제학 이론》을 인용하면서 135~137쪽을 지목한다. 그런데 상품의 분할 불가능성에 대한 제번스의 논의는 130쪽부터 시작되며, 가격의 비결정성으로 연결된다. 에지워스가 여기서 인용하는 제번스의 진술은 이 연결의 마무리다. 그런데 에지워스는 상품의 분할 불가능성이 아니라 거래인의 수(數)로부터 계약의 비결정성을 도출한다. 에지워스가 비결정성에 대해 이처럼 제번스와 다른 이론을 내놓으면서도 비결정성의 '해악'에 대해서는 제번스와 같은 생각을 드러낸다.

[43] 에지워스가 인용하는 '사냥꾼과 나무꾼의 계약'은 쿠르셀-스뇌의 《정치경제학 이론 및 실용 논저》(1858) 1권 2편 1장 2절에 나오며, 1867년에 출간된 이 책 개정판에는 219~228쪽에 있다. 이 책은 제번스의 《정치경제학 이론》에서도 여러 차례 인용된다.

[44] 에지워스가 '열린 시장'(open market)으로 무엇을 가리키는지 분명하지는 않으나 이어지는 두 인용에서 짐작해 볼 수 있다. 이와 별도로 제번스도 《정치경제학 이론》에서 이 문구를 두세 차례 사용하면서 따로 정의하지 않았다. 단지 4장에서 '열린 시장'의 특성으로서 일물일가의 법칙을 강조했고, 자신이 '무차별 법칙'으로 명명한 것과 그 특성을 동일시하였다. 그리고 제번스는 '완전 시장'(perfect market)이라는 표현도 사용했는데, 그것의 조건으로서 '완전 정보'를 들었다.

[45] 에지워스가 밝히지 않지만, 《정치경제학 이론 및 실용 논저》(1858) 1권 2편 1장 3절 229쪽에 있는 문구다.

[46] 에지워스가 지목하는 50항은 11장에 있는데, 이 장의 제목은 '유효 수요 곡선'이다. 50항에서 일부를 인용하면(1874, pp. 59~60), '일반적으로 한 상품과 다른 어떤 상품을 얼마간 교환하려는 의도를 갖고 시장에 오는 상품 보유자들은 저마다 마음속에 "경매 의향"(dispositions à l'enchère)을 갖고 있는데, 그것이 가상이든 실제든 엄밀히 정해질 수 있다. … 만약 그가 이런저런 이유로 거래를 친구에게 맡기거나 중개인에게 주문해야 한다면, 그는 영부터 무한대까지 p_a의 모든 가능한 값을 예상하여 d_a의 모든 상응하는 값을 정해야 할 것이다.'

47 ‘Catallactics’를 ‘교환학’으로 옮긴다. 이 용어는 훼이틀리(Richard Whately, 1787~1863)가 《정치경제학 입문 강의 *Introductory Lectures on Political Economy*》(1831)에서 정치경제학을 교환과학(Science of Exchanges)으로 바꿔 부를 것을 제안하면서 사용했는데, ‘교환하다’라는 뜻의 그리스어 ‘καταλλ άσσω’에서 만든 것으로 보인다. 이 용어는 존 스튜어트 밀의 《정치경제학 원론》(1848)과 제번스의 《정치경제학 이론》(1871)에서도 언급된다.

48 그리스 희곡 《포박된 프로메테우스》에 나오는 문구로서 땅의 여신 가이아에 대한 기술이다. 에지워스는 그리스어로 인용한다. 영어로 옮기면, one form with many names. 이 희곡은 앞에서도 인용되는데, 그때는 영역본이 사용된다.

49 ‘Formulæ of Exchange’를 ‘교환 공식’으로 옮긴다. 제번스의 ‘교환 방정식’(equations of exchange)을 가리킨다. 그대로 옮기면, $\dfrac{\phi_1(a-x)}{\psi_1 y}=\dfrac{y}{x}=\dfrac{\phi_2 x}{\psi_2(b-y)}$. 이 방정식에서 아래첨자 1과 2는 교환의 두 당사자 A와 B를 가리킨다. 21쪽의 옮긴이 주를 참조하라.

50 에지워스의 인용은 제번스의 《정치경제학 이론》 2판을 사용하는데, 98쪽에서 끝나는 절의 제목이 ‘교역체의 정의’다. 이 절 마지막 단락의 후반을 옮기면, ‘한 사회는 능력, 욕구, 습관, 소유에서 서로 매우 다른 사람들로 구성되어 있다. 그런 상황에서 그들에게 적용하는 평균 법칙은 내가 다른 곳에서 “가상 평균”이라 부른 것에 속한다. 달리 말해 그 법칙은 수치 결과일 뿐이며, 존재하는 어떤 사물의 성격도 나타내지 않는다. 그렇다고 해서 평균 법칙이, 우리가 그것을 가질 수만 있다면, 덜 유용하지는 않다. 교역과 산업의 움직임은 개인의 변덕이 아니라 평균과 총합에 달려 있기 때문이다.’ 이런 제번스의 발언이 에지워스로 하여금 제번스의 교환 이론에 등장하는 두 개인 A와 B를 ‘전형으로서의 한 쌍’으로 받아들이게 했을 것이다. 그렇지만 이런 제번스의 발언을 들어 그가 ‘시장의 성질을 갖춰 입은 개인들’(individuals clothed with the properties of a market)을 상정했다고 말한다면 지나치게 적극적인 해석이라 할 만하다. 제번스의 ‘교환 방정식’이 ‘무차별 법칙’을 전제했고, ‘무차별 법칙’의 조건으로 ‘자유 경쟁’(free competition)이 지목되었다. 그러나 제번스의 ‘자유 경쟁’과 에지워스의 ‘완전 경쟁’은 같지 않다.

51 에지워스가 인용하는 발라스의 진술은 규모 수익 불변의 생산기술을 전제할 뿐만 아니라 기업가(entrepreneur)를 이윤 추구자로만 분석한 결과이다. 이에 비해 에지워스에게 기업가는 감독 노동을 제공하고 생산물을 소비하면서 효

용을 극대화하려는 경제 주체다. 발라스의 《순수 정치경제학 요론》 2판이 출간된 1889년에 에지워스의 짤막한 서평이 〈자연〉에 게재되는데(vol. 40, no. 1036, pp. 434~436), 여기서 다시 기업가의 역할과 보수에 관한 발라스의 이론에 비판이 집중된다. 그리고 이 비판은 같은 해 영국 과학 진흥 협회 강연에서 부연 설명과 함께 반복된다. 에지워스의 이 비판은 발라스의 반발로 이어졌는데, 후자는 보르트키에비치(Ladislaus von Bortkiewich, 1868~1931)로 하여금 서평을 쓰게 하는 방식으로 나타났다. 〈정치경제학 평론*Revue d'Économique politique*〉에 게재된 이 서평은 에지워스의 비판을 반박하는 내용으로 채워졌다(1890, pp. 80~86). 그리고 이에 대한 에지워스의 반응이 이듬해 〈정치경제학 평론〉에 게재됐다(1891, pp. 10~28). 에지워스의 영국 과학진흥협회 강연은 에지워스 자신이 직접 편집한 《정치경제학 논문집*Papers Relating to Political Economy*》 2편에 수록되어 있다(1921, pp. 273~312).

[52] 임금 기금 이론(wage-fund doctrine)을 가리킨다. 이 이론은 존 스튜어트 밀의 《정치경제학 원론》 2편 11장에 다소 모호하게 소개되었다(1848, p. 401). '그리하여 임금은 다른 물건들처럼 노동의 공급과 수요에, 또는 자주 일컬어지듯이, 자본과 인구 사이의 비율에 달려 있다.' 헨리 포셋의 《정치경제학 편람》도 임금 기금 이론과 관련하여 자주 인용된다(1863, p. 152). '자본은 노동에 대한 보상이 나오는 기금이다. 따라서 임금은 총체적으로 자본과 인구 사이의 비율에 달려 있다는 게 명백해진다.' 이 가설에 임금 기금의 선(先)결정성이 더해지면, 노동자들이 받는 임금의 총액은 결코 달라질 수 없다는 결론이 도출된다. 일부 노동자의 임금 인상은 반드시 다른 노동자의 임금 하락이나 고용 감소를 수반한다는 것이다. 임금 기금 이론을 반박한 대표적인 문헌으로는 손턴의 《노동론》(1869)을 들 수 있는데, 에지워스는 48쪽 등에서 이 책을 부정적으로 인용한다. 이에 비해 역시 임금 기금 이론을 비판하는 시지윅의 1879년 논문에 대해서는 에지워스가 v쪽 등에서 긍정적으로 인용한다. 에지워스 자신은 임금 기금 이론에 대해 매우 비판적이다.

[53] 《산업 경제학》은 마셜이 그의 부인과 함께 저술하여 1879년에 출간한 책이다.

[54] 프랑스어로 인용되는데(faisant ni perte ni bénéfice), 《순수 정치경제학 요론》 242항에 나오는 문구다. 231항에서는 이 개념을 균형 가격과 연결하여 설명한다. 231항은 '생산 기제'(Mécanisme de la production)에 관한 38강의 마지막 항이다.

55 시지윅의 '임금 기금 이론'에서 에지워스가 지목하는 부분을 옮기면(〈격주 평론〉 25권, 1879, pp. 410~411), '우리가 "일반" 임금의 결정을 탐구할 때는 (고용하는) 자본가 계급 전부와 노동자 계급 전부를 각각 양 편에 두고서 일 반적 흥정의 두 당사자로 여기는데, 그래서 오직 한 명의 자본가와 한 명의 노동자가 있을 때처럼 흥정의 조건들을 경쟁으로 타결하기가 어려워진다.' 같은 단락의 앞 문장을 옮기면, '노동의 완전 이동성과 완전 경쟁(perfect competition)의 가정 위에서 평균 임금의 결정이 매우 쉽고 간단하다는 게 [워 커 교수의] 주장으로 보인다. … 그러나 두 편이 소유하는 두 상품의 교환 비율을 결정함에 있어 경쟁이 어떤 효과를 갖는지 분명하지 않다.'

56 에지워스가 지목한 부분에서 한 구절을 찾아 옮기면(〈격주 평론〉 25권, 1879, p. 412), '기업가들이 자본의 마지막 증분을 고용하는 수고와 염려에 대한 보 상을 요구한다는 사실, 그래서 자본의 마지막 증분으로 인해 노동이 획득할 수 있는 생산물 증분이 이자의 **척도**가 될 수 없다는 사실을 [제번스 씨가] 간과했다.' 시지윅의 이 비판은 제번스가 《정치경제학 이론》(1871) 7장에서 전개한 "자본 이론"을 겨냥한 것이다.

57 따옴표로 표시된 구절은 에지워스가 시지윅의 '임금 기금 이론'에서 가져와 편집한 것이다. 시지윅에 따르면(〈격주 평론〉, 25권, 1879, p. 413), 그렇게 '전 제할 선험적 근거가 없다.'

58 '경영 자본의 노동'과 관련하여 시지윅이 제기하는 문제를 마셜의 '제2종 (second class) 수요 곡선'이 다룬다는 에지워스의 주장에는 무리가 있다. 마셜 은 《해외 교역의 순수 이론》(1879)에서 두 나라의 두 상품에 대한 상호 수요 곡선을 그리면서 두 가지 예외적인 경우를 드는데, 그 가운데 '제2종'(Class II)은 생산에서 규모의 경제가 작동하는 경우다(ch. 1, §3). 이 경우 두 나라의 상호 수요 곡선이 여러 차례 교차할 수 있고, 그 교차점들 중에 불안정 균형이 있을 수 있다. 이를 보여주는 것이 마셜(1879)의 [그림 9]다. 에지워스는 26쪽 각주 a에서 이 그림을 언급한다. 이에 대한 옮긴이 주와 거기 옮겨 놓은 그림 을 참조하라.

59 에지워스는 28쪽에서 로빈슨 크루소를 X로 나타내면서 x로는 프라이데이에 게 지불되는 보수를 나타낸다. X가 고용주인 것이다. 하지만 여기서 X는 노 동자일 수도 있고 자본가일 수도 있으며, x는 Y에게 제공되는 노동일 수도 있고 자본일 수도 있다. 그리고 y는 그 노동 또는 자본에 대한 보수다.

60 여기서 x는 X가 Y에게 **제공하는** 노동, 자본, 또는 생산물의 양이므로 x가 많아지면 X의 효용 P가 작아지고 Y의 효용 Π가 커진다. 즉, $\frac{\partial P}{\partial x}<0$, $\frac{\partial \Pi}{\partial x}>0$. 그리고 X가 Y에게서 **제공받는** y에 대해서는 $\frac{\partial P}{\partial y}>0$, $\frac{\partial \Pi}{\partial y}<0$.

61 2차 미분계수들을 요즘 방식대로 표기하면 $\frac{\partial^2 P}{\partial x^2}$, $\frac{\partial^2 P}{\partial y^2}$, $\frac{\partial^2 P}{\partial x \partial y}$. 그리고 '셋째 조건'을 다시 쓰면 $\frac{\partial}{\partial x}\left(\frac{\partial P}{\partial y}\right)<0$. X가 재화를 제공하고 용역을 제공받는 경우를 상정하면서 이 조건을 풀어 말하면, X가 제공하는 재화의 양(x)이 많아져서 그의 소비량($a-x$)이 적어질 때 그가 제공받는 용역의 한계효용$\left(\frac{\partial P}{\partial y}\right)$이 작아진다. 에지워스가 1897년 논문에서 제안하는 정의와 용어를 사용하여 다시 말하면('Teoria pura del monopolio', *Gionale dgli Economisti* 33, pp. 13~31, pp. 307~320, pp. 405~414), X의 소비에 있어서 재화와 용역이 '보완재' (complementary)다. 그런데 한 상품의 소비량이 다른 상품의 한계효용에 미치는 영향에 따라 보완재와 대체재를 구분하는 정의는 아우스피츠와 리벤이 1889년 저서에서 먼저 명시적으로 제시했다(Auspitz, R. and Lieben, R., *Untersuchungen über die Theorie des Preises*, Leibzig: Duncker & Humblot). 그리고 더 널리 사용되는 정의는 한 상품의 **가격**이 다른 상품에 대한 **수요**에 미치는 영향을 가리킨다.

62 '공리 미적분학' 또는 '동료 미적분학'의 공리(axiom)는 59쪽에 기술되어 있다. 그러나 에지워스가 여기서 말하는 '공리'(axiom)는 그것이 아니라 61쪽과 65쪽에서 제시되는 첫째와 둘째 '공준'(postulate)을 가리킨다. 그 첫째 공준에 의하면, '즐거움이 증가하는 비율은 즐거움의 수단이 증가함에 따라 하락한다.' 둘째 공준에 의하면, '피곤이 증가하는 비율은 수행하는 작업이 증가함에 따라 상승한다.'

63 에지워스가 1879년 7월호 〈마음〉에 '쾌락 미적분학'을 게재한 다음에야 제번스의 《정치경제학 이론》을 읽었음을 짐작케 하는 여러 기록들이 있다. 제번스는 《정치경제학 이론》 2장과 3장에서 소비의 한계효용 감소에 대해, 5장에서 노동의 한계비(非)효용 증가에 대해 길게 설명한다.

64 마셜의 '제2종(Class II) 곡선'은 생산에서 규모의 경제가 작동하는 경우의 상호 수요 곡선이다. 넓은 의미에서 규모의 경제는 Y가 제공하는 물건으로부터 X가 획득하는 효용에도 적용될 수 있다. 즉, $\frac{\partial^2 P}{\partial y^2}>0$. 마셜의 '제2종'에 대한

더 자세한 설명은 33쪽과 105쪽의 옮긴이 주를 참조하라.

[65] 우리는 둘째 X와 Y를 가리켜 첫째 X와 Y의 '복제'(clone)라 불러도 좋을 것이다.

[66] 여기서도 에지워스는 앞에서처럼 편미분임을 나타내기 위해 괄호를 씌운다. 그래서 $\left(\dfrac{dF(xy)}{dx}\right)$, $\left(\dfrac{dF(xy)}{dy}\right)$ 은 요즘의 표기로는 각각 $\dfrac{\partial F(x,y)}{\partial x}$, $\dfrac{\partial F(x,y)}{\partial y}$ 다.

[67] $\dfrac{d_2 y}{dx^2}$ 는 무차별 곡선의 기울기 $\dfrac{dy}{dx}$ 를 x에 관해 미분한 것이다. 요즘 방식대로 쓰면,

$$\frac{d}{dx}\left(\frac{dy}{dx}\right) = \frac{d}{dx}\left(-\frac{\dfrac{\partial F}{\partial x}}{\dfrac{\partial F}{\partial y}}\right) = -\frac{\dfrac{d}{dx}\left(\dfrac{\partial F}{\partial x}\right)\dfrac{\partial F}{\partial y} - \dfrac{\partial F}{\partial x}\dfrac{d}{dx}\left(\dfrac{\partial F}{\partial y}\right)}{\left(\dfrac{\partial F}{\partial y}\right)^2}$$

그리고

$$\frac{d}{dx}\left(\frac{\partial F(x,y)}{\partial x}\right) = \frac{\partial^2 F(x,y)}{\partial x^2} + \frac{\partial^2 F(x,y)}{\partial x \partial y}\frac{dy}{dx}$$

$$\frac{d}{dx}\left(\frac{\partial F(x,y)}{\partial y}\right) = \frac{\partial^2 F(x,y)}{\partial x \partial y} + \frac{\partial^2 F(x,y)}{\partial y^2}\frac{dy}{dx}$$

이 두 식을 위 식에 대입하면 본문의 식이 된다.

[68] 에지워스는 앞에서 2차 편미분계수가 모두 음이라고 가정했다. 즉, $\dfrac{\partial^2 F}{\partial x^2} < 0$, $\dfrac{\partial^2 F}{\partial y^2} < 0$, $\dfrac{\partial^2 F}{\partial x \partial y} < 0$. 그리고 $\dfrac{\partial F}{\partial x} < 0$, $\dfrac{\partial F}{\partial y} > 0$. 이 다섯 부등식을 대입하면, $\dfrac{dy}{dx} > 0$, $\dfrac{d^2 y}{dx^2} > 0$. 달리 말하면, X의 무차별 곡선을 따라 북동쪽으로 옮아갈수록 그 기울기가 점점 커진다.

[69] 28쪽의 옮긴이 주에서 지적했듯이, [그림 1]의 원점에서 출발하는 X의 무차별 곡선은 파선(− − −)으로 그려져 있고 $y_0 \xi_0$에서 멈춘다. 그리고 $y_0 \xi_0$에서 북동쪽으로 그려진 파점선(— · —)은 Y의 무차별 곡선인데 횡축을 향해 오목하다. 이 두 무차별 곡선이 $y_0 \xi_0$에서 '접촉한다.'

[70] 에지워스는 37쪽에서 'Y의 무차별 곡선 안(within)'이라는 표현을 사용한다. 이와 연결하여 해석하면, Y의 '내부(interior) 무차별 곡선'은 [그림 1]의 $y_0 \xi_0$에서 시작하는 파점선(— · —)의 북서쪽에 그려질 수 있다. 그런 무차별 곡선이 계약 곡선과 만나는 점 $y_1 \xi_1$이 [그림 1]에는 표시되어 있지 않다.

[71] 에지워스의 설명은 수치 예를 통해 더 쉽게 이해할 수 있다. 원래의 계약 $y_0 \xi_0$

이 두 명의 Y_1과 Y_2가 각각 6시간의 노동을 제공하고 X_1과 X_2가 각각 54펜스의 임금을 지급하는 것이었다면($\xi_0 = 54$, $y_0 = 6$), 재계약은 Y_1이 X_1과 X_2에게 각각 4시간의 노동을 제공하고 36펜스씩 받는 것이다. 이 재계약으로 한 명의 Y_1는 8시간의 노동을 제공하고 72펜스를 받으며($x' = 72$, $y' = 8$), X_1과 X_2는 각각 4시간의 노동을 제공받고 36펜스를 지불한다($\frac{x'}{2} = 36$, $\frac{y'}{2} = 4$). 이 재계약으로 X_1과 X_2 그리고 Y_1이 모두 더 좋아진다. 하지만 이 재계약에서 배제되어 노동을 제공하지도 임금을 받지도 않게 된 Y_2는 나빠진다. 더 자세한 설명은 옮긴이 해설을 보라.

[72] 이 방정식이 성립하지 않으면, X_1과 X_2 그리고 Y_1 모두에게 더 좋은 다른 거래가 셋 사이에서 가능하며, 따라서 그것은 '타결'이 아니다.

[73] 에지워스는 1차 편도함수(first-order partial derivative)라 부르지 않고 '첫째 편도함수'(first partially derived function)라 부른다. 그리고 괄호를 사용해서 편미분임을 나타낸다. 앞의 옮긴이 주에서 지적했듯이, 1차 편도함수를 $\frac{\partial F(xy)}{\partial x}$로 표기하는 게 요즘의 일반적 방식이다. 그리고 F'_x는 F_x로 바꿔 표기할 수 있다.

[74] 원전에는 방정식 우변의 분자가 잘못 인쇄되어 있기에 고쳐 쓴다. 그리고 표기의 일관성을 유지하려면 이 방정식에서도 $x'y'$와 $\frac{x'}{2}\frac{y'}{2}$으로 써야 한다.

[75] 이 방정식은 계약 곡선 위의 (ξ_2, y_2)에 비해 Y_1 또는 Y_2에게 이득이 되는 재계약이 존재하지 않기 위한 조건이다. 이 조건이 더해지면서 (ξ_2, y_2)이 $(x'y')$와 함께 결정된다. 네 변수를 결정하는 네 방정식을 모아서 나열하면

$$\frac{F_x(\xi_2, y_2)}{F_y(\xi_2, y_2)} = \frac{\Phi_x(\xi_2, y_2)}{\Phi_y(\xi_2, y_2)}$$

$$\frac{F_x\left(\frac{x'}{2}, \frac{y'}{2}\right)}{F_y\left(\frac{x'}{2}, \frac{y'}{2}\right)} = \frac{\Phi_x(x', y')}{\Phi_y(x', y')}$$

$$\Phi(\xi_2, y_2) = \Phi(x', y')$$

$$\frac{y_2}{\xi_2} = \frac{y'}{x'}$$

첫째 방정식은 (ξ_2, y_2)가 계약 곡선 위에 있음을 의미하고, 둘째 방정식은 $(x',$

y')이 보완 계약 곡선 위에 있음을 의미하고, 셋째 방정식은 (ξ_2, y_2)와 ($x'y'$)이 Y의 동일한 무차별 곡선 위에 있음을 의미한다. 마지막 방정식은 (ξ_2, y_2)과 ($x'y'$)이 원점을 지나는 한 직선 위에 있기 위한 조건이며, 에지워스가 명시하지 않지만 당연히 포함된다.

76 바로 앞 문장에서 '안'(within)은 북서쪽을 가리킨다. 만약 $\left(\dfrac{x'}{2}, \dfrac{y'}{2} \right)$가 ($\xi_2, y_2$)를 지나는 Y의 무차별 곡선의 '바깥' 또는 남동쪽에 놓인다면, Y_1과 Y_2이 함께 거기로 이동하는 재계약이 있을 수 있다. 한 명의 X가 ($x'y'$)을 갖고 두 명의 Y가 제각기 $\left(\dfrac{x'}{2}, \dfrac{y'}{2} \right)$을 갖는 것이다. 그런 경우에 '보완 계약 곡선'의 방정식은

$$\frac{F_x(x', y')}{F_y(x', y')} = \frac{\Phi_x\left(\dfrac{x'}{2}, \dfrac{y'}{2} \right)}{\Phi_y\left(\dfrac{x'}{2}, \dfrac{y'}{2} \right)}$$

그리고 (x_2, η_2)에 비해 그런 재계약이 X_1 또는 X_2에게 이득이 되지 **않기** 위한 조건은 $F(x_2, \eta_2) = F(x'y')$.

77 Y의 이득을 기준으로 (ξ_3, y_3)가 (ξ_2, y_2)보다 낮으려면 [그림 1]에서처럼 (ξ_3, y_3)가 (ξ_2, y_2)의 북서쪽에 있어야 한다.

78 '두 대안' 중 하나는 한 명의 Y를 제외한 나머지 모든 Y와 X가 재계약을 맺는 경우에 상응하는 것이고, 다른 하나는 한 명의 X를 제외한 나머지 모든 X와 Y가 재계약을 맺는 경우에 상응하는 것이다. 즉, 하나는 $\Phi(\xi, \eta) = \Phi(x'y')$, 다른 하나는 $F(\xi, \eta) = F(x'y')$.

79 바로 앞의 식에서와는 달리 이 식에서 ξ과 η은 $\xi\infty$과 $\eta\infty$이 아니다. 이를 명시하게 위해 이 식의 ξ과 η, 그리고 h를 각각 ξ_m, η_m, h_m으로 바꿔 쓸 수 있다. 즉

$$\Phi(\xi_m, \eta_m) = \Phi(x'y') = \Phi((1+h_m)\xi_m, (1+h_m)\eta_m).$$

여기서 m은 경쟁마당에 들어온 X 또는 Y의 수를 나타낸다. 그리고 재계약에서 각 Y의 몫을 나타내는 ($x'y'$)에 대해, $m\xi_m \geq (m-1)x' = (m-1)(1+h_m)\xi_m$ 또는 $m\eta_m \geq (m-1)y' = (m-1)(1+h_m)\eta_m$. 따라서 $0 \leq h_m \leq \dfrac{1}{m-1}$.

80 에지워스는 여기서 '미분으로 위 방정식을 얻는' 과정을 보여주지 않는데,

옮긴이 주

원전의 방정식을 앞의 옮긴이 주에서 설명한 방식으로 바꿔 쓰면 그 과정을 더 잘 짐작할 수 있다.

$$\Phi(\xi,\eta) = \Phi\big((1+h_m)\xi_m,(1+h_m)\eta_m\big)$$

이 방정식은 모든 h_m에 성립하므로 양변을 h_m으로 미분한 뒤 정리하면

$$0 = \left(\xi_m + h_m\frac{d\xi_m}{dh_m}\right)\frac{\partial\Phi}{\partial x} + \left(\eta_m + h_m\frac{d\eta_m}{dh_m}\right)\frac{\partial\Phi}{\partial y}$$

물론 $\dfrac{\partial\Phi}{\partial x}$와 $\dfrac{\partial\Phi}{\partial y}$는 $((1+h_m)\xi_m,(1+h_m)\eta_m)$에서의 미분계수다. 이제 $\lim\limits_{m\to\infty}\xi_m$, $\lim\limits_{m\to\infty}\eta_m$를 각각 ξ과 η으로 바꿔 쓰기로 하면, $\lim\limits_{m\to\infty}h_m = 0$ 이므로

$$0 = \xi\frac{\partial\Phi(\xi,\eta)}{\partial x} + \eta\frac{\partial\Phi(\xi,\eta)}{\partial y}$$

[81] 이제 더 이상 두 명의 X와 두 명의 Y가 계약을 맺는 게 아니므로 $\dfrac{x'}{2}\dfrac{y'}{2}$ 는 적절한 표기가 아니다. X 또는 Y의 수를 m으로 나타내면서 $\left(\dfrac{(m-1)x'}{m},\dfrac{(m-1)y'}{m}\right)$로 쓰는 편이 더 적절하다.

[82] '둘째 대안'을 본문의 '첫째 대안'과 같은 방식으로 나타내면

$$F\big(\xi_m,\eta_m\big) = F\big((1+k_m)\xi_m,(1+k_m)\eta_m\big)$$

단, $0 \le k_m \le \dfrac{1}{m-1}$. 그리고 '미분으로 얻는 방정식'은

$$\xi\frac{\partial F(\xi,\eta)}{\partial x} + \eta\frac{\partial F(\xi,\eta)}{\partial y} = 0$$

[83] 원전의 방정식 좌변의 첫 항이 잘못 인쇄되어 있어 고쳐 쓴다. 그리고 에지워스가 바로 앞에서 그리하듯이 함수의 변수를 명시하면, $\xi F'_x(\xi\eta)+\eta F'_y(\xi\eta) = 0.$

[84] 원전의 방정식 좌변의 첫 항($\xi\Phi'x$)이 잘못 인쇄되어 있어 고쳐 쓴다.

[85] 에지워스는 21쪽에서 '제번스 교수의 방정식(equation)'을 소개하는데, 그것은 제번스가 제시한 적이 없는 계약 곡선의 방정식이다. 그리고 여기서 에지워스가 '제번스 교수의 두 교환 방정식(two equations of exchange)'으로 지칭하는 것은 제번스 자신이 '교환 방정식'(the equations of exchange)이라 부르면서 제시한 것이다(1871, 101쪽; 1879, 108쪽). 옮겨 쓰면

$$\frac{\phi_1(a-x)}{\psi_1(y)} = \frac{y}{x} = \frac{\phi_2(x)}{\psi_2(b-y)}$$

이 연립방정식의 $\phi_1(a-x)$과 $\psi_1(y)$은 각각 에지워스의 $-F'_x$와 F'_y에 상응하고, $\phi_2(x)$과 $\psi_2(b-y)$은 각각 에지워스의 Φ'_x와 $-\Phi'_y$에 상응한다. 그리고 이 연립방정식의 두 변수 x와 y는 각각 에지워스의 두 변수 ξ과 η에 상응한다.

86 에지워스가 말하는 '수요 곡선'은 존 스튜어트 밀이 1852년에 출간된 《정치경제학 원론》 3판에서 해외 교역과 관련하여 명명한 '상호 수요'(reciprocal demand)와 교환 요율(rate of exchange)의 관계를 가리키며, 두 거래인이 주고받는 두 상품의 수량을 교환 요율의 함수로 간주하면서 수량-수량 평면 위에 나타낸다. '수요 곡선'에 관한 옮긴이 해설을 참조하라.

87 'rate'를 '요율'로 옮김으로서 '비율'로 옮기는 'ratio'와 구분한다. 제번스가 《정치경제학 이론》에서 주로 '교환 비율'(ratio of exchange)로 쓰는 데 비해 에지워스는 반드시 '교환 요율'(rate of exchange)로 쓴다. '요율'에 대한 옮긴이 해설을 참조하라.

88 더 정확히 말하면, 이 방정식은 수요 곡선의 **극좌표**를 규정한다. 이를 확인하기 위해 효용 함수를 ρ와 θ의 함수로 바꿔 쓰면

$$P = F(x,y) = F(\rho\cos\theta, \rho\sin\theta)$$

그리고 주어진 θ에 대해 효용을 극대화하는 P를 찾기 위해 미분하면

$$\frac{dP}{d\rho} = \rho\left(\cos\theta\frac{\partial F}{\partial x} + \sin\theta\frac{\partial F}{\partial y}\right)$$

따라서 수요 곡선의 극좌표 (ρ,θ)를 규정하는 방정식은

$$\cos\theta\frac{\partial F}{\partial x} + \sin\theta\frac{\partial F}{\partial y} = 0$$

89 '마셜의 제2종(Class II)'은 33쪽에서도 언급된다. 마셜은 《해외 교역의 순수 이론》(1879)에서 두 나라의 두 상품에 대한 상호 수요 곡선을 그리면서 두 가지 예외적인 경우를 드는데, 그 가운데 '제2종'(Class II)은 생산에서 규모의 경제가 작동하는 경우다(ch. 1, §3). 이 경우에 나타날 수 있는 상호 수요 곡선

과 균형의 불안정을 보여주는 것이 마셜의 [그림 9]인데, 에지워스는 26쪽 각주 a에서 그 그림을 '순수하지만 불안정한 (부분의) 계약 곡선'과 연결한다. 거기서 '순수'는 '아래 반구(半球)'와의 관계에서 극소를 가리킨다. 그리고 여기서는 '마셜의 제2종'이 '극소 부분(minimum portion)의 수요 곡선'에 상응한다고 진술한다. 부록 V.에서는 이 연결 또는 상응이 다시 지적되고 길게 설명된다. 105쪽 이하와 옮긴이 주를 참조하라.

90 발라스는 《순수 정치경제학 요론》(1874)에서 각 개인의 수요(demande)와 공급(offre)을 주어진 가격에서의 효용 극대화로부터 도출했고, 그렇게 도출된 것의 합으로서 시장의 수요와 공급을 도출했다.

91 'Concurrence'는 프랑스어이기에 '경쟁'으로 옮긴다. 쿠르노의 《부 이론의 수리적 원리에 관한 연구》(1838) 7장과 8장의 제목이 각각 '생산자들의 경쟁'(De la concurrence des producteurs)과 '무한 경쟁'(De la concurrence indéfinie)이다. 쿠르노에 따르면, 각 생산자가 다른 생산자들의 생산량에 대응하여 자신의 이윤이 극대화되도록 생산량을 정한다. 그리고 생산자가 무수히 많은 '무한 경쟁'에서는 각 생산자의 한계생산비와 가격이 일치한다.

92 에지워스가 '대수 법칙'(logarithmic law)으로 지칭하는 것은 '페히너의 법칙' 또는 '베버-페히너의 법칙'으로 불리는 감각(Empfindung, γ)과 자극(Reiz, β) 사이의 수량적 관계인 듯하다. 즉, $\gamma = k(\log\beta - \log b)$. 이 공식은 페히너가 《정신물리학 요론》(1860)에서 제시한 것이다. 에지워스는 60쪽을 시작으로 페히너와 그의 책을 여러 차례 언급한다. 이 법칙과 책은 에지워스의 《윤리학의 새로운 방법과 오래된 방법》(1877)에서도 인용되는데, 특히 2부 7장에서는 이 법칙의 함의로서 즐거움의 총합을 극대화하기 위한 균등 분배가 도출된다.

93 [그림 2]에 $\xi'_1 y'_1$로 인쇄되어 있으나 $\xi'_1 \eta'_1$으로 고쳐 읽어야 한다. 이것이나 $\xi''_1 \eta''_1$의 아래첨자 1은 X 하나와 Y 하나 사이의 타결임을 가리킨다. 다음 단락에서 X 둘과 Y 둘 사이의 타결을 $\xi_2 \eta_2$로 나타낸다.

94 [그림 1]에서와는 달리 [그림 2]에서는 X의 무차별 곡선이 파점선(— - —)으로 그려져 있고, Y의 무차별 곡선이 파선(− − −)으로 그려져 있다. 그리고 여기서 무차별 곡선의 '바깥'(outside)은 불리한 배열을 가리키므로 고용주 X에게 '바깥'은 많은 보수(x)와 적은 노동(y)을 의미하며, x-y 평면에서는 남동쪽이다. 반면 Y에게 있어서 '바깥'은 북서쪽이다. 이를 더 잘 나타내기 위해 [그림 2]를 시계 방향으로 약간 돌려놓을 수 있다.

경제 미적분학

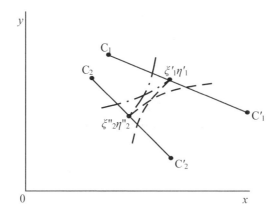

[95] '위 38쪽에'로 고쳐 읽어야 한다.

[96] 에지워스는 편미분을 나타내기 위해 괄호를 씌운다. 이 방정식에서는 괄호를 씌우지 않으나 편미분이라는 것이다.

[97] 발라스(1873)가 지적했듯이, 맞교환되는 두 상품 중 어느 하나에 대한 수요량과 공급량이 같으면 다른 하나에 대한 수요량과 공급량도 같다. 에지워스가 이를 강조하기 위해 이탤릭체로 '**또는**'(*or*)을 쓴다.

[98] ξ를 ξ_y으로 바꿔 읽을 수 있다. 바로 아래 나오는 ξ도 그러하다.

[99] "노동조합Trade Unions"은 케언스의 《새로이 해석된 정치경제학의 선도 원리》(1874) 2부 3~4장을 가리킨다. 3장의 정확한 제목은 '노동조합주의'(Trades-unionism)다. 에지워스는 부록 VI.에서 이 책의 일부 내용에 대해 길게 비판한다.

[100] 에지워스가 여기서 인용하는 "연합Coalitions"은 쿠르셀-스뇌의 《정치경제학 이론 및 실용 논저》(1858) 2권 1편 3장 4절을 가리키는 듯하다. 30쪽에서는 이 책의 다른 부분이 인용된다.

[101] 포셋은 《정치경제학 편람》(1863) 2편 9장에서 "노동조합과 파업Trades' unions and strikes"을 다루고 있다. 그리고 '비생산적 소비'는 4장이 아니라 1편 3장에서 '비생산적 노동'과 함께 짧게 다루는데, 거기에도 에지워스가 딱히 인용할 만한 구절은 없다. 그래도 한 문장을 인용한다면(1863, p. 18), '이 나라의 가장 가난한 노동자들조차 얼마간의 사치품을 구입하는데, 그것을 삼가더라도 그들 노동의 효율성은 조금도 줄어들지 않을 것이다.'

[102] '유체성'(fluidity)은 계약과 재계약이 얼마든지 자유로운 상태를 가리키기 위

해 에지워스가 채택한 용어다. 18~19쪽을 보라.

[103] 쿠르노의 《부 이론의 수리적 원리에 관한 연구》(1838)에서 각 생산자는 다른 생산자들의 생산량을 감안하여 자신의 생산량을 결정하며, 가격은 생산물이 전량 판매될 수 있는 수준에서 정해진다. 그리고 이 가격은 모든 생산자들의 생산물에 동일하게 적용된다. 이처럼 쿠르노는 각 생산자가 자신의 생산물을 상이한 가격에 판매할 가능성을 (암묵적으로) 배제하며, 이 배제는 복점이나 과점에서 적용된다.

[104] 에지워스가 여기서는 레슬리의 특정 저작을 지적하지 않지만 135쪽에서는 (약간 다른 맥락이긴 하지만) 두 논문을 불분명하게 언급한다. 그 두 논문은 1876년에 발표된 '정치경제학의 철학적 방법'과 1879년에 발표된 '정치경제학과 사회학'이다. 레슬리는 이 두 논문에서 기존 주류 경제학의 추상적, 연역적 방법을 비판한다.

[105] 에지워스가 《요론》(1874)의 352절을 지목하지만 쿠르노의 이론에 관한 발라스의 논의는 60강 359절에서 시작되고, 발라스가 '최종판'이라 부른 4판 또는 5판에서는 41강 381절에서 시작된다.

[106] '잉글랜드 방식 경매'(English auction)는 경매인이 낮은 가격에서 시작하여 점차 높이면서 구매자를 찾는 방식이며, 대부분의 경매에서 사용된다. 이에 반해 '네덜란드 방식 경매'(Dutch auction)는 경매인이 높은 가격에서 시작하여 점차 낮추면서 구매자를 찾는 방식이며, 네덜란드 꽃 시장에서 사용된다.

[107] 원문에는 'X X'로 인쇄되어 있으나 오류이기에 'X'로 고쳐 쓴다.

[108] 'quid pro quo'를 '주고받기'로 옮긴다. 부론 V.에서도 가끔 나타나는 표현이다.

[109] 에지워스가 여기서 언급하는 손턴의 '지적'은 그의 《노동론》(1869)에 있는 내용이다. 손턴은 《노동론》 2편 1장에서 잉글랜드 방식 경매와 네덜란드 방식 경매에서 가격이 달리 정해질 수 있음을 지적하면서 수요공급이론을 비판했다. 이 비판은 밀과 젱킨에 의해 주목을 받는다(옮긴이 해설 2의 '손턴' 참조). 제번스도 《정치경제학 이론》 4장에서 손턴의 비판을 반박하면서 두 방식의 경매를 언급했다.

[110] 원문에는 'multiety'로 쓰여 있으나 'multeity'로 고쳐 읽어 '다수성'으로 옮긴다.

[111] '음울한 과학'(dismal science)은 칼라일(Thomas Carlyle, 1795~1881)이 1849

년에 '흑인 문제 강론Occasional discourse on the negro question'에서 사용한 뒤 유명해진 표현이다. 칼라일은 당시의 경제학이 수요와 공급을 강조하고 자유방임주의에 경도되어 있는 점을 비판적으로 지적하면서 이 표현을 사용했다. 이 '강론'은 〈프레이저 잡지〉에 익명으로 게재되었다가 1853년에 '깜둥이 문제 강론 Occasional discourse on the nigger question'으로 제목을 바꿔 소책자로 간행되었다.

[112] 에든버러 왕립학회에서 발표한 '소용돌이 원자'(1867)와 '소용돌이 운동'(1868)을 가리키는 듯하다. 12쪽의 각주 c에 대한 옮긴이 주를 보라.

따름정리(51~56쪽)

[1] 《윤리학의 기초 자료》는 1879년에 뉴욕에서 처음 출간되었고, 1892년에 런던에서 출간된 《윤리학 원론》 1권의 1부로 포함되었다. 에지워스가 인용하는 것은 물론 1879년 판이다. 에지워스가 지목하는 이 책 164쪽에서는 '분할의 공정함'(fairness of division)이 발견되지 않는다. 이 문구는 60절 142쪽에 나타난다. 에지워스는 부론 VII.에서 이 문구를 다시 인용하는데, 그 때는 '취급의 동등함'(equalness of treatment)을 함께 인용한다. 후자는, 에지워스가 지목하듯이, 《윤리학의 기초 자료》 60절 164쪽에서 발견된다. 그리고 에지워스는 부론 VI.에서 스펜서의 견해에 대해 더 자세히 비판한다.

[2] 두갈드 스튜어트의 《철학 시론》(1810)을 가리키는 듯하지만 딱히 관련된 내용이 발견되지 않는다. 그리고 이 책이라면 에지워스가 출처로 지목하는 'Book II'는 'Part II'로 고쳐 읽어야 한다.

[3] 에지워스의 인용 출처가 홀리오크의 《영국 협동조합 역사》(1875)일 가능성이 큰데, 이 책의 20장은 이렇게 끝난다. '협동 노동이 자본을 고용하면서 그것의 시장 가격을 그것에 지불하고, 모든 이윤을 노동 자신이 갖는다. 자본이 사람을 소유하기보다는 사람이 자본을 소유하는 편이 사회와 진보를 위해 더 좋고 더 합리적이다.' 여기서 자본의 시장 가격은 시장 이자율을 가리킨다. 21장에서도 자본의 몫에 대한 제안이 이어진다. 따라서 홀리오크가 자본에 대해서는 말이 없다는 에지워스의 지적은 반박될 수 있다.

[4] '제어할 수 없는 중핵'(the controlless core)은 바이런의 시집 《돈 주앙》(1819~1823) 1곡 116행에 나오는 문구다. 출전에서는 이 문구가 다음 행의 'Of human hearts'로 이어지는데, 에지워스가 'of human selfishness'로 바꿔 쓴다.

5 에지워스가 인용하는 밀의 '논평'은 〈격주 평론〉 1869년 6월호에 게재된 '노동과 그 주장들에 대한 손턴의 논의Thornton on Labour and its claims' 2부를 가리킨다. 그리고 에지워스가 '공리주의'를 언급하면서 가리키는 문헌은 1861년에 세 논문으로 발표되고 1863년에 책으로 출간된 밀의 《공리주의》로 추정된다. 그렇지만 손턴도 1873년에 출간된 《구식 윤리학과 상식적 형이상학Old-fashioned Ethics and Common-sense Metaphysics》 1장에서 공리주의에 대해 논의한다.

6 'clinamen'을 '*편위*'로 옮긴다. 로마 철학자 루크레티우스가 원자의 움직임과 관련하여 사용한 용어다. '빗금 운동'으로 번역되기도 하고, '강제된 직선 운동으로부터의 휘어짐'으로 풀어쓰기도 한다.

7 아리스토텔레스는 《니코마코스 윤리학》에서 도덕적 탁월(ἀρετὴ)과 지적 탁월을 구분한다.

8 'elements'를 '원론'으로 옮긴다. 유클리드의 저서로 알려진 《원론Στοιχεῖα》의 제목을 영어로는 'Elements'로 쓰는데, 에지워스가 이 책을 염두에 둔 것으로 보인다. 에지워스는 57쪽에서 유클리드를 인용하고서 색인에도 포함한다.

공리 미적분학 (56~82쪽)

정의 (56~59쪽)

1 '높은 권위'는 시지윅을 가리키는 것으로 보인다. 《윤리학의 방법들》(1874) 2편 2장 2절에서 인용하면, '그러므로 즐거움에 대한 우리의 정의는 … 우리가 현실에서 추구하는 종류의 느낌이 아니라 우리가 선호할 만하다고 판단하는 느낌이어야 한다.'

2 '행복 역량'을 이렇게 정의할 수 있으려면 즐거움의 개인 간(inter-personal) 비교가 가능해야 한다. 내가 누리는 즐거움이 네가 누리는 즐거움보다 크거나 작다고 말할 수 있어야 한다는 것이다. 에지워스는 이 가능성을 공리(公理)로 포함시키고 부론 III.에서 더 자세히 논의한다.

3 유클리드의 《원론》은 여러 정의로부터 시작한다. 그 첫째를 옮기면, '점은 위치를 갖지만 차원은 갖지 않는다.' 점은 부피도 넓이도 길이도 갖지 않는다는 것이다.

4 1876년 10월호 〈마음〉에 실린 에지워스의 소론이 '버틀러 주교의 자기 사랑

의 교의에 대한 매슈 아널드 씨의 견해'인데, 이 소론은 아널드의 1876년 논문 '버틀러 주교와 시대정신'에 대한 논평이다. 그러나 이 논문에서는 에지워스의 인용과 직접 관련되는 부분이 발견되지 않는다.

5 에지워스가 지칭하는 '창안자'가 누구인지는 분명하지 않다. 그렇지만 존 스튜어트 밀이 《공리주의》(1863)에서 밝히기를(p. 9), '[내게는] 이 단어 공리주의의 첫 번째 사용자가 나라고 믿을 이유가 있다.'

6 '소론'(Note)은 배럿이 쓴 논문의 제목 또는 그 일부가 **아니다**. 배럿은 1878년에 '윤리학과 정신발생학'을 1878년 4월호 〈마음〉의 '소론과 토론Notes and Discussions' 난에 게재했다(vol. 3, no. 10, pp. 277~283). 여기서 배럿은 1877년에 발표된 에지워스의 첫 저서 《윤리학의 새로운 방법과 오래된 방법》에 대해 논평한다. 에지워스가 인용하는 구절은 이 논평의 282쪽 각주에 나온다.

7 요즘 용어와 제번스의 기호를 빌어 다시 말하면, 동일한 소비의 효용이 사람마다 다르듯이($\Phi(x) \neq \Psi(x)$) 동일한 소비의 한계효용이 사람마다 다른데($\phi(x) \neq \psi(x)$), 동일한 소비에서 다른 사람들보다 많은 효용을 얻는 사람이라도($\Phi(x) > \Psi(x)$) 다른 사람들보다 적은 한계효용을 얻을 수 있다($\phi(x) < \psi(x)$). 아래 그림은 이런 사정을 예시한다. 두 곡선이 제각기 소비와 효용의 관계를 보여주는데, 더 높이 있는 곡선의 기울기가 그 아래 곡선의 기울기보다 작다.

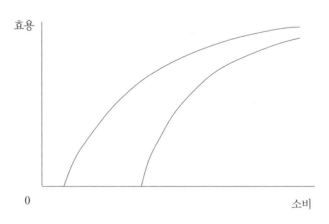

8 앞선 인용과 그 출처가 같다. 배럿, '윤리학과 정신발생학,' 〈마음〉, 3권, 10호, 282쪽.

9 제임스 설리의 《비관주의》(1877) 11장의 제목이 '즐거움과 행복'이고, 이어

지는 소론이 "즐거움의 질적 차이Differences of qualities in pleasure"다. 이 소론에서 설리는 더 높은 즐거움이라는 것도 해당 개인에게는 단지 지속 시간과 규모에서 더 클 뿐이라고 주장한다.

[10] 윌리엄 톰프슨의 《부의 분배에 관한 탐구》(1824)가 62쪽에서 언급된다. 이 책 1장 2절의 제목을 옮기면, '모든 온전한 성인 남자와 여자는 부(富)에서 동일한 행복을 누릴 수 있다.'

[11] 푸리에가 제안한 팔랑주(Phalange)에서는 유동화한 분업이 이뤄지면서 노동은 쾌락 그 자체가 된다. 이른바 '매력적인 노동'(attractive labor)의 이론이다. 이 이론과 관련하여 주로 인용되는 그의 저서는 《가정적 농업조합》(1822)이다.

[12] 1879년 7월호 〈마음〉에 게재된 '쾌락 미적분학'에는 없는 각주다.

공리(59~61쪽)

[1] 에지워스가 출처를 밝히지 않지만, 베인의 《감정과 의지》 1장 33절에서 인용한 것이다.

[2] 페히너는 《정신물리학 요론》(1860) 17장에서 '베버의 법칙'을 미분방정식으로 나타내고서 그것으로부터 감각(Empfindung, γ)과 자극(Reiz, β) 사이의 관계를 나타내는 공식을 도출했다. 페히너가 쓴 베버의 법칙은, $d\gamma = K\dfrac{d\beta}{\beta}$. 그것으로부터 도출된 페히너의 공식은 $\gamma = k(\log\beta - \log b)$. 에지워스는 62쪽에서 《정신물리학 요론》(1860)을 명시적으로 인용한다. 62쪽의 옮긴이 주를 참조하라.

[3] 에지워스가 인용하는 델뵈프의 저서는 1873년에 브뤼셀에서 프랑스어로 출간된 《감각 측정에 관한 정신물리학 연구》다. 이 책은 뒤에서도 여러 차례 더 인용된다.

[4] 'just-perceivable increment'를 '최소 인지 가능 증분'으로 옮긴다. 뒤에서 여러 차례 더 사용되는데, 거기서는 7쪽에서처럼 '겨우 인지할 수 있는 증분'으로 옮긴다. 7쪽의 옮긴이 주를 보라.

[5] 알렉산더 베인의 《감정과 의지》는 1859년에 처음 출간되었고, 에지워스가 인용하는 3판은 1875년에 출간되었다. 이 책 1장의 22~39절에서 논의되는 주제가 '감정의 해석과 측정'이다. 이 책은 에지워스가 자주 인용하는 제번스의 《정치경제학 이론》에서 효용 이론과 관련하여 여러 차례 길게 인용되었다.

6 '벤 도표'로 유명한 존 벤은 《가능성의 논리》(1866)의 저자다. 이 책에서 벤은 라플라스에 의해 확립되었고 당시에 널리 받아들여지고 있던 '타당한 믿음의 정도'로서의 확률 개념을 비판하면서 상대적 빈도로서의 확률에 관한 이론을 전개했다.

7 원전에는 그리스어(μετρητική)로 씌어 있다. 영어로 옮기면 (skill in) measuring.

공준(61~76쪽)

1 에지워스가 출처를 밝히지 않지만, 〈마음〉에 게재된 배럿(1878)의 '윤리학과 정신발생학'에서 인용한 것이다(3권, 10호, 282쪽 각주). 출전에서 해당 부분을 그대로 옮기면, '애정과 미덕의 즐거움처럼 더 높은 즐거움이 어떤 즐거움 물질로부터 온다고 말하기 어렵고, 그것에 비례한다고 말하기는 더욱 어렵다.'

2 제번스는 《정치경제학 이론》 3장에서 '효용 이론'과 관련하여 벤담과 시니어(Nassau William Senior, 1790~1864) 그리고 베인만 아니라 세(Jean-Baptiste Say, 1767~1832), 바스티아(Claude Frédéric Bastiat, 1801~1850), 쿠르셀-스뇌 등 여러 프랑스 경제학자들을 인용했다. 그런데 이 각주는 1879년에 7월호 〈마음〉에 게재된 '쾌락 미적분학'에는 없다. 그때는 에지워스가 제번스의 《정치경제학 이론》에 대해 알지 못했던 듯하다. 둘 사이의 교류는 1879년에 시작되었다고 알려져 있다.

3 에지워스가 출처로 지목하는 뷔퐁의 "도덕 산술Moral Arithmetic"은 프랑스어로 쓰인 "도덕 산술 시론"이다. 1777년에 출간된 《박물지》 부록 4권의 46~123쪽에 들어 있다. 이 시론은 25절로 나뉘는데, 15절부터는 '상트페테르부르크의 역설'을 다룬다.

4 에지워스는 《윤리학의 오래된 방법과 새로운 방법》(1877) 2부에서 자극(Reiz)과 감각(Empfindung) 사이의 수량적 관계에 대한 페히너의 법칙과 그것의 두 변형을 소개하는데, 두 변형은 각각 헬름홀츠(Hermann von Helmholtz, 1821~1894)와 델뵈프가 제시한 것이다. 셋을 차례로 옮겨 쓰면,

$$k(\log\gamma - \log\beta),$$
$$[a/(G - \gamma_0)]\log[(\gamma_0+\gamma)/(G+\gamma)]+C,$$
$$k\log[(c+\gamma)/c] - k\log[m/(m - \gamma)].$$

여기서 γ는 자극의 크기다. 그리고 세 함수 모두 1차 미분은 양이고 2차 미분은 음이다.

5 '단순 강도'(mere intensity)는 베인의 《감정과 의지》에서는 발견되지 않는 표현이다.

6 알렉산더 베인의 《감정과 의지》 4장 3절의 제목이 '순응 법칙'(Subordinate law of accommodation)이다. 반복되면서 강도가 약해지는 느낌을 가리킨다.

7 페히너의 《정신물리학 요론》(1860)은 두 권으로 출간되었다. 에지워스가 이 책을 인용하면서 'vol. ix, p. 6'를 지목하지만 'ch. ix, §6'로 고쳐 읽어야 한다. 《정신물리학 요론》(1860) 9장의 제목은 '베버의 법칙'(Das Webersch Gesetze)이고, 그 아래 6절의 제목이 '물리적 보상과 도덕적 보상'(Fortune physique et morale)이다. 여기서 페히너는 상트페테르부르크의 역설에 관한 베르누이(Daniel Bernoulli, 1700~1782)의 1738년 논문과 라플라스의 《확률 해석 이론 Théorie analytique des probabilités》(1812)을 인용하면서 '도덕적 보상' 또는 효용(y)과 '물리적 보상' 또는 금액(x)의 관계를 로그함수로 나타낸다 ($y = k\log x + \log h$). 이 용어와 수식은 라플라스(1812)가 2편 10장에서 제시한 것이다. 그리고 페히너(1860)가 17장에서 제시한 법칙은 $\gamma = k(\log\beta - \log b)$. 여기서 γ는 '감각'(Empfindung)의 크기를, β는 '자극'(Reiz)의 크기를 나타낸다. 에지워스는 《윤리학의 오래된 방법과 새로운 방법》(1877)에서 이 법칙을 채택하고 변경하여 '정확한(exact) 공리주의'의 분배 준칙을 연역해내는 출발로 삼는다.

8 델뵈프의 다른 저서로는 《감수성 일반 이론》(1876)이 있다.

9 'section'을 '계층'으로 옮긴다. 에지워스가 말하는 'section'은 역량(capacity) 등에 따라 나뉘는 것이어서 위계적 성격을 갖는다.

10 '*megisthedone*'을 '**최대쾌락선**'으로 옮긴다. 이것은 에지워스가 만든 용어인데, 그리스어 μέγιστη(megisti)와 ἡδονή(hedone)의 결합이다. 영어로 직역하면 the greatest pleasure.

11 이 '극소'(minimum)는 수학 용어로서의 '극소'(minimum) 또는 '극대'(maximum)와는 그 성격이 다르다. 바로 앞에서 정의한 '영零의 행복에 도달하기에 겨우 충분한 극소'를 가리킨다.

12 1897년 7월호 〈마음〉에 게재된 '쾌락 미적분학'에는 없는 각주다.

[13] 아래는 분트의 《생리적 심리학 원론》(1874) 8장에 나오는 그림이다. 이 곡선의 방정식은 E=C(logR−loga). 여기서 E는 감각(Empfindung)의 크기를, R은 자극(Reiz)의 크기를 나타낸다. R이 분기점(Reizschwelle) *a*보다 작아지면서 E가 급속히 작아진다.

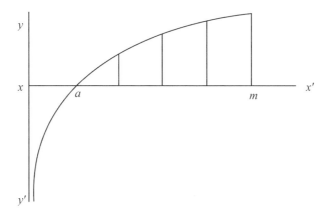

[14] 57쪽 (3)의 '행복 역량'에 관한 정의를 가리킨다.

[15] 58쪽에서도 인용되는 '윤리학과 심리발생학'에서 배럿(1877, p. 282)은 에지워스의 '쾌락 미적분학'에 대해 두 가지를 들어 비판하는데, 그 둘째로서 즐거움만 아니라 괴로움 또는 노동도 분배 대상 물건에 포함시켜야 한다고 지적한다. 그리고 그렇게 하면 에지워스와는 다른 결론이 나온다고 주장한다.

[16] 'second axiom'을 '**둘째 공리**'로 옮긴다. 그렇지만 우리가 그것을 'second postulate'로 고쳐 읽는다면 '**둘째 공준**'으로 옮길 수 있다. 에지워스가 61쪽 (α)에서 기술하는 '첫째 공준'에 의하면, '즐거움의 증가 요율은 즐거움의 수단이 증가함에 따라 하락한다.'

[17] 원전에는 그리스어로 쓰여 있다. 호메로스의 《일리아스》에 거듭 나오는 문구다. 영어로 옮기면 well-balanced ship.

[18] 'brachistopone'을 '최소고통선'으로 옮긴다. 이것 역시 에지워스가 만든 용어인데, 그리스어 βράχιστος(brachistos)와 ποινή(poine)의 결합이다. 영어로 옮기면 the briefest pain. 물리학의 용어 '최속강하선'(brachistochrone)을 생각나게 한다.

[19] 역량이 *x*인 사람이 *y*만큼의 수단을 받고 *p*만큼의 고생을 하면 그의 효용은 $F(x,y)−p$. 역량이 *x*인 사람의 수가 *n*이므로 이들의 효용을 모두 더하면

$n[\mathrm{F}(x,y) - p]$. 그리고 역량이 다른 모든 사람의 효용을 더하려면 적분을 해야 하므로 $\int_{x_0}^{x_1} n\big[\,\mathrm{F}(x,y) - p\,\big]dx$. 에지워스가 찾는 것은 이 효용의 합을 극대화하는 y이며, 그것은 x의 함수로 나타난다. 그리고 그것을 x-y 평면 위에 나타내면 에지워스가 명명한 최대쾌락선이 된다. 그런데 사람들에게 돌아갈 수단의 합은 사람들이 생산한 수단의 합과 같아야 하므로 $\int_{x_0}^{x_1} n\big[\,y - f(x,p)\,\big]dx = 0$. 이 조건부 극대화의 문제를 풀기 위해 라그랑주 함수를 정의할 수 있으니 그 함수가 바로

$$\mathcal{L} = \int_{x_0}^{x_1} n\Big[\,\mathrm{F}(x,y) - p - \lambda\big\{y - f(x,p)\big\}\,\Big]dx$$

[20] 59쪽의 각주 a를 가리킨다.

[21] c는 라그랑주 승수다.

[22] 원문을 그대로 옮겼는데, 'c를'을 'y와 p를'로 고쳐 읽어야 한다.

[23] δ는 라그랑주가 가상 변위(virtual displacement)를 가리키기 위해 사용했던 부호다.

[24] 에지워스가 56쪽에서 제시하는 문제는 '최대 가능 행복을 가져다주는 (α)수단과 (β)노동의 분배, 인구의 (γ)질(質)과 (δ)수(數)를' 찾는 것이다. 그리고 '셋째 탐구'는 인구의 질을 찾는 것이다.

[25] 원전의 'given quantity of a of *means of education*'을 'of a given quantity of *means of education*'으로 고쳐 읽고 옮긴다.

[26] '넷째 탐구'는 인구의 수를 찾는 것이다.

[27] 이 각주는 1879년 7월호 〈마음〉에 게재된 '쾌락 미적분학'에는 없던 것이다. 그때는 에지워스가 마셜의 '정리'에 대해 알지 못했을 것이다. 에지워스가 언급하는 마셜의 '정리'는 《해외 교역의 순수 이론》(1879)에서 제시되는 것이다.

[28] 애덤 스미스는 《국부론》 2편 3장에서 '생산적' 노동과 '비생산적' 노동을 구분했고, 후자의 예로서 오페라 가수와 무용수의 노동을 들었다. 이 구분은 그 후 많은 비판을 받았고 거의 완전히 폐기되었다.

[29] 정규분포의 확률밀도함수를 닮았다. 에지워스는 이 수식이 나타내는 것을 '가능성 곡선'(the curve of possibility)이라 부르지만, 우리는 그것을 '빈도 곡선' 혹은 '확률밀도 곡선'이라 부를 수 있다.

[30] 원전에서 잘못 인쇄되었기에 고쳐 쓴다. 1897년 7월호 〈마음〉에 게재된 '쾌락 미적분학'에는 $A\epsilon^{-\frac{\xi^2}{a^2}}$ 로 쓰여 있다.

[31] 에지워스가 언급하는 마셜의 '정리'는 생산에서 규모의 경제가 작동하는 '제2종'에 적용되는 것이다. 《해외 교역의 순수 이론》(1879)에서 '명제 10'과 [그림 5] 또는 [그림 9]를 보라. [그림 9]는 27쪽 각주 a에서도 언급되는데, 그것에 대한 옮긴이 주와 거기 옮겨 놓은 그림을 참조하라.

[32] '가능성 곡선'(curve of possibility)은 확률밀도 곡선으로 이해할 수 있다.

[33] 골턴은 1877년 4월 5일자 〈자연〉에 게재한 논문 "유전의 전형적 법칙"에서 완두콩 재배 실험 결과를 사용하여 2세대의 특성이 1세대의 특성을 중심으로 일정한 확률분포를 나타내는데도 세대를 거치면서 집단의 특성이 동일한 확률분포를 나타내는 이유를 설명했다. 여기서 골턴이 채택한 특정 2세대 집단의 확률밀도함수가 $\dfrac{1}{v\sqrt{\pi}}e^{-\frac{x^2}{v^2}}$ 인데, x는 그 집단의 '역전된'(reverted) 평균과의 차이이므로 에지워스의 $\xi-x$와 상응한다.

[34] 6쪽에서 처음 인용한 《변분학 연구》를 가리킨다. 이 책은 뒤에서도 거듭 인용되는데, 그때도 이렇게 줄여 부른다.

[35] 에지워스가 스펜서의 인구 이론과 관련하여 특정 저작을 지목하지 않지만, 1852년에 〈웨스트민스터 평론〉에 실린 '동물 번식의 일반 법칙으로부터 연역된 인구 이론'을 염두에 두었을 수 있다.

[36] 'reversion'을 '복귀'로 옮긴다. 골턴의 1877년 논문에서 가져온 용어인 듯하다. 이 논문에 대해서는 바로 위의 옮긴이 주를 참조하라. 이 논문에서 직접 인용하면(1877, p. 291), '복귀는 평균 자식 유형이 제 부모 유형으로부터 벗어나 … 평균 선대 유형을 향해 "복귀하는" 경향이다.' '회귀'(regression)는 골턴이 나중에 동일한 경향을 가리키기 위해 더 자주 사용하게 되는 용어다. 특히 그의 1886년 논문은 그 제목의 한 구절이 '보통으로의 회귀'(regression towards mediocrity)다.

[37] 더블데이는 《진정한 인구 법칙》(1846)의 저자다. 이 책에서 그는 식량이 부족한 곳에서 인구가 빠르게 증가한다고 주장한다.

[38] 스펜서는 1852년 논문 '동물 번식의 일반 법칙으로부터 연역된 인구 이론'에서 더블데이의 가설을 보완하여 다른 결론을 도출하는데, 그 핵심은 궁핍이나 풍요가 계층마다 다른 영향을 미친다는 것이다. 그에 따르면 이 경우 인구

압력은 인구 증식이 아닌 선별로 이어진다.

39 여기서 '계층'은 'class'의 번역이다. 다른 곳에서는 'class'를 주로 '부류'로 옮긴다. 에지워스는 바로 앞 문단에서도 그리하듯이, 여기까지는 거의 항상 '계층'에 상응하는 단어로 'section'을 쓴다.

40 골턴의 《유전성 재능》(1869) 끝에서 두 번째 장의 마지막 문장이다. 에지워스는 132쪽에서도 이 부분을 지목한다.

41 설리의 《비관주의》(1877) 392쪽에서 직접 인용하면, '자연적 선별과는 별도로 국제적 자선이 현명한 규율 아래서 꽤 먼 훗날에 인류의 개선을 지켜줄 수도 있다는 상정이 내게는 전혀 괴이해 보이지 않는다.'

42 60쪽에 기술된 첫째 공준을 가리킨다.

43 원전의 수식과 내용은 같지만 표기는 약간 달리 했다.

44 원전의 수식을 고쳐 쓴다.

45 '분트의 즐거움 및 괴로움 곡선'은 65쪽에서도 인용된다. 옮긴이 주를 참조하라.

46 스펜서의 인구이론과 관련해서는 70쪽과 72쪽의 옮긴이 주를 참조하라.

따름정리 (76~82쪽)

1 도덕철학교수 토마스 그린이 1878년에 옥스퍼드 베일리얼칼리지에서 했던 설교의 제목이 '신앙'(Faith)이다. 이 설교는 개인적으로 인쇄되어 배포되었고, 사후 1888년에 출간된 책에 포함되었다. Cf. Preface to *The Witness of God, and Faith: Two Lay Sermons.*

2 존 그로트는 케임브리지대학의 도덕철학교수였으며, 사후에 출간된 《도덕적 이상에 관한 논저》(1876)의 저자다.

3 원전에는 그리스어로 씌어 있다. 《일리아스》 2편 117~8행을 옮겨놓은 것이며, 제우스에 관한 서술이다.

4 'exact'를 '정확한'으로 옮긴다. '정확한 공리주의'는 에지워스가 《윤리학의 새로운 방법과 오래된 방법》(1877, p. 35)에서 페히너와 시지윅의 이론을 가리키며 제안한 용어인데, 이와 대비되는 것으로 흄의 수량적이지(quantitative) 않은 효용 원리와 벤담과 밀의 그다지 명시적이지(explicit) 않은 최대 행복 원리를 들었다. '정확'에 관한 옮긴이 해설을 참조하라.

5 에지워스가 프랑스어로 인용하는 이 구절은 뷔퐁의 "도덕 산술 시론" 13절 마지막 단락에 들어 있다. 이 문헌은 62쪽에서도 인용된다.

6 에지워스가 테니슨의 시 '록슬리 홀' 151~152행에서 가져왔으나 정확한 인용은 아니다.

7 에지워스가 인용하는 것은 로마의 역사가 리비우스의 《로마 건국사》다. 에지워스가 'ii, p. 32, β'로 써서 가리키는 부분은 이 책 2편 32절의 둘째 단락일 것이다. 이 단락에서는 신체의 여러 부분들이 위(胃)와 다투는 내용의 우화가 등장한다.

8 에드먼드 버크의 《프랑스 혁명에 관한 고찰》(1790) 89쪽 122째 단락에서 이와 유사한 구절이 발견된다.

9 흄의 《도덕 정치 문학 시론》(1758)에 열넷째로 포함된 시론은 "예술과 과학의 발생 및 진보 Of the rise and progress of the arts and sciences." 그 시론 40절에서 인용하면, '자연은 남자에게 몸과 마음 모두의 더 큰 힘을 부여함으로써 여자를 넘는 우월을 주었으니, 그녀의 모든 성향과 의견에 대한 관대한 행동 그리고 세심한 존중과 정중으로 그 우월을 되도록 많이 드러내는 게 그의 일이다.'

10 루소의 《에밀》(1762)은 소설 형식의 교육론으로서 총 5편이다. 에지워스가 여성의 역량과 관련하여 4편을 지목하지만, 여성에 대한 기술은 대부분 5편에 나온다.

11 1796년 출간된 《시역자 평화에 관한 편지》에는 두 통의 편지만 포함되었지만 1797년에 출간된 3판에는 셋째 편지도 포함되었다. 이 셋째 편지의 후반부에서 에드먼드 버크는 '노동하는 빈곤'(labouring poor)이 어불성설이라고 반박한다. 노동할 수 있으면 불쌍할(poor) 수 없다는 것이다.

12 58쪽에서도 인용되는 '윤리학과 심리발생학'에서 배럿의 발언을 그대로 옮기면(1877, p. 283), '만약 "정확한 공리주의"가 (그럴 수도 있듯이) 정치의 목적이라면 … 그것은 본성에 아무런 개입을 하지 않음으로서 가장 잘 달성된다.'

13 맥스웰의 《열 이론》은 1871년에 초판이 출간되었으며, 1885년에 이미 8판이 출간되었다. 1871년 판 308쪽에서 시작하는 절의 제목이 '열역학 제2법칙의 한계'다. 1872년 판에는 이 절이 307쪽에서 시작한다.

14 자코뱅당(Jacobin Club, 1789~1794) 혹은 당원을 가리킨다. 프랑스혁명 시기

의 과격한 공화주의를 대표한다.

15 오언은 자급자족적 공동체를 건설하려 했는데, 거기서는 생산의 결과를 공유하고, 육아와 교육을 공동체가 맡는다. 그리고 분배의 기본 원리는 평등이다. 푸리에는 농업과 수공업에 바탕을 둔 협동조합 팔랑주(Phalange)를 제안했는데, 거기서는 주민들이 각자의 자본, 각자의 노동, 각자의 재능에 따라 각자의 몫을 지급받는다.

16 존 스튜어트 밀은 《대의정치에 대한 고찰Considerations on Representative Government》(1861)에서 교육과 직업을 고려한 복수투표제(plural votes)를 주장했다.

17 '이기적 쾌락주의'와 '보편적 쾌락주의'는 16쪽에서도 언급되는데, 후자는 공리주의의 다른 이름이다. 옮긴이 주를 보라.

18 조지프 버틀러의 대표적 저서로는 《롤스 성당에서의 열다섯 강론》(1726)이 있다. 에지워스는 1876년 10월호 〈마음〉에 실린 소론에서 이 책을 인용하면서 '버틀러 주교의 자기 사랑의 교의에 대한 매튜 아널드 씨의 견해'를 반박한다.

19 12쪽에서 인용되는 《종교에 관한 세 시론: 본성, 종교의 효용, 유신론》(1874)을 가리킨다.

부론

I. 非수치 수학 (83~93쪽)

1 'representative particular'를 '대표하는 특정'으로 옮긴다. 109쪽에 다시 나오는 문구인데, 거기서는 이 문구의 출처로 조지 버클리를 지목한다. '대표'(representative)와 '특정'(particular)은 조지 버클리의 대표적 저서 《인간 지식의 원리에 관한 논저》(1710)에서 거듭 등장하는 단어들이다.

2 마셜을 가리킨다. 제번스의 《정치경제학 이론》(1871)에 대한 마셜의 논평은 1872년 4월 1일자 〈아카데미〉에 실렸다. 이 논평에서 마셜은 수학을 사용하여 경제 문제를 다루려는 제번스의 시도에 대한 자신의 비판적인 견해를 드러내었다. 마셜이 말하기를, '그들의 추론과 결과에서 중요한 것은 모두 예외 없이 일상 언어로 기술될 수 있었다.' 그리고 덧붙이기를, '[《정치경제학 이론》에

서] 수학을 뺐더라면 더 나았을 것이다.'

3 에지워스가 인용하는 51쪽과 viii쪽은 각각 1927년 영어판의 48쪽과 3쪽에 있다.

4 익명으로 실린 이 논평은 2쪽에서도 언급된다. 이에 관한 옮긴이 주를 참조하라. 에지워스의 인용이 온전하지 않기에 일부 오류는 고쳐서 옮긴다.

5 영국의 자유당(Liberal Party)은 보수당의 한 분파와 휘그당의 연합으로서 1859년에 공식 출범했으며, 이 당을 이끌던 글래드스턴(William E. Gladstone, 1809~1898)은 1868년부터 세 차례에 걸쳐 수상을 역임했다.

6 영국의 보수당(Conservative Party)은 그 전신이 토리당이며 새 이름은 1834년에 공식 채택되었다. 이 당의 지도자였던 디즈레일리(Benjamin Disraeli, 1804 ~1881)는 1868년에 잠시 수상을 역임했고, 다시 1874년부터 6년간 수상을 역임했다.

7 원전에는 'p. 9'으로 잘못 쓰여 있어 '§9'으로 고쳐 읽고 옮긴다. 이 9절의 제목은 '다른 과학의 수리적 진리의 기능, 그리고 그 기능의 한계'다. 존 스튜어트 밀의 《논리학 체계》는 1843년에 초판이 출간되었다. 에지워스가 인용하는 판본이 무엇인지 알 수 없으나 1868년에 7판이 두 권으로 나뉘어 출간되었다. 에지워스가 인용하는 부분은 이 판본의 2권 159쪽에 있다. 괄호 안의 '수리적'은 에지워스가 추가한 단어다.

8 《논리학 체계》의 4편 6장을 가리킨다. 원전에는 'p. 6'으로 인쇄되어 있어 '§6'으로 고쳐 읽고 옮긴다. 이 6절의 제목은 '언어가 기계적으로 사용될 수 있는 경우와 그렇지 않은 경우.' 인용된 문구를 포함하는 문장의 앞부분을 출전에서 옮겨 쓰면, '대수학의 표기는 철학적 언어로서 … 그것이 흔하게 사용되는 주제에 맞게끔 이뤄진 그것의 적응은 완벽하다.' 이 문장은 1868년에 출간된 7판의 2권 263쪽에 있다.

9 밀은 《논리학 체계》 3편 24장 9절에서 사회과학의 수학 사용에 대한 자신의 부정적 견해를 설명하면서 콩트의 《실증철학 강의》(1830~1842) 3권을 인용한다. 두 인용 가운데 하나를 옮기면, '둘 또는 셋 이상의 핵심 영향을 동시에 고려하려 시도하는 순간, 그 수리적 요소의 탄복할 만한 단순성에도 불구하고, 우리의 연약한 지능은 그 현상들이 의존하는 법칙들의 논리적 결합을 추적할 수 없게 된다.' 그리고 밀은 이런 콩트의 견해와 가장 잘 어울리는 예로 '삼체문제'(Three Body Problem)를 든다.

[10] 원전에는 'p. 320'으로 잘못 쓰여 있어 '§320'으로 고쳐 읽고 옮긴다. 에지워스가 인용하는 구절은 톰슨·테이트의《자연철학론》1부 2판 329쪽에 있다. 이 책 1부는 초판이 1867년, 2판이 1879년에 출간되었다.

[11] 톰슨·테이트(1879)가 도출한 운동 방정식은 4쪽에서도 언급된다. 이에 대한 옮긴이 주를 보라.

[12] 에지워스가 출처를 밝히지 않지만, 호라티우스의《풍자시》1편 3장 71행에 나오는 구절이다.

[13] 《소리와 대기 진동》3절 23항에 나오는 방정식을 그대로 옮기면, X = $\phi(n\theta at - x) + \psi(n\theta at + x)$. 여기서 X는 입자의 이동 거리를 나타내고, x는 소강상태에서 원점으로부터의 거리를 나타낸다. 그리고 t는 시간이다.

[14] 에어리의《소리와 대기 진동》은 1868년과 1871년에 각각 1판과 2판이 출간되었다. 원전에는 'pp. 23, 28'로 잘못 쓰여 있어 'Arts. 23, 28'로 고쳐 읽고 옮긴다.

[15] 《과학 원론*Principles of Science*》은 1874년에 출간된 제번스의 저서를 가리키는 듯하다. 그렇지만 이 책에서 에지워스의 주장과 관련하여 딱히 참조할 만한 부분을 찾기는 어렵다.

[16] 원전에는 그리스어로 쓰여 있다($\pi\alpha\chi\upsilon\lambda\tilde{\omega}\varsigma$). 뉴먼은 이 단어를 아리스토텔레스의《니코마코스 윤리학》1편 3장에서 찾아내고, 그것이 '정확히'(exactly)의 반대어로 쓰였음을 지적한다(Newman, P., ed., 2003, p. 170).

[17] 원전에는 'Bertrand-Thompson'으로 잘못 인쇄되어 있다. 59쪽과 62쪽에서 인용되는《부의 분배에 관한 탐구》의 저자 톰프슨(William Thompson)이 아니고, 거듭 인용되는《자연철학론》의 공저자 톰슨(William Thomson)을 가리킨다.

[18] 원전에는 'its numbers'로 쓰여 있으나 'its number of members'의 오기로 보인다.

[19] 바르바리아(Barbaria)는 그리스인들이 다른 지역의 사람들을 가리키는 말($\beta\acute{\alpha}\rho\beta\alpha\rho o\varsigma$)에서 유래했다. 헬라스(Hellas)는 그리스를 가리키는 그리스어($E\lambda\lambda\acute{\alpha}\delta\alpha$)의 영어 표기다.

[20] 페이디아스(Phidias, $\Phi\epsilon\iota\delta\acute{\iota}\alpha\varsigma$)는 기원전 5세기에 활동한 그리스의 조각가다.

[21] 원전에는 복수형의 그리스어로 쓰여 있다($\grave{\epsilon}\nu\acute{\epsilon}\rho\gamma\epsilon\iota\alpha\iota$).

[22] 13쪽에서도 인용되는《전기자기론》(1873)을 가리킨다. 에지워스가 여기서

인용하는 98항과 99항은 1권 1부 4장에 포함되며, 각 항의 제목은 '유일한 최소에 관한 톰슨의 정리'와 '전기 분포의 결정에 관한 그 정리의 적용'이다.

[23] 원문에는 'book iv'로 잘못 쓰여 있다. 'book iii'로 고쳐 읽고 옮긴다. 에지워스가 84쪽에서 인용할 때는 출처를 'book iii'로 맞게 쓴다.

[24] 원전에는 'Stranch'로 인쇄되어 있으나, 수학자 쉬트라우흐(Georg Wilhelm Strauch)를 가리킨다. 에지워스가 그의 이름과 함께 언급하는 'Haupt Gleichung'을 '머리 방정식'으로 옮긴다. 1849년에 스위스 취리히에서 발간된 그의 《변분학의 이론과 응용》에서 자주 쓰이는 용어다.

[25] 원전에는 'p. 262'로 인쇄되어 있으나 이는 'article 262'로 고쳐 읽고 옮긴다. 이 책 《변분학 연구》(1871)의 260항부터 시작하는 12장의 제목이 '복수해'(Multiple solutions)다.

[26] 원전에는 그리스어($Φρόνησις$)로 쓰여 있다. 아리스토텔레스는 《니코마코스 윤리학》에서 철학적 지혜($σοφία$, sophia)와 실천적 지혜($φρόνησις$, phronesis)를 구분했으며, 후자와 기예($τέχνη$, techne)의 차이도 강조했다.

[27] 에지워스가 책 제목을 적시하지 않으나 바로 앞에서도 인용하는 《변분학 연구》(1871)를 가리키는 것으로 보인다.

II. 쾌락 미적분학의 중요성 (94~98쪽)

[1] 원전에는 라틴어로 씌어 있다. 에지워스가 출처를 밝히지 않지만, 아우구스티누스의 《신국론》 15편 22장에 나오는 구절이다. 영어로 옮기면, 'love itself is to be loved in an orderly manner.'

[2] '작용'(action)은 운동 에너지와 위치 에너지에 의해 규정되는 라그랑주 함수의 시간 적분이다. 즉, $S = \int_{t_1}^{t_2} L(q(t), \dot{q}(t), t) dt$. 그리고 해밀턴의 원리에 의하면, 계의 진화는 이 작용의 1차 변분에 관한 방정식 $\delta S = 0$의 풀이로 표현된다.

[3] 'first vindemiation'을 '첫 수확'으로 옮긴다. 베이컨(Francis Bacon, 1561~1626)이 《신기관Novum Organum》(1620) 2편 20절에서 귀납의 산물을 가리켜 사용한 표현(vindemiationem primam)의 영어 번역으로 보인다. 이 표현은 'first vintage'로 더 많이 번역되지만 휴얼(William Whewell, 1794~1866)은

《귀납적 과학의 철학*The Philosophy of the Inductive Sciences*》(1847) 12편 11장에서 베이컨의 견해를 비판적으로 소개하면서 'first vindemiation'로 옮겼다.

4 고센은 《인간 교역의 법칙과 거기서 생기는 인간 행위의 규칙》(1858)에서 한계효용 감소를 가정하면서 한계효용 균등을 효용 극대화 및 소비의 원리로 제시했다. 이 책은 제번스가 1879년에 《정치경제학 이론》 2판의 서문에서 자세히 소개하기까지는 영국에서는 물론 유럽에서조차 거의 알려지지 않았다. 제번스는 자신도 그때까지는 이 책에 대해 전혀 알지 못했다고 강조한다.

5 케언스가 《선도 원리》(1874) 1장에서 제번스의 《정치경제학 이론》(1871)을 비판했고, 이에 대해 다윈(Geroge H. Darwin)이 1875년 2월 1일자 〈격주 평론〉에 게재된 '교환가치 이론'에서 반박했다. 그 반박은 주로 효용과 가치의 개념에 관한 것이지만 함수, 극대, 극소 등이 언급된다.

6 이 두 논문은 11쪽에서도 인용된다. '하나의 중심 관념'(one central idea)은 1835년에 게재된 둘째 논문의 마지막 문장에 나오는 구절이다. 11쪽의 옮긴이 주와 '해밀턴'에 관한 옮긴이 해설을 참조하라.

7 케언스의 《정치경제학의 성격과 논리적 방법》은 1857년에 초판이 출간되었고 1875년에 2판이 출간되었다. 수리적 방법에 대한 그의 언급은 2판의 서문에 나온다. 그 일부를 옮기면(1875, p. iv), '**다른 경로로 도달한** 경제 원리를 전시할 목적으로 기하학적 그림이나 수리적 공식을 사용할 수 있음을 부인할 생각은 없다.'

8 4원수(quaternions)는 3차원 공간의 좌표에 적용할 곱하기와 나누기를 규정하는 수의 체계다. 해밀턴이 1843년에 창안하여 역학에 적용했다. 에든버러대학의 자연철학교수 테이트가 4원수의 사용을 적극 주장했다.

9 알렉산더 포프의 시집 《인간론》(1734)의 "둘째 서간Second epistle"에 나오는 구절이다. 이 시집은 9쪽에서도 인용된다.

10 에지워스는 부론 VI.에서 '수학의 도움이 없어서 오류를 범한' 학자 다섯의 이름과 그들의 오류를 밝힌다.

11 패니 켐블은 영국의 유명한 배우인데, 1834년에 미국 조지아 주에 있는 대규모 농장의 주인과 결혼했다. 켐블이 1838~1839년에 이 농장에 머물면서 쓴 비망록이 1863년에 책으로 출간되어 큰 반향을 일으켰다.

12 테이트가 1825년에 논문을 발표했을 리 없다. 테이트는 1863년에 '4원수 변

형에 관한 소론'을 발표했으며, 그 소론은 에든버러 왕립학회의 〈기요
Transactions〉가 아니라 〈회보Proceedings〉에 게재되었다(제5권, 115~119쪽).

[13] 존 스튜어트 밀은 《정치경제학 원론》(1848) 5편 2장 2절에서 수입에 비례하
는 과세의 근거로서 동등한 희생을 제시한다.

[14] 마셜은 규모의 수익이 감소하는 산업에 세금을 부과하는 동시에 규모의 수익
이 증가하는 산업에 보조금을 지불하면 소비자잉여의 총합이 증가한다고 주
장했다. 그는 이 주장을 《경제학 원론》(1891) 2판의 5편 13장에서 다시 전개
한다.

[15] 원전에는 이탈리아어로 씌어 있는데, 단테의 《신곡》(1308~1321) 지옥편 3곡
51행에서 일부를 인용한 것이다. 출전에서 51행 전부를 그대로 가져오면,
'non ragioniam di lor, ma guarda e passa.' 에지워스가 빠뜨린 뒤 부분을 옮기
면, '그저 보고 지나쳐 가라.'

[16] 원문에는 'Here'로 쓰여 있으나 'Hera'로 읽어야 한다.

[17] 원문에는 그리스어로 쓰여 있다. 호메로스의 《일리아스》 8편 407~8행을 옮
겨 놓은 것이다.

[18] '정확한(exact) 사회과학'의 의미와 관련해서 77쪽의 '정확한 공리주의'에 대
한 옮긴이 주와 '정확'에 대한 옮긴이 해설을 함께 참조하라.

III. 쾌락계량학 (98~102쪽)

[1] 제번스의 《정치경제학 이론》에서 이어지는 구절을 옮기면, '한 차원은 상품
의 수량에 있고 다른 차원은 소비자에게 생기는 효과의 강도(intensity)에 있
다.'

[2] 에지워스가 출처를 밝히지 않지만 로버트 몽고메리의 시집 《신성의 편재》
(1828) 1부 38쪽에 나오는 구절이다.

[3] 7쪽에서는 이것을 가리켜 '믿음의 수리 미적분학의 첫째 원리'로 부른다. 그
에 대한 옮긴이 주를 참조하라.

[4] 알렉산더 베인의 저서들 중 하나가 《논리》(1879)인데, 이 책 2편 5장 6절의
제목이 '공리의 본질'(The nature of axioms)이다. 60쪽에서는 베인의 다른 저

서가 인용된다.

5 라플라스의 《확률에 관한 철학적 시론》은 1812년에 출간되었고 5판은 1825년에 출간되었다. 5판의 7쪽에서 한 구절을 인용하면, '가능성의 이론(théorie des hasards)은 동일 종류의 모든 사건들을 일정한 수의 동등하게 가능한 경우들 또는 그 존재에 관해 우리가 동등하게 비결정적인(également indécis) 경우들로 환원하고서 그 사건에 들어맞는 경우들의 수를 결정하는 데 있다.' 에지워스가 이 부분을 인용하면서 'equally undecided'로 쓰는데, 그것을 '어느 쪽으로도 결정하지 못하고'로 옮긴다.

6 제번스의 《정치경제학 이론》 2판 78쪽에서 그대로 옮기면, '미래의 즐거움 또는 괴로움에 대한 예견으로부터 생겨나는 미래의 즐거움 또는 괴로움에 비하여 현재의 즐거움 또는 괴로움이 갖는 비율을 q_1, q_2, q_3 등으로 나타내자.' 그리고서는 제번스가 제시한 효용 극대화 조건은

$$v_1 p_1 q_1 = v_2 p_2 q_2 = v_3 p_3 q_3 = \cdots = v_n p_n q_n$$

이 방정식에서 v_i는 i기의 소비로부터 얻는 '최종효용도' 또는 한계효용이고, p_i는 그런 효용을 얻을 '확률'이다. 그런데 위에 옮겨놓은 제번스의 기술은 비문에 가깝다. 우리는 이 기술에서 두 번 쓰인 '미래의' 중 후자를 삭제하고 읽을 수 있다.

7 원문에는 '*Illusions of Perspective*'로 쓰여 있으나 'Illusions of Perception'으로 고쳐 읽고 옮긴다. 그리고 이것은 책이나 논문의 제목이 아니고, 설리의 저서 《환상》(1881) 3~5장의 주제다. 에지워스는 58쪽과 72쪽에서 설리의 《비관주의》(1877)를 인용한다.

8 59쪽에서 제시된 공리를 가리킨다. 그대로 옮기면, '즐거움은 측정이 가능하고 모든 즐거움들은 같은 단위로 잴 수 있어서, 한 감수인(感受人)이 느끼는 한 부류의 즐거움들은 다른 여러 감수인들이 느끼는 다른 여러 부류의 즐거움들과 동등할 수 있다.'

9 1871년에 출간된 《열 이론》 초판은 138쪽부터 8장이 시작되며, 8장의 제목은 '열 엔진'이다.

IV. 혼합된 양식의 공리주의 (102~104쪽)

1 영국의 법학자 존 오스틴의 《법리학의 범역》(1832)에서 관련 내용을 찾을
수 있다.

2 스펜서의 《윤리학의 기초 자료》(1879) 11장의 제목은 '이기주의 대 이타주의'
다. 에지워스가 인용하는 구절은 72절 193쪽에 있다.

V. 제번스 교수의 교환 공식 (104~116쪽)

1 효용을 $\Phi_1(a-x)+\Psi_1(y)$로 나타내지 않고 $F(x,y)$로 나타낸다는 것이다. 에지워
스는 20쪽에서 이 일반성을 언급한다. 옮긴이 주를 참조하라.

2 원전에는 'x'로 인쇄되어 있으나 'X'로 고쳐 쓴다. 에지워스는 17쪽과 그 이후
줄곧 x와 y로는 주고받는 두 물건의 수량을 가리키고 X와 Y로는 두 거래인을
가리킨다.

3 제번스의 《정치경제학 이론》 3판 203~204쪽에서 옮기면, '교환 이론과 생산
이론이 통합되면서 해당 상품의 수량에 복잡한 이중 수정이 이뤄진다. 교환
비율에 맞춰 저마다 자신의 물품 소비를 조정할 뿐만 아니라 자신의 물품
생산도 조정한다.'

4 에지워스는 앞에서처럼 여기서도 괄호로 '편미분'(partial differential) 또는 편
미분계수를 나타낸다.

5 에지워스는 여기서 F와 F를 구분해서 쓴다. $\dfrac{\partial P}{\partial e}=0$ 의 해 $e=e(x,y)$를 F와 $\hbar$에
대입한 뒤 고쳐 쓴 게 F다. 즉,

$$F(-x,y)=F(f(e(x,y))-x,y)-\hbar(e(x,y))$$

6 여기서 '수요 곡선'(demand-curve)은 존 스튜어트 밀이 《정치경제학 원론》
3판에서 '상호 수요'(reciprocal demand)로 지칭한 것의 궤적이며(1852, 3편,
18장, 5절), 가격-수량 평면이 아니라 수량-수량 평면 위에 나타난다.

7 원전에는 'is not in a genuine demand-curve'로 인쇄되어 있다. 'in'을 빼고

읽어야 한다. Cf. Creedy, J., 1986, p. 147.

[8] 마셜은 《해외 교역의 순수 이론》(1879)에서 두 나라의 상호 수요 곡선을 그리면서 두 가지 예외적인 경우를 구분하는데, [그림 8]은 '제1종'(Class I)의 예외적인 경우에 나타날 수 있는 균형의 '불안정'을 설명하기 위한 것이다. '제1종'에 대한 마셜의 정의를 옮기면(ch. 1, §3), '한 나라의 총수출 감소가 해외에서 긴급한 수요의 원인이 되어 그 나라가 감소한 수출에 대한 대가로 오히려 증가한 해외 물품의 공급을 획득한다.' 마셜의 [그림 8]은 26쪽 각주 a에서도 언급된다. 이에 대한 옮긴이 주와 거기 옮겨 놓은 그림을 참조하라.

[9] 마셜(1897)의 '제2종'(Class II)은 한 상품의 생산에서 규모의 경제가 작동하는 경우이며, 그런 경우에 나타날 수 있는 상호 수요 곡선과 균형의 불안정을 그의 [그림 9]가 보여준다. 에지워스는 39쪽에서도 '제2종'과 '극소 부분의 수요 곡선'을 연결한다. 그리고 26쪽 각주 a에서는 [그림 9]를 가리키면서 그 극소가 '아래 반구(半球)'와의 관계에서 나타나는 듯이 진술한다. 이에 대한 옮긴이 주와 거기 옮겨 놓은 그림을 참조하라.

[10] '제2종'에 대한 마셜의 설명을 그대로 옮기면(1879, ch. 1, §3), '한 나라가 수출을 위해 생산하는 물품의 양이 증가하면서 그것을 생산하는 비용이 매우 크게 감소하고 그 결과로 그것의 가치가 하락하여 그것과의 교환으로 받는 수입품의 총량이 감소하는 그런 경우다.'

[11] '*individualistic*'을 '**개인적**'으로 옮긴다. 에지워스는 42쪽에서 '집합(collective) 수요 곡선'을 '개인(individual) 수요 곡선'과 비교한다. 마셜(1879)의 수요 곡선은 한 나라 주민 전체의 수요를 나타내는데, 이것을 각 주민의 수요로 환원하여 분석하겠다는 것이다.

[12] '수출'을 $x = \rho\cos\theta$, '교환 가치'를 $\dfrac{y}{x} = \dfrac{\sin\theta}{\cos\theta}$으로 각각 이해하면, '첫째 성질의 분석적 조건'은 $\dfrac{dy}{dx} < \dfrac{y}{x}$ 또는 $\dfrac{\partial\theta}{\partial\rho} < 0$. 그렇지만 후자는 $\dfrac{\partial P}{\partial\rho} = 0$ 의 음함수에 적용될 미분이므로 바꿔 쓰는 편이 더 적절하다. 즉, $\dfrac{\partial\rho}{\partial\theta} < 0$. 그런데 이 조건에서 어떻게 $\dfrac{\partial^2 P}{\partial\rho^2} > 0$ 가 도출되는지 에지워스는 설명하지 않는다.

[13] 에지워스의 [그림 3]은 마셜(1879)이 '제2종'의 예외적인 경우를 설명하는 데 사용하는 [그림 5]에서 독일의 상호 수요 곡선 OG만을 가져온 것이다. 따라서 에지워스의 [그림 3]에서는 횡축이 아닌 종축이 수출량(x)을 나타내고, 수출 증가에 따른 교환가치$\left(\dfrac{y}{x}\right)$ 하락은 O와 P_1을 연결하는 벡터로부터 O와

P₂를 연결하는 벡터로의 회전 이동으로 나타난다. 따라서 [그림 3]의 두 점 P₁과 P₂ 사이에서 $\dfrac{d\theta}{d\rho} < 0$.

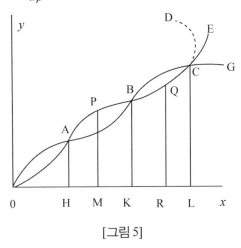

[그림 5]

[14] 원문에는 'P'로 되어 있으나 오기임이 분명하기에 P₁으로 고친다.

[15] 요즘의 기호를 사용하여 편미분 등을 표시하면,

$$\frac{\partial \mathrm{P}}{\partial e} = \frac{\partial F}{\partial e} - \frac{d\hbar}{de}$$

$$\frac{d}{d\rho}\left(\frac{\partial \mathrm{P}}{\partial e}\right) = \frac{\partial^2 F}{\partial\rho\partial e} + \frac{\partial^2 F}{\partial e^2}\frac{de}{d\rho} - \frac{d^2\hbar}{de^2}\frac{de}{d\rho}$$

그리고 $\dfrac{d}{d\rho}\left(\dfrac{\partial \mathrm{P}}{\partial e}\right) = 0$ 이므로

$$\frac{de}{d\rho} = \frac{-\dfrac{\partial^2 F}{\partial\rho\partial e}}{\dfrac{\partial^2 F}{\partial e^2} - \dfrac{d^2\hbar}{de^2}}$$

[16] 원전에는 아래 첫째 식 우변의 끝항이 $\dfrac{d_2 F}{dy^2}\sin\theta$ 로 인쇄되어 있으나 오류이기에 고쳐 쓴다. 그런데 오류는 이것만이 아니다. 둘째 항의 부호가 양이 아닌 음이어야 한다. 그리고 그것이 음이면, 이어지는 $\dfrac{d_2 \mathrm{F}}{dady}$ 에 대한 기술이 바뀌어야 한다. 이런 사정을 감안해서 이 식 우변 둘째 항의 부호는 고쳐 쓰지 않는다.

[17] 에지워스가 1897년 논문에서 제안하는 정의와 용어를 사용하여 말하면 (Teoria pura del monopolio, *Gionale dgli Economisti* 33, 13~31, 307~320, 405~414), 이 조건은 두 상품이 '경쟁재'(rival)라는 뜻이다. 그렇지만 $\left(\dfrac{d_2 F}{d\rho^2}\right)$ 에 관한 위 식을 옮긴이 주에서 지적한 대로 바로 잡는 동시에 조건 (2)를 고쳐 쓰면, 두 상품이 '보완재'(complementary)라는 뜻이 된다. 에지워스는 34쪽에서 무차별 곡선의 볼록성을 위해 $\dfrac{\partial^2 P}{\partial x \partial y} < 0$ 을 가정하는데, 이것도 $\dfrac{\partial^2 F}{\partial a \partial y} > 0$ 에 상응하며 '보완재'를 뜻한다. 34쪽의 옮긴이 주를 참조하라.

[18] 신약성서에 따르면, 가야바(Caiaphas)는 유대교 대제사장으로서 예수의 처형에 앞장섰다.

[19] '사회학'(sociology, sociologie)은 콩트가 《실증철학 강의》(1830~1842)에서 처음 사용한 용어로 알려져 있다. 그러나 콩트가 사회학 또는 사회과학에 수학을 도입하자고 주장하지는 않았다.

[20] 제번스의 '무차별 법칙'은 두 거래인이 두 상품을 조금씩 잇달아 교환하는 경우를 상정한다. 한 거래인이 가진 상품이 아주 작은 부분과 다른 거래인이 가진 상품의 아주 작은 부분이 교환되고, 그런 교환들이 거듭되면서 일련의 교환이 완성된다는 것이다. 그리고 '무차별'(indifference)은 각각의 교환에 오직 하나의 교환 비율이 적용됨을 의미한다. 에지워스가 말하는 '모든 부분을 동일한 교환 요율로'는 바로 이것을 가리킨다.

[21] 제번스의 《정치경제학 이론》에서 가져온 이 용어는 30쪽에서도 사용된다. 이에 대한 옮긴이 주를 참조하라.

[22] 드퀸시의 《정치경제학의 논리》(1844) 1장 2절에는 미국 슈피리어 호를 통해 오지로 들어가는 배 안에서 음악상자를 두고 흥정을 벌이는 두 사람이 등장한다. 존 스튜어트 밀은 이 책에 대한 논평으로 교환 이론을 중심으로 길게 써 1845년 6월호 〈웨스트민스터 평론〉에 게재했으며, 《정치경제학 원론》(1848) 3편 2장에서는 그 음악상자 이야기를 길게 인용한다.

[23] 에지워스는 30쪽에서도 쿠르셀-스뇌의 《정치경제학 이론 및 실용 논저》(1858)에 나오는 '사냥꾼과 나무꾼의 계약'을 언급한다.

[24] 이 표현은 83쪽에서도 인용되었다. 옮긴이 주를 참조하라.

[25] 'trading body'를 '교역체'로 옮긴다. 제번스가 《정치경제학 이론》에서 만들

어 사용한 용어이며(1871, pp. 88~90; 1879, pp. 95~98), 교역 또는 거래의 어느 한 편에 있는 '한 무리의 사람들'을 가리킨다. 이 용어를 '교역 집단'으로 옮길 수도 있겠으나, 제번스가 《석탄 문제_The Coal Question_》(1865) 15장에서 이 표현을 만유인력의 비유와 함께 사용한 점을 감안하여 이렇게 옮긴다. 'heavenly body'를 '천체'로 옮기듯이 제번스의 'trading body'를 '교역체'로 옮기는 것이다.

26 콩트의 《실증철학 강의》는 1830~1842년에 여섯 권으로 출간되었다. 수학을 다루는 1권은 열여덟 강(leçon)을 포함하는데, 8강의 제목이 '변분학에 대한 일반적 고찰'(considérations générales sur le calcul des variations)이다. 이 8강의 마지막 단락에서 콩트는 변분법을 가리켜 '거대한 수리 해석 체계의 가장 숭고한(sublime) 분야'라고 불렀다.

27 익명으로 실린 이 논평은 2쪽에서도 언급된다. 옮긴이 주를 참조하라.

28 원전에는 'other quantities'으로 쓰여 있으나 이는 잘못된 인용이다. 〈토요일 평론〉에는 'other equations'로 인쇄되어 있다. 이렇게 고쳐 읽을 때 '다른 방정식들'이 가리키는 것은 $\dfrac{\phi_1(a-x)}{\psi_1 y} = \dfrac{dy}{dx} = \dfrac{\phi_2 x}{\psi_2(b-y)}$.

29 토드헌터의 《미분학》은 1852년에 처음 출간되었고, 1871년에 5판이 출간되는 등 여러 차례 개정판이 출간되었다. 이 책 26장의 356~364항은 사이클로이드를 다룬다. 에지워스가 지목하는 342쪽 또는 342항의 주제는 사이클로이드가 아니다.

30 원전에는 라틴어로 쓰여 있는데 잘못된 곳이 있다. 고쳐 쓰면, mixtumque genus prolesque biformis. 베르길리우스의 《아이네이스》 6편 25행에 나오는 구절이며, 반인반우의 괴물 미노타우루스를 가리킨다. 에지워스는 15쪽에서도 베르길리우스의 《농경시》를 인용한다.

31 에지워스는 25쪽에서 '이 책 종이 면이 지름 평면인 두 구(球)를 상정'한다. 교환되는 두 상품의 수량이 표시되는 평면 위에 효용이 높이로 표시되면서 효용 곡면이 만들어지는데, 그 곡면이 구를 이룬다는 것이다. 이 경우 무차별 곡선들은 그 평면 위에 동심원들로 나타난다. 이에 대한 옮긴이 주를 참조하라.

32 원전에는 라틴어로 쓰여 있다. 호라티우스의 《송시》 4편 4절의 65~67행이다.

33 에지워스의 표현이 혼란스럽다. '효용이 P인 거래인의 **수요 곡선을 따른다**'로 고쳐 읽어야 한다.

[34] 에지워스는 25쪽에서 '마셜 씨가 지표라고 부를 그것'이라고 '지표'의 의미를 밝히는데, 이 '지표' 또는 '교환 지표'(exchange-index)는 두 거래인이 주고받으려는 두 상품의 수량을 가리킨다. 옮긴이 주를 참조하라.

[35] 에지워스는 1894년에 '국제 가치 순수 이론Pure theory of international value'을 발표하는데, 이와 유사한 내용이 그 논문에 포함된다. 이것은 나중에 '최적 관세 이론'으로 불리게 된다. 그 논문에 포함된 그림과 이 책의 [그림 5]를 비교해 볼 수 있다. 한 가지 차이는 [그림 5]에서는 Q가 B에게 가장 유리한 점인데 비해 아래 그림에서는 Q가 A 또는 잉글랜드에 가장 유리한 점이다. 그리고 OG는 B 또는 독일의 수요 곡선이다.

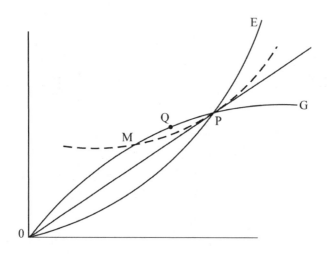

VI. *기하학을 모르는 자들의 오류* (116~125쪽)

[1] 두 문구 모두 출처는 호메로스의 《송시》다. 앞 문구(Ecquid tu magnum reprendes Homerum)는 1편 10절에서, 뒤 문구(Egregio in corpore nævos)는 1편 6절에서 각각 가져와 적절히 바꾼 것이다. Cf. Newman, P., ed., 2003, p. 171.

[2] 《마태복음》, 6장, 23절

[3] 바우링은 1838~1843년에 열한 권으로 출간된 《제러미 벤담 저작집》의 편집

인이다. 그러나 에지워스가 인용하는 것은 바우링의 편집으로 1834년에 출간된 벤담의 《의무론》 1권에 들어있는 바우링의 해설이다. 그 해설의 제목은 '최대 행복 원리의 역사.'

4 벤담은 1832년에 사망했고, 그의 《대륙법전》은 1830년에 출간되었다.

5 원문에는 그리스어로 쓰여 있다. '삼발'(τρίποδος)은 경기에서 승자에게 주어지는 상으로 추정된다. '영혼'(ψυχής)은 아킬레우스가 쫓는 헥토르의 생명을 가리키는 것으로 보인다. Cf. Newman, P., ed., 2003, p. 172; Creedy, J., 1986, p. 148.

6 벤담의 《오류론》(1824) 4부의 제목이 '혼동의 오류'(Fallacy of confusion)다.

7 벤담은 《일상록Commonplace Book》에서 프리스틀리를 언급했다. 그대로 옮기면, '프리스틀리가 최초로 (그게 베카리아가 아니라면) 내 입술이 이 신성한 진실을 말하게 가르쳤다. 최대 다수의 최대 행복이 도덕과 입법의 토대다.' 그러나 벤담은 이와 관련하여 프리스틀리의 저서를 특정하지는 않았다. 《제러미 벤담 저작집》, 10권, 142쪽 참조.

8 에지워스가 이탈리아어로 인용하는 '최대 다수의 최대 행복'은 1764년에 밀라노에서 출간된 베카리아의 저서 《범죄와 형벌》 서론 2쪽에 등장하는 문구다. 이 문구는 이 책을 통해서 유명해졌다.

9 마셜은 《해외 교역의 순수 이론》(1879) 1장 2절에서 리카도와 밀의 분석 방법을 비판하는데, 그 요지는 그들이 수치 예에 의존하여 추론하기에 그 결론이 과연 일반적 전제로부터 도출될 수 있는지를 알 수 없다는 것이다.

10 존 스튜어트 밀은 《정치경제학 원론》(1848) 3편 2장 4절에서 상품 가치의 법칙으로 '수요와 공급의 동등'(equation of demand and supply)을 들었다. 하나의 방정식을 든 것이다. 이에 비해 제번스의 '교환 방정식'(equations of exchange)은 두 개로 구성된다. 제번스는 이 두 방정식을 효용 극대화의 원리와 '무차별 법칙'으로부터 도출했다. 이와 관련해서 지적하면, 에지워스가 각주 d의 위치를 앞으로 옮겨 '두 개의 방정식' 바로 뒤에 두는 편이 더 적절할 것이다.

11 '가상 속도'(virtual velocities)는 '가상 일'(virtual work)로 고쳐 읽을 수 있다. 가상 일은 최소 작용(least action)의 원리를 적용하는 과정에서 정의되는 개념인데, 입자가 실제의 운동 경로를 벗어나는 가상의 경우에 추가로 필요한 일

이다. 즉, $\delta W = \overline{W} - W = \int_{t_0}^{t_1} F(v + \epsilon \dot{h}) dt - \int_{t_0}^{t_1} Fv dt = \int_{t_0}^{t_1} F\epsilon \dot{h} dt$. 그리고 이렇게 정의되는 가상 일이 영이라는 조건으로부터 입자의 위치와 속도를 규정하는 운동방정식이 도출된다.

12 두 경우 중 하나는 '가치의 일반적 상승'이고, 다른 하나는 '가격의 일반적 상승'이다. 케언스에 따르면(1874, 12쪽), 후자는 가능하지만 전자는 '모순'이다.

13 알렉산더 포프의 《일리아스》 영어 번역본은 1715년부터 6년에 걸쳐 출간되어 호평을 받았다. 에지워스가 이 번역본으로부터 인용하는데, 그 인용에서 '동맹군'(ally)은 아킬레우스를 가리킨다. 그리고 출전에는 'ally'가 아니라 'subject'로 쓰여 있다.

14 에지워스가 케언스의 《새로이 해석된 정치경제학의 선도 원리》(1874)를 인용하면서 출처로 5쪽을 지목하지만 '가치 총량의 증가'는 12쪽에 나온다.

15 조지 다윈의 비평은 94쪽에서도 언급된다. 옮긴이 주를 참조하라.

16 원전에는 그리스어로 쓰여 있다. 영어로 옮기면, one of the number. 플라톤의 《필레보스》 17절에서 가져온 듯하다.

17 《선도 원리》(1874)의 101쪽부터 시작하는 1부 5장 3절의 제목이 '밀 씨의 학설'이다. 이 절에서 케언스가 손턴의 《노동론》(1869)에 대한 밀의 1869년 논평을 인용하면서 비판하기를, '시장가격의 조건으로서 수요와 공급의 동등을 내세우는 학설은 동일한 명제에 불과한 것이 된다(becomes a mere identical proposition).' 이 비판의 초점은 주로 '공급'(supply)에 대한 밀의 **바뀐** 정의에 맞춰진다. 그런데 제번스도 밀에 대해 이와 비슷한 비판을 한다. '그의 방정식은 A가 주는 수량과 B가 받는 수량의 동등을 의미한다. 단번에 알 수 있듯이 이 동등은 자명한 이치에 불과하다(to be a mere truism). 사실 어떤 교환이든 이뤄지기만 한다면 이 동등은 반드시 성립한다.' 그런데 이것은 제번스가 《정치경제학 이론》 2판에서 한 말이다(1879, 109쪽). 이 책 1판에는 '자명한 이치에 불과하다'는 문구가 없다(1871, 102쪽). 더욱이 제번스는 효용 극대화 원리로부터 공급과 수요 또는 상호수요를 가격의 함수로 도출한 적이 없다. 이런 사정들을 고려하면, 그리고 만약 에지워스가 밀의 '취약점'이라고 일컫는 게 공급과 수요의 동등에 관한 것이라면, '제번스 교수가 **이미 더 명료하게** 드러낸 것'이라고 단정하기 어렵다.

18 에지워스는 여기서도 미분계수 또는 도함수라 부르지 않고 '미분'

(differential)이라 부른다. 이에 비해 제번스는 '최종효용도'(final degree of utility)를 나타내는 자신의 ϕ과 ψ이 미분이 아닌 '미분계수'(differential coefficient)임을 강조하여 말한다. 에지워스가 사용하는 《정치경제학 이론》 2판에서 인용하면(1879, 55쪽), '이 비율 $\frac{\Delta u}{\Delta x}$의 **극한**, 혹은 그것의 일반적인 표현인 $\frac{du}{dx}$가 상품 수량 x에 대응하는 효용도가 된다. 수학의 언어로 말하면, **효용도는 x의 함수로 간주되는 u의 미분계수**로서 그 자신이 x의 다른 함수다.'

19 '원격성'(remoteness)은 제번스가 《정치경제학 이론》에서 사용한 용어다. 그러나 '위험'(risk)은 제번스가 사용한 용어가 아니다. 제번스는 '불확실성'(uncertainty) 또는 '확실성의 부족'(want of certainty)으로 표현했다. 미래 소비의 효용에 대한 제번스의 이론은 100쪽에서도 언급된다. 옮긴이 주를 참조하라.

20 에지워스가 무엇을 염두에 두고 하는 말인지 분명하지 않으나, 독자는 50쪽에서 언급된 '음울한 과학'(dismal science)에 대한 칼라일(1849)의 비평을 떠올릴 수도 있다. 그것에 대한 옮긴이 주를 참조하라. 다른 하나의 가능성은 임금에 적용되는 '전제적 법칙'(despotic law) 또는 임금 기금 학설에 대한 손턴(1869)의 반박이다.

21 원전에 'as measured number of days, labour, and abstinence'로 쓰여 있어 그대로 옮기지만 에지워스의 인용이 정확하지 않다. 케언스의 《선도 원리》(1874) 3부 2장 3절에는 'as measured in number of days' labour and abstinence'로 쓰여 있는데, 모호하긴 하지만 '여러 날의 노동과 절제로 측정된'으로 옮길 수 있다.

22 이 책이 처음 인용되는 51쪽의 각주 d에 대한 옮긴이 주를 참조하라.

23 시지윅의 《윤리학의 기초 자료》에서 인용하면(1874, 396쪽), '살고 있는 사람의 수를 평균 행복의 양에 곱해서 만들어지는 곱이 그것의 극대에 도달하는 점'이 공리주의가 지향하는 점이다.

24 스펜서의 《윤리학의 기초 자료》 60절에서 몇 차례 등장하는 문구(equalness of treatment)의 인용이다. 스펜서는 여기서 '취급의 동등함'을 정의(正義)의 핵심으로 간주하면서 그것이 '최대 행복'보다 더 알기 쉽고 적용하기 좋다고 주장한다. 《윤리학의 기초 자료》는 51쪽에서도 인용된다. 저자와 저서에 대해서는 51쪽의 각주 a에 대한 옮긴이 주를 참조하라.

[25] 1871년에 출간된 초판 《열 이론》의 65쪽에서 관련 구절을 인용하면, '열에 대한 물체의 용량(capacity)은 그 물체의 온도를 1도 올리기 위해 필요한 열의 단위 수(數)다.'

[26] 왓슨·버버리의 《일반화 좌표》(1879)에 소개된 베르트랑의 정리에 대해서는 9쪽의 각주 a와 옮긴이 주를 참조하라.

[27] 1879년 9월호 〈격주 평론〉 401~413쪽에 게재된 '임금 기금 이론'을 가리킨다. 이 논문은 에지워스가 '목차와 개요'에서 밝히듯이 32~33쪽에서 인용된다.

[28] 1879년 2월호 〈격주 평론〉에 게재된 시지윅의 논문은 '경제학의 방법Economic method'이다. 이 논문에서 시지윅은 개념의 엄밀성과 정확성에 대해 논의하고서는 예시를 위해 '금의 가치 또는 일반적 구매력'을 들었다. 이것의 변동을 측정하는 방식으로 시지윅이 제안한 것은 두 시점에서의 '총 가격'(aggregate price)으로부터 계산되는 비율이다. 이 주제에 대한 시지윅의 논의는 1879년 4월호 〈격주 평론〉에 게재된 '돈이란 무엇인가?What is money?'에서도 찾을 수 있다.

[29] '즐거움 역량의 두 성질'은 효용과 한계효용에 관한 것이다. 동일한 소비의 효용이 사람마다 다를 수 있듯이 동일한 소비의 한계효용이 사람마다 다를 수 있는데, 더 높은 효용을 얻는 사람이 반드시 더 높은 한계효용을 얻는 것은 아니다. 그런 의미에서 '두 성질이 … 함께 가지' 않을 수 있다.

[30] 에지워스는 57쪽에서 '행복 역량'의 정의를 제시하고 57~58쪽에서 그것의 셋째 '불완전'(imperfection)을 설명한다.

[31] 아래 그림은 그 가능성이 실현되는 경우를 보여준다. 이 그림에서 아래 첨자 C와 D는 각각 에지워스가 바로 뒤에서 명명하는 '활기찬' 사람(the cheerful)과 '불만족해하는' 사람(the discontented)을 가리킨다. 두 사람 사이에서 "가장 행복스럽게 분배되는 때"는 두 사람의 한계효용이 서로 같은 때다. 그런데 이 그림에서는 그 때 두 사람의 효용도 서로 같다. 두 사람 사이에서 '행복이 균등하게 분배되는' 것이다. 다시 말하면, 효용과 한계효용이 모두 두 사람 사이에서 같다. 이런 경우가 가능하기 위해서는 이 그림에서처럼 '즐거움 역량의 두 성질이 … 함께 가지' 않아야 한다. 제번스의 기호를 빌어 기술하면, $\Phi(x) > \Psi(x)$, $\phi(x) < \psi(x)$. 물론 이것은 필요조건이다. 그래서 만약 이 조건이 충족되면, 그림에서처럼 한계효용과 효용이 모두 두 사람 사이에서 같을 '가능성이 겨우 있다(it is just possible that).'

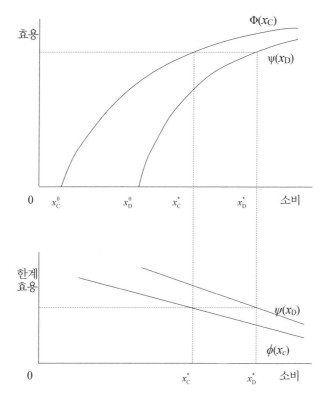

수리 식을 사용해서 이 관계를 거듭 확인할 수 있다. 전제를 다시 쓰면,

$$\Phi\left(x_C^*\right) = \Psi\left(x_D^*\right), \quad \phi\left(x_C^*\right) = \psi\left(x_D^*\right)$$

한계효용이 양이라는 공준으로부터

$$\Phi\left(x_C^*\right) < \Phi\left(x_D^*\right), \quad \Psi\left(x_C^*\right) < \Psi\left(x_D^*\right)$$

한계효용이 감소한다는 공준으로부터

$$\phi\left(x_C^*\right) > \phi\left(x_D^*\right), \quad \psi\left(x_C^*\right) > \psi\left(x_D^*\right)$$

위 등식과 부등식을 결합하면,

$$\Psi\left(x_C^*\right) < \Psi\left(x_C^*\right) = \Psi\left(x_D^*\right) < \Psi\left(x_D^*\right), \quad \psi\left(x_C^*\right) > \phi\left(x_C^*\right) = \psi\left(x_D^*\right) > \phi\left(x_D^*\right)$$

즉, 효용이 큰 쪽이 한계효용은 작다.

[32] 바로 앞 옮긴이 주에서 사용한 그림을 다시 사용하면, 활기찬 사람과 불만족

해하는 사람에게서 '영(零)의 행복에 상응하는 극소의 수단'은 각각 x_C^0와 x_D^0 다. 그리고 $x_C^0 < x_D^0$.

VII. 아일랜드의 현 위기 (125~148쪽)

[1] 루이스(G. Cornewall Lewis)가 1836년에 아일랜드 문제에 관한 책을 출간했지만, 여기서 관련이 있을 수 있는 그의 저서로는 1852년에 출간된《정치학에서 관찰과 추론의 방법》을 꼽을 수 있다.

[2] 92쪽에서 케언스(1875)의《정치경제학의 성격과 논리적 방법》2판이 인용된다.

[3] 92쪽에서 알렉산더 베인의《논리》(1879)가 인용된다.

[4] 1879년 2월호〈격주 평론〉에 게재된 시지윅의 논문이 '경제학의 방법Economic method'이다.

[5] 에지워스가 라틴어로 인용한다. 영어로 옮기면, Why do I meet envy if I can acquire a few things? 호라티우스의《시론》55~56행에서 가져온 것이다. Cf. Newman, P. ed., 2003, p. 172.

[6] 에지워스는 102쪽에서 시지윅의 구분을 언급하면서 '한대(寒帶)의 이기주의와 열대의 공리주의'라는 표현을 사용한다.

[7] 엘베시우스의 윤리학은 심리적 이기주의로 불리기도 하며, 베카리아와 벤담에게 영향을 미쳤다고 알려져 있다.

[8] 출처는 알렉산더 포프의 시집《인간론》(1734)의 "둘째 서간"이다. 95쪽에서도 인용되는 구절이다.

[9] 《히브리서》, 2장, 8절.

[10] 58쪽과 62쪽에서도 인용되는 윌리엄 톰프슨의 1824년 저서는 그 제목이 길다.《인간의 행복에 가장 좋은 부(富) 분배의 원리에 관한 탐구》.

[11] 'ipse-dixitsm'을 '말씀주의'로 옮긴다. 벤담이《의무론Deontology》(1834)에서 공리주의에 반하는 주장들을 비판하면서 이 단어를 썼다. 'ipse dixit'는 '그가 말했다'는 뜻의 라틴어 문장이며, 로마의 정치가 키케로가 먼저 사용했다.

[12] 《민법 원론》은 뒤몽이 벤담의 원고를 프랑스어로 번역하고 편집하여 1802년

에 세 권으로 출간한 《입법론》의 일부다. 이 《민법 원론》은 1838년에 영어로 번역되어 바우링이 편집한 《제러미 벤담 저작집》 1권의 297~358쪽에 배치되었는데, 거기서 6장의 제목이 '평등의 이득을 뒷받침하는 병리학 명제들'(Propositions of pathology on which the advantage of equity is founded)이다. 에지워스가 지목한 228쪽에는 관련 내용이 없다.

13 벤담의 저서는 해독이 쉽지 않은 부분이 많다. 이에 비해 뒤몽이 벤담의 저작을 줄이고 고치고 보태면서 프랑스어로 번역하여 출간한 《입법론》(1802)은 훨씬 개선되었다는 게 일반적인 평가다.

14 이 문구는 132쪽에 다시 나타나는데, 밀(1843)을 지칭한다. 아래 옮긴이 주를 보라.

15 원문의 'takes every creature in and every kind'에서 'in and'를 'in, of'로 고쳐 읽고 옮긴다. 《구약성서》 창세기 7장의 구절을 떠올리게 한다.

16 원전에는 그리스어로 씌어 있다. 영어로 옮기면, monetary pleasure. 키레네에서 태어난 아리스티포스가 창시했다고 알려지는 키레네학파(Cyrenaics)의 쾌락주의를 염두에 두고서 이렇게 쓴 듯하다.

17 'equipotential'을 '등위'로 옮긴다. 에지워스는 89쪽에서 '등위면'으로 번역되는 'equipotential surface'라는 물리학 용어를 사용한다. 여기서 잠재적이라는 의미의 퍼텐셜은 운동 에너지에 대응하는 개념이며, 힘의 퍼텐셜은 위치 에너지다.

18 존 스튜어트 밀은 《논리학 체계》 1편 7장에서 '분류'에 대해 논하면서 '진짜 종류'(real Kinds)를 정의한다.

19 《유전성 재능》(1869)의 부제가 '그것의 법칙과 결과에 대한 탐구'(An Inquiry into its Laws and Consequences)다.

20 원전에는 그리스어로 인용된다. 출처는 《국가론》, 5편, 457절.

21 에지워스가 72쪽의 각주 a에서 인용하는 글귀가 이 '끝에서 두 번째 장의 마지막'의 일부다.

22 1799년에 집권한 나폴레옹이 라플라스를 내상(Ministre de l'Intérieur)으로 임명했으나 그의 재임은 여섯 주로 그쳤다. 에지워스가 인용하는 '나폴레옹의 풍자'는 출처가 1870년에 출간된 《나폴레옹 서간집 Correspondance de Napoléon 1er》, 30권, 330쪽일 수 있으나, 그 인용이 정확하지 않다. Cf. Newman, P.,

ed., 2003, p. 173.

23 'combination'을 '연합'으로 옮긴다. vi쪽 옮긴이 주에서 지적했듯이, 이 용어는 당시 널리 사용되던 것으로서 노동자 연합과 기업가 연합을 두루 가리킨다.

24 'dry light'를 '마른 빛'으로 옮긴다. 베이컨이 《수필집*Essays*》(1597)에서 사용한 표현으로 알려져 있다. '불편부당한 견해'로 해석될 수 있다.

25 부리엔이 나폴레옹의 개인비서였지만 《부리엔 회고록》(1829~1831)에는 라플라스와 관련된 일화도 '이데올로기'(Ideology)에 대한 언급도 없다. 이데올로기(Idéolgoie)는 데스튀 드 트라시(Destutt de Tracy, 1755~1836)가 만들어 사용한 용어로서 관념의 과학을 지칭했다. 뉴먼(Newman, P., ed., 2003, p. 203)에 따르면, 나폴레옹이 이 용어를 부정적인 의미로 사용 또는 수용했다는 내용의 글이 1881년에 〈맥밀란 잡지*Macmillan's Magazine*〉에 게재되었고, 에지워스가 이 글을 보았을 수 있다.

26 크럼프턴의 《산업 조정》(1876) 82~83쪽에서 한 구절을 인용하면, '중재가 타협에 불과하지 않게 하려면 반드시 임의적이지만 확정된 규칙(rule)이 있어야 하고 … 그런 규칙에 의해 결정되는 중재가 아니라면 결코 만족스럽지 않을 것이다.'

27 에지워스가 제목을 밝히지 않고 가리키는 레슬리의 두 논문은 1879년 2월 1일자 〈격주 평론〉에 게재된 '정치경제학과 사회학,' 1876년 4호 〈헤르마시나〉에 게재된 '정치경제학의 철학적 방법.' 두 논문 모두 1879년에 출간된 《정치도덕철학 시론》에 포함되었다. 에지워스는 47쪽 각주 a에서 '상황에 관한 지식'과 관련하여 레슬리를 언급한다.

28 에지워스가 제목을 밝히지 않고 인용하는 프레더릭 해리슨의 논문은 1865년 5~8월호 〈격주 평론〉에 실린 '정치경제학의 한계.' 에지워스는 148쪽에서도 이 논문을 인용하는데, 거기서는 제목은 밝히지 않으나 출처가 〈격주 평론〉(1865)임을 명시한다.

29 여기서 '실증주의'(Positivism)는 주로 콩트의 사상을 가리킨다.

30 에지워스가 출처를 밝히지 않고 라틴어로 인용하는데, 콩트의 《실증주의 강론》(1848) 163강 제목의 일부다. 존 스튜어트 밀은 《오귀스트 콩트와 실증주의*Auguste Comte and Positivism*》에서 "콩트의 종교에서 도덕의 황금률"을 소개하면서 이 문구를 인용한다(1865, p. 138). 여기서 '종교'는 콩트가 주창한 '인류

교'(Religion de l'Humanité)를 가리킨다.

31 《산업 경제학》은 1879년에 출간된 마셜 부부의 공저다. 이 책 3편 4장의 제목이 '독점. 연합'(Monopolies. Combinations). 이 책은 32쪽의 각주 a에서도 인용된다.

32 원전에는 라틴어로 인용된다. 영어로 옮기면, careful within the hope of pardon. 용서를 기대할 수 없는 말은 하지 않으려 조심한다는 뜻이다. 출처는 호라티우스, 《시론》, 서한 2, 266~267행.

33 인용의 출처는 《산업 경제학》(1879), 3편, 6장, 2절. 이 인용에서 'reserve price'를 '유보 가격'을 옮기는데, 이것이 결정되는 원리에 대한 마셜의 언급은 거의 없다. 유보 가격 또는 판매 유보는 손턴이 《노동론》(1869)에서 일반 상품을 판매하는 상인들의 행동에 관해 전개한 주장의 핵심이다.

34 에지워스가 인용하는 존 몰리의 '광부들에게 고하는 연설'은 〈격주 평론〉 27권 392~409쪽에 게재되었다. 401쪽에서 한 구절을 인용하면, '조합이 임금을 높이고 이윤을 낮춰 고용주에게 피해를 줄 뿐만 아니라 가격을 높여 소비자에게 피해를 준다고 외치는 [노동조합의 적과 고용주들이] … 돌아서서는 여러분에게 조합이 임금을 올린 적도 올릴 일도 올릴 수도 없다고 경고한다.'

35 출처는 알렉산더 포프의 시집 《인간론》(1734)의 "둘째 서간"이다. 에지워스는 9쪽을 비롯해서 여러 차례 이 시집을 인용한다.

36 'disutility'를 '비효용'으로 옮긴다. 제번스가 《정치경제학 이론》에서 사용한 용어다.

37 원전의 방정식은 잘못 인쇄된 것임이 분명하기에 '−'는 빼고 쓴다.

38 요즘 방식으로 쓰면, $\dfrac{\partial \Pi}{\partial e}$ 가 항상 영이어야 하므로 $\dfrac{d}{dx}\left(\dfrac{\partial \Pi}{\partial e}\right)=0.$ 그런데

$$\frac{d}{dx}\left(\frac{\partial \Pi}{\partial e}\right)=\frac{\partial^2 \Pi}{\partial e^2}\frac{de}{dx}+\frac{\partial^2 \Pi}{\partial e \partial x}. \text{ 즉 } \frac{\partial^2 \Pi}{\partial e^2}\frac{de}{dx}+\frac{\partial^2 \Pi}{\partial e \partial x}=0.$$

39 에지워스는 미분과 미분계수 또는 도함수를 구분하지 않고 모두 '미분'이라 부른다. 그리고 2차 미분이라 부르지 않고 '둘째 미분'(second differential)이라 부른다. 이를 감안하면서 원문을 새겨 읽는다면, '2차 도함수를 구성하는 다른 항들에'로 옮길 수 있다.

40 '지표'(index)는 두 거래인이 주고받는 두 상품의 수량을 가리킨다. 이 용어는 에지워스가 마셜의 《해외 교역의 순수 이론》(1879)에서 가져온 것이다. 에지

워스는 25쪽에서 '마셜 씨가 지표라고 부를 그것'이라고 '지표'의 의미를 밝힌다. 옮긴이 주를 참조하라.

41 원문의 '$\frac{p}{q}$'는 '$\frac{q}{p}$'로 고쳐 읽어야 한다. $\frac{q}{p}$가 커서 1에 가까울수록 $x'y'$가 xy에 가깝고, 따라서 $x'y'$가 xy를 지나는 무차별 곡선 아래 놓이기 쉽다. 즉, 임차인이 $x'y'$를 선호할 가능성이 크다. 그리고 에지워스의 소장본에는 '$\frac{q}{p}$'로 수정되어 있다. Cf. Creedy, J., 1986, p. 150.

42 에지워스의 설명이 충분하지 않지만, 그 무차별 곡선이 [그림 6]에서처럼 원점에서 나와 xy를 지나는 벡터와 **다시** 만나는 점의 좌표를 가리킨다.

43 에지워스가 139쪽에서 명시하듯이, 동일한 수(數)의 지주와 임차인을 상정하고 있는데, 그 수가 m이다.

44 'equal'을 '동일한'으로 옮기는데, 공동체 또는 연합의 수가 동일하다는 뜻으로 이해해야 한다. 그리고 곧 이어 언급하는 '연합의 증대'는 그 수의 감소를 수반한다.

45 'the One into the Many'와 'the Many under the One'을 각각 '하나를 다수로'와 '다수를 하나 아래'로 옮긴다. 이와 비슷한 문구가 31쪽에도 나온다. 거기서는 에지워스가 《포박된 프로메테우스》에서 그리스어로 인용하는데(πολλω ν ὀνομάτων μορφή μία), '*많은 이름을 가진 하나의 형상*'으로 옮긴다.

46 '온화한 논고'는 '정치경제학의 미래The future of Political Economy'를 가리킨다. 제번스가 1876년에 런던 유니버시티칼리지의 교수로 부임하면서 했던 강연이며, 그해 12월호 〈격주 평론〉에 게재되었다.

47 에지워스가 제목을 밝히지 않고 인용하는 프레더릭 해리슨의 1865년 논문은 '정치경제학의 한계.' 이 논문은 135쪽에서 인용된다.

48 에지워스가 인용 논문의 제목을 밝히진 않는데, 1865년 한 해 동안 〈격주 평론〉에 게재된 프레더릭 해리슨의 논문은 세 편 이상이다. 1월호에 '산업 협동 Industrial cooperations,' 7월호에 '정치경제학의 한계The limits of political economy,' 11월호에 '노동조합의 좋고 나쁨Good and evil of trades' unions'이 게재되었다. 이들 중에서 가장 많이 인용되는 것은 7월 논문이다. 여기서 저자는 임금이 '불변의'(immutable) 법칙에 의해 '자연스럽게'(naturally) 결정된다는 주장을 강하게 비판했다. 해리슨의 이런 주장과 논문들은 손턴의 《노동론》(1869)에서 길게 거듭 인용된다.

▌해설 1 ▌인용 문헌과 저자

에지워스는 《수리 정신학》에서 백여 편의 책 또는 논문을 인용하는데, 이때 출간 연도 등의 서지 사항을 제대로 기재하지 않는다. 때로는 인용 문헌의 저자 와 제목조차 밝히지 않고, 제목을 밝히더라도 줄여 쓰는 경우가 많다. 이에 따른 독자의 혼란을 줄이는 것이 이 해설의 첫째 목적이다. 여러 문헌을 한데 모아 저자와 함께 소개함으로써 독자의 이해를 돕는 것도 이 해설의 목적이다.

《수리 정신학》에서 인용되는 문헌의 분야는 넷 또는 다섯으로 분류할 수 있 다. 하나는 당연히 경제학인데, 그에 해당하는 문헌의 수는 그다지 많지 않다. 그보다 많은 문헌이 물리학이나 수학에 속하고, 가장 많은 문헌이 윤리학이나 심리학에 속한다. 그리고 결코 적지 않은 문헌이 문학으로 분류될 수 있다. 그렇 지만 이 해설에서 인용 문헌을 분야로 나눠 배열하지는 않는다. 이 해설은 문헌 보다 저자에 초점을 맞추며, 저자는 우리 발음의 가나다순으로 배열한다.

여기 소개되는 저자는 모두 88명이다. 이들 가운데 33명은 영국인이 아닌데, 그들 중 15명의 저작이 프랑스어로 쓰였다. 이 15명 가운데 경제학자로는 발라 스, 쿠르노, 쿠르셀-스뇌가 있다. 베르트랑은 에지워스가 수학자로서만 인용한 다. 그 외 비非영국인 경제학자로는 독일의 고센과 미국의 워커가 있다. 에지워 스가 가장 많이 인용하는 경제학자는 영국의 마셜과 제번스다. 그 외에도 케언 스와 손턴이 비판적으로 인용되고, 레슬리가 경제학 방법론과 관련하여 인용된 다. 포셋도 한 차례 인용된다. 존 스튜어트 밀과 시지윅은 경제학자로서보다 철 학자 또는 윤리학자로서 더 자주 인용된다. 에지워스가 인용하는 경제학 문헌의 시기를 보면, 가장 오래된 것이 1838년에 출간된 쿠르노의 저서이고, 대부분은 1860년대 이후에 출간되었다. 스미스, 리카도, 세 등의 저서는 인용되지 않는다.

경제학에 대한 에지워스의 관심은 윤리학에 대한 그의 관심이 확장된 결과라 고 할 수 있다. 그는 경제학과 윤리학을 통칭하기 위해 도덕과학이라는 용어를 사용하기도 하는데, 이 도덕과학을 심리학, 특히 생리심리학과 연결하려 한다.

분트, 페히너, 델뵈프, 설리, 베인 등이 이런 맥락에서 인용된다. 그리고 공리주의를 앞세우는 에지워스가 시지윅, 밀, 벤담, 콩트 등을 거듭 인용하는 것은 당연하다. 스펜서는 공리주의와 관련해서도 인용되고 진화와 관련해서도 인용된다.

《수리 정신학》제1부의 주제는 사회과학의 방법이다. 여기서 에지워스는 자연과학처럼 사회과학도 수학을 사용해야 한다고 주장한다. 특히 변분법에 대해 큰 기대를 드러낸다. 이런 그의 견해를 설명하고 뒷받침하기 위해 물리학 분야의 문헌을 많이 인용한다. 그중에서도 가장 많이 인용되는 것은 톰슨과 테이트의 공저다. 해밀턴과 맥스웰의 저서도 종종 인용되고, 라그랑주가 자주 언급된다. 수학 문헌으로는 토드헌터의 여러 저서가 가장 많이 인용된다. 라플라스는 주로 확률과 관련하여 인용된다.

에지워스가 더블린 트리니티칼리지와 옥스퍼드 베일리얼칼리지에서 수학할 때는 고전과 문학에 심취했던 것으로 알려져 있다. 그런 그의 취향은 《수리 정신학》에서 여실히 드러난다. 그리스와 로마의 여러 문헌을 원어로 인용하고, 단테의 희곡을 이탈리아어로 인용하고, 테니슨과 포프의 시를 인용한다.

그리고 한 부류를 더 묶는다면, 협동조합에 관한 문헌들이 대상이 될 수 있다. 푸리에, 오언, 홀리오크, 크럼프턴, 해리슨, 몰리 등의 저작이 여기에 해당된다.

이제 인용 문헌의 저자들을 가나다순으로 소개할 텐데, 우선 거기서 또는 본문의 옮긴이 주에서 언급되는 학술지와 잡지를 나열하면서 간략히 소개한다. 저자들을 소개할 때는 번역문의 관련 쪽을 함께 밝힌다.

▌학술지와 잡지 ▌

〈**격주 평론**_Fortnightly Review_〉. 1865년에 창간되어 그해 5월 15일에 첫 호가 나왔다. 초대 편집인은 콘월 루이스였으나 1867년에 존 몰리가 새 편집인이 되었다. 첫 해에는 격주로 발간되었으나 1866년부터는 월 1회 발간으로 바뀌었다. 그 무렵의 관행과는 달리 기사와 논평의 필자를 명시했으며, 그 성향은 개혁적 자유주의에 가까웠다.

〈**마음**_Mind_〉 연 4회 발행되는 학술지로서 1876년에 알렉산더 베인의 주도로 창간되었다. 그의 학생이었던 로버트슨(George Croom Robertson, 1842~1892)이 처음부터 1891년까지 편집인으로 활동하면서 과학으로서의 심리학을 확립하기 위한 연구에 많은 지면을 할당했다.

⟨**아카데미**_Academy_⟩. 1869년 10월에 월간지로 출발하였는데, 이때는 부제가 *A Monthly Record of Literature, Learning, Science, and Art.* 1871년 2월부터 월 2회로 발간되다가 1874년부터 1902년까지 매주 발간되었는데, 이때는 부제가 *A Weekly Review of Literature, Science, and Art.*

⟨**에든버러 왕립학회 기요**_Transactions of the Royal Society of Edinburgh_⟩. 에든버러 철학학회(Edinburgh Philosophical Society)가 1783년에 에든버러 왕립학회(Royal Society of Edinburgh)로 바뀌었고, 1786년부터 ⟨기요⟩를 발간했다.

⟨**에든버러 왕립학회 회보**_Proceedings of the Royal Society of Edinburgh_⟩. 에든버러 왕립학회가 1844년부터 발간하고 있다.

⟨**왕립학회 철학 기요**_Philosophical Transactions of the Royal Society_⟩. 런던 왕립학회(Royal Society of London)가 1665년부터 발간해오고 있는 과학 전문 학술지다.

⟨**웨스트민스터 평론**_Westminster Review_⟩. 1823년에 벤담에 의해 창간된 진보적, 급진적 성향의 계간지로서 창간호에 제임스 밀과 존 스튜어트 밀의 글이 실렸다. 1850년대에는 스펜서, 홀리오크, 헉슬리(Thomas Henry Huxley, 1825~1895) 등이 필자로 참여하여 맬서스의 인구론과 다윈의 진화론에 대해 이견 또는 지지를 표명했다.

⟨**이코노미스트**_Economist_⟩. 1843년에 스코틀랜드 은행가 윌슨(James Wilson, 1805~1860)이 창간한 주간지이며, 1848년부터 1853년까지는 스펜서가 부편집인으로 활동했다. 1861~1877년에는 배젓(Walter Bagehot, 1826~1877)이 편집을 맡았다. 자유무역을 옹호하는 글이 많이 실렸다.

⟨**자연**_Nature_⟩. 1869년 11월 1일에 첫 호가 발간된 대중적 과학 주간지다. 천문학자 로키어(J. Norman Lockyer, 1836~1920)가 초대 편집인으로 1919년까지 활동했다.

⟨**토요일 평론**_Saturday Review of Politics, Literature, Science, and Art_⟩. 1855년에 창간된 주간지다. 창간 때부터 1868년까지 쿡(John Douglas Cook, 1808~1868)이 편집인으로 활동했다. 정치적 성향은 자유주의적 보수주의로 분류된다.

⟨**프레이저 잡지**_Fraser's Magazine for Town and Country_⟩. 1830년에 프레이저(James Fraser)의 주도로 창간되어 1880년까지 발간된 보수 성향의 월간지다.

⟨**헤르마시나**_Hermathena_⟩. 그리스의 신 헤르메스(Ἑρμῆς)와 아테나(Ἀθηνᾶ)의 이름을 딴 학술지로서 문학과 철학 그리고 과학을 포괄한다. 1873년부터 연 1회 더블린 트리니티칼리지에서 발간하기 시작했다.

▌저자와 문헌 ▌

각 항 표제에 이어 써놓은 쪽수는 원문 쪽수가 아니라 이 책의 쪽수이고,
각 항 해설 안에 쓴 쪽수는 원문 쪽수이다.

1. **고센**(Hermann Heinrich Gossen, 1810~1858) ·· 196
　　독일의 경제학자. 본대학과 베를린대학에서 법률을 공부한 후 관리가 되었
으나 37살에 사직했다.《인간 교역의 법칙과 거기서 생기는 인간 행위의 규칙
의 전개*Die Entwicklung der Gesetze des menschlichen Verkehrs, und der daraus fließenden
Regeln für menschliches Handeln*》의 저자인데, 여기서 그는 한계효용 감소를 가정하
면서 한계효용 균등을 효용 극대화 및 소비의 원리로 제시했다. 이 책의 서문은
1853년에 씌었으나 출간은 1858년에야 이뤄졌다. 이 과정에서 이미 실망한 그
는 팔리지 않은 책은 회수할 것을 발행인에게 요청했다. 이 책은 제번스가 1879
년에《정치경제학 이론》2판의 서문에서 자세히 소개하기까지 영국에서는 물
론 유럽에서조차 거의 알려지지 않았다. 제번스는 자신도 그때까지는 이 책에
대해 전혀 알지 못했다고 강조한다. 이 책은 1889년과 1893년에 베를린에서 다
시 출간되었으며, 1983년에 영어 번역판이 제오르제스쿠-로에겐(Nicholas
Georgescu-Roegen)의 긴 소개와 함께 출간되었다(Rudolph C. Blitz tr., *The Laws of
Human Relations and the Rules of Human Action Derived Therefrom*, MIT Press).

2. **골턴**(Francis Galton, 1822~1911) ··· 152n, 272
　　영국의 유전학자. 찰스 다윈의 고종사촌이며, 우생학의 창시자로 불린다. 여
러 나라의 위인과 그 가족들로부터 수집한 자료를 사용하여 저술한《유전성 재
능*Hereditary Genius*》을 1869년에 출간했고, 그 후에도 많은 논문과 저서를 출간
했다. 에지워스가 72쪽과 132쪽에서 골턴을 인용하면서 적시하는 것은 이 1869
년 저서이지만, 70쪽에서 제목을 밝히지 않고 인용하는 것은 1877년 논문 '유전
의 전형적 법칙Typical laws of hereditary'이다. 이 논문이 분석과 설명의 대상으로
삼은 현상은 2세대의 특성이 1세대의 특성을 중심으로 일정한 확률분포를 나
타내는데도 세대를 거치면서 집단의 특성이 동일한 확률분포를 나타내는 것인
데, 그는 그 현상의 원리를 자신이 '역전'(reversion)이라 부른 것에서 찾았다. 골
턴은 '역전'을 '회귀'(regression)로 바꿔 부르면서 계속 분석했는데, 1886년 논문

'유전성 신장에서 나타나는 보통으로의 회귀Regression towards mediocrity in hereditary stature'와 1889년 저서《자연의 유전Natural Inheritance》에서는 이변량 정규분포를 적용하는 회귀분석으로 완성된다. 통계적 상관관계(correlation)를 유전학에 사용한 것도 그가 처음이다.

3. **그로트**(John Grote, 1813~1866) ·· 160

　영국의 철학자. 트럼핑턴의 교구목사로 봉직했고, 1855년에 케임브리지대학 도덕철학교수로 부임했다. 1865년에《철학적 탐구Exploratio Philosophica》1권을 출간했다. 그의《공리주의 검토An Examination of the Utilitarian Philosophy》는 사후 1870년에 출간되었다. 그리고 미완성 원고를 엮은《도덕적 이상에 관한 논저Treatise on Moral Ideals》가 1876년에 출간됐다. 에지워스는 이《논저》를 인용한다.

4. **그린**(Thomas Hill Green, 1836~1882) ····························· 160

　영국의 철학자, 사회사상가. 1878년에 옥스퍼드대학 도덕철학교수로 부임했으나 4년 후에 45세를 일기로 사망했다. 영국 관념론 운동의 일원이며, 윤리적 사회주의를 주장했다. 보통선거 등 사회 개혁을 지지했고, 노동자 교육 문제에도 관심을 기울였다.

5. **다윈**(George H. Darwin, 1845~1912) ······················· 196, 246n

　영국의 천문학자, 수학자. 찰스 다윈의 아들. 1883년에 케임브리지대학 천문학교수로 부임했다. 1873년에 '상품 대 노동Commodities versus labour'을 발표하는 등 경제학에도 관심을 보였다. 1875년에는 〈격주 평론〉에 '교환가치 이론The theory of exchange value'을 게재했는데, 여기서 그는 제번스의《정치경제학 이론》에 대한 케언스의 비판적 논평을 반박했다. 에지워스는 조지 다윈의 이 반박을 인용한다.

6. **단테**(Dante Aligieri, 1265~1321) ································· 202

　이탈리아의 시인. 대표작으로《신생Vita Nuova》(1295)과《신곡La Divina Comedia》(1308~1321)이 있다. 에지워스는 97쪽에서 한 차례《신곡》을 이탈리아어로 인용한다.

7. **더블데이**(Thomas Doubleday, 1790~1870) ····················· 152

　영국의 정치가, 저술가. 휘그당의 개혁파로서 활약했고, 여러 주제에 관한 다수의 저서를 남겼다. 에지워스가 72쪽에서 제목을 명시하지 않으면서 인용하는 더블데이의 저서는 1846년에 출간된《진정한 인구 법칙*The True Law of Population*》이다. 이 책에서 저자는 맬서스의 인구 법칙을 부분적으로 반박한다.

8. **데모스테네스**(Demosthenes, Δημοσθένης, 384~322 BC) ··· 66n

고대 그리스의 정치가, 웅변가. 《왕관*De Corona*》은 그의 가장 유명한 연설이다. 원제(Ὑπὲρ Κτησιφῶντος περὶ τοῦ Στεφάνου)를 영어로 옮기면, For Ctesiphon on the crown. 에지워스는 29쪽에서 이 연설의 한 구절을 그리스어로 인용한다.

9. **델뵈프**(Joseph R. L. Delbœuf, 1831~1896) ···································· 128, 132, 138, 140

벨기에의 수학자, 철학자, 심리학자. 1863년에 겐트대학 철학교수로 부임했고, 1866년에 리에주대학 심리학교수로 부임했다. 에지워스가 인용하는《감각 측정에 관한 정신물리학 연구*Études psychophysiques sur la mesure des sensations*》는 1873년에 출간됐다.《자연과학으로서의 심리학, 현재와 미래*La psychologie comme science naturelle, son présent et son avenir*》와《감수성 일반 이론*Théorie générale de la sensibilité*》은 1876년에 출간됐다. 나중에 최면술 연구로 널리 알려진다.

10. **뒤몽**(Pierre Étienne Louis Dumont, 1759~1829) ··· 268n

제네바의 정치가, 저술가. 벤담 저작의 프랑스어 판 편집인으로 널리 알려졌다. 세 권으로 출간된《입법론*Traité de legislation civile et pénale*》(1802)을 비롯하여 1828년까지 다섯 편을 출간했다. 에지워스가 130쪽에서 인용하는 것은《입법론》의 2권《민법 원론*Principes du code civile*》이다.

11. **드퀸시**(Thomas De Quincey, 1785~1859) ·· 226

영국의 수필가. 1821년에《어느 아편 중독자의 고백*Confessions of an English Opium-Eater*》을 내놓으면서 유명해졌다. 에지워스가 109쪽에서 제목을 밝히지 않고 인용하는 그의 책은 1844년에 출간된《정치경제학의 논리*The Logic of the Political Economy and Other Papers*》인데, 여기에는 경제와 관련이 없는 여섯 논고도 들어 있다. 존 스튜어트 밀이 이 책에 대한 논평을 교환 이론을 중심으로 길게 써 1845년 6월호〈웨스트민스터 평론〉에 게재했다.

12. **라그랑주**(Joseph-Louis Lagrange, 1736~1813) ····················· 28, 32n, 34, 178, 196

프랑스의 수학자, 천문학자. 이탈리아에서 출생하여 왕립육군학교 수학교수가 되었고, 1766년에 프러시아 과학아카데미 수학부장에 취임했다. 1787년에 프랑스로 이주하여 프랑스 과학아카데미 회원이 되었고, 1794년에 신설된 고등사범학교의 교수가 되었다. 그의 1788년 저서《해석 역학*Mécanique* *analytique*》은 역학을 새로운 발전의 단계에 들어서게 한 것으로 평가받는다. 그는 천체역학 분야에도 기여하였는데, 특히 삼체三體문제의 연구가 유명하다. 에지워스는 그를 주로《해석 역학》과 관련하여 언급한다.

13. **라플라스**(Pierre-Simon Laplace, 1749~1827) ····················· 22n, 132, 206n, 276

프랑스의 수학자, 물리학자, 천문학자. 1767년부터 파리 육군학교 수학교관으로 재직했고, 1784년에 에콜 노르말 교수가 되었다. 나폴레옹 치하에서 장관에 이어 상원 의원이 되었고, 왕정복고 뒤에는 후작의 작위를 받았다. 다섯 권으로 엮은《천체 역학*Mécanique céleste*》을 1799년부터 26년에 걸쳐 출간했다. 이 책은 태양계 행성의 움직임에 대한 기존의 연구를 집대성하고 확장하는데, 뉴턴의《프린키피아*Principia*》에 맞먹는 명저로 평가된다. 그리고 라플라스는 1812년에 출간된《확률 분석론*Théorie analytique des probabilités*》에서 확률 이론을 확립했다. 에지워스는 이 책의 서론이자 해설로서 1814년에 출간된《확률에 관한 철학적 시론*Essai philosophique sur les probabilités*》을 7쪽에서 인용한다. 이《시론》은 1902년에 영어로 번역되어 출간되었다(F. W. Truscott & F. L. Emory, tr., *A Philosophical Essay on Probabilities*, London: John, Wiley).

14. **레슬리**(T. E. Cliffe Leslie, 1826~1882) ································ 102n, 278, 300, 302

아일랜드의 경제학자. 영국 역사학파를 이끌었다는 평가를 받기도 한다. 1853년에 벨파스트 퀸즈칼리지 교수로 부임했다. 귀납적, 역사적, 비교제도론적 방법을 중시했다. 임금 기금 이론을 비판했고, 농업 및 농민 문제를 연구했다. 주저로는 1860년에 출간된《아일랜드, 영국, 그리고 대륙 여러 나라의 토지 체계와 산업 경제*The Land Systems and Industrial Economy of Ireland, England and Continental Countries*》를 들 수 있다. 그리고 레슬리는 기존 주류 경제학의 추상적, 연역적 방법을 비판하는 논문을 다수 발표했는데, 에지워스는 이들 가운데 1876년에 발표된 '정치경제학의 철학적 방법On the philosophical method of political economy'과 1879년에 발표된 '정치경제학과 사회학Political economy and sociology' 을 인용한다. 이 두 논문은 1879년에 출간된《정치도덕철학 시론*Essays in Political and Moral Philosophy*》에 포함되었다.

15. **루소**(Jean-Jacques Rousseau, 1712~1778) ································· 164

스위스 태생의 프랑스 사상가.《과학 예술 부흥론*Discours sur les sciences et les arts*》(1750),《인간 불평등 기원론*Discours sur l'origine de l'inégalité parmi les hommes*》

(1755) 등을 통해 널리 알려졌다. 에지워스가 인용하는《에밀*Émile*》은 1762년에 출간된 소설 형식의 교육론이다.

16. **루이스**(George Cornewall Lewis, 1802~1863) ·· 260

영국의 정치가, 저술가. 아일랜드 문제의 조사를 위촉받아 1836년에《아일랜드 지역 소란*Local Disturbances in Ireland*》을 출간했다. 그 후《의견에 미치는 권위의 영향*Essay on the Influence of Authority in Matters of Opinion*》(1850)과《정치학에서 관찰과 추론의 방법*Treatise on the Methods of Observation and Reasoning in Politics*》(1852)을 비롯하여 다수의 책을 저술했다. 에지워스는 126쪽에서 방법론과 관련하여 그를 언급한다.

17. **루이스**(George Henry Lewes, 1817~1878) ·· 34

영국의 철학자, 비평가. 1865년부터 2년간〈격주 평론〉의 편집인으로 활동했다. 1846년에 출간된 그의《철학의 역사*History of Philosophy*》는 1871년에 4판이 출간되었다. 1875년부터《삶과 마음의 문제*Problems of Life and Mind*》에 관해 출간했는데,《마음의 물리적 토대*Physical Basis of Mind*》(1877)와《유기체의 한 기능으로서의 마음*Mind as a Function of Organism*》(1879)은 그 둘째와 셋째다. 에지워스가 13쪽에서 그를 언급할 때 이 두 저서를 염두에 두었을 수 있다.

18. **리비우스**(Titus Livius Patavinus, BC 59~AD 17) ·································· 164n

로마의 역사가. 로마 건국부터 아우구스투스의 세계 통일에 이르는 역사를 기술한 142편의《로마 건국사*Ab Urbe Condita Libri*》를 저술하였는데, 그 일부만 현존한다. 에지워스가 78쪽에서 이 책 2편을 인용한다.

19. **마셜**(Alfred Marshall, 1842~1924)

·· 18, 58, 60, 74, 92, 146n, 200, 220, 226, 244, 284

영국의 경제학자. 그가 수학한 케임브리지 세인트존스칼리지에서 1868년부터 도덕과학 강의를 맡았고, 1877년에 결혼하면서 학칙에 따라 그 대학을 떠나 옥스퍼드 베일리얼칼리지로 옮겼다. 그리고 1885년에 헨리 포셋의 뒤를 이어 케임브리지대학 정치경제학교수로 부임했다. 오랜 준비를 거쳐 1890년에 출간된 그의《경제학 원론*Principles of Economics*》은 오래도록 경제학의 세계적 표준이 되었다. 이 책은 1891년과 1895년에 각각 2판과 3판이 출간되었고, 그 후로도 수정과 보완을 거듭하여 1920년에 8판이 출간되었다. 《원론》에 앞서 그가 부인과 함께 저술한《산업 경제학*Economics of Industry*》이 1879년에 출간됐고, 2

판이 1881년에 출간됐다. 그리고 완성하지 못하고 있던 책의 원고 일부가 1879년에 인쇄되어 배포되었는데, 그것이《해외 교역의 순수 이론. (국내) 가치의 순수 이론*The Theory of Foreign Trade. The (Pure) Theory of Domestic Values*》이다. 에지워스는 이《순수 이론》을 거듭 인용한다.

20. **맥스웰**(James Clerk Maxwell, 1831~1879) ·············· 34n, 160, 168n, 208n, 210n, 276

영국의 물리학자. 에든버러 출생이며, 1856년에 애버딘대학의 자연철학교수로 부임했고, 1860년에 런던 킹스칼리지로 옮겼다. 1864년에 "전자기장의 동역학 이론A dynamical theory of the electromagnetic field"을 발표하였는데, 전자기학의 선구적인 연구로 평가받는다. 그의 주저로 불릴 수 있는《전기자기론*A Treatise on Electricity and Magnetism*》은 1873년에 두 권으로 출간되었다. 에지워스는 이 책을 여러 차례 인용한다. 맥스웰은 열역학에서도 많은 기여를 했다. 특히 기체 분자의 운동에 확률 분포 개념을 적용함으로써 새로운 열역학의 기초를 닦았다. 그의 1871년 저서《열 이론*Theory of Heat*》은 이 분야의 대표적인 고급 입문서가 되었는데, 에지워스는 이 책도 여러 차례 인용한다.

21. **몰리**(John Morley, 1838~1923) ···································· 284

영국의 정치가, 저술가. 19세기의 마지막 진보적 자유주의자로 불리기도 했다. 1866년부터〈격주 평론〉등의 편집인으로 활동했다. 1883년에 의회 의원으로 선출됐고, 1886년에 아일랜드청장으로 부임했다. 에지워스가 138쪽에서 인용하는 몰리의 '광부들에게 고하는 연설An address to some miners'은 1877년 2월호〈격주 평론〉에 게재되었다.

22. **몽고메리**(Robert Montgomery, 1807~1855) ···················· 206

영국의 시인. 1828년에《신성의 편재*The Omnipresence of the Deity*》를 발표하면서 일약 유명해졌다. 이 시집은 1858년까지 28판이 출간되었다. 에지워스는 99쪽에서 이 시의 한 구절을 인용한다.

23. **밀**(John Stuart Mill, 1806~1873)
·································· 12n, 18, 32n, 112, 116n, 170, 190n, 198n, 244, 272, 302

19세기 영국의 대표적인 철학자, 경제학자. 1859년에 출간된《자유론*On Liberty*》과 1863년에 출간된《공리주의*Utilitarianism*》를 통해 자신의 사상을 간결하게 제시했다. 그의 공리주의는 사후 1874년에 출간된《종교에 관한 세 시론: 본성, 종교의 효용, 유신론*Three Essays on Religion: Nature, the Utility of Religion and*

Theism》에서도 엿볼 수 있는데, 에지워스는 공리주의와 관련해서 이《시론》을 더 많이 인용한다. 에지워스가 더 자주 인용하는 밀의 저서는《논리학 체계*A System of Logic*》(1843)와《정치경제학 원론*Principles of Political Economy*》(1848)이 다. 전자는 경제학 및 사회과학의 수학 사용과 관련하여, 후자는 주로 공급수요 이론을 비롯한 경제 이론과 관련하여 인용된다. 공급수요이론의 한 적용이라 고 할 수 있는 임금 기금 이론과 관련해서는 손턴의《노동론》(1869)에 대한 밀 의 서평도 여러 차례 인용한다. 이 서평은 1869년 5월호와 6월호〈격주 평론〉에 나눠 게재되었다.

24. **밀턴**(John Milton, 1608~1674) ·················· 38

영국의 시인. 1667년에 출간된《실낙원*Paradise Lost*》의 저자. 에지워스가 15 쪽에서 이 서사시의 한 구절을 인용하면서 출전은 밝히지 않는다.

25. **바이런**(George Gordon Byron, 1788~1824) ·················· 112

영국의 시인. 귀족 출신으로 후에 6대 바이런 경이 된다. 1807년에 첫 시집 《게으른 나날*Hours of Idleness*》을 출간한 데 이어 다수의 시집을 출간했다. 에지 워스가 52쪽에서 출처를 밝히지 않고 인용하는《돈 주앙*Don Juan*》은 바이런이 1819년부터 4년에 걸쳐 발표한 대작이다.

26. **바우링**(John Bowring, 1792~1872) ·················· 242n, 268n

영국의 정치가, 저술가. 1838~1843년에 출간된《제러미 벤담 저작집*The works of Jeremy Bentham*》의 편집인으로 위촉되었다. 이에 앞서 1834년에 출간된 벤담 의《의무론*Deontology*》1권에 포함된 바우링의 해설이 에지워스에 의해 인용된 다. 그 해설의 제목은 '최대 행복 원리의 역사.'

27. **발라스**(Léon Walras, 1834~1910) ·················· 18, 60, 70, 72, 92, 100n, 218, 246n

프랑스의 경제학자. 1870년에 스위스 로잔아카데미의 초대 경제학교수로 부임했고 이듬해에 종신교수로 임명되었다. 이 교수직은 1892년에 파레토 (Vilfred Pareto, 1848~1923)가 이어받는다. 발라스는 1874년에《순수 정치경제학 요론*Élements d'économie politique pure*》1권을 출간했다.《요론》2권은 1877년에 출 간했다. 발라스가 '최종판'이라 부른 4판은 1900년에 출간되었다. 일반균형이 론의 기초를 이 책이 구축했다고 평가된다. 에지워스는 수요, 균형, 기업가 등 과 관련하여 이 책을 여러 차례 인용한다. 그의 이름이 '발라'로 읽히기도 하지 만,《요론》을 영어로 번역한 자페(William Jaffé)가 전하는 바에 의하면, 그의 가문에서는 '발라스'로 부른다고 한다.

28. **배럿**(Alfred Barratt, 1844~1881) ···························· 124, 138, 166, 168, 170

영국의 변호사, 철학자. 1862년에 옥스퍼드 베일리얼칼리지에 입학하여 수학했고, 1872년에 법정 변호사가 되었다. 1869년에《물리 윤리학*Physical Ethics*》을 출간했다. 여기서 저자는 윤리학과 자연과학의 조화를 역설했는데, 스펜서의 주장과 상통한다. 1877년에는〈마음〉에 게재된 '이기주의의 억압Suppression of egoism'에서 시지윅을 상대로 자신의 주장을 전개했다(2권 6호, 167~186쪽). 그리고 1878년에는〈마음〉에 게재된 '윤리학과 정신발생학Ethics and psychogony' 에서 에지워스의《윤리학의 새로운 방법과 오래된 방법》'을 비판했다(3권 10호, 277~283쪽). 에지워스의《윤리학의 새로운 방법과 오래된 방법》에 붙여진 부제가 '《물리 윤리학》과《윤리학의 방법들》'인데, 전자의 저자가 배럿이고 후자의 저자가 시지윅이다. 배럿은 36세이던 1881년에 갑작스레 사망했다.

29. **버버리**(Samuel Hawksley Burbury, 1831~1911) ···························· 28n, 188n, 254n

영국의 법정 변호사, 수학자. 에지워스는 그와 왓슨의 공저《물질 체계의 동역학에 적용되는 일반화 좌표에 관한 논저*A Treatise on the Application of Generalised Coordinates to the Kinetics of a Material System*》를 네 차례 인용한다. 이 책의 분량은 100여 쪽이며, 1879년에 출간되었다. 1885년에 2권으로 출간된《전기와 자기의 수리 이론*The Mathematical Theory of Electricity and Magnetism*》도 버버리와 왓슨의 공저다.

30. **버크**(Edmund Burke, 1729~1797) ···························· 164n, 166n

영국의 정치가. 1766년에 하원 의원으로 선출되어 1794년까지 활동했으며, 영국 보수주의의 대표적 이론가로 명성을 떨쳤다.《자연 사회 옹호론*A Vindication of Natural Society*》(1756)과《고상한 것과 아름다운 것에 관한 우리 관념의 기원에 대한 철학적 탐구*Philosophical Enquiry into the Origin of our Ideas of the Sublime and Beautiful*》(1757)를 출간하면서 유명해졌다. 그의 대표적 저서는 1790년에 출간된《프랑스 혁명에 관한 고찰*Reflections on the Revolution in France*》이다. 에지워스는 78쪽에서 이 책 제목을 명시하지 않고 인용한다. 에지워스는 79쪽에서《시역자 평화에 관한 편지*Letters on a Regicide Peace*》도 인용한다. 이 책이 1796년에 처음 출간될 때는 두 통의 편지만 포함했으나 1797년에 다시 출간될 때는 셋째 편지도 포함했는데, 에지워스가 인용하는 것은 셋째 편지다. 이 편지들에서 버크는 프랑스 혁명정부와 평화를 유지하려는 피트 수상을 비판했다.

31. **버클리**(George Berkeley, 1685~1753) ·· 226

영국의 철학자, 성직자. '존재하는 것은 지각되는 것이다'(Esse est percipi)로 대표되고 '주관적 관념론'으로도 불리는 이론을 전개했다. 18세기 영국의 경험론을 대표한다. 저서로는 《새로운 시각 이론을 향한 시론*An Essay Towards a New Theory of Vision*》(1709), 《인간 지식의 원리에 관한 논저*Treatise Concerning the Principles of Human Knowledge*》(1710) 등이 있다.

32. **버틀러**(Joseph Butler, 1692~1752) ·· 172

영국의 성직자, 신학자. 옥스퍼드 오리엘칼리지에서 수학했고, 1738년에 브리스틀의 주교가 되었고, 1750년에 더럼의 주교가 되었다. 모든 인간 행동의 동기가 이기심이라는 홉스(Thomas Hobbes, 1588~1679)의 주장을 비판했다. 그의 저서로 《롤스 성당에서의 열다섯 강론*Fifteen Sermons Preached at the Rolls Chapel*》(1726), 《자연종교와 계시종교의 비교*Analogy of Religion, Natural and Revealed*》(1736) 등이 있다. 에지워스는 1876년 10월호 〈마음〉에 실린 소론에서 《열다섯 강론》을 인용하면서 '버틀러 주교의 자기 사랑의 교의에 대한 매튜 아널드 씨의 견해'를 반박한다.

33. **베르길리우스**(Publius Vergilius Maro, BC 70~BC 19) ······················· 38, 236

고대 로마의 시인. 대표작으로 《농경시*Georgica*》와 《아이네이스*Aeneis*》가 있다. 에지워스가 15쪽과 114쪽에서 이 두 시의 구절을 라틴어로 인용하면서 출전은 밝히지 않는다.

34. **베르트랑**(Joseph L. F. Bertrand, 1822~1900) ···················· 20n, 26n, 186, 254n

프랑스의 수학자. 경제학에서 쿠르노 모형과 관련하여 언급되는 베르트랑 모형이 그의 이름을 딴 것인데, 이 모형은 1883년에 발표된 베르트랑의 논평을 재구성한 것으로 알려져 있다. 이 논평은 쿠르노의 1838년 저서와 1863년 저서를 함께 검토하면서 비판한다. 물론 에지워스의 베르트랑 인용은 이 1883년 논평과는 아무런 관련이 없다. 에지워스가 인용하는 베르트랑의 저작은 1873년에 《과학학술원 회보*Comptes Rendus de l'Académie des Sciences*》에 게재된 '고정된 중심으로 이끌리는 점의 운동에 관한 정리*Théorème relatif au mouvement d'un point attiré vers un centre fixe*'로 보인다. 수학자들 사이에서는 1845년에 제시된 '베르트랑의 추측'이 많이 알려져 있다.

35. **베인**(Alexander Bain, 1801~1903) ·· 128, 132, 206n, 260

  영국의 심리학자. 1845년에 글래스고에 위치한 앤더슨스대학의 수학-자연
철학교수로 부임했으나 다음 해 사임했고, 1860년에 애버딘대학 논리학-영문
학교수로 부임했다. 언어학, 철학, 심리학 부문에서 독창적인 업적을 많이 남겼
는데, 심리와 생리의 관계를 규명하는 연구로 유명하다. 주저로는《감각과 지
성*The Senses and the Intellect*》(1855),《감정과 의지*The Emotions and the Will*》(1859),
《마음과 몸*Mind and Body*》(1872) 등이 있다.《감정과 의지》는 에지워스에 의해
여러 차례 인용되는데, 이에 앞서 제번스도《정치경제학 이론》에서 효용 이론
과 관련하여 여러 차례 길게 인용한다. 베인은 1876년에 로버트슨과 함께〈마
음〉을 창간했는데, 에지워스의 '쾌락 미적분학'이 1879년 6월호에 게재된다.

36. **베카리아**(Cesare Beccaria, 1738~1794) ·· 242n

  이탈리아의 법학자, 철학자, 정치가. 대표적인 저서로는 1764년에 밀라노에
서 출간된《범죄와 형벌*Dei delitti e delle pene*》이 있으며, 근대 형법학의 선구자로
불린다. 1768년에 밀라노대학의 경제학·법률학교수로 부임했다. 그는 벤담에
게 큰 영향을 준 학자로도 잘 알려져 있다.

37. **벤**(John Venn, 1834~1923) ·· 130

  영국의 논리학자, 철학자. 1862년부터 케임브리지대학에서 도덕과학을 강
의했다. 그의 1881년 저서《기호논리학*Symbolic Logic*》에서 '벤 도표'가 처음 사
용되었다. 그에 앞서 1866년에《가능성의 논리*The Logic of Chance*》를 출간했는
데, 2판과 3판이 1876년과 1888년에 출간되었다. 이 책에서 저자는 상대적 빈
도로서의 확률에 관한 이론을 전개했다. 에지워스는 이 이론에 비판적이었다.

38. **벤담**(Jeremy Bentham, 1748~1832) ·············· 4, 112, 204, 242, 264, 266, 268n, 274

  영국의 철학자, 법학자. 좋은 법과 정책의 원리로서 '최대 다수의 최대 행복'
을 주장했으며, 행복의 크기를 즐거움과 괴로움의 크기로 환원시켜 측정하려
했다. 그의 대표적 저서로는 1789년에 출간된《도덕과 입법의 원리 서설
Introduction to the Principles of Morals and Legislation》을 들 수 있다. 에지워스가 인용
하는 벤담의 저서는 1824년에 출간된《오류론*Book of Fallacies*》, 1830년에 출간
된《대륙법전*Constitutional Code*》, 그리고 뒤몽이 세 권으로 편집하여 1802년에
프랑스어로 출간한《입법론*Traités de législation civile et pénale*》의 2권이다. 이들은
모두 열한 권으로 출간된 바우링 편,《제러미 벤담 저작집》에 포함되었다. 에지

워스가 밝히는 인용의 출처도 이 저작집이다.

39. **부리엔**(Louis Antoine Fauvelet de Bourrienne, 1769~1834) ···················· 276n

프랑스의 외교관. 나폴레옹의 사관학교 시절 친구였으며, 나중에 개인비서 역할도 했다. 1829~1831년에 열 권으로 출간된《부리엔 회고록*Mémoires de M. Bourrienne*》의 저자로 잘 알려져 있다. 이 책은 1830년에 첫 영어 번역본이 출간되었다. 에지워스가 나폴레옹과 관련하여 이《회고록》을 인용하지만 그 인용이 정확하지 않다.

40. **분트**(Wilhelm M. Wundt, 1832~1920) ···················· 22n, 128, 132, 138, 158

독일의 심리학자, 철학자. 하이델베르크대학에서 의학을 공부했고, 1875년에 라이프치히대학의 교수로 부임했다. 근대 심리학의 창설자로 불리고, 실험 심리학을 주창했다. 의식을 여러 감각(Empfindungen)의 통합으로 간주하면서 그 통합의 법칙을 연구했고, 1858년부터 삼십여 권의 책을 저술했다. 심리학의 역사에 가장 중요한 책으로 꼽히는 그의 《생리적 심리학 원론*Grundzüge der physiologischen Psychologie*》은 1874년에 출간되었고, 1908~1911년에 6판이 출간되었다. 에지워스는 분트와 그의 저서를 다섯 번 인용하는데, 그 가운데 두 번은 '겨우 인지할 수 있는 증분'(just-perceivable increment)과 관련해서다. 그렇지만 최소 식별 차이(just noticeable difference, jnd)로도 불리는 이 개념은 베버(Ernst Heinrich Weber, 1795~1878)가 제시한 것으로 더 많이 알려져 있다.

41. **뷔퐁**(Georges-Louis Leclerc Buffon, 1707~1788) ···················· 130, 162n

프랑스 철학자, 박물학자. 파리 왕립식물원 원장이 되어 모은 동식물에 관한 자료를 기초로 1749년부터 1788년까지 36권의《박물지*Histoire naturelle, générale et partiqulière*》를 출간했다. 1777년에 출간된 부록 4권에는 '도덕 산술 시론*Essais d'arithmétique morale*'이 포함되어 있고, 이 시론은 15절부터 '상트페테르부르크의 역설'을 다룬다. 에지워스는 62쪽에서 이 시론을 라플라스의《확률에 관한 철학적 시론》과 함께 인용하고, 72쪽에서는 13절의 한 구절을 옮겨 쓴다.

42. **샹파니**(Franz comte de Champagny, 1804~1882) ···················· 158n

프랑스의 역사가. 에지워스가 75쪽에서 한 차례 인용하는 그의 책《안토니누스*Les Atnonins*》는 1866년에 파리에서 출간되었다.

43. **설리**(James Sully, 1842~1923) ···················· 124, 152n, 208n

영국의 심리학자. 1892년에 유니버시티칼리지의 교수로 부임했다. 괴팅겐과 베를린에서 수학한 그는 페히너, 헬름홀츠, 분트 등의 정신물리학 (psychophysics)에 많은 관심을 가졌다. 에지워스와는 이웃에 살면서 교류했다. 에 지워스가 58쪽과 72쪽에서 인용하는 설리의 저서《비관주의*Pessimism*》는 1877 년에 출간되었다. 이 책 서문에서 저자는 에지워스의 도움에 감사를 표한다. 같 은 해에 출간된 에지워스의《윤리학의 새로운 방법과 오래된 방법》에서는 저 자가 설리의 도움에 감사를 표한다. 설리의 다른 저서로는《감각과 직관 *Sensation and Intuition*》(1874),《환상*Illusions*》(1881) 등이 있다.

44. **셰익스피어**(William Shakespeare, 1564~1616) ··· 38
영국의 시인, 극작가. 에지워스는 15쪽에서 출전을 밝히지 않고 그의《오셀 로*Othello*》에서 문구 하나를 가져와 쓴다.

45. **손턴**(William T. Thornton, 1813~1880) ····························· 18, 104n, 112, 302n, 304n
1858년에 인도청(India Office)의 서기가 되었으며, 그 전부터 책과 논문을 저술 했다. 1869년에는《노동론*On Labour*》을 출간했고, 이듬해에 2판을 출간했다. '노동의 부당한 요구와 정당한 몫, 그것의 실제 현실과 가능한 미래'(Its wrongful claims and rightful dues; its actual present and possible future)가 이 책의 부제다. 여기서 손턴은 수요와 공급의 동등이 가격 및 임금의 결정 원리라는 기존의 이론을 비 판했다. 이 비판이 존 스튜어트 밀로 하여금 임금 기금 이론을 철회하게 한 것으 로 알려져 있다. 그렇지만 밀은 1869년 5월호〈격주 평론〉에 게재된 서평에서 수요공급이론에 대한 손턴의 비판을 반박했다. 그리고 젱킨(Fleeming Jenkin, 1833~1885)의 1870년 논문 '공급 수요 법칙의 도해적 표현, 그리고 노동에 관한 그 법칙의 적용The graphic representation of the laws of supply and demand, and their application to labour'은 손턴의 비판에 대한 반박이 핵심 내용이다. 제번스도《이 론》에서 손턴의 비판을 길게 반박한다. 이런 여러 반박에서 공통적으로 주목을 받은 부분이 있는데, 경매 방식에 따라 가격이 다르게 정해질 수 있다는 손턴의 지적이 바로 그것이다. 밀은 서평에서 이것을 가리켜 '비결정성'(indeter- minateness)이라 불렀다. 그런데 가격의 비결정성은 에지워스의 핵심 주장이다. 참고로 덧붙이면, 윌리엄 손턴은 1802년에 출간된《영국 지권 신용의 본질과 영향에 관한 탐구*An Enquiry into the Nature and Effects of the Paper Credit of Great Britain*》 의 저자 헨리 손턴(Henry Thornton, 1760~1815)과는 아무런 관련이 없다.

46. **쉬트라우흐**(Georg Wilhelm Strauch, 1811~1868) ·························· 192

스위스의 수학자. 그의 저서들 중에는 1849년에 취리히에서 출간된《변분학의 이론과 응용*Theorie und Anwendung des sogenannten Variationscalcul's*》이 있다. 에지워스가 92쪽에서 인용하고 색인에도 포함하는데, 이름이 'Stranch'로 잘못 인쇄되어 있다. 에지워스는《윤리학의 새로운 방법과 오래된 방법》(1877)에서도 '변분학'과 관련하여 쉬트라우흐를 토드헌터와 함께 인용한다(21쪽, 각주 a).

47. **스토크스**(George Gabriel Stokes, 1819~1903) ·························· 18n

영국의 수학자, 물리학자. 아일랜드 태생이며, 1849년에 케임브리지대학의 수학교수가 되었다. 유체역학과 광학에 크게 기여했다. 1889년에 작위를 받아 남작이 되었다. 에지워스가 인용하는 스토크스의 저서는 그의 여러 논문을 수록한《수학 물리학 논집*Mathematical and Physical Papers*》이며, 1880년에 1권이 간행되었다. 그 후 네 권이 더 간행되어 모두 다섯 권이 되었다.

48. **스튜어트**(Balfour Stewart, 1828~1887) ·························· 36n

영국의 물리학자. 1859년부터 큐(Kew) 천문대 소장으로 재직했고, 1870년에 맨체스터 오언스칼리지의 자연철학교수로 부임했다. 에지워스가 인용하는 그의 1873년 저서《에너지 보존*The Conservation of Energy*》은 에너지 이론을 알기 쉽게 소개한다. 이 책은 1990년까지 9판이 출간되었다.

49. **스튜어트**(Dugald Stewart, 1753~1828) ·························· 110

영국의 철학자. 에든버러대학에서 1772년부터 수학을 강의했고, 1778년부터 도덕철학을 강의했고, 1785년에 도덕철학교수로 부임했다. 세 권의《인간 마음의 철학 요론*Elements of the Philosophy of the Human Mind*》(1792~1827)을 비롯하여 많은 저서를 출간했다. 1854년에 출간된《두갈드 스튜어트 저작집*The Collected Works of Dugald Stewart*》은 모두 열한 권이다.

50. **스펜서**(Herbert Spencer, 1820~1903) ·············· 32, 110, 148, 152, 212n, 252, 274n

영국의 철학자. 학교에 들어가지 않고 독학을 하거나 친척의 지도를 받았으며, 1848년에〈이코노미스트〉의 부편집인이 되었다. 그가 1860년에 개요를 발표한《종합철학체계*The Synthetic Philosophy*》는 1860년부터 서른여섯 해에 걸쳐 열 권으로 출간되었다. 9권과 10권이《윤리학 원론*Principles of Ethics*》인데, 여기에는 1879년에 출간된《윤리학의 기초 자료*Data of Ethics*》가 9권의 1부로 포함되었다. 그리고 이에 앞서《첫째 원리*First Principles*》(1862),《생물학 원리

Principles of Biology》(1864~1867), 《심리학 원리*Principles of Psychology*》(1870~1872), 《사회학 원리*Principles of Sociology*》(1876~1896)가 출간되었다. 그는 이 일련의 저작에서 성운星雲의 생성에서부터 인간 사회의 도덕 원리 전개에 이르기까지 모든 것을 진화의 원리에 따라 조직적으로 서술하였다. 그에 따르면, 만물의 진화는 구조의 동질성에서 이질성으로의 이동이고, 비유기적 진화와 유기적 진화를 거쳐 사회적 진화에서 정점에 이른다. 이들 중 에지워스가 가장 많이 인용하는 것은 《첫째 원리》와 《윤리학의 기초 자료》다. 1852년에 〈웨스트민스터 평론〉에 실린 '동물 번식의 일반 법칙으로부터 연역된 인구 이론Theory of population, deduced from the general law of animal fertility'도 인용된다.

51. **시지윅**(Henry Sidgwick, 1838~1900)

·· 2, 4, 40, 72, 112, 204, 214, 256, 260, 264n, 274, 304

영국의 철학자, 경제학자. 1859년부터 케임브리지 트리니티칼리지에서 강의했고, 1883년에 철학교수로 부임했다. 1874년에 출간된 《윤리학의 방법들 *The Methods of Ethics*》이 그의 대표적 저서이며, 1901년에 6판이 출간됐다. 저자는 이 책에서 '무엇을 해야 할지에 대한 사려 깊은 신념에 이르는 여러 방법을 검토'한다(1874, p. v). 에지워스는 이 책을 자주 인용하는데, 에지워스가 사용하는 것은 1877년에 출간된 2판이다. 시지윅은 1883년에 《정치경제학 원론 *Principles of Political Economy*》을 출간했고, 1885년에 영국 과학진흥협회(British Association for the Advancement of Science, BAAS) 경제과학-통계학 분과(Economic Science and Statistics Section) 의장으로서 '경제과학의 범위와 방법Scope and Method of Economic Science'에 대한 강연을 했다. 이보다 앞서 그의 논문 '경제학의 방법 Economic method'과 '임금 기금 이론The wages fund theory'이 각각 1879년 2월호와 9월호 〈격주 평론〉에 게재된다. 에지워스는 이 두 논문도 여러 차례 인용한다.

52. **아널드**(Matthew Arnold, 1822~1888) ·· 122n

영국의 시인, 비평가. 옥스퍼드 베일리얼칼리지에서 수학했고, 1857년에 옥스퍼드대학 시학교수로 부임했다. 대표적 저서로는 《비평 시론집*Essays in Criticism*》(1865, 1888), 《교양과 무질서*Culture and Anarchy*》(1869), 《문학과 도그마*Literature and Dogma*》(1873) 등이 있다. 에지워스는 57쪽 각주 a에서 '공리주의'와 관련하여 아널드를 인용한다. 그리고 에지워스가 1876년에 발표한 소론이 1876년 2월호와 3월호 〈당대 논평*Contemporary Review*〉에 게재된 아널드의 논문 '버틀러 주교와 시대정신Bishop Butler and the Zeit-Geist'에 대한 논평이다.

53. **아리스토텔레스**(Ἀριστοτέλης, BC384~BC322) ·············· 118n, 158, 186n, 272

그리스의 철학자. 그의 여러 저서 중 에지워스가 명시적으로 인용하는 것은 《정치학 Πολιτικά》이며, 53쪽에서는《니코마코스 윤리학 Ἠθικὰ Νικομάχεια》 도 인용한다.

54. **아우구스티누스**(Aurelius Augustinus, 354~430) ························· 196

그리스도 교회 성직자, 철학자. 386년에 개종하여 395년에 히포(Hippo)의 주 교가 되었다. 《고백록Confessiones》, 《삼위일체론De Trinitate》, 《신국론De Civitate Dei》 등 많은 저작을 남겼다. 에지워스는《신국론》을 한 차례 라틴어로 인용한 다.

55. **아이스킬로스**(Αἰσχύλος, c525~c456 BC) ······················ 70

그리스의 비극 작가. 그의 시《포박된 프로메테우스Προμηθεὺς Δεσμώτης》를 에 지워스가 31쪽에서 출전을 밝히지 않고 그리스어로 인용한다.

56. **에어리**(George Biddell Airy, 1802~1892) ···················· 180n, 182n

영국의 수학자, 천문학자. 1826년에 케임브리지대학의 수학교수를 거쳐 천 문학교수로 부임했고, 1827년부터 그리니치 천문대 대장을 겸했다. 네 차례에 걸쳐 영국 왕립 천문학회 회장으로 선출되었다. 500여 편의 논문과 다수의 저 서를 출간했다. 에지워스가 86쪽에서 인용하는 그의 저서는《소리와 대기 진동 On Sound and Atmospheric Vibrations》이며, 1868년과 1871년에 각각 1판과 2판이 출 간되었다.

57. **엘베시우스**(Claude Adrien Helvétius, 1715~1771) ················ 264

프랑스의 철학자. 1758년에 출간된 그의 저서《정신론De l'esprit》이 큰 반향과 반발을 일으켰다. 그의 윤리학은 심리적 이기주의로 불리기도 하며, 베카리아 와 벤담에게 영향을 미쳤다고 알려져 있다.

58. **오스틴**(John Austin, 1790~1859) ························· 214

영국의 법학자. 1826년에 런던대학 법학교수로 부임했으나 1832년에 퇴임 했다. 벤담의 공리주의적 법사상을 계승하여 '법은 주권자의 명령이다'라는 유 명한 명제를 남겼다. 《법리학의 범역The Province of Jurisprudence Determined》 (1832), 《법학 강의Lectures on Jurisprudence》(1869) 등의 저서가 있다.

59. **오언**(Robert Owen, 1771~1858) ·· 170

영국의 사상가, 사회운동가. 상 시몽, 푸리에와 함께 공상적 사회주의자로도 불린다. 방적공장을 운영하면서 협동조합운동에 앞장섰고, 1825년에는 미국에 자급자족적 공동체를 세웠다. 생산의 결과를 공유하고, 육아와 교육을 공동체가 맡았다. 저서로는 1813년에 출간된《사회에 관한 새 견해*A New View of Society*》등이 있다.

60. **왓슨**(Henry William Watson, 1827~1903) ···················· 20n, 28n, 188n, 254n

영국의 수학자. 해로스쿨의 수학교사로 재직했고, 런던 킹스칼리지에서 수학을 강의했다. 수리 물리학에 관한 책을 여럿 출간했는데, 그중 하나가 버버리와 함께 저술한 100여 쪽 분량의《물질 체계의 동역학에 적용되는 일반화 좌표에 관한 논저*A Treatise on the Application of Generalised Coordinates to the Kinetics of a Material System*》다. 1879년에 출간된 이 책을 에지워스가 네 차례 인용한다.

61. **워커**(Francis Amasa Walker, 1840~1897) ······································ 116, 304

미국의 경제학자, 통계학자. 1869년에 통계청 청장으로 부임했고, 1872년에 예일대학 정치경제학교수로 부임했다. 그리고 1881년부터 15년 동안 매사추세츠공과대학 총장으로 재직했다. 1882년에 미국 통계학회 회장으로 추대되었고, 1886년에 미국 경제학회 회장으로 추대되었다. 경제학자로서 워커는 임금 기금 이론을 비판했고, 헨리 조지의 주장을 반박했다. 1876년과 1883년에 각각《임금 문제*The Wages Question*》와《토지와 지대*Land and Its Rent*》를 출간했다. 에지워스는 54쪽과 148쪽에서《임금 문제》를 인용한다. 그리고 에지워스가 거듭 인용하는 시지윅의 1879년 논문 '임금 기금 이론'에서도 워커가 여러 차례 언급된다.

62. **유클리드**(Εὐκλείδης, c330~c260 BC) ·· 122

그리스의 수학자. '기하학의 경전'으로 일컬어지는《원론*Στοιχεῖα*》의 저자로 알려져 있다. 에지워스가 57쪽에서 그의 이름을 언급하고 색인에 포함한다.

63. **제번스**(William Stanley Jevons, 1835~1882)
················ 10, 22, 46n, 48, 50, 68, 74, 76n, 86, 184, 206, 216, 226, 248, 260

영국의 경제학자. 런던 유니버시티칼리지에서 수학했고, 1866년에 오언스칼리지의 논리학·철학·정치경제학교수로 부임했다. 1876년에는 런던 유니버시티칼리지의 정치경제학교수로 취임하면서 맨체스터를 떠나 런던 근교로 이사했는데, 거기서 얼마 뒤 에지워스와 이웃이 된다. 제번스는 일찍부터 통계 분석에 관심이 많았다.《금 가치의 심각한 하락*A Serious Fall in the Value of Gold Ascertained*》(1863)에서는 가격 통계로부터 기하평균을 이용하여 물가지수를 작성하는 방법을 제시했고, 젊은 그에게 적잖은 명성을 가져다준《석탄 문제*Coal Questions*》(1865)에도 통계 분석이 많이 들어 있다. 그리고 1874년에는 그가 오랫동안 심혈을 기울여 저술한《과학의 원리*Principles of Science*》가 출간되었다. 이 책은 과학적 추론에 관한 이론이며, 인식론적 확률이론을 받아들인다. 1870년에는 그의 저술이 중단되었는데,《정치경제학 이론*Theory of Political Economy*》을 서둘러 완성하기 위해서였다. 1871년에 출간된 이 책에서 제번스는 모든 경제 현상을 효용 극대화를 위한 개인의 선택으로 환원했고, 극대화의 원리로서 한계 균등을 제시했고, '교환 방정식'(equations of exchange)으로 균형을 규정했다. 그리고 제번스는 이 책에서 수학의 사용을 주장하고 실행했는데, 1879년에 출간된 2판에서는 그 주장을 확장한다. 에지워스가 인용하는 것도 2판이다.

64. **커닝헤임**(Henry Cunynghame, 1848~1935) ··· 200n
    마셜의 제자. 1904년에《기하학적 정치경제학*Geometrical Political Economy*》을 출간했다. 뉴먼(Newman 2003, p. 170)에 의하면, 에지워스가 인용하는 "교환가치 소론(*Notes on Exchange Value*)"은 케임브리지대학에서의 강의를 위해 인쇄되어 개인적으로 배포되었고 책으로 출간되지는 않았다.

65. **케언스**(John Elliot Cairnes, 1823~1875) ··············· 96n, 196, 246, 256, 262, 284, 302
    아일랜드 태생의 경제학자. '마지막 고전파 경제학자'로 불리기도 한다. 1856년에 더블린 트리니티칼리지의 정치경제학교수로 부임했다. 1857년에 출간된《정치경제학의 성격과 논리적 방법*The Character and Logical Method of Political Economy*》은 그가 이 대학에 부임하면서 강의한 내용을 책으로 엮은 것이다. 1866년에 런던 유니버시티칼리지의 정치경제학교수로 부임했다. 1874년에 출간된《새로이 해석된 정치경제학의 선도 원리*Some Leading Principles of Political Economy, Newly Expounded*》가 그의 주저로 꼽히는데, 에지워스가 인용하는 케언스의 저서도 이《선도 원리》다. 이에 앞서 제번스의《정치경제학 이론》에 대한 케언스의 서평이 1872년 1월호〈격주 평론〉에 실렸는데, 이 서평 마지막 부분에서 케언스는 수학 사용에 대한 자신의 부정적인 견해를 짧게 표명한다. 그러나 1875년에 출간된《정치경제학의 성격과 논리적 방법》2판 서문에서는 덜 부정적인 태도를 보인다. 이 변화가 에지워스가 주목을 받는다. 케언스에 대한 에지워스의 평가는 전반적으로 매우 부정적이다.

66. **케틀레**(L. Adolphe J. Quételet, 1796~1874) ·· 148

벨기에의 천문학자, 통계학자, 사회학자. 확률 이론과 통계 분석을 최초로 사회과학에 적용한 학자로 꼽힌다. 사회적 사실의 규칙성을 강조했고, 정규분포를 사람들의 몸무게 등에 적용하면서 '평균 인간'(l'homme moyen)의 개념을 도입했다. 에지워스는 역량 별 인구 분포를 나타내는 확률밀도함수와 관련하여 케틀레를 골턴과 함께 언급한다. 케틀레의 대표적 저서로는 1835년에 출간된《인간과 능력 개발에 대하여Sur l'homme et le développement de ses facultés》를 들 수 있는데, 이 책의 부제는 '사회 물리학 시론'(Essai de physique sociale)이다. 그 외에도 많은 책을 저술했으며, 1870년에는《인체측정학Anthropométrie》을 출간했다.

67. **콩트**(Auguste Comte, 1798~1857) ····························· 12n, 178, 190n, 226, 280

프랑스의 철학자. 실증주의(Positivism)를 주창했으며, 사회학의 창시자로 불린다. 만년에는 인간성을 숭배하는 인류교(Religion de l'Humanité)를 창시했다. 초기의 저작으로는 1830~1842년에 여섯 권으로 출간된《실증철학 강의Cours de philosophie positive》가 대표적이다. 에지워스는 사회과학에서 수학을 사용하는 것과 관련하여 이 저서를 여러 차례 직접 또는 간접 인용한다. 에지워스는 공리주의와 관련해서도 여러 차례 콩트를 언급하고, 1848년에 출간된《실증주의 강론Discours sur l'ensemble du positivisme》을 인용한다. 이 인용은 존 스튜어트 밀(1865)의《오귀스트 콩트와 실증주의Auguste Comte and Positivism》를 통한 간접 인용일 수도 있다.

68. **쿠르노**(Antoine Augustin Cournot, 1801~1877) ····························· 102, 174

프랑스의 수학자, 경제학자, 철학자. 1823년에 소르본대학에서 수학했고, 1834년에 리옹대학의 수학교수가 되었다. 그리고 1838년에《부 이론의 수리적 원리에 관한 연구Récherches sur les principes mathématiques de la théorie des richesses》를 출간했다. 수학과 철학에서는 그의 명성이 높았으나 그의《연구》는 프랑스에서조차 오래도록 무시되었다. 하지만 발라스는 1873년에 출간된《요론》에서 쿠르노의《연구》를 높이 평가했을 뿐만 아니라 그것이《요론》에 미친 영향을 강조하며 인정했다. 그리고 제번스는 1879년에 출간된《정치경제학 이론》2판 서문과 본문 각주에서 쿠르노의《연구》를 높이 평가하고 소개하면서, 자신이 이 책을 제대로 읽은 것은 1판이 출간된 뒤임을 밝힌다. 에지워스 역시 쿠르노의《연구》를 높이 평가하지만 독과점 가격의 결정성과 관련하여 비판을 가한다. 그렇지만 가격 결정을 공급자의 수와 연결하여 분석한다는 점에서는 이 책과 에지워스의《수리 정신학》이 일치한다. 이 책은 1897년에 영어로 번역되어 런던에서 출간되었고(*Researches into the Mathematical Principles of the Theory of Wealth*, London: Macmillan), 1927년에 다시 뉴욕에서 출간되었다. 쿠르노가 저술한 또 하나의 경제학 책은 1863년에 출간된《부 이론의 원리*Principes de la théorie des richesses*》다. 제번스가 2판 서문에서 내린 평가에 의하면, "더 대중적이면서 기호를 사용하지 않는 … 이 저서는 그의 첫 저서에 비해 의미나 중요성이 떨어진다."

69. **쿠르셀-스뇌**(Jean Gustav Courcelle-Seneuil, 1813~1892) ·························· 68, 96n, 226

   프랑스의 경제학자. 변호사에서 사업가를 거쳐 자유기고가로 활동했으며 자유무역과 자유방임을 주장했다. 1853년에 산티아고 칠레대학의 경제학교수로 부임하여 10년간 재직했으며, 칠레 정부의 경제자문으로도 활동했다. 그의 대표적 저서《정치경제학 이론 및 실용 논저*Traité théorique et pratique d'économie politique*》는 1858년에 파리에서 두 권으로 출간됐다. 2판은 1867년에 출간됐다. 이 책은 제번스의《정치경제학 이론》에서 여러 차례 인용되며, 에지워스는 거기서 '사냥꾼과 나무꾼의 계약'을 인용한다.

70. **크럼프턴**(Henry Crompton, 1836~1904) ···································· 276n

   영국의 법정 변호사. 노동조합 합법화를 위해 노력했다. 에지워스가 134쪽에서 인용하는 그의 저서《산업 조정*Industrial Conciliation*》은 1876년에 런던에서 출간되었다.

71. **테니슨**(Alfred Tennyson, 1809~1892) ···································· 24, 42

   영국의 시인. 대표작은 1850년에 발표된《애도시*In Memoriam*》. 1850년에 워즈워스의 후임으로 계관시인(Poet Laureate)이 되었고, 1884년에 빅토리아여왕으로부터 작위를 받았다. 에지워스는《시집*Poems*》(1842)에 들어있는 "록슬리홀*Locksley Hall*"과《모드*Maud and other poems*》(1855)에 들어있는 "모드*Maud*"를 인용한다.

72. **테이트**(Peter G. Tait, 1831~1901) ···································· 16, 32n, 178, 186n, 196, 198n

   스코틀랜드의 물리학자, 수학자. 벨파스트 퀸스칼리지 수학교수를 거쳐

1860년에 에든버러대학의 자연철학교수가 되었다. 초기에는 4원수(quaternion) 연구에 몰두했다. 1863년부터 열역학 등에 대한 논문을 발표했고, 1873년에는 열전기에 대한 논문을 발표했다. 에지워스는 95쪽에서 4원수와 관련해서 테이트(1863)의 "4원수 변형에 관한 소론Note on a quaternion transformation"을 인용한다. 이 논문은 〈에든버러 왕립학회 회보〉에 수록되었다. 《4원수에 관한 기초적 논저An Elementary Treatise on Quaternions》는 1867년에 출간된 테이트의 저서다. 그리고 에지워스가 거듭 인용하는 《자연철학론Treatise on Natural Philosophy》은 그와 톰슨의 공저로서 1867년에 1부가 출간되었고, 1874년에 2부가 출간되었다.

73. **토드헌터**(Isaac Todhunter, 1820~1884) ····················· 20n, 118n, 148, 192n, 230, 292
영국의 수학자. 런던 유니버시티칼리지에서 수학했고, 케임브리지 세인트 존스칼리지에서 수학을 강의했다. 많은 수학 교과서를 썼으며, 그중에는 판을 거듭한 것도 여럿 있다. 그리고 그의 1861년 저서 《변분학 발전의 역사History of the Progress of the Calculus of Variations》와 1865년 저서 《수리적 확률 이론의 역사 History of the Mathematical Theory of Probability》는 학술적으로 높은 평가를 받았다. 에지워스가 열 번 넘게 인용하는 토드헌터의 《변분학 연구Researches in the Calculus of Variations》는 1871년에 출간되었다. 1852년에 처음 출간되어 1871년에 5판이 출간된 그의 《미분학Treatise on the Differential Calculus》도 에지워스에 의해 인용된다.

74. **톰슨**(William Thomson, 1824~1907) ····························· 16, 20n, 32n, 178, 186n, 196
영국의 물리학자, 수학자. 1892년에 작위를 받아 캘빈남작(Baron Kelvin)이 되었다. 사후에는 웨스트민스터 사원의 뉴턴 무덤 옆에 안장되었다. 1842년에 글래스고대학의 자연철학교수로 부임했고, 1890~1895년에 왕립학회 회장을 역임했다. 카르노의 이론을 바탕으로 절대온도 눈금을 도입했고(1848), 열역학 제2법칙을 정식화하는(1851) 등 열역학을 확립하는 데 크게 기여했다. 1855년에 대서양전신회사의 의뢰를 받고 해저 전선 부설을 지휘하여 1866년에 이 공사를 완성하였다. 그와 테이트의 공저 《자연철학론Treatise on Natural Philosophy》은 1867년에 1부가 출간됐고, 2부가 1874년에 출간됐다. 저자들은 이 책에서 물리학의 여러 분야를 에너지 원리로 통합한다. 에지워스가 열 번 넘게 인용하는 이 책 1부의 2판은 1879년에 출간됐다. 2부의 2판은 1883년에 출간됐다.

75. **톰프슨**(William Thompson, 1755~1833) ·· 132, 266

영국의 사상가, 사회운동가. 공리주의를 자본주의 비판으로 확장했고, 오언과 함께 또는 대립하면서 협동조합운동에 참여했다. 생산물의 균등한 분배를 주장했다. 리카도파 사회주의자로도 불린다. 1824년에 출간된《인간의 행복에 가장 좋은 부富 분배의 원리에 관한 탐구*An Inquiry into the Principles of the Distribution of Wealth Most Conducive to Human Happiness*》을 비롯하여 네 권의 책을 저술했다. 에지워스가 톰프슨을 세 차례 언급하는데, 62쪽에서는《부의 분배에 관한 탐구》를 명시하고, 129쪽에서는 그를 '벤담주의자'(Benthamite)로 지칭한다.

76. **패니 켐블**(Frances Anne "Fanny" Kemble, 1805~1893) ································· 198

영국의 유명한 배우. 1834년에 미국 조지아 주에 있는 대규모 농장의 주인과 결혼하였으며, 1838~1839년에 이 농장에 머물면서 쓴 비망록이 1863년에 책으로 출간되어 큰 반향을 일으켰다(*Journal of a Residence on a Georgian Plantation*, New York: Harper & Bros). 에지워스는 95쪽에서 남녀 사이의 작업 배분과 관련하여 패니 캠블을 언급한다.

77. **페히너**(Gustav Theodor Fechner, 1801~1887) ·································· 128, 132

독일의 철학자, 심리학자. 라이프치히대학에서 의학을 공부했고, 1834년에 물리학교수로 부임했다. 1839년 이후 눈병으로 말미암아 자연철학, 심리학, 미학 등의 연구로 방향을 돌렸다. 1823년부터 스무 권이 넘는 책을 저술했는데, 그중에서 가장 큰 반향을 일으킨 것은 1860년에 출간된《정신물리학 요론 *Elemente der Psychophysik*》이다. 이 책에서 저자는 사람의 '감각'(Empfindung)과 '자극'(Reiz) 사이의 함수적 관계를 주장했다. 구체적으로는 두 변수를 γ와 β로 나타내면서, $\gamma = k(\log\beta - \log b)$. 여기서 k는 상수로서 감각마다 다를 수 있다. 이 공식은 '페히너 법칙' 또는 '베버-페히너 법칙'으로 불리는데, 에지워스가 이 법칙과 페히너(1860)를 여러 차례 인용한다.

78. **포셋**(Henry Fawcett, 1833~1884) ·· 96

영국의 경제학자. 스물다섯 살 때 사고로 실명했다. 1863년에 케임브리지대학 정치경제학교수로 부임했으며, 리카도-밀 경제학의 권위자로 여겨졌다. 1865년부터 9년간 하원 의원으로도 활동했고, 1883년에 글래스고대학 총장으로 부임했다. 에지워스가 인용하는 포셋의《정치경제학 교본*Manual of Political*

Economy》은 1863년에 출간되어 널리 사용되는 교과서가 되었으며, 1883년에 6 판이 출간되었고 사후에도 7판과 8판이 출간되었다. 그리고 포셋은 1865년과 1871년에 각각 《영국 노동자의 경제적 지위*The Economic Position of the British Labourer*》와 《극빈*Pauperism*》을 출간했다.

79. **포프**(Alexander Pope, 1688~1744) ··· 246n

영국의 시인, 비평가. 풍자시 《우인 열전*The Dunciad*》(1728), 철학시 《인간론 *An Essay on Man*》(1734) 등을 발표했다. 《인간론》은 네 개의 서간시 형식을 취한 다. 그리고 《일리아스*Ιλιασ*》의 영어 번역을 1715년부터 6년에 걸쳐 출간하여 호 평을 받았다. 그리고 1726년에 《오디세이아*Οδύσσεια*》의 영어 번역을 출간했다. 에지워스는 그의 《인간론》을 여러 차례 인용하며, 그의 《일리아스*Iliad*》 번역본 도 한 차례 인용한다.

80. **푸리에**(F. M. Charles Fourier, 1772~1837) ······························· 126, 170

프랑스의 사회사상가. 상 시몽, 오언과 함께 공상적 사회주의자로도 불린다. 농업과 수공업에 바탕을 둔 협동조합 팔랑주(Phalange)를 제안했다. 그에 따르 면, 팔랑주에서는 주민들이 각자의 자본, 각자의 노동, 각자의 재능에 따라 각 자의 몫을 지급받는다. 그리고 유동화한 분업 속에서 노동은 쾌락 그 자체가 되 며, 각자의 다양한 기호를 충족시키는 '산업적 사치'가 실현된다. 푸리에의 저 서로는 1808년에 출간된 《네 가지 운동의 이론*Theorie des quatre mouvements et des destinées générales*》, 1822년에 출간된 《가정적 농업조합*L'Association domestique agricole*》 등이 있다.

81. **프리스틀리**(Joseph Priestly, 1733~1804) ··································· 242n

영국의 신학자, 철학자. 유신론, 유물론, 결정론을 결합하려 했다. 교육학, 영 문법, 역사, 화학 등 여러 분야에서 많은 저작을 남겼다. 산소의 발견자로도 알 려져 있다. 1794년에 미국으로 이주하여 정착했다. 벤담이 《일상록*Commonplace Book*》에서 자기에게 가르침을 준 학자로 프리스틀리를 지목했는데, 이를 들어 에지워스가 프리스틀리를 '벤담의 선생들'에 포함한다.

82. **플라톤**(Πλάτων, BC 428/427~BC 348/347) ··············· 16, 110, 196, 260n, 272

그리스의 철학자. 그의 여러 저서 중 에지워스가 인용하는 것은 《필레보스 *Φίληβος*》와 《국가론*Πολιτεία*》이다.

83. **해리슨**(Frederick Harrison, 1831~1923) ··· 278, 304

영국의 법률가, 역사학자. 영국 실증주의자 위원회 회장으로 활약했으며, 콩트와 실증주의에 관해 많은 글을 썼다. 1870년 5~7월호 〈격주 평론〉에 실린 그의 논문 '콩트와 정치경제학Comte and political economy'이 케언스와의 논쟁으로 이어지기도 했다. 그리고 해리슨은 1862년에 출간된 《역사의 의미*Meaning of History*》를 비롯하여 여러 저서를 남겼다. 그는 노동조합과 임금에 관한 논문도 다수 발표했는데, 그중 하나가 1865년 5~8월호 〈격주 평론〉에 실린 '정치경제학의 한계The limits of political economy'다. 에지워스가 이 논문을 135쪽과 148쪽에서 제목을 밝히지 않고 인용한다. 해리슨의 주장과 논문들은 손턴의 《노동론》(1869)에서도 거듭 길게 인용된다.

84. **해밀턴**(William Rowan Hamilton, 1805~1865) ································· 28, 196n

영국의 수학자, 물리학자. 아일랜드에서 태어나 1824년에 더블린 트리니티 칼리지에 입학했고, 1827년에 재학 중인 칼리지의 천문학교수로 선임되었다. 1828년에 '광선계 이론Theory of systems of rays' 발표했고, 여기서 사용한 방법을 역학에 적용하는 '역학의 일반적 방법On a general method in dynamics'과 '역학의 일반적 방법, 둘째 시론Second essay on a general method in dynamics'을 1834년과 1835년에 〈왕립학회 철학 기요*Philosophical Transactions of the Royal Society*〉에 게재했다. '해밀턴 역학'은 이 두 논문에 의해 재구성된 고전역학을 가리킨다. 에지워스가 94쪽에서 인용하는 것도 이 두 논문이다. 그리고 에지워스가 95쪽에서 언급하는 4원수(quaternion)는 해밀턴이 1843년에 창안했다. 해밀턴은 이것을 자신의 최대 업적으로 생각했으며, 1853년에 《4원수 강의*Lectures on Quaternions*》를 출간했다.

85. **호라티우스**(Quintus Horatius Flaccus, BC65~BC8) ················· 180, 240, 262

로마의 시인. 작품으로는 《풍자시*Satirae*》, 《송시*Carmina*》, 《서간시*Epistles*》, 《시론*Ars Poetica*》 등이 있다. 에지워스가 86쪽에서 《풍자시》의 한 행을, 115쪽에서 《송시》의 세 행을, 127쪽에서 《시론》의 두 행을 각각 라틴어로 인용한다.

86. **호메로스**(Ὅμηρος, c800~c750 BC) ··· 240

그리스의 시인. 서사시 《일리아스*Ἰλιάς*》와 《오디세이아*Ὀδύσσεια*》의 작가라고 전해진다. 에지워스가 77쪽과 97쪽에서 출전을 밝히지 않은 채 《일리아스》를 그리스어로 인용하고, 199쪽에서는 포프의 영어 번역본에서 인용한다.

87. **홀리오크**(George Jacob Holyoake, 1817~1906) ·· 110

　　영국의 사상가, 사회운동가. 1842년에〈이성의 신탁*Oracle of Reason*〉의 편집인
이 되었으나 곧 신성모독죄로 투옥되었다. 자신의 믿음을 세속주의(secularism)
로 불렀으며, 1876년에〈세속 평론*Secular Review*〉을 창간했다. 협동조합운동에
도 기여했으며,《영국 협동조합 역사*The History of Co-operation in England*》1권과
2권을 1875년과 1879년에 출간했다. 1887년에 협동조합 의회 의장으로 추대
되었다.

88. **흄**(David Hume, 1711~1776) ··· 164, 274

　　영국의 철학자. 로크, 버클리와 함께 영국 경험론을 대표하며, 공리주의에 큰
영향을 주었다. 세 권으로 출간된《인성론*A Treatise of Human Nature*》(1739~1740)
의 제1권을 수정한 《인간 오성에 관한 탐구*An Enquiry Concerning Human
Understanding*》(1848)가 주저로 꼽힌다. 좋은 평가를 받은《도덕 정치 시론집
Essays, Moral and Political》(1741~1742)은 경제에 관한 것이 다수 있다. 이 책은
1758년에《도덕 정치 문학 시론집*Essays, Moral, Political, and Literary*》에 포함되어
다시 출간되었다. 에지워스는 78쪽에서 여성의 역량과 관련하여 이《시론집》
을 인용한다.

┃해설 2┃용어와 개념

각 항 표제에 이어 써놓은 쪽수는 원문 쪽수가 아니라 이 책의 쪽수이고,
각 항 해설 안에 쓴 쪽수는 원문 쪽수이다.

감수感受 ··· 6, 122n, 126, 162, 210, 212, 268
    'sentience'를 '감수성'으로, 'sentient'를 '감수인'으로 옮긴다. 즐거움과 괴로움을 느끼는 능력 또는 주체를 가리킨다. 생각하는 능력으로서의 이성과 구분하기 위해 18세기 철학자들이 사용한 용어이지만 나중에는 사람만 아니라 짐승도 포함하기 위해 사용하기도 했다. 예를 들면, 시지윅은《윤리학의 방법들》(1874)에서 "the happiness of all men, or all sentient beings"와 같은 문구를 종종 쓴다. 그렇지만 에지워스가 그런 의도를 갖고 이 용어를 쓰지는 않는다. 에지워스는 이 용어와 생리심리학의 친화성에 더 주목하는 듯하다.

거래인 ··· 16, 18, 42, 68, 102, 218, 226, 234, 248
    'dealer'를 '거래인'으로 옮긴다. 에지워스가 이 단어로 가리키는 것은 중개인이나 경매인이 아니라 거래의 이편저편 당사자다.《수리 정신학》의 모형에 중재(arbitration)는 있으나 중개(brokerage)는 없으며, '경매인'(auctioneer)은 원문 17쪽에서처럼 '거래인'의 한 유형으로 언급된다.

결정성 ·· 106, 236
    'determinate'와 'determinateness'를 각각 '결정적'과 '결정성'으로 옮긴다. 그리고 '결정적'은 오직 'determinate'를 옮길 때 쓴다. 에지워스가 이 용어와 'indeterminate'를 함께 색인에 포함하면서 19쪽을 지목한다. 거기서 옮기면, "계약이 **비결정적**이라 함은 무한한 수의 **최종 타결**이 존재한다는 것이다." 아래 '비결정성'에 대한 해설을 참조하라.

경쟁 ································· 2, 4, 16, 48, 80, 88, 96, 108, 120, 152, 166, 226, 294
    'competition'이 여든 번 가까이 사용되는데, 마흔 번 이상은 'perfect' 또는 'imperfect'와 함께 사용된다. 그리고 열 번 이상은 '(perfect) field of competition'으로 사용된다. 에지워스가 색인에 'Competition'과 'Perfect (Competition)'을 함께 포함시키면서 후자에 대해 18쪽을 지목하지만 거기에는 'perfect field of

competition'만 나온다. 'Field of Competition'은 따로 색인에 포함된다. 아래 '마당'과 '완전 경쟁'에 대한 해설을 참조하라.

경제학 ·· 2, 4, 14, 38, 40, 108, 158, 174, 196, 262, 302

'Economics'를 '경제학'으로 옮기고, 'Political Economy'를 '정치경제학'으로 옮긴다. 《수리 정신학》에 'Political Economy'가 열여섯 번 나타나지만 대부분 인용 문헌의 제목을 가리킨다. 에지워스는 'Economics'를 훨씬 더 자주 사용한다. 아래 '정치경제학'에 대한 해설을 참조하라.

계약 곡선 ···················· 50, 54, 58, 60, 64, 82, 88, 104, 120, 232n, 264, 278n, 292

'contract-curve'는 에지워스가 창안한 용어이며, 《수리 정신학》에서 예순 번 넘게 등장한다. 에지워스가 색인에 이 용어를 포함하지 않으나 'contract'를 포함하면서 17쪽과 21쪽을 지목한다. 17쪽에서 옮기면, "한 주체의 행동은 그 행동에 영향을 받는 다른 주체들의 동의 **없이** 이뤄지기도 하고 동의를 **받아** 이뤄지기도 [하는데], 넓은 의미에서 … 둘째 종의 행동은 **계약**이라 부를 수 있다." 그리고 21쪽에서 에지워스는 "거기로부터 무한히 작은 걸음을 내딛을 때 그것이 **어느 방향이더라도** P와 Π 둘 모두가 증가하지는 않는 … 그런 점의 궤적"을 가리켜 '계약 곡선'으로 부르자고 제안한다. 여기서 P와 Π는 두 당사자의 효용이다. 따라서 '계약 곡선'은 '타결'의 조건을 갖춘 계약만을 나타낸다. '타결'에 대한 아래 해설을 참조하라. 에지워스는 '계약 곡선' 앞에 '순수'(pure) 또는 '비순수'(impure)를 붙여 쓰기도 하는데, 후자는 극대가 아닌 극소 효용에 상응한다. 즉 '비순수 계약 곡선'은 일정한 P(Π)에 대해 Π(P)가 최소인 점의 궤적이다. 그리고 37쪽에서 수리식으로 정의되는 '보완 계약 곡선'(supplementary contract-curve)은 재계약에 관한 곡선이다.

계층 ································ 110, 136, 142, 146, 150, 152, 154, 162, 186n, 264, 302

에지워스가 말하는 'section'은 역량(capacity) 등에 따라 나뉘는 것이어서 위계적 성격을 가진다. 이를 반영하여 'section'을 '계층'으로 옮긴다. 에지워스는 이와 비슷한 의미로 'class'를 쓰기도 하는데, 그 경우에는 그것도 '계층'으로 옮기고, 그렇지 않은 경우에는 '부류'로 옮긴다.

공급 ···························· 18, 68, 72n, 92, 102, 226, 244, 246, 248, 250, 302

'supply'가 명사로 사용될 때 '공급'으로 옮긴다. 주로 '수요'(demand)와 함께 사용된다. 가격과 관련하여 '수요'를 언급한 최초의 문헌으로 로(John Law,

1671~1729)의《화폐와 교역*Money and Trade Considered with a Proposal for Supplying the Nation with Money*》(1705)이 꼽힌다. 그러나 로는 이 책에서 '수요 대비 수량'(quantity in proportion to demand)이 가격을 결정한다고 했다(5쪽). 사실 이 무렵에는 'supply'가 동사로만 사용되었다. 이에 비해 스튜어트(James D. Steuart, 1712~1780)는《정치경제학 원리 탐구*Inquiry into the Principles of Political Oeconomy*》(1767)에서 '수요와 공급 사이의 비율'(the proportion between the demand and supply)로 썼다(201쪽). 그렇지만 여기서도 '공급'은 주어진 수량이다. 가격에 따라 달라지는 수량으로서의 공급이라는 개념은 그 후로도 오랫동안 사용되지 않았다. 이 개념은 존 스튜어트 밀의《정치경제학 원론*Principles of Political Economy*》(1848)에서 어렴풋이 사용되었고, 마셜의《해외 교역의 순수 이론. (국내) 가치의 순수 이론*The Theory of Foreign Trade. The Pure Theory of (Domestic) Values*》(1879)에서 본격적으로 사용되었다. Cf. Thweatt, W. O., 1983. Origins of the terminology, supply and demand. *Scottish Journal of Political Economy* 30, 287~294.

공리功利 ······················ 2, 4, 16, 24, 30, 114n, 120, 122n, 168, 200, 212, 262, 300
'utilitarian'이나 'utilitarianism'을 옮길 때는 '공리'라는 윤리학의 용어를 사용한다. 이에 비해 뒤에 나오는 'utility'는 '효용'으로 옮긴다.

괴로움 ·· 6, 10, 122, 138, 144
'pain'을 '괴로움'으로 옮긴다. '고통'으로 옮기려면 그것과 짝을 이뤄 자주 사용되는 'pleasure'를 '쾌락' 또는 '쾌감'으로 옮겨야 할 텐데, '쾌락'은 'hedonic' 등을 위해 남겨둔다.

균일성 ·· 18, 88, 92, 102, 246
'uniformity of price'를 '가격의 균일성'으로 옮긴다. 한 시장에서 동일한 상품이 상이한 가격으로 거래될 수 없음을 가리킨다. 존 스튜어트 밀(1848, 2편, 4장, 3절)과 제번스(1871, 84~88쪽; 1879, 91~95쪽)는 시장가격의 이런 성질을 '경쟁'의 결과로 보았다. 이에 비해 에지워스는 '가격의 균일성'을 두 조건으로부터 '연역될 수 있는 효과'로 규정하면서 그 두 조건을 시장의 '충만성'과 '유체성'으로 명명한다. 5쪽과 18쪽을 보라.

균형 ···································· 16, 38, 48, 54, 56, 60, 62, 70, 186, 218, 298
'equilibrium'에 상응하는 프랑스어는 'équilibre'다. 이 단어는 라틴어 aegui와 libra에서 유래했는데, 후자는 로마의 무게 단위이기도 하다. 그래서 그 뜻을 풀면, 동등한 무게(equal weights)가 된다. 저울을 연상시키는 단어인 것이다.

물리학에서 저울이나 지레의 균형은 힘의 평형을 의미하며, 변동의 경향이 없는 상태를 가리킨다. 경제에 있어서 이런 정태적(static) 의미의 균형과 가장 잘 어울리는 것이 공급과 수요의 동등인데, 존 스튜어트 밀이 《정치경제학 원론》(1848)에서 이런 의미의 균형을 명시적으로 제시했다(3편의 여러 장, 4편의 1장). 이에 앞서 애덤 스미스는 《국부론》(1776)에서 (균형이라는 단어를 사용하지 않았지만) 평형보다 균일을 강조했으며, 특히 이윤율의 균일을 강조했다. 이런 차이에도 불구하고 밀과 스미스 모두 동등 또는 균일을 구체적 실재가 아닌 일반적 경향으로 간주했다는 점에서는 다르지 않다. 그리고 이보다도 앞서 스튜어트(James D. Steuart, 1712~1780)의 《정치경제학 원리 탐구Inquiry into the Principles of Political Oeconomy》(1767)에서 '균형'이 여러 차례 등장하지만(2편, 10장, 12장, 15장, 24장) 거기서는 그 단어에 별다른 의미가 주어지지 않았다.

제번스(1871)와 발라스(1874)의 '균형'도 스미스-밀의 전통에서 크게 벗어나지 않는다. 그렇지만 제번스의 '균형'은 더 이상의 교환이 이뤄지지 않을 상태를 가리키며, 그 정지의 조건으로 가장 강조되는 것은 동등이나 균일이 아니라 극대다. 균형의 내용으로서 효용 극대화를 강조한 것이다. 이에 비해 발라스(1874)는 균형의 내용에 효용 극대화를 포함하면서도 강조한 것은 수요와 공급의 동등이다.

《수리 정신학》에서 '균형'은 스물여섯 차례 등장하며, 하나의 의미로만 사용되지는 않는다. 그리고 그 의미를 분석적으로 설명하지도 않는다. 그렇지만 에지워스의 '균형'을 가장 잘 설명하는 구절을 인용하면(31쪽), "재계약 없이 기존 당사자들의 동의를 받아 기존 계약을 변경하는 것이 불가능할 뿐만 아니라 경쟁 마당 안에서 재계약에 의해 변경하는 것도 불가능하다면 그때 비로소 균형이 이뤄진다." 에지워스는 이런 의미의 균형을 공급과 수요의 동등을 가리키는 균형과 대비하면서 후자를 '완전 경쟁'에만 적용될 수 있는 개념이라고 주장한다.

도덕과학 ·· 10, 32, 188

'moral science'를 '도덕과학'으로 옮긴다. 이 용어는 흄이 《도덕 원리에 관한 탐구Inquiry Concerning the Principles of Morals》(1751)에서 처음 사용한 것으로 알려져 있는데, 경험적 현상에 기초하여 '인간 본성 및 관계'를 탐구하는 과학을 가리켰다. 존 스튜어트 밀은 《논리학 체계》(1843) 6편에서 '도덕과학'이라는 제목으로 윤리학, 정치학, 경제학, 사회학, 심리학 등을 모두 포함한다. 이 용어가 《수리 정신학》의 부제에 등장하긴 하지만 그 뒤로는 부론 I.에서 한 차례 사용될 뿐이다. 에지워스가 이 용어를 사용하는 것은 사회과학 또는 경제학과 더불어 윤리학을 명시적으로 포함하기 위해서라고 볼 수 있다.

동등 ·· 6, 18, 22, 116, 136, 140, 206, 208, 246, 254, 274

'equality'와 'equation'을 각각 '동등성'과 '동등'으로 옮긴다. 그러나 'equate,' 'equateable,' 'equatability' 등을 옮길 때는 '등치等置'를 쓴다. 물론 'equation'은 '방정식'으로도 옮긴다. 그리고 'equity'는 '평등'으로 옮긴다. 에지워스가 작성한 색인에는 이들 단어들 가운데 'Equality'만 들어있다.

마당 ·· 42, 44, 70, 74n, 76, 78, 92, 188, 216, 286, 300

에지워스가 물리학에서 가져와 사용하는 'field'를 '마당'으로 옮긴다. 그래서 '(perfect) field of competition'은 '(완전) 경쟁 마당'이 된다.

'전자기장'이나 '힘의 장'처럼 '장場'으로 더 많이 옮기는 'field'는 라그랑주 역학의 핵심 개념으로서 어떤 물리량이 일정한 공간 영역에 걸쳐 그 공간 내 위치의 함수로 주어질 때의 영역이다. '경쟁 마당'도 그 안의 각 점에 대응하여 계약자들의 효용이 정해진다. 에지워스는 이런 의미의 '마당'을 마흔 번 넘게 사용하고, 색인에도 'Field of Competition'을 포함한다.

무차별 곡선 ·· 66, 78, 80, 88, 90, 234, 236, 288, 290

'indifference-curve'는 에지워스가 창안하여 사용하는 용어다. 'curve of indifference'로도 쓴다. 29쪽에서 처음 사용하지만 그 의미를 직접 설명하지는 않고, 각주를 통해 21쪽의 '무차별 선'에 대한 설명을 참조하게 한다. 에지워스는 'Indifference-curve'를 색인에 포함하는데, 그때도 21쪽을 지목한다. 아래 '무차별 선'에 대한 해설을 참조하라.

무차별 선 ·· 50, 52

'line of indifference'의 정의는 21쪽에서 수리 식으로 제시된다. 그대로 옮기면, $(\xi - x)\left(\dfrac{dP}{dx}\right) + (\eta - y)\left(\dfrac{dP}{dy}\right) = 0$. 이 수리 식에서 P는 거래인의 효용이며 주고받는 두 상품 수량(x, y)의 함수다. 에지워스가 '무차별 곡선'을 먼저 설명했더라면, 이 수리 식으로 정의된 '무차별 선'을 가리켜 '점 (x, y)에서 무차별 곡선에 접하는 직선'이라고 설명할 수 있었을 것이다. 에지워스는 이것과 '선호 선'을 연결하여 설명한다. 그리고 두 거래인의 '무차별 선' 또는 '선호 선'을 사용하여 두 거래인 사이의 '계약 곡선'을 도출한다.

물건 ································ 4, 42, 56, 64, 66, 72, 106, 108, 114, 218, 286, 294, 300

'articles of contract'를 '계약 물건'으로 옮긴다. 여기서 '물건'은 물품만 아니라 여러 가지 노동도 포함한다. 그리고 때로는 협동조합의 구성원들이 결정해야 하는 그들 사이의 분배 원리를 가리킨다.

미분 ································ 22n, 122, 130, 148, 154, 190, 192, 208, 218, 232, 248

'differential'을 '미분'으로 옮기고, 92쪽에서 한 차례 사용되는 'differential co-efficient'를 '미분계수'로 옮긴다. 후자는 오일러(Leonhard Euler, 1707~1783)가 제안했던 용어인데, 미분의 결과가 상수가 아닌 만큼 이 용어가 부적절하다는 비판이 있어왔고, 라그랑주는 도함수(fonction dérivée)라 부르면서 $f'(x)$ 등으로 나타냈다. 그래서인지 에지워스가 37쪽에서는 '도함수'(derived function)라는 용어를 사용한다. 그렇지만 대부분의 경우에는 미분과 미분계수 또는 도함수를 구분하지 않고 모두 '미분'이라 부른다.

편미분과 전미분은 수리 식에서 다르게 표시되는데, 편미분은 괄호로 표시된다. 예컨대 $\left(\dfrac{dP}{de}\right) = 0$. 그렇지만 에지워스는 이것을 '편미분'(partial differential)으로 구분하여 부르지 않고 대부분 '미분'으로 쓴다. 이에 비해 편미분이 아닐 경우에는 그것을 밝히면서 수리 식에서 대문자 D로 나타낸다. 예컨대 $\dfrac{DP}{D\Pi} = g^2$. 그렇지만 에지워스는 DP와 DΠ를 '완전 변분'(complete variation)이라 부른다.

그리고 에지워스가 'first differential'과 'second differential'로 쓰면서 가리키는 것은 1차(first-order)와 2차(second-order) 미분계수인데, 그래도 '첫째 미분'과 '둘째 미분'으로 옮긴다. 113쪽에서는 'first-order'로 쓰는데 그때는 '1차 미분'으로 옮긴다.

미적분학 ································ 2, 6, 10, 20, 22, 38, 40, 76, 146, 150, 170, 196

'calculus'를 '미적분학'으로 옮긴다. 이것과 연결하여 'calculus of variations'를 '변분학'으로 옮긴다. 이 책에서 'calculus'가 60여 회 사용되고, 그 가운데 20여 회가 'calculus of variations' 안에 들어 있다. 그렇지 않은 많은 경우에도 'calculus'가 사실은 'calculus of variations'을 의미한다. 그리고 '미분학'으로 옮기는 'differential calculus'는 다섯 번 사용된다. 71쪽에서 한 번 사용되는 'infinitesimal calculus'는 '미적분학'으로 옮긴다. 아래 '변분학' 항을 참조하라.

배열 ································ 6, 20, 30, 60, 66, 100, 114, 118, 188, 198, 264, 294

'arrangement'를 '배열'로 옮긴다. 에지워스가 20여 차례나 사용하는 이 용어는 수식구가 붙지 않더라도 당사자들 사이의 '계약 물건'의 배열을 가리킨다. 물리학에서는 원자나 이온, 분자들이 규칙적 또는 불규칙적인 순서로 결합하는 모양을 지칭하는 용어다. 에지워스는 물리학의 용어를 자주 차용한다.

변분 ································· 20n, 52, 54, 142, 146n, 190, 210, 222

에지워스가 67쪽에서 어떤 유한 적분 V에 대해 'variation of V'라고 부르면서 그에 관한 수리 식에서 'δy' 등을 쓰는데, 이와 같은 의미로 사용되는 'variation'을 '변분'으로 옮긴다. 그리고 에지워스는 22쪽에서 어떤 함수의 값 P에 대해 'complete variation of P'라고 부르면서 수리 식에서 'DP'로 나타내는데, 이것은 전미분과 다르지 않으나 '완전 변분'으로 옮긴다.

에지워스가 변분과 연결해서 사용하는 용어로서 'first term'과 'second term'이 있는데, 각각 '첫째 항'과 '둘째 항'으로 옮긴다. 이것들은 피적분함수의 매클로린급수와 관련이 있다. 예컨대 $V=\int_{x_0}^{x_1} \phi(x,y)\,dx$ 에 대해 변분의 '첫째 항'과 '둘째 항'은 각각 $\dfrac{\partial \phi}{\partial y}\delta y$, $\dfrac{\partial^2 \phi}{\partial y^2}\delta y^2$.

변분학 ····················· 20, 118n, 122n, 140, 182, 190, 226, 230, 252, 268, 292

'calculus of variations'은 해석학의 한 분야로서 주로 유한 적분의 값이 극대 또는 극소가 되게 하는 함수를 찾는 문제를 다룬다. 주어진 가격에서 한계효용의 적분인 효용을 극대화하는 수요함수, 즉 가격과 수요의 관계를 찾는 것도 변분학의 문제가 될 수 있다. 그렇지만 에지워스가 가장 많은 관심을 갖는 문제는 한 사회의 총합 효용을 극대화하는 분배함수, 즉 역량(capacity)과 수단(means)의 관계다.

부류 ································· 6, 40, 66, 70, 74n, 176, 182, 226

'class'를 경우에 따라 '부류'로 옮긴다. 에지워스의 'class'는 마르크스의 'class'와 무관할 뿐만 아니라 '계층'의 뜻도 가지지 않는 경우가 많다. '무리'와 '집단'은 각각 'family'와 'group'의 번역이다. 위 '계층' 항을 참조하라.

불확정 ································· 26, 28, 184, 188, 190, 192, 204

'indefinite'를 대부분 '무한'으로 옮기지만 때로는 '불확정'으로 옮긴다. 에지워스는 이 단어와 'indeterminate'를 구분해서 사용한다. 전자는 정확히 알지 못하는 경우를 가리키고, 후자는 하나로 정해지지 않는 경우를 가리킨다. 후자는 '비결정적'으로 옮기는데, 이에 대한 아래 해설을 참조하라.

비非결정 ··············· 48, 66, 74, 92, 94, 98, 100, 104, 106, 108, 280, 284, 296

'indeterminate'와 'indeterminateness'를 각각 '비결정적'과 '비결정성'으로 옮

긴다. 이와 반대되는 'determinate'와 'determinateness'는 '결정적'과 '결정성'으로 옮긴다. 이 넷은 합쳐서 쉰 번 넘게 사용되는데, '비결정성'은 에지워스가 '최종 타결'이라 부르는 균형이 무수히 많이 존재하여 거래인들 사이의 계약이 어느 하나로 정해지지 않음을 가리킨다. 에지워스에 앞서 존 스튜어트 밀(1869)이 손턴(1869)의 《노동론》에 대한 논평에서 가격과 임금에 관한 손턴의 주장을 가리키며 이 용어를 사용했다. 제번스도 자신의 1871년 저서 《정치경제학 이론》에서 손턴의 주장을 반박하면서 이 용어를 사용했다. 이것과 구분되는 'indefinite'는 '불확정적' 또는 '불확정한'으로 옮기는데, 이에 대한 위 해설을 참조하라. '결정성'에 대한 위 해설도 함께 참조하라.

사회과학 ································ 14, 20, 26, 28, 38, 182, 184, 190n, 198, 202, 242, 268

'social science'를 '사회과학'으로 옮긴다. 에지워스는 이 용어를 열다섯 번 사용한다. 이 용어는 존 스튜어트 밀의 1836년 논문 "정치경제학의 정의On the definition of political economy"에서도 발견되는데, 그 후 이 용어는 귀납적, 통계적 방법을 강조하기 위해 사용되기도 했다. 그렇지만 에지워스가 사회과학의 방법과 관련하여 강조하는 것은 수학 사용이다.

사회학 ·· 10, 12n, 20, 226, 260, 276

'sociology'를 '사회학'으로 옮긴다. 'sociologie'는 콩트가 《실증철학 강의》(1830~1842)에서 처음 사용한 것으로 알려져 있다. 거기서 콩트는 그 용어로 인간과 사회에 관한 연구를 총칭하면서 그것의 실증성과 종합성을 강조한다. 존 스튜어트 밀의 《논리학 체계》(1843) 6편 9장에서도 사회학이라는 용어가 콩트의 이름과 함께 발견된다. 에지워스가 이 용어를 일곱 번 사용하는데 대부분 콩트 또는 밀과 연결하여 사용한다. 콩트와 밀은 사회학 또는 사회과학의 수학 사용에 대해 부정적이었다.

선호 선 ·· 52

'line of preference'는 주어진 점 (x, y)로부터 효용을 가장 빨리 증가시키는 방향을 나타내는 직선이며, 에지워스가 21쪽에서 정의하는 '무차별 선'과는 수직을 이룬다. 이렇게 정의되는 '선호 선'은 물리학의 역선(line of force)과 비교될 수 있으며, 에지워스가 22쪽에서 그것을 지적한다. 'line of pleasure-force'로도 쓰는데, 이때는 '즐거움 역선'으로 옮긴다.

수량 ···················· 2, 10, 12, 20, 26, 30, 88, 132, 186n, 250, 266
'quantity' 또는 'quantitative'를 옮길 때 '수량'을 사용한다. 그래서 'the science of quantity'를 '수량 과학'으로, 'quantitative relation'을 '수량적 관계'로 옮긴다. 이에 비해 'numerical'을 옮길 때는 '수치'를 사용한다. 그리고 'amount'는 '양' 또는 '금액'으로 옮긴다.

수요 곡선 ···················· 74, 86, 90, 92, 100n, 104, 218, 234, 282, 290, 298
'Demand-Curve'를 색인에 포함하면서 에지워스는 38~42쪽을 지목한다. 39쪽에서 옮기면, '수요 곡선'은 '$\frac{y}{x}$ 의 **어떤 교환 가치, 요율**料率에서 한 거래인에게 극대 이득을 가져다주는 거래량을 나타낸다.' 이렇게 정의되는 '수요 곡선'의 방정식을 극좌표로 쓰면, $\frac{dP}{d\rho}=0$ 또는 $\rho=f(\theta)$. 여기서 P는 효용으로서 주고받는 수량의 함수인데, 그 수량이 $\rho\cos\theta$과 $\rho\sin\theta$으로 표시된다. 그리고 $\tan\theta$가 교환 요율이다. 이 수리 식들에서 알 수 있듯이, 에지워스의 '수요 곡선'은 존 스튜어트 밀이 《정치경제학 원론》 3판에서 해외 교역과 관련하여 명명한(1852, bk. 3, ch. 18, §5) '상호 수요'(reciprocal demand)와 교환 비율의 관계를 가리킨다. 이 관계를 마셜은 《해외 교역의 순수 이론》(1879)에서 수량-수량 평면 위에 곡선으로 나타냈다. 에지워스도 이와 같은 내용의 두 곡선을 27쪽의 [그림 1]에 그린다.

수치 ···················· 2, 10, 12, 16, 106, 130, 174, 180, 182, 190, 290
'numerical'과 'numerically'를 옮길 때 '수치'를 사용한다. 예컨대 'numerical law'는 '수치 법칙'으로, 'numerically measured belief'를 '수치로 측정되는 믿음'으로 옮긴다. 그리고 'unnumerical mathematics'와 'unnumerical knowledge'를 각각 '비非수치 수학'과 '비非수치 지식'으로 옮긴다.

완전 경쟁 ···················· 60n, 68, 70, 74, 102, 104, 226, 294n, 302, 304
'perfect competition'을 분명한 정의와 함께 사용한 것은 에지워스의 《수리 정신학》이 처음이다. 에지워스는 색인에 'Perfect (Competition)'을 포함하면서 18쪽을 지목하는데, 거기서 네 조건을 열거한다. 《수리 정신학》 이전에 더 많이 사용되던 용어는 '자유 경쟁'(free competition)인데, 이것은 주로 담합이나 특권 또는 규제의 부재를 가리켰다. 예컨대 제번스의 《정치경제학 이론》에서 '완전히 자유로운 경쟁'(perfectly free competition)은 "조금이라도 이득이 있어 보이면 누구든 누구와도 교환하는" 것을 가리켰다(1871, 85~86쪽; 1879, 92쪽). 이에 비해 에지워스의 '완전 경쟁'은 교환 당사자의 수數와 계약 물건의 분할 가능성을 강조한다.

에지워스에 앞서 쿠르노는 《부 이론에 관한 연구》(1838) 8장에서 생산자의 수와 연결하여 '무한 경쟁'(concurrence indéfinie)을 정의했다. 생산자가 무수히 많아서 한 생산자의 판매량 증가가 전체 판매량 및 가격에 거의 아무런 영향을 미치지 않는 상태를 그렇게 불렀다. 그렇지만 쿠르노가 상정하는 생산자들 사이의 '경쟁'과 에지워스가 상정하는 계약자들 사이의 '경쟁'은 그 내용이 다르다. 에지워스의 '완전 경쟁'은 무수히 많은 계약자만 아니라 다른 조건들도 필요로 하는데, 그 조건들은 넷으로 구분되어 18쪽 이하에서 제시된다.

역량 ························· 6, 122, 126, 136, 140, 142, 144, 146, 164, 192, 254, 286

'capacity'는 이 책 2부의 '공리 미적분학'에서 많이 사용되는데, 주로 'capacity for happiness'와 'capacity for pleasure' 그리고 'capacity for work'로 나타난다. 이때 'capacity'를 '용량'으로 옮긴다면 어색할 것이다. 동일한 괴로움으로 더 많은 생산을 하는 경우를 가리켜 'capacity for work'가 크다고 에지워스가 진술하는데, 이것은 '작업 역량'으로 옮기는 편이 적절하다. 이에 맞춰 나머지 둘은 '행복 역량'과 '즐거움 역량'으로 옮기는데, 동일한 수단으로부터 더 많은 행복 또는 즐거움을 느끼는 능력을 가리킨다. 그렇지만 123쪽의 'thermal capacity'는 '열용량'으로 옮긴다. 에지워스는 색인에 'Capacity'를 포함하면서 57~59쪽을 지목한다. 한편 에지워스는 《윤리학의 새로운 방법과 오래된 방법》(1877)에서 느낌(γ)과 자극(β)의 관계에 관한 페히너의 공식($\gamma = k(\log\beta - \log b)$)을 소개하면서 k가 '즐거움 역량'에 상응한다고 말했다.

연합 ····································· 4, 46, 94, 96n, 200, 262, 276, 280, 296, 298, 300

'combination'을 '연합'으로 옮기고, 'union'과 'association'은 '조합'으로 옮긴다. 'combination'은 당시 널리 사용되던 용어로서 노동자 연합과 기업가 연합을 두루 가리킨다. 에지워스가 작성한 색인에도 'Trades-Union'과 'Cooperative Association'이 'Combination'과 함께 포함되어 있다. 아래 '조합'에 대한 해설을 참조하라.

요율 ····································· 86, 88n, 96, 130, 208, 218, 238, 248, 290

'rate of wages'와 'rate of rent'를 '임금 요율'과 '지대 요율'로 옮기듯이 'rate of exchange'를 '교환 요율'로 옮긴다. 제번스가 《정치경제학 이론》(1871)에서 주로 '교환 비율'(ratio of exchange)로 쓰는 데 비해 에지워스는 반드시 '교환 요율'로 쓴다. 제번스의 의도와는 무관하게, 전자는 사후적(ex post) 느낌을 주고 후자는 사전적(ex ante) 느낌을 준다. 그래서 에지워스가 '교환된 물품들의 비율'로는 쓰지만 '각 교환 비율에서의 수요'로는 쓰지 않는다. 그리고 에지워스는 '각 교환 요율에서의 수요'도 완전 경쟁에만 적용할 수 있는 개념이라고 주장한다.

용역 ·· 4, 100, 278

'service'는 그 앞에 수식어 'personal'이 붙지 않더라도 하인(servant)의 노동처럼 개인적 용역을 가리킨다.

유체성 ··· 18, 44, 102

'fluidity of market'를 '시장의 유체성'으로 옮긴다. '계약 물건의 무한 분할 가능성'을 가리키며, 얼마든지 많은 거래인과의 계약 및 재계약이 가능하기 위해 필요한 조건이다. 5쪽과 18쪽을 보라.

이기利己 ······························ 2, 40, 112, 166, 168, 210, 212, 216, 252, 264

'egoism'과 'egoist'를 '이기주의'와 '이기주의자'로 옮긴다. 개인의 마음 또는 행동의 성질을 가리키는 게 아니라 윤리학의 특정 방법을 가리키며, 공리주의와 비교된다. '이기적'으로 옮기는 'egoistic'도 대부분 그러하다. 에지워스는 이 용어를 쓸 때 종종 대문자로 시작하는데, 'Egoistic'과 대비되는 것으로 'Utilitarian' 외에 'Universalistic'을 들기도 한다. 시지윅은 이기적(Egoistic) 쾌락주의와 보편적(Universalistic) 쾌락주의를 구분하면서 후자를 공리주의의 다른 이름으로 간주했는데, 에지워스가 이를 따르는 것이다. 그리고 에지워스가 개인의 특성을 지칭하기 위해 쓰는 단어로 'self-interested'가 있는데, 이것은 '자기 이익만을 쫓는'으로 풀어 옮긴다.

자료 ································· 2, 10, 20, 26, 68, 174, 184, 204, 252, 290

'data' 또는 'datum'은 라틴어로서 '주어진 것'을 뜻하며, 정보 또는 지식과 비교된다. 에지워스도 그런 의미에서 이 말을 사용하므로 '기초 자료'로 옮긴다. 그러나 그 앞에 'numerical,' 'statistical' 등의 수식어가 붙으면 '수치 자료,' '통계 자료' 등으로 옮긴다.

작업 ·································· 66, 72, 74, 96, 116, 126, 218, 252

'work'와 'worker'를 '작업'과 '작업자'로 옮긴다. 'labour'와 'labourer'는 '노동'과 '노동자'로 옮긴다.

재계약 ····························· 42, 44, 46, 70, 78, 82, 86, 90, 294, 296

'recontract'를 '재계약'으로 옮긴다. 에지워스의 교환 이론에서 핵심적인 개념이며 서른 번 가까이 사용된다. 에지워스는 색인에 'Contract'와 'Recontract'를 함께 포함시키면서 후자와 관련하여 17쪽을 지목하는데, 거기서 예를 통해 그것의 의미를 밝힌다. 그 예시에서도 알 수 있듯이, 재계약은 계약의 갱신이 아니다. 재계약은 그 내용이 기존 계약과 다를 뿐만 아니라 상대방도 다를 수 있으며, 기존 계약 상대방의 동의 없이 이뤄질 수 있다.

정상定常 ·································· 20n, 60, 148, 150

'stationary'를 '정상'으로 옮긴다. 함수의 미분이 영이 되는 점을 가리키며, 그 점에서 함수가 극대일 수도 있고 극소일 수도 있다.

정신학 ·································· 22, 178, 186, 192, 202, 204, 284

'psychics'를 '정신학'으로 옮긴다. 당시 널리 사용되던 용어가 아니며, '심령술사'를 가리키는 것은 더욱 아니다. 에지워스가 'physics'의 대구로서 만들어낸 듯하다. 에지워스는 'physical science'의 대구로는 'social science' 또는 'moral science'를 사용한다. 따라서 '정신학'은 경제학과 윤리학을 포함하는 도덕과학과 같은 것으로 이해할 수 있다. 옮긴이 해제의 설명을 참조하라.

정치경제학 ·································· 14, 238, 246, 256

'Political Economy'를 '정치경제학'으로 옮기고, 'Economics'를 '경제학'으로 옮긴다. 'économie politique'와 'political economy'는 18세기 중반부터 프랑스와 영국에서 사용되어 왔으며, 이것이 'economics'로 완전히 대체된 것은 20세기의 일이다. 제번스가 1879년에 출간된 《정치경제학 이론》 2판의 서문에서 이 대체를 주창했고, 마셜이 자신의 1890년 저서에 붙인 제목이 '경제학 원론'(Principles of Economics)이다. 한편 일본에서는 'political economy'가 1862년에 처음으로 '經濟學'으로 번역되었고, 그 후에는 'political economy'와 'economics'가 모두 '經濟學'으로 번역되고 있다. 사실 경제는 경세제민經世濟民의 줄임말이므로 거기에는 이미 정치(political)의 의미가 들어있다고 할 수 있다. 그래도 여기서는 'political economy'는 '정치경제학'으로, 'economics'는 '경제학'으로 옮기기로 한다.

정확 ·································· 162, 166, 202, 204, 268

'exact'를 '정확한'으로 옮긴다. 에지워스는 《윤리학의 새로운 방법과 오래된 방법》(1877, 35쪽)에서 흄의 효용 원리가 수량적이지(quantitative) 않고 벤담과 밀의 최대 행복 원리가 그다지 명시적이지(explicit) 않다고 지적하면서 그것들과 비교되는 페히너와 시지윅의 이론을 가리키는 용어로서 '정확한(exact) 공리주의'

를 제안했다. 《수리 정신학》에서는 '정확한'이 공리주의만 아니라 과학이나 사회과학과도 연결되는데(77, 97, 98쪽), 이때 그것은 현상이나 관계를 수리 기호와 식으로 엄밀하게 나타낼 수 있음을 가리킨다.

그렇지만 이 단어는 당시에 더 제한적으로 사용되었다. 예컨대 제번스가 《정치경제학 이론》(1871) 1장에서 '수리적 과학'과 '정확한 과학'을 구분하면서 후자에 대해 말하기를, "혹성이나 별의 위치를 정밀하게 측정할 수 있다는 의미에서 천문학은 다른 과학보다 더 정확하다." 이에 앞서 밀은 《논리학 체계》(1843) 6편 3장에서 '정확한 과학'의 예로서 천문학을 들고, 아직 그렇지 못한 과학의 예로서 조수학潮水學을 든다. 그리고 도덕과학, 즉 인간의 본성에 관한 과학이 조수학처럼 '부정확한'(inexact) 과학일 수밖에 없는 까닭을 설명한다.

조합 ···················· 4, 42, 96, 98, 100, 106, 170, 200, 276

'union'과 'association'을 모두 '조합'으로 옮긴다. 'union'은 주로 노동조합 (trades union)을 가리키고, 'association'은 주로 협동조합(cooperative association)을 가리킨다. 에지워스는 색인에 'Cooperative Association'과 'Trades-Union'을 포함시키는데, 후자는 'Combination'과도 연결한다. 'combination'은 '연합'으로 옮긴다. 위 '연합'에 대한 해설을 참조하라.

주체 ···················· 20, 30, 38, 40, 72, 114n, 212, 214

'agent'를 '주체'로 옮긴다. 개인이나 가족일 수도 있고 조합이나 연합일 수도 있다. '계약의 주체'(contracting agent), '생산의 주체'(agent of production) 등으로도 사용된다.

즐거움 ···················· 2, 6, 10, 24, 30, 38, 56, 120, 126, 130, 178, 186n, 196, 204

'pleasure'를 '즐거움'으로 옮기고, 이 단어와 짝을 이뤄 자주 사용되는 'pain'은 '괴로움'으로 옮긴다. '쾌락'은 'hedonic,' 'hedonical,' 'hedonism' 등을 옮길 때 사용한다.

증분 ···················· 22, 58, 62, 122, 124, 126, 128, 136, 206, 208

'increment'를 '증분'으로, 'complete increment'를 '완전 증분'으로 옮긴다. 에지워스는 무한히 작은 미분과 구분하여 유한한 차이를 가리키기 위해 '증분'을 쓴다. 에지워스가 7쪽을 비롯하여 다섯 차례 언급하는 '겨우 인지할 수 있는 증분'(just-perceivable increment)도 그런 경우다. 그렇지만 '증분'이나 '완전 증분'이 미분이나 전미분과 다르지 않은 경우도 있다. 예를 들어 25쪽에서 '$d\sigma$'로 쓰고 '증분'

이라 부르고, 27쪽에서는 D(l_1P$_1$+l_2P$_2$+$etc.$+l_mP$_m$)로 쓰고 '완전 증분'이라 부른다.

최대쾌락선 ·· 136, 138, 140, 154

'megisthedone'을 '최대쾌락선'으로 옮긴다. 원문 64쪽 이하에서 여러 차례 사용되는 이 용어는 에지워스가 만든 것인데, '가장 큰' 혹은 '가장 위대한'이라는 뜻의 그리스어 μέγιστη(megisti)와 ἡδονή(hedone)의 결합이다. 아래 '쾌락학' 항을 참조하라.

최소고통선 ··· 140

'brachistopone'을 '최소고통선'으로 옮긴다. 66쪽에서 사용된다. 앞에서 사용되는 '최대쾌락선'과 대비되며, 그것과 마찬가지로 에지워스가 만든 용어다. '가장 작은'을 뜻하는 그리스어 βράχιστος(brachistos)와 '고통'을 뜻하는 그리스어 ποινή(poine)의 결합인데, 포에나(Poena)는 신화에 나오는 복수와 형벌의 화신이다. 그리고 이 용어는 물리학의 용어 '최속강하선'(brachistochrone)를 생각나게 한다.

충만성 ·· 18, 68

'fulness of market'을 '시장의 충만성'으로 옮긴다. '거래가 종결될 때까지 **계속** 존재하는 무한한 수의 거래인'을 가리키며, 얼마든지 많은 거래인과의 계약 및 재계약이 가능하기 위해 필요한 조건이다. 원문 5쪽과 18쪽을 보라.

쾌락계량학 ·· 124, 170, 204, 212

'Hedonimetry'를 '쾌락계량학'으로 옮긴다. 에지워스가 만들어 쓰는 용어인데, 즐거움과 괴로움 또는 효용의 측정 및 비교에 관한 연구를 가리킨다. 에지워스는 그 외에도 여러 용어를 만들어내는데, 이 용어처럼 종종 그리스어 또는 라틴어를 사용한다.

쾌락학 ·· 6, 146, 158, 168, 224

'Hedonics'를 '쾌락학'으로 옮긴다. 사람의 즐거움과 괴로움 또는 효용에 관한 연구를 가리키기 위해 에지워스가 사용하는 용어다. 경제 쾌락학(Economical Hedonics), 공리 쾌락학(Utilitarian Hedonics), 쾌락 미적분학(Hedonical Calculus) 등으로도 사용된다. 그리스어 ἡδονή(hedone)의 뜻은 즐거움이며, 신화에 나오는 에로스(Ἔρως)와 프시케(Ψυχή) 사이에서 태어난 딸의 이름이기도 하다.

타결 ····························· 46, 48, 60, 66, 78, 86, 104, 114, 118, 238n, 240n, 296

'settlement'는 '타결'로 옮기고, 'final settlement'는 '최종 타결'로 옮긴다. 에지워스는 색인에 이 두 용어를 포함하면서 19쪽을 지목한다. 거기서 옮기면, "**타**

결이란 관련자 모두가 동의하는 변경은 있을 수 없는 계약이다.” 그리고 “**최종 타결**이란 경쟁 마당 안에서의 재계약에 의한 변경은 있을 수 없는 타결이다.” 에지워스는 [그림 1]에서 ‘타결’을 나타내는 부분을 가리켜 ‘계약 곡선’이라 부른다. ‘최종 타결’은 그 계약 곡선의 한 부분이며, 거래인의 수가 늘어나면 그 부분이 줄어든다.

편위 ·· 116n

‘clinamen’을 ‘편위’로 옮긴다. 로마 철학자 루크레티우스(Titus Lucretius Carus, BC 99~BC 55)가 원자의 움직임과 관련하여 사용한 용어다. ‘빗금 운동’으로 번역되기도 하고, ‘강제된 직선 운동으로부터의 휘어짐’으로 풀어쓰기도 한다.

효용 ··· 4, 20, 22, 38, 48, 58, 74, 116, 204, 288

‘utility’는 ‘효용’으로, ‘total utility’는 ‘총합 효용’으로 옮긴다. 후자는 마셜이 한계효용과 구분하는 총효용이 아니고, 여러 사람의 효용을 합한 것이다. 따라서 ‘총합 효용’은 효용의 측정 가능성만 아니라 개인 간 비교 가능성을 전제한다. 에지워스가 56쪽에서 ‘sum-total utility’로 쓰기도 하는데, 이것도 ‘총합 효용’으로 옮긴다.

《수리 정신학》에서 보이지 않는 ‘marginal utility’는 1888년에 윅스티드(Philip Henry Wicksteed, 1844~1927)가 《경제과학의 알파벳 *The Alphabet of Economic Science*》에서 제안한 용어다(46쪽). 제번스가 《정치경제학의 이론》(1871)에서 미분계수 $\left(\dfrac{du}{dx}\right)$ 를 ‘final degree of utility’로 명명했는데, 이와 구분하여 차분(Δu)을 가리키는 용어로서 윅스티드가 제안한 것이다. 그리고 마셜이 그 용어를 《경제학 원론》(1890, 2권, 3장, 4절)에서 사용하면서 널리 알려졌다. 《수리 정신학》에서는 ‘marginal utility’는 물론이고 ‘final degree of utility’도 사용되지 않는다. 에지워스는 그에 상응하는 것을 수리 기호로 쓸 뿐이고 이름은 붙이지 않는다.

새로운, 너무 새로운 교환 이론

제목에 대해

이 책의 원제는 'Mathematical Psychics'다. 여기 들어 있는 'psychics'는 이 책이 출간된 무렵에도 흔히 사용되던 단어가 아니다. 'psychology'와 'psychophysics'는 사용되기 시작했으나[1] 'psychics'는 그렇지 않았다. 그런데도 에지워스는 아무런 설명 없이 이 단어를 책의 제목에 들였다.

요즘 사전에 따르면, 'psychic'은 영혼과의 교감이나 예지, 영감, 육감 등의 능력이 있는 사람을 가리킨다. 에지워스가 그런 의미에서 'psychics'를 사용했다면 우리는 그것을 '심령학'으로 옮길 수 있다. 하지만 사실은 전혀 그렇지 않음을 책의 내용에서 알 수 있다. 이 책은 1부와 2부 그리고 여러 부론으로 나뉘는데, 핵심 내용을 담고 있는 2부는 '경제 미적분학'(Economic Calculus)과 '공리 미적분학'(Utilitarian Calculus)으로 나뉜다. 따라서 'psychics'는 경제학과 (공리주의) 윤리학을 함께 가리켜야 한다.

---

[1] 에지워스가 이 책에서 인용하는 문헌의 제목에서도 이 두 단어를 찾을 수 있다. 페히너의 《정신물리학 요론 *Elemente der Psychophysik*》(1860), 분트의 《생리학적 심리학 원리 *Grundzüge der physiologischen Psychologie*》(1874), 델뵈프의 《정신물리학 연구 *Étude psychophysique*》(1873), 스펜서의 《심리학 원론 *Principles of Psychology*》(1870) 등이 그 예다.

이 책의 부제는 'An Essay on the Application of Mathematics to the Moral Science'다. 여기 들어 있는 'moral science'는 당시 널리 사용되던 단어로서 경제학과 윤리학을 포함하며,[2] 자연과학(natural science)과 비교된다. 그리고 자연과학은 물리학(physics)을 포함한다. 바로 이 'physics'와 비교되면서 경제학과 윤리학을 포함하는 학문의 이름으로 에지워스가 'psychics'를 골랐을 것이다.

이런 사정을 고려하여 우리는 'psychics'를 '정신학'으로 옮길 수 있다. '심리학'으로도 옮길 수 있으나, 그 단어가 오늘날 특정 과학을 가리키는 데 사용되고 있기에 피하는 게 좋다. '마음학'이 더 적절할 수도 있으나, 순우리말 '마음'은 이어지는 한자어와 잘 어울리지 않는다. 더욱이 그 앞의 꾸밈말도 한자어일 수밖에 없다. 그래서 이 책의 제목을 '수리 정신학'으로 옮긴다.

내용과 구성

대부분의 경제학도가 에지워스를 처음 만나는 것은 '에지워스 상자'로 불리는 그림을 통해서다. 그 상자 속에 그려진 '무차별 곡선'과 '계약 곡선'을 에지워스가 창안했고 명명했다. 그리고 이 두 곡선이 모두 1881년에 출간된 이 책에서 처음 그려졌다. 그렇지만 경제학의 역사에서 이 책이 갖는 가장 큰 의의는 독창적인 교환 이론과 균형 개념에 있다. 에지워스는 이 책에서 교환을 분석하는 개념으로 공급과 수요를 대신해서 '계약'과 '재계약'을 사용했고, '공급과 수요의 동등'을 대신해서 '깨지지 않을 계약'을 균형으로 정의했다. 그리고 이런 계약의 결정성 또는 균형의 유일성을 경쟁의 완전성과

---

[2] '도덕과학'(moral science)은 데이비드 흄이 《도덕 원리에 관한 탐구 *Inquiry Concerning the Principles of Morals*》(1751)에서 사용한 용어로서, 경험적 현상에 기초하여 '인간 본성 및 관계'를 탐구하는 과학을 가리킨다. 존 스튜어트 밀은 《논리학 체계》(1843)에서 '도덕과학'이라는 범주에 윤리학, 정치학, 경제학, 사회학, 심리학 등을 모두 포함시켰다.

연결해서 분석했다. 그러나 에지워스가 《수리 정신학》에서 강조한 것은 계약의 결정성이 아니라 비결정성이다. 현실의 경쟁은 결코 완전하지 않고, 그 경우 개인들의 효용 극대화 원리만으로는 계약이 결정되지 않는다는 것이다.

에지워스의 첫 저서가 《윤리학의 새로운 방법과 오래된 방법》(1877)이고, 이 저서의 마지막 장을 발전시킨 것이 1879년 7월호 〈마음〉에 게재된 '쾌락 미적분학Hedonical calculus'이다. 이 논문에서 에지워스는 공리주의의 목표인 '최대 가능 총합 효용'을 달성하기 위한 분배의 준칙을 수리 추론을 통해 도출했다. 바로 이 논문이 '공리 미적분학'으로 제목을 바꿔 이 책 2부에 들어오면서 '경제 미적분학' 뒤에 놓였다. '경제 미적분학'의 핵심 결론이 계약의 비결정성과 그에 따른 해악인데, 이 결론의 함의가 중재의 필요성이다. 그리하여 중재의 원리와 그에 의거한 준칙을 제시하는 '공리 미적분학'이 뒤에 놓인 것이다.

1881년에 출간된 이 책은 작은 글씨로 촘촘히 인쇄되었다. 그 점을 고려하더라도 158쪽은 많지 않은 분량이다. 그나마 절반 남짓이 일곱 편의 부론으로 채워졌다. 본문은 1부와 2부로 나뉘는데, 열넷 쪽을 차지하는 1부는 '정신학' 또는 '도덕과학'의 **방법**을 논한다.

이 책의 제목에서 알 수 있듯이 수학을 사용하는 것이 이 책의 중요한 특징이다. 윤리학은 물론이고 경제학에서도 그때까지는 수리 기호나 식이 거의 쓰이지 않았다. 더욱이 이 책에서처럼 첨단 물리학에서 사용되던 미적분학을 적용한 경우는 찾기 어렵다.[3] 에지워스는 이런 수학 사용의 타당성과 필요성을 본문 1부와 첫 두 부론에서 주장했다. 셋째 부론도 방법론으로 분류할 수 있는데, 효용의 측정 및 비교 가능성을 검토한다.

---

[3] 테일러급수와 연립방정식을 사용하여 비교정태분석을 시도한 휴얼(William Whewell, 1799~1886)의 1829년 논문 '정치경제학의 일부 학설에 대한 수리적 해설 (Mathematical exposition of some doctrines of political economy)'은 이 점에서 예외적이다. 이윤 극대화 및 균형과 관련하여 미분법과 연립방정식을 사용한 쿠르노의 《부 이론의 수리적 원리에 관한 연구》(1838)도 예외에 포함된다. 효용 극대화와 관련하여 미분법을 사용한 것은 제번스의 《정치경제학 이론》(1871)이 처음이다.

경제 미적분학의 핵심 개념: 계약, 재계약, 최종 타결

이 책 2부의 '경제 미적분학'은 '자기 이익에 의해서만 추동되는' 주체들 사이의 교환을 분석한다. 여기서 교환의 대상은 물품일 수도 있고 노동일 수도 있다. 교환의 주체는 개인일 수도 있고 노동조합처럼 개인들의 연합일 수도 있다. 이런 교환의 내용에 관한 주체들 사이의 약속이 '계약'(contract)인데, '관련자 모두가 동의하는 변경은 있을 수 없는 계약'을 가리키는 에지워스의 용어가 '타결'(settlement)이다. 타결도 깨질 수는 있다. 해당 계약의 당사자들 가운데 **일부**가 자신들끼리 또는 다른 주체들과 '재계약'(recontract)을 맺을 수 있고, 그러는 편이 그 재계약의 당사자 모두에게 이득이 될 때 타결은 깨진다. '최종(final) 타결'은 그런 재계약이 있을 수 없는 타결이다.[4] 그래서 최종 타결은 일종의 균형이다. 더 이상의 어떤 변경도 있을 수 없다는 뜻에서 균형이다. 다시 말하면(31쪽), '기존 계약을 기존 당사자들의 동의를 받아 변경하는 것이 불가능할 뿐만 아니라 경쟁 마당 안에서 재계약에 의해 변경하는 것도 불가능하다면 그때 비로소 균형이 이뤄진다.'

에지워스는 자신이 제시한 균형 개념이 공급과 수요의 동등을 가리키는 기존의 균형 개념과 같지 않음을 강조하면서 자신의 균형 개념이 더 일반적이어서 우월하다고 주장했다.[5] 직접 인용하면(31쪽), '[그 균형 개념의] 이점은 **각 가격에서의 수요와 공급**이라는 개념이 더 이상 적절하지 않은 불완전 경쟁의 여러 경우에도 적용할 수 있다는 것이다.'

경제 미적분학의 핵심 결론: 계약의 비결정성

두 개인이 두 물건을 주고받는 교환에서는 일반적으로 최종 타결이 무수

---

[4] 에지워스의 '최종 타결'은 1953년 무렵에 정의되고 명명된 '코어'(core)와 비교할 수 있다. 더 자세한 설명은 이 해제의 마지막 부분을 보라.

[5] '균형'은 영어 단어 'equilibrium'을 옮긴 것이다. 프랑스어로는 'équilibre'다. 이 단어는 라틴어 aegui와 libra에서 유래했는데, 후자는 로마의 무게 단위이기도 하다. 이 단어가 경제학에서 사용될 때의 의미에 관해서는 옮긴이 해설 2의 '균형' 항을 보라.

히 많다. 이편에만 유리한 최종 타결이 있고, 저편에만 유리한 최종 타결이 있고, 그 사이에 무수히 많은 최종 타결이 있다. 이를 가리키는 에지워스의 용어가 계약의 '비결정성'(indeterminateness)이다. 그리고 이런 비결정성은 두 개인 사이의 교환 계약에 한정되지 않는다. 예를 들면, 교환 계약의 양편 당사자가 여럿이더라도 충분히 많지 않으면 여전히 최종 타결이 무수히 많을 수 있다.

에지워스의 이런 결론은 당시에도 그다지 새로운 것이 아니었다. 예컨대 에지워스가 인용하는(41쪽) 윌리엄 손턴이 《노동론》(1869)에서 역설한 주장의 핵심이 — 적어도 존 스튜어트 밀(1869)이 보기에는 — 가격 또는 임금의 비결정성이다.[6] 그렇지만 우리가 《수리 정신학》에서 주목할 부분은 그 결론의 내용보다 그것에 도달하는 과정이다. 에지워스는 최종 타결이라는 새로운 균형 개념을 적용하여 계약의 비결정성을 논증했는데, 그의 논증은 결론으로서의 비결정성을 확인할 뿐만 아니라 전제로서의 '불완전 경쟁'에 명시적 의미를 부여했다. 후자와 관련하여 더 일반적으로 말하면, 그때까지는 그 의미가 그다지 분명하지 않던 '경쟁'이 그의 논증을 통해 분명하면서도 새로운 의미를 갖게 된 것이다.[7]

---

[6] 윌리엄 손턴은 《노동론》(1869)에서 '공급과 수요의 법칙'에 대해 두 가지 주장을 한다. 첫째는 그 '법칙'이 전제하는 '자유롭고 제약 없는 경쟁'이나 '유보 없이 파는 상인들'이 구현되지 않는다는 것이고, 둘째는 그 전제가 구현되더라도 그 '법칙'이 관철되지 않을 수 있다는 것이다. 이 가운데 손턴이 더 큰 비중을 두는 것은 첫째 주장이다. 그렇지만 밀은 1869년 5월호 〈격주 평론〉에 게재된 논평에서 손턴의 둘째 주장에 초점을 맞춰 반박하면서 그 주장을 가리켜 '비결정성'(indeterminateness)이라 부르는 동시에 그런 비결정성이 '공급과 수요의 법칙'을 부정할 근거가 될 수 없다고 주장한다(p. 506). 손턴이 제기하고 밀이 주목한 가격의 비결정성은 젱킨(Fleeming Jenkin, 1833~1885)의 1870년 논문 '공급 수요 법칙의 도해'(The graphic representation of the laws of supply and demand, and their application to labour)에서도 중요하게 다뤄진다. 그리고 이 논문이 계기가 되어 《정치경제학 이론》을 서둘러 저술한 제번스도 4장에서 손턴의 《노동론》을 인용하고 비판하는데, 그 취지가 밀(1869)과 다르지 않다.

[7] 스미스의 《국부론》(1776)이나 밀의 《정치경제학 원리》(1848)에서 '경쟁'은 구매 가격을 높여 부르거나(bid) 판매 가격을 낮춰 부르는(quote) 행위이며, 시장에 반입된 수량이 모두 판매되게 하는 기제다. 이와는 다른 의미를 '경쟁'에 부여하면서 '균형'을 새롭

경제 미적분학의 분석 도구: 무차별 곡선과 계약 곡선

에지워스는 계약의 비결정성이 해소되는 방식을 규명함으로써 비결정성의 원인을 지목할 수 있었는데, 이때 그가 사용한 분석 도구가 무차별 곡선과 계약 곡선이다. 그리고 예시를 위해 로빈슨 크루소와 프라이데이를 불러냈다.

에지워스의 예시에서는 로빈슨 크루소가 임금(x)을 지급하고 프라이데이가 노동(y)을 제공한다. 로빈슨 크루소에게 동일한 효용을 가져다주는 임금과 노동의 조합이 x-y 평면 위에 선으로 그려질 수 있는데, 에지워스가 그것을 가리켜 '무차별 곡선'(indifference-curve)이라 불렀다. [그림 N1]에서 O와 $\xi_0 y_0$를 잇는 파선이 그런 곡선 중 하나다. O는 아무런 교환도 이뤄지지 않는 상태를 나타내며, O와 $\xi_0 y_0$를 잇는 파선 위의 다른 한 점으로 옮겨가는 교환으로는 로빈슨 크루소의 효용이 증가하지 않는다. O와 $\xi_0 y_0$를 잇는 파선 위의 모든 점이 로빈슨 크루소에게는 아무런 차이(difference)가 없다. 그리고 이것에 상응하는 프라이데이의 무차별 곡선은 O와 $x_0 \eta_0$를 잇는 파점선이다. [그림 N1]에서처럼 이 두 무차별 곡선을 포함하여 모든 무차별 곡선이 우상향하는데, 그것은 더 많은 임금(x)은 더 많은 노동(y)과 결합해야만 동일한 효용을 가져다주기 때문이다. 임금과 노동이 두 소비재로 바뀌더라도 횡축과 종축이 여전히 **교환**의 수량을 나타낸다면 무차별 곡선은 우상향한다.

게 정의한 연구로서 쿠르노의 《부 이론의 수리적 원리에 관한 연구》(1838)를 들 수 있다. 이 책에서 쿠르노는 개별 공급자의 이윤 극대화 행위에 대한 엄밀한 가정을 통해 '경쟁'에 명시적 의미를 부여했고, 그런 경쟁 행위의 최종적 결과로서 균형을 정의했다. 에지워스는 이 연구를 높이 평가하면서도 자기 이론과의 차이를 강조한다(47쪽). 그런데 두 이론 사이에는 에지워스가 지적하지 않은 차이도 있다. 쿠르노의 균형은 비협조 게임의 해에 상응하는 데 반해 에지워스의 균형은 협조 게임의 해에 상응한다. '연합'(coalition)을 허용하지 않는 비협조 게임은 내쉬(John F. Nash)의 1950년 논문 '비협조 게임'(Non-cooperative games)에서 비로소 본격적으로 다뤄졌다.

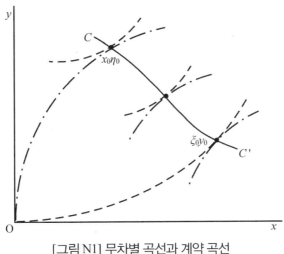

[그림 N1] 무차별 곡선과 계약 곡선

에지워스는 무차별 곡선을 그리기에 앞서 '계약 곡선'(contract-curve)을 그렸다. 그 곡선이 나타내는 것은 교환 당사자 모두의 동의를 받아 변경하기는 불가능한 계약, 즉 타결이다. [그림 N1]에서는 CC'가 로빈슨 크루소와 프라이데이 사이의 계약 곡선이다. 에지워스는 계약 곡선의 방정식을 네 가지 수리 추론을 통해 도출했는데, 그 추론 가운데 하나에서 라그랑주 승수가 사용되었다.[8] 물론 그 결과는 다른 세 추론의 결과와 같으며, 하나의 방정식으로 표현된다.

$$\frac{dP}{dx}\frac{d\Pi}{dy} - \frac{dP}{dy}\frac{d\Pi}{dx} = 0$$

여기서 P와 Π는 각각 로빈슨 크루소와 프라이데이의 효용을 나타내며, 주고받는 임금(x)과 노동(y)의 함수다. 즉, P=F(x,y), Π=Φ(x,y).

계약 곡선의 방정식에서 알 수 있듯이, 계약 곡선은 두 무차별 곡선의 접

---

[8] 에지워스는《윤리학의 새로운 방법과 오래된 방법》(1877)에서 라그랑주 승수를 사용하여 조건부 효용 극대화 문제를 풀었다. 이것이 라그랑주 승수를 사회 문제에 적용한 최초의 연구로 알려져 있다.

점들로 구성된다. 예컨대 [그림 N1]의 $\xi_0 y_0$는 O에서 출발하는 로빈슨 크루소의 무차별 곡선에 프라이데이의 무차별 곡선 중 하나가 접하는 점이다. 이 점에서는 어디로 이동하더라도 둘 중 하나는 반드시 효용이 감소한다. O에서 출발하는 프라이데이의 무차별 곡선에 로빈슨 크루소의 무차별 곡선 중 하나가 접하는 점 $x_0 \eta_0$도 마찬가지다. 그런 의미에서 두 점 모두 '타결'을 나타낸다. 두 점 외에도 두 무차별 곡선이 접하는 점은 얼마든지 많고, 그런 모든 점이 제각기 '타결'을 나타낸다. 이에 비해 '최종 타결'은 $\xi_0 y_0$과 $x_0 \eta_0$에 의해 그 구간이 제한되는데, 그래도 여전히 무수히 많다. 이것이 바로 에지워스가 20쪽 이하에서 내놓은 첫째 '논증'(demonstration)의 내용이다.

에지워스의 '추측' 또는 논증

에지워스의 분석은 교환의 이편과 저편에서 많은 사람이 서로 경쟁하는 경우로 확장되는데, 이때도 최종 타결의 개념이 그대로 적용된다. 이 분석에서 에지워스가 도달한 결론에 따르면(40쪽), 교환의 이편과 저편에서 서로 "경쟁하는 사람들의 수가 늘어남에 따라 최종 타결의 수량이 줄어든다." 계약의 비결정성이 줄어든다는 것이다. 그런데 이 결론을 가리켜 나중에 여러 경제학자가 에지워스의 '추측'(conjecture)이라 부르면서 새로운 증명의 대상으로 삼았다.[9]

경쟁이 계약의 비결정성을 줄이거나 없앤다는 주장도 그다지 새로운 것이라 할 수 없다. 그렇지만 에지워스의 논증은 참으로 기발하다. 그는 계약

---

[9] '에지워스의 추측'이라는 용어는 1970년대부터 사용되었지만 그것에 대한 분석은 훨씬 전에 시작되었다. 에지워스의 최종 타결이 협조 게임의 코어(core)와 다르지 않음을 밝힌 슈빅(1959)은 일정한 조건에서 시장 게임의 참가자가 무한히 많아지면 코어가 하나의 점으로 수렴하며, 그 점은 발라스의 일반균형과 일치함을 증명했다. 더 일반적인 조건에서 이뤄진 증명으로는 스카프(Herber E. Scarf)와 드브뢰(Gérard Debreu)의 1963년 논문 'A limit theorem on the core of an economy'과 아우만(Robert Aumann)의 1964년 논문 'Markets with a continuum of traders'을 들 수 있다. 특히 후자는 모든 참가자의 소유와 선호가 서로 다르더라도 적용될 수 있는 코어를 정의하고 분석했다.

당사자의 복제를 상정했다. 두 명의 로빈슨 크루소와 두 명의 프라이데이를 등장시키고, 이어서 m명의 로빈슨 크루소와 m명의 프라이데이를 등장시켰다. 마지막으로는 무한 복제를 상정하여 무수히 많은 로빈슨 크루소와 무수히 많은 프라이데이를 등장시켰다.

더욱 기발한 것은 그 다음이다. 에지워스는 우선 두 명의 로빈슨 크루소와 두 명의 프라이데이를 상정했다. 이제 [그림 N1]의 $\xi_0 y_0$나 $x_0 \eta_0$은 한 명의 로빈슨 크루소와 한 명의 프라이데이 사이의 계약뿐만 아니라 다른 한 명의 로빈슨 크루소와 다른 한 명의 프라이데이 사이의 계약도 나타낸다. 그런데 $\xi_0 y_0$나 $x_0 \eta_0$은 더 이상 최종 타결이 아니다. **넷 모두**가 동의할 재계약이 없으므로 타결이긴 하지만 **넷 중 셋**이 동의할 재계약은 있으므로 최종 타결이 아니다.

$\xi_0 y_0$이 최종 타결이 아닌 데 대한 에지워스의 설명은 이렇다. $\xi_0 y_0$은 많은 임금과 적은 노동의 교환으로서 프라이데이에게 매우 유리하고 로빈슨 크루소에게는 아무런 이득도 없는 계약이다. 그런데 이 계약은 **한 명**의 프라이데이와 **두 명**의 로빈슨 크루소 사이의 재계약에 의해 깨질 수 있다. 셋 모두의 효용을 증대시키는 셋 사이의 재계약이 존재한다는 것이다.

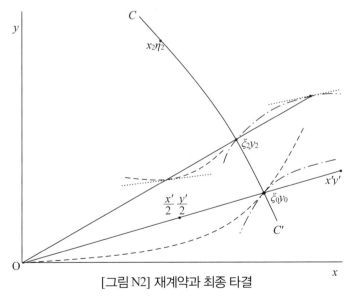

[그림 N2] 재계약과 최종 타결

$\xi_0\gamma_0$를 대체할 재계약의 존재를 설명하기 위해 에지워스는 수치 예를 사용했다. [그림 N1] 또는 [그림 N2]에서 두 명의 프라이데이가 각각 6시간의 노동을 제공하고 두 명의 로빈슨 크루소가 각각 54펜스의 임금을 지급하는 계약을 $\xi_0\gamma_0$가 나타낸다고 하자. 이 계약과는 달리 한 명의 프라이데이가 두 명의 로빈슨 크루소에게 4시간씩의 노동을 제공하고 36펜스씩을 받는 재계약을 생각해 보자. 이 재계약은 [그림 N2]에서 $x'y'$와 $\dfrac{x'}{2}\dfrac{y'}{2}$로 표시된다. 한 명의 프라이데이가 8시간의 노동을 제공하고 72펜스를 받아 $x'y'$으로 이동하고, 두 명의 로빈슨 크루소가 각각 4시간의 노동을 제공받고 36펜스를 지급하여 $\dfrac{x'}{2}\dfrac{y'}{2}$로 이동하는 것이다. $\xi_0\gamma_0$을 지나는 각자의 무차별곡선과 비교해 보면, 이 이동으로 셋 모두의 효용이 증대한다는 것을 알 수 있다. 두 명의 로빈슨 크루소는 그 무차별 곡선의 왼편 위로 이동하고, 한 명의 프라이데이는 그 무차별 곡선의 오른편 아래로 이동한다. 물론 그 재계약에서 배제된 다른 한 명의 프라이데이는 $\xi_0\gamma_0$에서 O로 이동해야 하므로 효용이 감소하지만 셋 사이의 재계약을 막을 수 없다.

두 명의 로빈슨 크루소와 두 명의 프라이데이 사이에서 $\xi_0\gamma_0$이 최종 타결이 아니듯이 그 근처의 계약도 최종 타결이 아니다. 그렇지만 [그림 N2]의 $\xi_2\gamma_2$은 최종 타결이다. 한 명의 프라이데이가 두 명의 로빈슨 크루소와 재계약을 맺더라도 그 한 명의 프라이데이에게 더 이상 이득이 되지 않는다. 동일한 무차별 곡선 위의 한 점에서 다른 점으로 옮길 뿐이다.

한편 [그림 N1]의 $x_0\eta_0$도 두 명의 로빈슨 크루소와 두 명의 프라이데이 사이에서는 최종 타결이 아니다. $x_0\eta_0$은 적은 임금과 많은 노동의 교환으로서 로빈슨 크루소에게 매우 유리하고 프라이데이에게는 아무런 이득도 없는 계약이다. 이 계약은 한 명의 로빈슨 크루소와 두 명의 프라이데이 사이의 재계약에 의해 깨질 수 있다. 그리고 같은 이유로 $x_0\eta_0$ 근처의 계약도 최종 타결이 아니다. 그렇지만 최종 타결이 시작되는 $x_2\eta_2$를 [그림 N2]에서 나타낼 수 있다.

그리하여 두 명의 로빈슨 크루소와 두 명의 프라이데이 사이에서 최종 타결은 [그림 N2]에서 $\xi_2 y_2$과 $x_2 \eta_2$ 사이의 계약 곡선으로 표시된다. 로빈슨 크루소와 프라이데이가 각각 세 명으로 늘어나면 계약 곡선에서 최종 타결이 될 수 있는 부분이 더 줄어든다. 한 명의 로빈슨 크루소 혹은 프라이데이를 제외한 다섯 명이 자기들끼리 새 계약을 맺을 수 있기 때문이다. 그리고 로빈슨 크루소와 프라이데이를 계속 복제해서 그 수가 늘어날수록 최종 타결은 더욱 줄어들어 마침내 계약 곡선 위의 한 점으로 수렴한다. 로빈슨 크루소 사이의 경쟁과 프라이데이 사이의 경쟁으로 계약의 비결정성이 없어지는 것이다.

에지워스의 증명에서 그림은 독자의 이해를 돕기 위한 수단이다. 에지워스의 본격적인 증명은 수리 식을 사용한다. 복제를 통해 로빈슨 크루소와 프라이데이가 각각 2명으로 늘어난다면, 계약 곡선에서 최종 타결이 시작되는 점 $\xi_2 y_2$은 아래 네 방정식에 의해 정해진다.

$$\frac{F_x\left(\xi_2, y_2\right)}{F_y\left(\xi_2, y_2\right)} = \frac{\Phi_x\left(\xi_2, y_2\right)}{\Phi_y\left(\xi_2, y_2\right)}$$

$$\frac{F_x\left(\dfrac{x'}{2}, \dfrac{y'}{2}\right)}{F_y\left(\dfrac{x'}{2}, \dfrac{y'}{2}\right)} = \frac{\Phi_x\left(x', y'\right)}{\Phi_y\left(x', y'\right)}$$

$$\Phi(\xi_2, y_2) = \Phi(x', y')$$

$$\frac{y_2}{\xi_2} = \frac{y'}{x'}$$

첫째 방정식은 $\xi_2 y_2$이 타결이기 위한 조건이다. 둘째 방정식은 두 명의 로빈슨 크루소가 각각 $\dfrac{x'}{2} \dfrac{y'}{2}$를 갖고 한 명의 프라이데이가 $x' y'$를 갖는 재계약이 그 자체로서 타결이기 위한 조건이다. 셋째 방정식은 그 재계약이 프라이데이에게 더 이상 이득이 되지 않을 조건이다. 넷째 방정식은 $\xi_2 y_2$과 $x' y'$이 모두 O에서 나오는 한 직선 위에 있기 위한 조건이며, $x' y'$이 $\xi_2 y_2$에 상응하는 재계약이기 위한 조건이다. 이 네 방정식이 이 $\xi_2 y_2$ 및 $x' y'$을 결정한다.

이제 복제를 통해 로빈슨 크루소와 프라이데이가 각각 m명으로 늘어난다면, 위 방정식들에서 $\xi_2 y_2 \xi_2$와 y_2의 아래첨자를 m으로 바꾸는 동시에 둘째 방정식에서 $\dfrac{x'}{2}$와 $\dfrac{y'}{2}$를 각각 $\left(\dfrac{m-1}{m}\right)x'$와 $\left(\dfrac{m-1}{m}\right)y'$로 바꾸면, $\xi_m y_m$을 결정하는 네 방정식이 된다. $x_m \eta_m$을 결정하는 네 방정식도 그렇게 쓸 수 있다. 그리고 $\lim_{x \to \infty} \xi_m y_m = \lim_{x \to \infty} x_m \eta_m$을 확인함으로써 증명이 완료된다. 그것이 바로 에지워스가 30쪽 이하에서 내놓은 둘째 '논증'(demonstration)이다.

불완전 경쟁과 계약의 비결정성

다시 에지워스를 인용하면(40쪽), "경쟁하는 사람들의 수가 늘어남에 따라 최종 타결의 수량이 줄어든다." 이것이 이른바 에지워스의 '추측'이며, 에지워스는 그것을 충분히 엄밀하게 논증했다. 그런데 이 논증에서 경쟁자의 수는 여러 조건 중 하나다. 에지워스는 '경쟁 마당'(field of competition)에 대해 두 가지의 '다수성'(multiplicity)과 두 가지의 '분할성'(dividedness)을 함께 전제함으로써 계약의 결정성에 도달한다. 그리고 그 네 조건이 모두 충족될 경우를 가리키는 그의 용어가 '완전'(perfect)이다. 그가 논증에 앞서 진술한 둘째 '정리'(theorem)를 그대로 옮기면(20쪽), "경쟁이 **완전**하면 계약이 완벽하게 결정적이다." 그리고 그가 논증을 마무리하면서 진술하기를(39쪽), "[최종 타결의] 수량은 우리가 완전 시장에 가까이 가면서 계속 줄어든다."

그러나 그 둘째 '정리'도 《수리 정신학》의 핵심 결론은 아니다. 에지워스가 강조한 것은 '불완전'(imperfect) 경쟁에서의 계약이 갖는 **비결정성**과 그로 인한 폐단이며, 그가 모색한 것은 그 경우에 적용되어야 할 **중재의 원리**다. 그렇기에 그의 분석은 제한된 수의 경쟁자를 포함하는 네 가지 불완전으로 확장되고, 그런 불완전이 제각기 또는 함께 작용하여 만들어낼 비결정성에 초점이 맞춰진다. 셋째 논증이 시작되는 것이다.

교환의 이편과 저편에서 서로 경쟁하는 사람들의 "수가 **실제적 무한**에 못 미치는 경우에는 일반적으로 … **무한한 수의 최종 타결**이 존재한다."는 것은 둘째 '정리'를 논증하는 과정에서 이미 확인되었다. 그 외 세 가지 불완전 가운데 하나는 노동조합에 적용될 수 있고, 다른 하나는 협동조합에 적용될 수 있다는 것이 에지워스의 설명이다. 그리고 그가 예견하기를(50쪽), "비록 지금은 아니지만 적어도 가까운 미래에는 비결정성이 상당한 정도에 이를 것이다."

그리하여 그의 '경제 미적분학'은 '음울한' 진술로 마무리된다(50쪽). "이 추론에서 무엇이 나오겠는가. 미루어 짐작건대 **경쟁**에 바쳐지는 경의가 손상을 입을 것이다. 경제학자들은 여태 경쟁의 결과를 마치 비개인적이고 불편부당한 물리적 힘의 작용인 듯 여기며 마음 놓고 순순히 받아들였다. … 그러나 만일 물리학에 균일성의 토대가 되어주는 **유체의 연속성**과 **원자의 다수성**이 경쟁 마당에는 부족하다면, 만일 경쟁이 법칙의 정규성은 물론 기회의 불편부당마저 결여하여 패악이 실린 주사위를 던지는 것과 같다면, 경제학은 참으로 '음울한 과학'이 되어 경쟁에 대한 경의도 더 이상 없을 것이다."

자기 이익의 원리로부터 공리주의의 원리로

앞에서 인용했듯이, 에지워스는 불완전 경쟁을 '패악이 실린 주사위'에 비유한다. 여기서 '패악'(villainy)은 그가 첫째 논증을 마무리하면서 지적한 비결정적 계약의 '해악'(vice)을 가리킨다(29~30쪽). "비결정적 계약이 가져올 해악이 또 있으니, 얼렁뚱땅 둘러대기와 혐오스러운 실랑이 기술로 이어질 가능성이 충만 시장에서보다 더 크다." 이 해악은 셋째 논증에서 다시 지적된다(46쪽). "흥정의 기술이라 일컫는 것, 예컨대 밀고 당기는 실랑이와 수작 부리는 옹고집, 그리고 여러 변덕스럽고 때로는 불미스런 사고에 의해 배열이 정해진다."

'패악'이 실리긴 하지만 그래도 '주사위'다. 그리고 그 '패악'을 무시하고 말한다면(55쪽), "[최종 타결에 속하는] 그 배열들 가운데 무엇이든 거의 같은 가능성(chance)을 갖는다." 결과의 불확실성이 크다는 것이다. 바로 이 불확실성과 관련하여 에지워스는 흥미로운 분석을 내놓는다. 계속 인용하면(55쪽), "그러나 그들이 주사위던지기와 실질적으로 다르지 않은 어떤 과정에 기대지 않을 수도 있다. 양 당사자가 합의하여, 그 배열들 저마다의 가능성을 내놓는 대신 그중 하나의 확실성을 가질 수도 있다." 바로 그 확실한 '하나'의 결정 원리를 에지워스는 공리주의에서 찾는다. 다시 말하면, 최종 타결에 속하는 계약이 수없이 많고, 그중 하나가 '최대 가능 총합 효용'을 가져다주는 계약인데, 불확실성을 싫어하는 사람들이 결국에는 후자의 계약을 맺으리라는 것이다. 이것이 에지워스가 논증하는 '따름 정리'(corollary)의 요지다.

에지워스는 《윤리학의 새로운 방법과 오래된 방법》(1877)에서 공리주의를 인간이 진화를 통해 도달하고 채택할 행동 원리로 보았다. 이런 견해는 《수리 정신학》에 제목이 바뀌어 들어온 '쾌락 미적분학'(1879)에서도 드러난다. 그런데 《수리 정신학》에서는 공리주의가 이기적 개인들의 합의에 의해 실행될 원리로 제시된다. 그의 진술을 옮기면(52~53쪽), "지금 이 탐구에서는 우리가 인간 본성의 더 낮은 요소들을 검토하면서, 자기 이익의 원리로부터 공리주의의 원리로 나아가는 더 명백한 이행, 더 세속적인 진행, 아니면 적어도 그 원리의 실행을 모색해야 한다."

'정확한' 공리주의의 분배 준칙

에지워스는 《윤리학의 새로운 방법과 오래된 방법》(1877, p. 35)에서 흄의 효용 원리가 수량적이지(quantitative) 않고 벤담과 밀의 최대 행복 원리가 그다지 명시적이지(explicit) 않다고 비판하면서 그것들과 비교되는 페히너와 시지윅의 이론을 가리키는 용어로서 '정확한'(exact) 공리주의를 제안했다. 에지워스가 이 제안과 함께 인용한 시지윅(1874, bk. iv, ch. 1, §2)을 여기에 옮기면, "우리의 실제 공리주의 추론이 거칠다는 사실은 그 추론을 되도록 정확하게 만들지 말아야 할 이유가 되지 못한다. 만약 우리가 해야 할 계산의 유형을 우리 마음에 최대한 분명히 한다면, 만약 모든 관련 사항에 대해 수학의 정밀함을 갖춘 추정이 이뤄질 수 있다면, 우리가 그 일에 성공할 가능성이 더 크다." 바로 그 일을 에지워스가 《윤리학의 새로운 방법과 오래된 방법》 (1877)에서 시도했다. 그리고 그 시도를 발전시킨 것이 '쾌락 미적분학'(1879) 이다.

에지워스의 1879년 논문이 《수리 정신학》에서는 '공리 미적분학'으로 제목이 바뀌면서 '경제 미적분학' 뒤에 놓인다. 그 두 미적분학을 잇는 구절을 옮기면(p. 56), **"경쟁은 중재로 보완되어야 하며, 자기 이익만을 쫓는 계약자들 사이에서 중재의 기초는 최대 가능 총합 효용이다.** 그리하여 경제 미적분학이 공리 미적분학으로 나아간다."

에지워스가 설정한 공리 미적분학의 문제는 네 가지다. 수단과 노동의 분배 그리고 인구의 양과 질을 '최대 가능 총합 효용'의 원리에 맞게 결정하는 것이다. 에지워스는 앞의 두 문제를 하나의 수리 식으로 나타낸다.

$$V = \int_{x_0}^{x_1} n \Big[F(xy) - p - c\{y - f(xp)\} \Big] dx$$

여기서 x는 개인의 즐거움 역량과 작업 역량을 좌우하는 어떤 변수다. n은 그런 역량 변수를 가진 개인들의 수數다. y와 p는 각각 개인에게 분배되는 즐거움 수단과 작업의 괴로움을 나타낸다. 그래서 역량 변수의 값이 x인 개인이 갖는 (순)효용의 크기는 $F(xy) - p$, 총합 효용의 크기는 $\int_{x_0}^{x_1} n \big[F(xy) - p \big] dx$. 이것의 극대화가 공리주의의 목표이지만 두 변수 y와 p 사이에서 작용하는 제약이 있으니, p의 투입으로 생산되는 즐거움 수단 $f(xp)$의 총합이 분배되는 즐거움 수단 y의 총합보다 작지 않아야 한다. 그 조건을 방정식으로 나타내면, $\int_{x_0}^{x_1} n \big[y - f(xp) \big] dx = 0$. 그리고 이 조건부 극대화의 문제를 라그랑주 승수 c를 사용하여 하나로 나타낸 것이 위 식이다.

에지워스의 식보다 덜 우아하지만 경제학도들에게 더 익숙한 형태로 바꿔 쓸 수도 있다.

$$\mathcal{L} = \sum_{i=1}^{N} \big[F_i(y_i) - p_i \big] - \lambda \sum_{i=1}^{N} \big[y_i - f_i(p_i) \big]$$

이렇게 바꿔 쓴 함수의 극대화를 위한 1계 조건으로부터 도출되는 두 방정식은

$$\frac{\partial F_i}{\partial y_i} = \lambda, \ \frac{\partial f_i}{\partial p_i} = \frac{1}{\lambda}$$

이것에 상응하는 에지워스의 두 방정식이(68쪽)[10]

$$\frac{\partial F}{\partial y} = c, \ \frac{\partial f}{\partial p} = \frac{1}{c}$$

에지워스가 보여주지는 않지만, 이 두 방정식에 음함수 정리를 적용하면서 미분계수의 부호를 확인하면[11]

$$\frac{dy}{dx} > 0, \ \frac{dp}{dx} > 0$$

그리하여 에지워스가 외치기를(68쪽), '증명 완료'(Q. E. D.). 첫째 부등식을 도출함으로써 논증된 것을 풀어 말하면(64쪽), "**수단의 분배는 … 즐거움 역량이 더 큰 개인이 더 많은 수단과 더 많은 즐거움을 갖는 방식이다.**" 둘째 부등식을 도출함으로써 논증된 것을 풀어 말하면(66쪽), "**노동의 분배는 … 작업 역량이 가장 큰 개인이 더 많은 작업을 – 더 많은 피곤을 겪을 정도로 더 많은 작업을 – 수행하는 방식이다.**"

에지워스의 '공리 미적분학'은 인구와 관련된 셋째와 넷째 탐구 그리고 두 탐구의 결합으로 이어진다. 예를 들어, "다음 세대의 행복이 최대 가능 값이 되게 하는 각 계층의 평균 후손 수를 찾는 탐구"를 통해 에지워스가

---

[10] 에지워스는 편미분을 나타내기 위해 괄호를 사용한다. 그래서 원전에는 $\left(\frac{dF}{dy}\right) = c$, $\left(\frac{df}{dy}\right) = \frac{1}{c}$.

[11] 이 두 부등식은 F와 f의 2차 미분계수에 대한 가정을 필요로 하고, 그 가정이 바로 에지워스의 두 '공준'(postulate)이다. 첫째 공준은(61쪽), "즐거움의 증가 요율은 즐거움의 수단이 증가함에 따라 하락한다." 둘째 공준은(65쪽), "피곤의 증가 요율은 수행하는 작업이 증가함에 따라 상승한다." 수리 식으로 나타내면, $\frac{\partial^2 F}{\partial y^2} < 0$, $\frac{\partial^2 f}{\partial p^2} < 0$. 이 두 부등식은 극대화의 2계 조건을 위해서도 필요한데, 에지워스는 그 사실을 빠뜨리지 않고 지적한다(67쪽).

찾아내는 준칙은 '싹쓸이 선별'(total selection)이다(69~70쪽). 즉, "역량이 어느 수준을 넘어서는 모든 계층에 대해서는 평균 후손 수가 가능한 최대가 되어야 하고, 역량이 그 수준에 미치지 못하는 모든 계층에 대해서는 평균 후손 수가 영이어야 한다." 이 준칙은 세 공준을 전제하며, 그 공준과 함께 수정된다. 그리고 다른 사정들이 함께 고려되면서 결론은 불분명해진다. 그렇지만 '동등성'(equality)이 공리주의의 원리가 될 수 없다는 에지워스의 핵심 결론은 달라지지 않는다.

효용의 측정과 비교

에지워스는 '경제 미적분학'에서 효용 함수를 전제한다. 그 함수는 주고받는 상품의 수량에 따라 달라지는 효용의 수량을 나타내며, 일반적으로 사람마다 다르다. 이런 효용 함수와 관련하여 제기될 수 있는 의문들 가운데 하나가 효용의 측정 가능성이며,[12] 부록 III.의 첫째 주제다.

부록 III.의 둘째 주제는 한 개인의 효용과 다른 개인의 효용 사이의 비교 가능성이다. 이 비교 가능성은 에지워스의 '공리 미적분학'을 위해 필요하다. 그는 '공리 미적분학'에서 효용의 총합 또는 적분을 극대화하는 분배 준칙을 찾는데, 이런 총합 또는 적분은 한 개인의 효용과 다른 개인의 효용을 비교할 수 있을 때만 의미가 있다.

효용의 측정 가능성은 제번스가 《정치경제학 이론》(1871)에서 꽤 길게 논의한 주제인데, 2판에서는 직접 측정과 간접 측정을 구분하면서 전자에 대해 부정적 견해를 드러낸다(1879, p. 12). "우리가 언젠가는 사람 마음의 느낌을 직접 측정하는 방법을 찾아내리라고 말하기는 망설여진다. 즐거움이나 괴로움의 단위는 생각해내기조차 어렵다." 효용의 개인 간 비교 가능성에

---

[12] 측정은 존재를 전제한다. 그렇지만 존재를 인정하면서도 측정의 가능성을 부인할 수 있다. 에지워스는 존재를 넘어 측정 가능성을 주장했다.

대한 제번스의 견해는 더욱 부정적이다(1879, p. 15). "이 마음이 갖는 느낌의 크기와 저 마음이 갖는 느낌의 크기를 비교하려는 시도는 결코 단 한 번도 없을 것이다. 내 눈에는 그런 비교를 수행할 방법이 보이지 않는다."

이에 비해 에지워스는 '겨우 인지할 수 있는 즐거움 증분'(just perceivable pleasure-increment)은 누구에게나 비슷하다고 주장하면서 이 증분을 단위로 삼아 사람들의 효용을 측정하기를 제안한다. 에지워스가 보기에 그런 측정의 결과는 "아마 시험에서 탁월에 대해 평가자가 점수를 매겨 제출하게 되어 있는 비교보다 더 모호하지는 않을 것이다"(191쪽). 그리고 자기 자신의 즐거움에 비해 타인들의 즐거움을 측정하는 데 따르는 불확실성이 더 크겠지만, 그 불확실성은 "더 많은 수의 측정, 더 넓은 평균으로 보상받을 수 있다"(102쪽).

《수리 정신학》의 핵심이 에지워스의 '추측'으로도 불리는 논증이라면, 그것을 위해서는 효용의 개인 간 비교 가능성은 물론이고 효용의 측정 가능성도 필요하지 않다. 그리고 나중에 피셔(Irving Fisher, 1867~1947)가 《가치 및 가격 이론에 대한 수리적 탐구Mathematical Investigations in the Theory of Value and Prices》(1892)에서 논증하고 에지워스가 서평에서[13] 동의하듯이, 무차별 곡선이나 계약 곡선을 정의하기 위해서라면 수량적 효용의 개념조차 필요하지 않다. 그렇지만 에지워스의 '경제 미적분학'이 '공리 미적분학'으로 이어지려면, 그리고 그것이 실천적 의미를 가지려면, 효용의 측정 가능성과 개인 간 비교 가능성이 요구된다. 그런 의미에서 부론 III.은 《수리 정신학》의 중요한 부분이다.

제번스와 마셜의 서평

1881년에 발간된 《수리 정신학》은 결코 저명한 경제학자의 책이 아니었다. 에지워스가 《수리 정신학》에 앞서 발표한 것은 92쪽의 책과 15쪽의 논문

---

[13] *Economic Journal*, vol. 3, no. 3, pp. 108~112.

이 전부였다. 그리고 이 책과 논문은 모두 윤리학의 영역에 속한다. 그런데도 《수리 정신학》이 발간된 그 해에 제번스와 마셜이 각각 〈마음〉과 〈아카데미아〉에 서평을 실었다. 당시 제번스와 마셜은 경제학의 새로운 권위였다.

제번스의 서평은 피상적이면서 부정적이다. 우선 《수리 정신학》은 "가장 읽기 어려운 책 중 하나이며, 경제학 부문에서는 확실히 가장 어려운 책이다." 그 어려움의 많은 부분은 에지워스의 문체에 있었다. "그의 문체가 모호하다고는 할 수 없으나 너무나 함축적이어서 독자는 모든 중요한 문장을 수수께끼처럼 풀어야 한다." 제번스는 책의 내용에 대해서도 긍정적이지 않다. 그가 보기에는 에지워스가 수리 물리학의 개념과 방법을 무모하게 적용했으며, 도출된 결론 가운데 일부는 매우 기이하다.

그러나 만약 에지워스가 제번스의 서평을 보고 실망했다면 그 실망은 제번스가 한 말보다는 하지 않은 말 때문이었을 것이다. 제번스는 에지워스가 윤리학의 영역으로 구분한 결론만을 소개한다. '최종 타결'과 같은 새로운 개념이나 계약의 비결정성에 관한 결론에 대해서는 아무런 말도 하지 않는다. '무차별 곡선'과 '계약 곡선'도 언급하지 않는다. 교환 방정식이 완전 경쟁에만 적용될 수 있다는 에지워스의 지적에 대해서도 제번스는 반응하지 않는다. 제번스의 눈에는 에지워스의 '경제 미적분학'이 보이지 않았던 것이다.

마셜의 서평은 에지워스의 '경제 미적분학'에 초점을 맞춘다. 그렇지만 결코 제번스의 서평보다 더 긍정적이지 않다. 마셜에 의하면, 에지워스가 도출한 계약 곡선의 식은 제번스의 교환 방정식과 다르지 않다. 단지 그것에 새로운 의미를 부여하고, 새로운 적용을 시도했을 뿐이다. 그리고 그 적용의 결과는 새롭지 않다. 계약의 조건이 확정되지 않는 여러 경우를 나열하면서 흥정의 기술이나 사정에 따라 달라질 수 있음을 주장하는데, 이 역시 새롭지 않다. 단지 새로운 방식으로 제시할 뿐이다. 그리고 그 새로운 방식은 일상의 상거래에 적용하기 어려우며, 과거를 해석하거나 통계적 탐구의 방향을 제시하기에는 적절하지 않다. "에지워스가 자신의 이론으로 많은 것을 하려면 자신의 이론이 지나친 추상에 빠져드는 것을 막을 수 있어야 한다."

제번스와 마셜의 부정적 평가에 대해 에지워스는 대응하지 않았다. 자신의 '경제 미적분학'을 더 자세히 설명하거나 쉽게 서술하지도 않았다. 단지 1884년에 발표한 '교환의 이유Rationale of exchange'에서[14] 가격의 균일성과 가격 그 자체를 구분하면서 자신의 이론과 제번스의 이론 사이의 차이를 거듭 밝혔을 뿐이다. "우리는 여기서 제번스처럼 사실로서의 가격으로부터 출발해서 곧장 가격의 균일성으로 나아가는 게 아니다. 더 높이 경제인에 대한 추상적 정의로부터 출발하며, 사실로서의 가격과 가격의 균일성으로 추론해 내려간다." 그러나 그도 이 두 쪽의 짧은 글로 자기 이론의 차별성이나 우월성이 알려지기를 기대하지는 않았을 것이다.

에지워스의 관심은 확률 이론과 수리 통계학으로 빠르게 옮겨 갔다. 물론 에지워스가 경제학을 아주 떠난 것은 아니다. 특히 1897년에 이탈리아어로 발표된 '순수 독점 이론La Teonia pura del monopolio'에서는[15] 가격의 비결정성에 대한 그의 관심이 다시 드러나기도 한다. 그러나 재계약과 최종 타결을 핵심 개념으로 포함하는 그의 교환 이론이 부각되지는 않았다.

'에지워스 상자'

《수리 정신학》의 교환 이론은 경제학에서 사라졌으나 저자의 이름은 거의 모든 경제학 교과서에서 발견된다. 바로 무차별 곡선과 계약 곡선을 포함하는 '에지워스 상자'를 통해서다. 사실 에지워스는 '에지워스 상자'를 그리지 않았다. 에지워스는 [그림 N1]처럼 로빈슨 크루소와 프라이데이의 무차별 곡선과 둘 사이의 계약 곡선을 그리긴 했으나 그것들을 상자 속에 그리지는 않았다. 그렇지만 [그림 N1]에서 두 가지를 바꾸면 곧바로 '에지워스 상

---

[14] *Journal of Statistical Society of London*, vol. 47, no. 1, pp. 164~166.

[15] *Gionale dgli Economisti*, vol. 40, pp. 13~31. 이 논문은 영어로 번역되어 에지워스 자신이 편집한 논문집에 수록되었다(*Papers Relating to Political Economy*, vol. I, pp. 111~142, London: Macmillan, 1925)

자'가 된다. 하나는 횡축과 종축이 **교환**의 수량 대신 **소비**의 수량을 나타내게 하는 것이고, 다른 하나는 로빈슨 크루소와 프라이데이의 소비량을 마주보는 두 좌표 위의 점으로 나타내는 것이다.

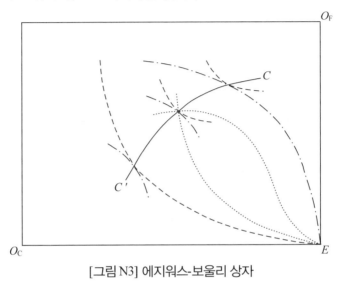

[그림 N3] 에지워스-보울리 상자

[그림 N3]은 이 두 가지 변화를 적용하되 노동과 임금의 교환 대신 두 재화의 교환을 상정하여 그린 것이다. 곡물을 가진 로빈슨 크루소와 생선을 가진 프라이데이 사이의 교환이라고 해도 좋다. 크루소는 교환을 통해 곡물뿐만 아니라 생선도 소비할 수 있는데, 그의 소비를 O_C를 원점으로 하는 좌표 위에 나타내기로 한다. 프라이데이의 소비는 O_F를 원점으로 하는 좌표 위에 나타내기로 한다. 그리고 두 좌표를 마주보게 배열하여 두 좌표의 축이 상자를 만들게 한다. 이때 상자의 가로 길이는 로빈슨 크루소가 가진 곡물의 양과 같게 하고, 상자의 세로 길이는 프라이데이가 가진 생선의 양과 같게 한다. 그러면 상자의 모서리 E는 로빈슨 크루소와 프라이데이가 각자 자신이 가진 것만을 소비하는 경우를 나타내게 된다. 로빈슨 크루소와 프라이데이는 교환을 통해 상자 속의 한 점으로 이동할 수 있다. 이 상자 속에 그려진 파선과 파점선은 각각 크루소와 프라이데이의 무차별곡선이다. 이 그림에서

도 계약곡선은 둘의 무차별곡선이 접하는 점의 궤적과 같으며, 실선으로 그려져 있다. 로빈슨 크루소와 프라이데이의 제공(offer) 곡선 또는 상호수요(reciprocal demand) 곡선은 모두 점선으로 그렸는데, '에지워스의 추측'에 의하면 두 상호수요 곡선은 계약 곡선 위에서 교차한다.

앞에서도 말했듯이 에지워스는 이런 그림을 그리지 않았다. 두 좌표의 축이 상자를 만드는 그림은 1906년에 이탈리아에서 출간된 파레토(Vilfredo Pareto, 1848~1923)의 《정치경제학 교본Manuale di economia politica》에서 처음으로 등장한다. 그러나 파레토는 상자 안에 계약 곡선을 그리지 않았다. 파레토가 그린 그림에는 두 사람의 무차별 곡선과 상호수요 곡선만 있다. 에지워스 교환 이론의 핵심을 빠뜨린 것이다. 상자 안에 무차별 곡선과 계약 곡선이 함께 그려진 그림은 1924년에 출간된 보울리(Arthur Lyon Bowley, 1860~1957)의 《경제학의 수리적 기초Mathematical Groundwork of Economics》에 처음 나타나며, 그의 책을 통해 널리 알려졌다. 그래서 '에지워스-보울리 상자'로 불리기도 한다. 이 그림은 그 후 일반균형 이론과 후생 이론에서 널리 사용된다.

'에지워스 시장 게임'

에지워스 상자와 함께 계약 곡선이 널리 알려지긴 했으나 계약은 여전히 주목받지 못했다. 계약 곡선은 단지 두 사람의 무차별 곡선이 접하는 점의 궤적으로 그려졌고, 파레토 효율성을 갖춘 분배로 이해되었다. 균형을 규정하는 요소로서의 계약과 재계약은 잊혔고, 그와 함께 균형으로서의 타결과 최종 타결도 잊혔다.

이런 사정은 1959년에 슈빅(Martin Shubik, 1926~)의 논문이 발표되면서 바뀐다. 이 논문의 제목은 '에지워스 시장 게임'(Edgeworth market games)이다.[16] 슈빅

---

[16] 이 논문이 수록된 책은 Tucker. A. W. and Luce, R. D. ed., *Contributions to the Theory of Games*, Vol. IV, Princeton University Press.

은 이 논문에서 에지워스가 상정한 상황이 비정합 게임(non-zero sum game)과 다르지 않음을 지적하면서 에지워스의 '최종 타결'을 그런 게임의 해(solution)로 해석했다. 이는 결코 무리한 해석이 아니다. 오히려 그동안 누구도 제대로 이해하지 못했던 에지워스의 교환 이론에 관한 가장 정확한 해석이라 할 수 있다.

슈빅의 1959년 논문은 게임 이론의 중요한 진전인 동시에 경제학으로의 진입으로 평가된다. 게임 이론은 1944년에 출간된 폰노이만(John von Neumann, 1903~1957)과 모르겐슈테른(Oskar Morgenstern)의 공저 《게임 이론과 경제 행위 *Theory of Games and Economic Behavior*》에서 시작되었다고 해도 과언이 아니다. 이 책은 여러 저명한 경제학자의 찬사를 받았음에도 불구하고 그 이론이 경제 분석에 직접 적용되기까지는 많은 시간이 걸렸으며, 슈빅의 1959년 논문이 하나의 계기가 되었다. 이 논문에서 슈빅은 재화의 교환을 게임으로 규정하면서 두 가지 해를 분석했는데, 그중 하나가 1953년에 길리스(Donald B. Gilles, 1928~1975)와 샤플리(Loyd Shapley, 1923~)에 의해 이름이 붙여진 '코어'(core)다. 슈빅은 일정한 조건에서 시장 게임의 참가자가 무한히 많아지면 코어가 하나의 점으로 수렴하며, 그 점은 발라스의 일반균형과 일치함을 증명했다. 그리고 이러한 코어와 에지워스의 최종 타결이 다르지 않음을 지적했다. '게임의 코어는 어떤 형태의 연합(coalition) 구조로도 바뀌지 않을 귀속(imputation)의 집합이다. 에지워스의 용어를 사용해서 말하면, 코어 안에 귀속이 존재한다면 어떤 집단에도 재계약의 동기가 없을 것이다. 그래서 슈빅은 논문의 제목으로 '에지워스 시장 게임'을 선택했던 것이다.

슈빅의 코어와 에지워스의 최종 타결이 완전히 같지는 않다. 무엇보다 슈빅은 이전移轉 가능한 효용을 전제했다. 에지워스도 사람들의 효용을 더하고 나눌 수 있는 것으로 간주하긴 했으나 그것이 최종 타결의 정의와 분석을 위한 전제는 아니었다. 한편 슈빅은 에지워스처럼 참가자의 복제를 상정했다. 교환할 재화의 종류와 참가자의 유형을 모두 둘로 한정하면서 각 유형의 참가자가 무한히 많아지는 경우를 분석한 것이다. 그렇지만 곧 이러한 제약을 완화하면서 보다 엄밀하게 분석하려는 시도가 이어졌다. 그중 대표적인 연구로는 스카프(Herber E. Scarf)의 1962년 논문, 스카프와 드브뢰(Gérard Debreu)의 1963년 논문, 아우만(Robert Aumann)의 1964년 논문 등을 들 수 있다.[17] 앞의 두 논문은 이전 가능한 효용을 선호로 대체했을 뿐만 아니라 재화의 종류와 참가자의 유형을 둘 이상으로 늘렸다. 아우만의 논문은 모든 참가자의 소유와 선호가 서로 다르더라도 적용될 수 있는 코어를 정의하고 분석했다. '에지워스의 추측'이 온전하게 증명된 것이다.

경제학도에게 《수리 정신학》은 이제 더 이상 단순한 도구상자가 아니다. 거기에 들어있는 '계약 곡선'은 완전경쟁 균형의 의미와 의의를 설명하기 위한 도구가 아니다. 두 소비자의 무차별 곡선이 접하는 점들의 집합만도 아니다. '계약'과 '재계약'은 시장을 이해하는 방식이고, '타결'과 '최종 타결'은 균형을 이해하는 방식이다. 이는 동시대의 경제학자는 물론 후세의 많은 경제학자가 취했던 것과는 사뭇 다른 방식이다. 그 다름을 이해하지 못한 경제학자들에게만 《수리 정신학》은 도구상자에 불과했다.

저자의 생애와 업적

아일랜드의 수도 더블린에서 동쪽으로 100여 킬로미터 곳에 에지워스타운(Edgeworthstown)이라고 불리는 마을이 있다. 16세기 말에 잉글랜드에서 건너와 이곳의 지주가 된 가문의 이름을 딴 마을이다. 여기에는 1672년에 세워지고 1782~1787년에 증축된 저택이 있다. 이시드로 프랜시스 에지워스(Ysidro

---

[17] Scarf, H. E., 1962, An analysis of markets with a large number of participants, in *Recent Advances in Game Theory*, ed. M. Maschler, The Ivy Curtis Press; Debreu, G. and Scarf, H. E., 1963, A limit theorem on the core of an economy, *International Economic Review* 4 (October): 235~246; Auman, R. J., 1964, Markets with a continuum of traders, *Econometrica* 32 (January-April): 39~50.

Francis Edgeworth)는 1845년에 이 저택에서 태어나서 자랐다. 그는 후에 자신을 프랜시스 이시드로로 바꿔 부르게 했는데, 이시드로는 성인으로 추대된 스페인 농부의 이름이다. 그의 어머니는 스페인에서 태어났으며, 그의 아버지 프랜시스 뷰포트 에지워스와는 런던에서 만나 결혼했다. 프랜시스 이시드로에게는 다섯 형제와 많은 친척들이 있었으나 모두 아들을 남기지 않았기에 그가 에지워스 가문의 마지막 남자가 되었다. 그리고 그는 평생을 독신으로 지냈다.

프랜시스 이시드로 에지워스(Francis Ysidro Edgeworth)는 1861년에 더블린 트리니티칼리지에 입학하여 고전과 여러 외국어를 공부했다. 1867년에는 옥스퍼드대학으로 유학하여 베일리얼칼리지에서 2년간 수학한 뒤 인문고전학 (Literæ Humaniores) 시험을 치렀다. 그러나 학위는 1873년에 받았다.

에지워스는 1871년 이후에 런던 지역으로 주거를 옮겼고, 얼마 뒤에는 햄스테드(Hampstead)에 정착했다. 이 무렵 그는 새빌(Savile) 클럽과 애서니엄 (Athenaeum) 클럽에 가입하여 심리학자 설리(James Sully, 1842~1923)와 교분을 나누기 시작했고, 1876년에 런던 유니버시티칼리지의 경제학교수로 부임한 제번스가 그의 이웃이 되었다. 그가 수학과 물리학을 독학한 것도 이 시기일 것이다. 동시에 그는 런던의 4대 법학원(Inns of Courts) 중 하나인 이너 템플(Inner Temple)에서 법률을 공부하여 1877년에 변호사(barrister) 자격을 취득했다.

에지워스는 변호사 자격을 취득하긴 했으나 다른 길을 선택했다. 1877년에 《윤리학의 새로운 방법과 오래된 방법》을 출간했고, 1879년에 〈마음〉에 '쾌락 미적분학'을 발표했다. 수학을 사용하는 공리주의 윤리학이 학자의 길을 선택한 그의 첫 연구 주제가 된 것이다. 그러나 머지않아 그의 관심은 경제학으로 옮겨갔다. 1881년에 출간된 그의 둘째 저서 《수리 정신학》에 포함된 '경제 미적분학'이 그의 새로운 연구 주제가 된 것이다. 그리고 그의 관심은 다시 확률 이론과 수리 통계학으로 옮겨갔다. 1883년에 발표된 네 편의 논문을 시작으로 다섯 해에 걸쳐 발표된 그의 논문 중 스무 편 이상이 이 주제를 다룬다. 1887년에 출간된 그의 셋째 저서 《측정술Metretike》은 효용과 결합된 확률을 정의하고 측정하려는 시도였으며, 램지(Frank P. Ramsey, 1903~1930)가 1931년 논문 '참과 확률Truth and Probability'에서 이룬 성공과 비교될 수 있다. 이 무렵에 이뤄진 그의 연구로서 경제학과 통계학을 아우르는 것도 있다. 영국 과학진흥협회(BAAS)의 의뢰를 받아 수행한 연구의 성과로서 1887년부터 3년에 걸쳐 발표한 '화폐 가치의 변동을 확인하고 측정하는 최선의 방법'이 그것이다.

에지워스는 윤리학과 경제학에 이어 확률과 통계의 이론으로 연구 영역을 넓히면서 세 권의 얇은 책과 많은 논문을 발표하는 동시에 여러 대학과 기관에서 다양한 주제의 강의를 맡았고, 여러 대학의 교수직에 지원했다. 몇 차례의 실패를 겪은 그는 1885년에 런던 킹스칼리지의 경제학교수로 임용되었고, 1890년에 경제학 및 통계학 교수로 다시 임용되었다. 그리고 1891년에는 옥스퍼드대학의 경제학교수 겸 올소울스칼리지의 펠로우로 자리를 옮겨 정착했는데, 이 임용에는 캠브리지대학의 경제학교수 마셜의 힘이 작용한 것으로 알려져 있다. 이에 앞서 에지워스는 1890년에 설립된 영국 경제학회(BEA)가 발간할 〈이코노믹 저널Economic Journal〉의 초대 편집인이 되었다. 에지워스에게 맡겨졌던 편집인의 임무는 1911년에 케인스에게 넘겨졌으나 1919년에 공동편집인으로 되돌아와서 1926년에 71세의 나이로 세상을 떠날 때까지 계속되었다.

확률 이론과 수리 통계학에 대한 에지워스의 관심과 연구는 그가 경제학교수로 부임한 뒤에도 줄어들지 않았다. 예컨대 1905년에는 일련의 논문을 통해 '에지워스 확장'으로 불리는 방법을 제시했다. 그리하여 1912년에는 왕립통계학회의 회장으로 추대되었다. 반면 그의 경제학자로서의 활동은 위축되었다. 수많은 논평과 서평을 쓰긴 했으나 《수리 정신학》을 뒤이을 창의적인 성과는 더 이상 내놓지 못했다. 그렇지만 1894년에 발표된 '국제 가치 이론Pure theory of international values'과 1897년에 발표된 '순수 과세 이론Pure theory of taxation'은 그의 중요한 기여로 꼽을 수 있다.

에지워스는 경제학자이면서 확률 이론과 통계학에 밝았기에 계량경제학의 발전에 기여할 수도 있었다. 그러나 그는 가격 통계로부터 수요 함수를 추정하려는 제번스의 시도에 회의적이었으며, 소득 통계로부터 노동생산성을 추정하려는 무어(Henry Ludwell Moore, 1869~1958)의 시도를 비판했다. 사실 에지워스는 거의 모든 실증 연구에 비판적이었으며, 독일과 영국의 역사학파도 배격했다. 그의 이러한 견해는 〈이코노믹 저널〉의 편집에도 적용되었으며, 영국과 유럽에서 마셜의 위치를 공고히 하는 데 기여했다.

지은이 **프랜시스 이시드로 에지워스(Francis Ysidro Edgeworth)**

1861년에 더블린 트리니티칼리지에 입학하여 고전과 여러 외국어를 공부했다. 1867년에는 옥스퍼드대학 베일리얼칼리지에서 2년간 수학하고 1873년에 인문고전학 학위를 받았다. 이너 템플에서 법률을 공부하여 1877년 변호사 자격 취득.

1877년《윤리학의 새로운 방법과 오래된 방법》출간. 1879년〈마음〉에 '쾌락 미적분학' 발표. 1881년《수리 정신학》출간. 연구 주제는 수학을 사용하는 공리주의 윤리학을 거쳐 경제학, 확률 이론과 수리 통계학으로 옮겨갔다. 《측정술》(1887)은 램지가 1931년 논문 '참과 확률'에서 이룬 성공과 비교될 수 있다. 영국 과학진흥협회(BAAS) 의뢰로 1887년부터 3년에 걸쳐 '화폐 가치의 변동을 확인하고 측정하는 최선의 방법'을 발표했다.

런던 킹스칼리지에서 1885년 경제학교수, 1890년 경제학 및 통계학 교수. 1890년 설립된 영국 경제학회(BEA) 발간〈이코노믹 저널〉 초대 편집인. 1891년 옥스퍼드대학 경제학교수 겸 올소울스칼리지 펠로우. 1912년 왕립통계학회 회장. 1905년 일련의 논문을 통해 '에지워스 확장'으로 불리는 방법을 제시했다. 1894년 '국제 가치 이론'과 1897년 '순수 과세 이론' 발표.

옮긴이 **김진방**

김진방은 서울대학교에서 경제학 학사와 석사 학위를 받았고, 미국 듀크대학교에서 경제학 박사 학위를 받았다. 그 후 미국 캘리포니아대학교에서 조교수로 재직했고, 현재 인하대학교에서 교수로 재직하고 있다. 경제학의 역사와 방법을 연구해 왔으며, 경제체제 및 기업제도에도 관심을 기울이고 있다. 전자와 관련된 연구로는 'Newmarch, Cairnes and Jevons on the gold question,' 'The technique of comparative-statistic analysis in Whewell's *Mathematical Expositions*' 등이 있다. 그 후《재벌의 소유구조》, *Chaebol Policy for Suppression of Economic Power Concentration* 등을 저술하였으며, 최근에는 제번스의 *Theory of Political Economy* (1879, 2nd ed.)를 번역한 《정치경제학 이론》(나남)을 출간했다.